Migration & Integration 7

Herausgeber:

Mathias Czaika, Lydia Rössl,
Friedrich Altenburg, Anna Faustmann, Thomas Pfeffer

Mathias Czaika, Lydia Rössl,
Friedrich Altenburg, Anna Faustmann, Thomas Pfeffer
(Hg.)

Migration & Integration 7

Dialog zwischen Politik, Wissenschaft und Praxis

EDITION
DONAU-UNIVERSITÄT
KREMS

Bundesministerium
Bildung, Wissenschaft
und Forschung

EUROPA
INTEGRATION
ÄUSSERES
BUNDESMINISTERIUM
REPUBLIK ÖSTERREICH

Gefördert vom Bundesministerium
für Bildung, Wissenschaft und Forschung

Dieses Projekt wird durch den AMIF und das Bundesministerium
für Europa, Integration und Äußeres kofinanziert

Verlag: Edition Donau-Universität Krems
Herstellung: tredition GmbH, Hamburg
ISBN Taschenbuch: 978-3-903150-40-9
ISBN e-Book: 978-3-903150-41-6

Kontakt:
Department für Migration und Globalisierung
Donau-Universität Krems
www.donau-uni.ac.at/mig
migration@donau-uni.ac.at

Satz: Thomas Pfeffer
Umschlaggestaltung: Gudrun Mittendrein

Zitiervorschlag: Mathias Czaika, Lydia Rössl, Friedrich Altenburg, Anna Faustmann, Thomas Pfeffer (Hg.) (2019) Migration & Integration 7. Dialog zwischen Politik, Wissenschaft und Praxis. Reihe DialogForum Integration. Krems (Edition Donau-Universität Krems).

Inhaltsverzeichnis

Mathias Czaika, Lydia Rössl
Einleitung 9

MIGRATIONS- UND DES-INTEGRATIONSPROZESSE
SOWIE TRANSNATIONALISMUS
AUS GLOBALER UND EUROPÄISCHER PERSPEKTIVE

Phil Martin
Post-Truth Politics and Migration:
The US Case 17

Dawn Chatty
The Syrian Humanitarian Disaster:
Understanding Perceptions and Aspirations of Refugees and Practitioners
in Jordan, Lebanon, and Turkey 31

Belachew Gebrewold
Can EU's migration policy
deter migration from Africa? 47

Paolo Ruspini
Migrants unbound?
Transnationalism, immigrant integration and return processes 65

Helga Moser
Good practice examples in
vocational education and labour market integration of refugees in
seven European countries 75

DIE SOZIOÖKONOMISCHE INTEGRATION
VON MIGRANTINNEN UND FLÜCHTLINGEN
IN ÖSTERREICH

Arbeitsmarktintegration und Bildung 1: wissenschaftliche Perspektiven

Raimund Haindorfer, Bernd Liedl, Bernhard Kittel, Roland Verwiebe
**Determinanten der Arbeitsmarktintegration
von Geflüchteten am Beispiel der Stadt Wien** 89

Gudrun Biffl
**Integration braucht Unterstützung: Erfahrungen
mit weiblichen Flüchtlingen in Österreich** 117

Gudrun Biffl
**Flüchtlinge:
Herausforderung für die Erwachsenenbildung
aus Sicht der Migrationsforschung Wien** 133

Oliver Gruber
**Ungleichheit und ethnisch-sprachliche Diversität
im österreichischen Schulsystem** 147

Arbeitsmarktintegration und Bildung 2: Perspektiven aus der Praxis

Martin Mertens
**Produktionsschulen in Deutschland:
ein pluralistisches pädagogisches Experiment
und berechenbarer Faktor im Übergangssystem** 167

Nadja Bergmann
**Ein Essay:
Junge Erwachsene mit Fluchthintergrund und der schwierige Weg in das
österreichische Ausbildungs- und Beschäftigungssystem** 173

**Integration auf regionaler und lokaler Ebene 1:
wissenschaftliche Perspektiven**

Martha Ecker
**Die Integration von Geflüchteten auf lokaler Ebene.
Weiße und blinde Flecken in der sozialwissenschaftlichen
Forschung und mögliche Auswege** 187

**Integration auf regionaler und lokaler Ebene 2:
Perspektiven aus der Praxis**

Elisabeth Planinger
**ZusammenLeben in Dornbirn.
Leitbild und Strategien im Kontext von Diversität** 205

Marika Gruber, Friedrich Veider
**... (ge)kommen, um zu bleiben ...
Etablierung einer Ankommenskultur im ländlichen Raum** 213

Stefan Auradnik, Katharina Kirsch-Soriano da Silva, Florian Rautner
**Zugewanderte Menschen als MultiplikatorInnen
und ihre Rolle in Integrationsprozessen** 225

**Integration und Gesundheit 1:
wissenschaftliche Perspektiven**

Judith Kohlenberger, Isabella Buber-Ennser, Bernhard Rengs, Sebastian Leitner,
Michael Landesmann
**Gesundheitszugang von syrischen, irakischen und
afghanischen Geflüchteten in Österreich:
Ergebnisse aus dem Refugee Health and Integration Survey** 239

Integration und Gesundheit 2:
Perspektiven aus der Praxis

Birgit Wolf, Arash Razmaria
Angstfrei:
Niederschwellige Unterstützung bei Trauma und Postmigrationsstress.
Eine Feldbeobachtung der Good Practice im Integrationsprozess 263

Verzeichnis der AutorInnen 273

Einleitung

Mathias Czaika, Lydia Rössl

Das DialogForum Migration & Integration widmet sich bereits seit 2009 gegenwärtigen und zukünftigen Fragen und Herausforderungen der Migration und Integration. Im September 2018 feierte die Veranstaltung 10-jähriges Jubiläum, und es hat sich in dieser Zeit – unter der maßgeblichen Federführung von Prof.[in] Gudrun Biffl – zu einer zentralen Plattform für den Austausch von Wissenschaft, öffentlicher Verwaltung und Zivilgesellschaft in der österreichischen Migrations- und Integrations-Community etabliert. Der Dialog ist eines der wichtigsten Instrumente der Kommunikation, besonders in einer Welt der Globalisierung, der Diversifizierung und der Beschleunigung. Der direkte Austausch zwischen Akteuren und Akteurinnen der Zivilgesellschaft, der Wissenschaft, der Politik und öffentlichen Verwaltung ist notwendig, um ein Verständnis für die Strukturen und Prozesse der diversen Institutionen zu entwickeln, sie zu diskutieren und zum Teil auch zu hinterfragen. Besteht ein aktiver und konstruktiver Dialog, ist es auch möglich, gemeinsam Ziele zu definieren und Lösungsstrategien zu entwickeln. Die gesellschaftliche Bedeutung von Migration und Integration sowie der anhaltende Bedarf an wissenschaftlich fundiertem Austausch hierzu haben sich in den vergangenen zehn Jahren immer wieder bestätigt. Das DialogForum Migration & Integration wird sich somit auch weiterhin der nachhaltigen Vernetzung unterschiedlicher Akteure und Akteurinnen, Multiplikatoren und Multiplikatorinnen und Stakeholdern widmen, die wechselseitige Beziehung und mögliche Bereicherung von empirischer Forschung und Praxis diskutieren sowie die Dissemination aktueller Forschung und wissenschaftlicher Ergebnisse unterstützen.

Dieser Tagungsband umfasst Beiträge von Vortragenden, Diskutanten und Diskutantinnen und Experten und Expertinnen aus Theorie und Praxis zu den Themen, die 2017 und 2018 beim DialogForum im Fokus standen. Das DialogForum 2017 zeigte sich unter anderem stark von den Flüchtlingsbewegungen aus Syrien und Afghanistan geprägt, als auch den umfassenden damit einhergehenden Berichterstattungen und Debatten auf nationaler, europäischer und globaler Ebene. Zentrale Themen, wie die Arbeitsmarktintegration, wurden im Kontext der Erwachsenenbildung – unter besonderer Berücksichtigung von Flüchtlingen – aufgegriffen. Dazu zählte auch die neue Bewertung der Bedeutung der Entwicklungszusammenarbeit für die europäische Migrationspolitik, sowie die Herausforderungen und Pflichten von Wissenschaft und Praxis in einer „postfaktischen Gesellschaft", wenn die Zusammenhänge von Sicherheit, Migration und Demokratie ins Zentrum medialer und politischer Diskussionen rücken und zu einem wesentlichen Einflussfaktor des gesellschaftlichen Diskurses und des subjektiven Sicherheitsgefühls in Bezug auf Migration und Flucht werden.

Diesen Entwicklungen wurde auch im DialogForum 2018 entsprochen, der Veranstaltungstitel *„ Migrations- und (Des-)Integrationsprozesse "* bringt die enge Verflechtung und Interdependenz von Migration und Integration zum Ausdruck. Das Gelingen von Integration hängt maßgeblich von Faktoren ab, die außerhalb des politischen und gesellschaftlichen Einflussbereiches des Aufnahmelandes liegen. Aus diesem Grund widmete sich das zehnte DialogForum insbesondere auch Fragen, die eng mit (Des-)Integrationsprozessen in den Herkunftsländern zu tun haben und hierbei die spezifischen Abwanderungsgründe, Migrationserfahrungen und Rückkehrabsichten von Migranten und Migrantinnen und Flüchtlingen mitberücksichtigen. Der inhaltliche Bogen erstreckte sich hierbei von den Lebens- und Abwanderungsbedingungen in den außer- und osteuropäischen Herkunfts- und Transitländern, bis hin zu vergleichenden Perspektiven von Migrations- und Integrationsprozessen in europäischen Zielländern. Schlussfolgerungen und weiterführende Themen wurden in einem Zusammenhang mit spezifisch österreichischen Herausforderungen betreffend der ökonomischem und gesellschaftlichen Integration von diversen Zuwanderungsgruppen gestellt. Diese über nationale Grenzen hinausreichende Perspektive von Migration und Integration, und die Veranschaulichung der komplexen Kausalitäten dieser Prozesse, stellt eine wesentliche Weiterentwicklung der Veranstaltung dar die auch in den kommenden Jahren weiterverfolgt werden wird.

Die inhaltliche themenspezifische Anordnung der Beiträge in diesem Tagungsband verfolgt den Anspruch, die Zusammenhänge auf globaler, europäischer und letztendlich österreichischer Ebene zwischen Migrations- und Integrationsprozessen zu berücksichtigen, anstatt beides isoliert zu betrachten. In diesem Sinne sind im ersten Teil des Tagungsbandes *„ Migrations- und Des-Integrationsprozesse sowie Transnationalismus aus globaler und europäischer Perspektive "* wissenschaftliche Forschungen zu den migrationsinitiierenden Rahmenbedingungen und Ereignissen in den Herkunftsländern, als auch der Rolle nationaler Migrations- und Integrationspolitik auf internationaler Ebene zu finden.

Der Beitrag von Phil Martin beschreibt zu Beginn dieses thematischen Abschnitts des Tagungsbandes am Beispiel der USA Möglichkeiten der Interpretation, Präsentation und Instrumentalisierung von Forschung und Fakten im Sinne bestimmter wirtschaftlicher und politischer Anliegen und Ziele. Er stellt die zentrale Frage der Rolle und der Glaubwürdigkeit von Wissenschaft in einer postfaktischen Gesellschaft. Im folgenden Beitrag greift Dawn Chatty mit der Fluchtbewegung 2015 und 2016 wohl eines der auf europäischer Ebene – betreffend politische und gesellschaftliche Entwicklungen – prägendsten Ereignisse der letzten Jahre auf. Sie berichtet zu den historischen und aktuellen Geschehnissen in Syrien, die wiederholt zu massiver erzwungener Migration von Millionen von Menschen geführt haben. Sie geht auf die unterschiedlichen unmittelbaren und längerfristigen Maßnahmen der angrenzenden Länder, wie der Türkei, den Libanon und Jordanien, als auch der Europäischen Union und deren Mitgliedsstaaten ein; und zeichnet dadurch ein komplexes und umfassendes Bild der Ereignisse sowie der Bedeutung für Flüchtlinge und die Zivilgesellschaft in den unterschiedlichen Transit- und Aufnahmeländern. Belachew Gebrewold schließt inhaltlich an den Beitrag von Dawn Chatty betreffend der EU-Migrationspolitik an. In seinen Ausführungen zu der Bedeutung, die europäische Migrationspolitik den Migrations- und Fluchtursachen, wie Armut, Konflikte und Umweltkatastrophen beimisst; konzentriert er sich auf afrikanische Länder und argumentiert, dass die migrationspolitische Ausrichtung und Maßnahmen in den Herkunfts- und Zielländern in vielerlei Hinsicht nicht ineinandergreifen; und dass die Identifikation, Analyse und Interpretation von Migrationsursachen zu kurz greift, und weitere zentrale Faktoren unberücksichtigt bleiben. Der Beitrag von Paolo Ruspini konzentriert sich auf den europäischen Kontext, behandelt allerdings übergeordnet theoretische Konzepte zu und die Beziehungen zwischen transnationaler Migration, Integrationsprozessen und Rückkehrmigration. Er beendet seine Ausführungen mit dem Vorschlag eines methodischen Ansatzes, um das Ausmaß und politische Relevanz dieser Prozesse erfassen zu können. Helga Moser widmet sich den Herausforderungen der Arbeitsmarktintegration von Geflüchteten und berichtet zu dem Erasmus+ Strategic Partnership Projekt *„Refugees in Vocational Training – RevoT"* (2016-2018), das in Österreich, Deutschland, Griechenland, Kroatien, Italien, den Niederlanden und Spanien good practice Beispiele der Berufsausbildung und -training und der Arbeitsmarktintegration identifiziert hat. Ihre inhaltlichen Ausführungen stellen eine gelungene thematische Überleitung zu der Arbeitsmarktintegration und Bildung in Österreich dar.

Im zweiten Teil *„Die sozioökonomische Integration von MigrantInnen und Flüchtlingen in Österreich"* wird der Fokus auf die nationale Ebene und den unterschiedlichen relevanten Dimensionen, wie Arbeitsmarktintegration und Bildung, Integration auf regionaler und lokaler Ebene, sowie Migration und Gesundheit gelegt; wissenschaftliche Forschung und Projekte aus der Praxis werden jeweils zu einem übergeordneten Themenbereich vorgestellt.

Raimund Haindorfer, Bernd Liedl, Bernhard Kittel und Roland Verwiebe stellen die Ergebnisse einer umfassenden quantitativen Studie und Analyse (*„Integration-Survey 2017"*) zu den Determinanten der Arbeitsmarktintegration von Geflüchteten vor. Die Autoren stellen die individuellen Ressourcen für die Arbeitsmarktintegration in den Mittelpunkt und verweisen auf die Bedeutung und enge Zusammenhänge zwischen der sozialen Integration der Geflüchteten und der Arbeitsmarktintegration. Gudrun Biffl greift in ihrem Beitrag die spezifische Situation von weiblichen Geflüchteten in Österreich auf und behandelt hierbei auch die Bedeutung von Bildung und den Arbeitsmarktzugang. Direkt im Anschluss erläutert sie die besonderen Herausforderungen für die Erwachsenenbildung aus Sicht der Migrationsforschung. Allerdings soll nicht nur die Bedeutung der Erwachsenenbildung abgehandelt werden, sondern auch das österreichische Schulsystem. Oliver Gruber geht auf die ethnisch-sprachliche Diversität im Schulsystem ein und plädiert für einen differenzierteren Umgang mit der Analysekategorie „Migrationshintergrund", welcher die Heterogenität unter Migranten und Migrantinnen in geeigneter Form berücksichtig und zudem die dahinterliegenden Ursachen der Bildungsungleichheit, sowie systemische und strukturelle Gegebenheiten des Schulsystems ausreichend in Analysen und Schlussfolgerungen miteinzubeziehen. Abschließend berichtet Martin Mertens in einem Praxisbericht von seinen Erfahrungen und anhand individueller

Fallbeispiele zu dem Modell und die Umsetzung der Produktionsschulen in Deutschland als ein *„pluralistisches pädagogisches Experiment unberechenbarer Faktor im Übergangssystem"*. Nadja Bergmann thematisiert in ihrem Essay *„Junge Erwachsene mit Fluchthintergrund und der schwierige Weg in das österreichische Ausbildungs- und Beschäftigungssystem"* die Rahmenbedingungen und Herausforderungen für junge Menschen bei der Integration in österreichische Gesellschaft sowie eine Ausbildung zu absolvieren und letztendlich den Schritt in den Arbeitsmarkt zu bewältigen. Sie bezieht sich hierbei exemplarisch auf das Projekt *„Start Wien – Das Jugendcollege"*, um bisherige Erfahrungen in diesem Bereich darzustellen.

Martha Ecker stellt den ersten Beitrag zu dem übergeordneten Thema der *„Integration auf regionaler und lokaler Ebene"*. Sie fokussiert auf die Integration von Geflüchteten auf lokaler Ebene und die Herausforderungen für die sozialwissenschaftliche Forschung. Diese wissenschaftliche Aufbereitung grundlegender themenspezifischer Fragestellungen und deren Bearbeitung stellt einen gelungenen Einstieg zu den folgenden Ausführungen zu unterschiedlichen Praxisprojekten dar. Elisabeth Planinger erklärt den Entstehungsprozess des Integrationsleitbilds der Stadt Dornbirn *„ZusammenLeben in Dornbirn im Kontext von Diversität"*, der unter anderem die gelungene Zusammenarbeit von Wissenschaft, öffentliche Verwaltung und Umsetzung in die Praxis illustriert. Marika Gruber und Friedrich Veider behandeln die Integration von Zuwanderinnen und Zuwanderern sowie die Etablierung einer Ankommenskultur im ländlichen Raum am Beispiel des Bezirkes Hermagor. Anhand von zwei Projekten werden integrationspolitische Schritte und die damit einhergehenden praktischen Maßnahmen aufgezeigt. Im letzten Beitrag führen Stefan Auradnik, Katharina Kirsch-Soriano da Silva und Florian Rautner die positive Dynamik und die Relevanz von zugewanderten Menschen als Multiplikatoren und Multiplikatorinnen im Wiener „Grätzel" aus und demonstrieren dadurch, dass Sozial- und Systemintegration bereits im individuellen Miteinander seinen Anfang nehmen kann.

Die letzten zwei Artikel dieses Tagungsbandes beschäftigen sich mit der Dimension der Gesundheit. Judith Kohlenberger, Isabella Buber-Ennser, Bernhard Rengs, Sebastian Leitner und Michael Landesmann beziehen sich in ihren Ausführungen auf eine Analyse des Refugee Health and Integration Survey und fokussieren auf den Gesundheitszugang von syrischen, irakischen und afghanischen Geflüchteten in Österreich. Das daran anschließende Praxisprojekt setzt bei der niederschwelligen Unterstützung bei Trauma und Postmigrationsstress an. Birgit Wolf und Arash Razmaria zeigen in ihren Ausführungen exemplarisch den hohen Handlungsbedarf bereits in der jeweiligen Unterbringung direkt nach der Flucht auf, und können zudem in ihren Fallbeispielen auf Erfolge hinweisen, die auch für eine nachhaltige Integration von hoher Bedeutung sind.

Auch 2019 wird dieses inhaltlich weitgefächerte Programm, das nur durch die finanzielle Förderung durch den Asyl-, Migrations- und Integrationsfonds, das BMEIA und das BMBWF möglich ist, weitergeführt werden. Neben zahlreichen wissenschaftlichen Fachvorträgen und praxisorientierten Impulsreferaten wird weiterhin gezielt Raum für einen strukturierten und interaktiven Austausch geschaffen.

Wir laden Sie herzlich ein, auch im kommenden Jahr Ihr Wissen und Ihre Erfahrungen einzubringen und Teil des Dialogs zu sein.

Krems, Jänner 2019

MIGRATIONS- UND DES-INTEGRATIONSPROZESSE SOWIE TRANSNATIONALISMUS AUS GLOBALER UND EUROPÄISCHER PERSPEKTIVE

Post-Truth Politics and Migration: The US Case

Phil Martin

Summary

The US experience demonstrates that even when researchers achieve consensus on the socio-economic impacts of migrants, the results can be interpreted very differently by 'admissionists' who favor more immigration and the legalization of unauthorized foreigners and 'restrictionists' who oppose amnesty and want to reduce immigration. For example, the consensus of social scientists was that the 15 million foreign-born workers in the US labor force in 1996 depressed average hourly earnings by three percent and led to a net expansion of US GDP of $8 billion. Admissionists touted the $8 billion net gain from immigration, while restrictionists emphasized that the then $8 trillion US economy was growing by three percent or $240 billion a year, making the net gain due to immigration equivalent to 12 days of US economic growth.[1]

The effect of economic research on policy making is muted because migration's major economic effects are (re)distributional, with migrants and owners of capital the major winners. Admissionists stress the gains to individual migrants, the minimal costs to US workers, and other benefits ranging from preserving industries to repopulating cities and increasing diversity. Restrictionists highlight migration as a key reason, along with technology and trade, for depressing wages, increasing inequality, and reducing social trust.

As immigration numbers and impacts rise, the debate over migration policy is increasingly dominated by the most extreme admissionists and the most extreme restrictionists. Researchers are also tugged toward these no borders and no migrants extremes by the funders who support and publicize their work. Migration risks joining abortion, guns, and other issues on which Americans are very polarized, and migration research risks joining pharma and nutrition as issues where links between funders and researchers make research findings suspect, reducing the credibility of all research.

---

[1] Migration News. 1997. NRC on Immigration. https://migration.ucdavis.edu/mn/more.php?id=1246

Immigration Patterns and Research: 1970-2000

The US is a nation of immigrants whose motto e pluribus unum, from many, one, reflects openness to newcomers.[2] The US had 42 million foreign-born residents in 2014, almost 20 percent of the world's international migrants. Over half of US foreign-born residents are from Latin America and the Caribbean, including 28 percent from Mexico.[3] Another quarter are from Asia, with the major source countries China, India and the Philippines. Almost half of all foreign-born residents are naturalized US citizens (Brown and Stepler, 2016).

Immigration to the US occurred in four major waves, beginning with the largely English-wave before immigrant admissions began to be recorded in 1820, a second wave dominated by Irish and German Catholics in the 1840s and 1850s, a third wave that included many southern and eastern Europeans between 1880 and 1914, and a fourth wave set in motion by 1965 laws that switched priority for admission from the migrant's country of origin to US sponsors requesting the admission of relatives or needed workers. Waves suggest peaks and troughs, with troughs due to the Civil War in the 1860s and World War I in 1914 and legislation in the 1920s (Martin and Midgley, 2010).

There is no end in sight to the immigration wave launched by the 1965 switch from favoring Europeans seeking to immigrate to giving priority to foreigners whose US relatives sponsored them for immigrant visas. The change from national origins to family unification was not expected to change immigration patterns, but it did. There was little research to counter the assertion of Senator Edward Kennedy (D-MA) in 1965 that a family unification based selection system would not change *"the ethnic mix of this country."*

Kennedy was wrong. During the 1950s, 56 percent of the 2.5 million immigrants were from Europe; by the 1970s, fewer than 20 percent of 4.2 million immigrants were from Europe (DHS, Immigration Yearbook, Table 2).[4] Chain migration, as when immigrants and naturalized US citizens sponsor their relatives for visas, was soon apparent, especially because the US has one of the world's most expansive definitions of immediate family, including children up to the age of 21 and the parents of US citizens. In addition, the US allows US citizens to sponsor their adult children as well as their adult brothers and sisters for immigrant visas, and offers 50,000 *"diversity immigrant visas"* awarded by lottery to citizens of

---

[2]   The original meaning of e pluribus unum was that from the 13 colonies comes one nation, but the phrase has evolved to symbolize unity from diversity, or the ability of the US to integrate newcomers (S Martin, 2011).

[3]   There were 11.7 million Mexican-born residents in 2014, four million born in the Caribbean, 3.3 million born in Central America, and 2.8 million born in South America, that is, 21.8 million or 52 percent of all foreign-born residents were from Latin America.

[4]   Stocks changed slower than flows. In 1960, 85 percent of the 9.7 million foreign-born residents were from Europe or Canada; by 1980, their share dropped to 43 percent of 14 million (Brown and Stepler, 2016).

countries that sent fewer than 50,000 immigrants to the US during the previous five years. Over 14 million foreigners apply for diversity visas each year.

The 10 million foreign-born residents in 1970, the beginning of the fourth and current wave of immigration, were about five percent of US residents. Most immigration research until the 1970s involved historians who explained the integration of third-wave immigrants, debated the relative effects of very low levels of immigration between the 1920s and 1960s and efforts to *"Americanize"* newcomers who were often moving from rural areas abroad to US cities. Researchers debated the roles of factories and unions, mobilization for war, and public schools to explain the largely successful integration of third-wave southern and eastern European immigrants (Higham, 1984).

Two immigration issues drew the attention of social scientists in the 1970s, farm workers and Asians. Between 1942 and 1964, the US government allowed farmers to employ Mexican guest workers under a series of bilateral Bracero agreements. Farm worker admissions peaked in 1956, when 445,000 Braceros were 20 percent of US hired farm workers, and fell to fewer than 200,000 after 1962 as the US government tightened enforcement of regulations aimed at protecting US and Bracero workers.[5]

A combination of no Braceros, few unauthorized workers until the 1980s, and the charismatic leadership of Cesar Chavez amidst concerns about civil rights put upward pressure on farm wages, including a 40 percent wage increase in the first United Farm Workers union table grape contract in 1966, and led to the unionization of most California table grape and lettuce workers by the early 1970s (Martin, 2003). Even though farmers argued that Braceros preserved good nonfarm jobs for US workers, President Kennedy and the Democrats who voted to end the Bracero program disagreed, saying that ending the entry of Braceros was helping Hispanics as Civil Rights laws helped Blacks.

Farm employers opposed ending the Bracero program. Some encouraged their largely legal Mexican-born supervisors to recruit friends and relatives in Mexico to enter to the US illegally. There were no penalties on employers who knowingly hired unauthorized workers until 1986, so rural Mexicans faced a choice of uncertain incomes in Mexico and a guaranteed job in the US moved north. Illegal immigration from Mexico surged in the 1980s, especially after a short-lived oil-inspired Mexican government-spending boom in the late 1970s collapsed with the price of oil in the 1980s. Farm worker unions protested that *"illegal aliens"* were undercutting their demands for higher wages and benefits and demanded that the federal government impose sanction on employers who hired such workers, but Congress at the behest of farmers refused to act.

Research played little role in the debate over unauthorized migrants in agriculture despite case study analyses of how unauthorized workers replaced US citizens

---

[5] The average employment of hired workers on US farms was 2.5 million. http://usda.mannlib. cornell.edu/MannUsda/viewDocumentInfo.do?documentID=1063

and legal immigrants. Farmers turned to contractors to obtain workers rather than hiring them directly, so there was indirect competition between employers rather than direct competition between workers for farm jobs (Mines and Martin, 1984). This competition between employers helped the unauthorized share of California crop workers jumped from less than 25 percent in the mid-1980s to 50 percent a decade later.

The major intervening variable was the Immigration Reform and Control Act of 1986, a compromise between restrictionists whose priority was to reduce illegal migration and admissionists who wanted to legalize the estimated three to five million unauthorized foreigners who had accumulated in the US. IRCA imposed federal sanctions on employers who knowingly hired unauthorized workers and allowed unauthorized foreigners in the US at least five years or who worked in agriculture at least 90 days to become legal immigrants.

IRCA proved to be a victory for admissionists. Some 2.7 million unauthorized foreigners, 85 percent Mexicans, were legalized, and the widespread use of false documents to obtain legalization under the farm worker program, which accounted for 40 percent of all legalizations, taught low-skilled Mexicans that they could continue to get US jobs by providing false documents to their employers. Legal and unauthorized Mexicans spread throughout the US, from agriculture to construction, manufacturing and services.

IRCA unleashed a wave of research in the 1990s. One strand asked how employers adjusted to employer sanctions, and found that labor costs fell because of the upsurge in illegal migration. However, newly legalized foreigners increased their earnings 10 to 15 percent, largely because legal status increased their mobility in the US labor market, allowing them to seek jobs with *"better employers."* Farm worker unions shrank due to increased illegal migration, with their problems compounded by internal union problems and the rise of labor contractors and other intermediaries (Martin, 2003).

The second major area of research involved the economic progress of especially Asian immigrants. Newcomers to the US typically earn less than similar US-born workers, but the earnings gap narrows over time. Chiswick examined various cohorts of immigrants, such as those arriving in the 1950s, 1960s, and 1970s, and concluded that newcomers experienced rapid income gains, catching up to similar US-born workers within 13 years and then surpassing their US peers, so that average US incomes could be raised via immigration (Chiswick, 1978).

Borjas extended the analysis and concluded that Chiswick was wrong, and that *"immigrant quality"* as measured by earnings growth in the US was falling. Chiswick's data analysis was correct but reflected a unique and one-time event: Asians found it hard to immigrate until 1965, and those who first arrived after 1965 were especially talented. As immigration from Latin America surged in the 1970s, the initial earnings gap between newcomers and similar US-born workers widened, and immigrant earnings rose much slower as they integrated in the US. Immigrants who arrived in the five years before the 1960 census earned 10 percent less than US-born workers in 1960, while those who arrived between 1995 and 2000 earned 30 percent less in 2000.

The legalization of 2.7 million mostly low-skilled Mexicans and the continued arrival of unauthorized foreigners raised questions about how low-skilled migrants affected similar US workers. Case studies from the 1970s and 1980s suggested that the availability of low-skilled newcomers, legal or illegal, displaced similar US workers and/or depressed their wages. However, studies that compared the wages and unemployment rates of US workers who were assumed to be similar to immigrants could not detect wage depression and displacement, which led to the conclusion that low-skilled migrants do not hurt similar US workers.

The best-known study involved the *"natural experiment"* of 125,000 Cuban Marielito migrants who arrived in Miami between April and September 1980, increasing Miami's labor force by seven percent. Card (1989) found that the unemployment rate of Blacks in Miami rose more slowly than in several comparison cities that did not receive Cuban migrants, suggesting that the Marielitos benefited rather than hurt Blacks in Miami.

Borjas disagreed with this no-harm-and-perhaps-benefit conclusion, emphasizing that, when another wave of Cubans tried to reach Florida in 1994, the US Coast Guard intercepted them and sent them to Guantanamo, a US naval base at the eastern end of Cuba. Even though few Cuban migrants arrived, the unemployment rate of Blacks rose in Miami and fell in comparison cities, leading Borjas to conclude that natural experiments that fail to find the impacts predicted by economic theory demonstrate there are many factors in addition to migration that affect the unemployment rate of Blacks and other similar US workers.

The second major focus of research during the 1990s involved the fiscal impacts of immigrants, the question of whether immigrants pay more in taxes than they receive in tax-supported benefits. California Republican Governor Pete Wilson blamed the need to provide services to unauthorized foreigners for the state's budget deficit in the early 1990s, and won re-election in November 1994 as voters approved Proposition 187, a ballot initiative that would have denied state benefits to unauthorized foreigners, including K-12 education to unauthorized children.

Most of Proposition 187 was declared unconstitutional, but suits demanding that the federal government reimburse states for the cost of providing services to unauthorized foreigners prompted studies of the fiscal impacts of immigrants. The Republican-controlled Congress, in response Proposition 187, enacted several laws in 1996 to make it more difficult for low-income residents to sponsor their relatives for immigrant visas and denied legal immigrants arriving after August 23, 1996 federal welfare benefits. At a time when 11 percent of US residents were foreign-born, 45 percent of the estimated federal savings from the new welfare system were estimated to come from denying benefits to immigrants until they had worked in the US at least 10 years or become naturalized US citizens after five years.

The Commission in Immigration Reform sponsored a study conducted by the National Research Council (NRC) that concluded the US economy was $1 billion to $10 billion larger in 1996 than it would have been with no immigrants, with the best estimate that immigrants were responsible for a net $8 billion gain (Smith and Edmunds, 1997). The $8 trillion US economy was growing by 2.5 percent a year. Admissionists stressed the $8 billion gain, while restrictionists emphasized that the net gain was equivalent to two weeks economic growth.

The model for estimating the net economic gain from immigration assumed that adding immigrants to the labor force reduced average wages by three percent, from an assumed $13 an hour to the actual $12.60 in 1996. The lower wages of all workers expanded the economy and increased the returns to owners of capital, making them and the immigrants who moved to the US for higher wages and more opportunities the major beneficiaries of immigration.

Estimating the public finance effects of immigrants required more assumptions. The NRC calculated the net present value of the average immigrant in 1996 by assuming that the earnings of immigrants will catch up to those of similar US workers, and that the children and grandchildren of immigrants will have the same average earnings, taxes paid, and benefits received profiles as the children and grandchildren of native-born children. The NRC further assumed that immigration did not raise the cost of public goods such as defense, and that the federal government would eventually raise taxes and reduce benefits to provide benefits for aging residents, meaning that both young immigrants and young US-born workers would pay more in taxes and receive fewer benefits.

These assumptions generated two major findings. First, the average immigrant had a positive net present value (NPV) of $78,000, meaning that a typical immigrant was expected to pay $78,000 more in federal taxes than they would receive in federal benefits in 1996 dollars over their lifetimes and those of their children and grandchildren. However, the NPV of immigrants with more than a high school education was plus $198,000, while the NPV of immigrants with less than a high school education was minus $13,000, that is, even assuming that the children of low-educated immigrants have the same average earnings, taxes, and benefits as US-born children, low-skilled immigrants and their children impose a net cost on US taxpayers.

The NRC study led to an obvious conclusion: to generate the maximum economic benefits from immigrants for US-born residents, the selection system should favor young and well-educated newcomers who are most likely to earn higher incomes, pay more in taxes, and consume fewer tax-supported benefits. This recommendation was rejected, as those favoring the current system, including advocates for particular migrant groups, churches, and immigration lawyers, argue for increasing overall levels of immigration to accommodate more high-skilled foreigners rather than introduce a point-selection system. Furthermore, many US employers preferred the current demand-oriented system under which they sponsor foreigners for immigrant visas, since employer sponsorship ties foreigners to a particular employer for years as guest workers. By contrast, a Canadian style supply-oriented point-selection system would allow newcomers to move from one employer to another.

During the three decades from 1970 to 2000, the share of foreign-born residents in the US population doubled from five to 10 percent, and the number of unauthorized foreigners, after dipping briefly with legalization in the late 1980s, more than doubled from 3.5 million in 1990 to 8.6 million in 2000. The effects of legal and unauthorized foreigners were debated, with many economists agreeing with Card that, since they could not find the expected negative effects of low-skilled foreigners on similar US workers, there were few or no such effects. There was more consensus among demographers on the number of unauthorized foreigners and more agreement on public finances, since it was easy to visualize that higher levels of education and higher incomes meant more taxes paid and less reliance on welfare benefits.

Immigration Patterns and Research: 2000-2016

The election of Presidents Vincente Fox in Mexico and George W. Bush in the US in 2000 was expected to usher in a new era in Mexico-US migration, marked by cooperation to reduce illegal migration and violence along the Mexico-US border, legalization of unauthorized foreigners in the US, and new guest worker programs. Indeed, just before the September 11, 2001 terrorist attacks, Fox was in Washington DC imploring Bush and the US government to enact immigration reforms that legalized unauthorized foreigners before the end of 2001.

Security took center stage after the September 11, 2001 attacks. As the US economy recovered from recession and illegal immigration rose, there were renewed calls for legalization and new guest worker programs. However, there was deadlock in Congress between restrictionists who emphasized the need for enforcement to deter unauthorized foreigners, and admissionists who wanted to legalize unauthorized foreigners.

Economists were also deadlocked over the impacts of low-skilled foreign workers on similar US workers. Borjas published an article, the labor demand curve is downward sloping, to emphasize that economic theory is correct, viz, adding migrant workers to an age and education cell, such as 25 to 30 year old workers with less than a secondary school education, reduces the wages of US workers who are similar in age and education by up to 10 percent (Borjas, 2003). Peri and his collaborators disputed Borjas's conclusion, arguing that migrants and natives within age and education cells were complements rather than substitutes, playing different labor market roles despite similarities in age and education, and that employers responded to the arrival of migrants by investing more to create jobs for them and US workers.

The debate over the impacts of low-skilled migrants was mirrored in a similar debate over high-skilled migrants. The US created the H-1B program in 1990, a time when there were believed to be sufficient US workers as indicated by the unemployment rate of 5.6 percent, but not enough to fill all of the jobs being created in the rapidly expanding IT sector. Some 20,000 temporary foreign workers with college degrees and fashion models were being admitted at the time, and the H-1B program made it easy for US employers to recruit and employ up to 65,000 a year. The expectation was that the number of H-1B visas requested would quickly jump to exhaust the 65,000 visas available, and demand for H-1B workers would then fall as US colleges and universities ramped up training and Americans filled more IT jobs.

These expectations proved wrong. The H-1B program expanded slowly, not reaching the 65,000 a year cap until 1997. At a time of low unemployment and in anticipation of the Y2K problem of computers not adjusting to the year 2000 properly, US employers persuaded Congress to raise the cap, add 20,000 H-1B visas for foreigners who earned Master's degrees from US universities, and exempt non-profits from the visa cap, allowing over 200,000 H-1B workers a year to enter. Since each H-1B can stay up to six years, the US soon had over a million H-1B visa holders.

Researchers studied the impacts of H-1B workers and reached opposing conclusions. Some found that US employers preferred to hire H-1B workers because they were younger and cheaper than similar US workers. In an IT labor market experiencing considerable mobility, H-1B workers were *"loyal"* to a particular employer since they wanted to be sponsored for an immigrant visa. Critics called H-1B workers high-tech Braceros, a reference to the discredited program that brought Mexican farm workers to the US under what are now seen as exploitative circumstances.

Other researchers stressed the spill over effects of highly skilled foreigners with H-1B visas. They found, inter alia, that cities with more H-1B foreigners generated more patents and experienced faster wage and job growth, findings that supported employers who wanted to raise the cap on visas. Some researchers echoed employers in arguing that it made no sense for US universities to educate foreigners in STEM-related fields and deny them an opportunity to stay in the US and work.

Employers resisted efforts to link more protections for US workers with an increase in the number of H-2B visas available, arguing that requiring employers to first try to recruit US workers would slow down their need to quickly hire H-1B workers. Instead, they persuaded DHS to allow foreign students who graduate from US universities with STEM degrees to remain in the US and work in jobs related to their degree for up to 30 months, so-called optional practical training or OPT, giving them time to find an employer to offer them H-1B visas good for six years.[6]

By 2005, when Congress began to consider immigration reforms to deal with unauthorized foreigners, most social science researchers agreed that any negative

---

[6] www.uscis.gov/working-united-states/students-and-exchange-visitors/students-and-employm ent/stem-opt. Employers do not have to try to recruit US workers before hiring OPT graduates, and there are no special wages that must be paid to OPT employees.

economic effects of low-skilled migrants on similar US workers were small, that high-skilled migrants had positive spillover economic effects, and that legalization of unauthorized foreigners would increase their mobility and wages as well as expand the US economy. However, restrictionists in the House of Representatives approved an enforcement-only bill in December 2005 that would have increased enforcement on the Mexico-US border, required all employers to use the internet-based E-Verify system to check the legal status of new hires, and made illegal presence in the US a crime, perhaps hindering the ability of unauthorized foreigners to become legal immigrants in the future.

This enforcement-only bill was widely denounced as ignoring the benefits of migration, and culminated in a May 1, 2006 *"day without migrants"* that involved many businesses closing for the day to highlight the contributions of migrants. The Senate in May 2006 enacted a three-pronged comprehensive immigration bill favored by most social science researchers, viz, increase enforcement to deter illegal migration, legalize most unauthorized foreigners and put them on a path to US citizenship, and create new guest worker programs for low-skilled workers. The House refused to act. A similar comprehensive immigration reform bill failed in the Senate in 2007 but was approved in 2013, but the House again refused to act and there was no reform.

During these immigration reform debates, most social scientists generated research that supported legalization of unauthorized workers and more guest workers. There was very little research on how employers, labor markets, and the economy might adjust to fewer foreign-born workers, since immigration reforms were expected to legalize current workers and admit more.

Trump and Migration

Donald Trump in 2015-16 campaigned on seven major issues, two of which involved migration, viz, have the US build and Mexico pay for a wall on the 2,000 mile Mexico-US border and deport the 11 million unauthorized foreigners in the US. President Trump issued three executive orders during his first week in office, planning a wall on the Mexico-US border, increasing deportations and dealing with sanctuary cities, and reducing refugee admissions. Trump said: *"Beginning today, the United States of America gets back control of its borders."*

Trump launched his bid for the Republican presidential nomination in June 2015 by accusing unauthorized Mexicans of *"bringing drugs. They are bringing crime. They're rapists ... but some, I assume, are good people."* (Rural Migration News, 2015). There was an immediate negative reaction. Most pundits thought that Trump's inflammatory comments would doom his first campaign for elective office, especially since he was competing with well-known senators and the brother of ex-President George W. Bush.

Trump won the most votes in state-by-state primaries and became the Republican candidate for president in July 2016 with a nationalist platform that centered on Make America Great Again. After a short visit to Mexico, candidate Trump outlined a 10-point immigration plan on August 31, 2016 that began with a wall on the Mexican border to be paid for by Mexico and ended in ambiguity about what would happen to unauthorized foreigners in the US. He said *"No citizenship. They'll pay back taxes ... There's no amnesty, but we will work with them."* (Rural Migration News, 2016).

President Trump in January 2017 ordered DHS to redirect funds to plan for construction of a wall on the Mexico-US border and to beef up interior enforcement by adding 10,000 agents to the current 10,000 to detect and remove unauthorized foreigners convicted of US crimes.[7] Trump said that Mexico would pay for the wall, if necessary with a 20 percent tax on Mexican imports.

Trump reinstated a program that allows federal immigration agents to train state and local police officers to detect unauthorized foreigners and to hold them for federal agents or involves state and local police joining task forces with federal enforcement agents to pursue criminal gangs. Trump's order expanded the definition of criminals who are the highest priorities for deportation to include those charged, and not necessarily convicted, of US crimes. Trump threatened to withhold federal grants from sanctuary cities that *"willfully refuse"* to cooperate with DHS, prompting California legislators to say they would nonetheless defy Trump and prohibit state and local police from cooperating with federal immigration enforcement agents.[8]

Trump suspended the admission of refugees for 120 days, blocked the entry of Syrian refugees indefinitely, reduced planned refugee resettlements in the US in FY17 from 110,000 to 50,000, and banned entries for 90 days from seven countries: Syria, Iran, Iraq, Somalia, Sudan, Libya and Yemen.[9] The entry-ban was blocked by the courts, and re-issued in March 2017 to block only new entries from six countries, with Iraq removed from the list, and this revised order was also blocked by courts.

Trump's executive orders were widely condemned by most researchers, who emphasize that unauthorized Mexico-US migration has fallen to historic lows as Mexico completes its fertility transition and better education and more jobs in

---

[7]   Two-thirds of the two million foreigners who were put in removal proceedings after being detected by Secure Communities enforcement had committed only misdemeanor crimes. The Priority Enforcement Program unveiled in November 2014 targeted foreigners convicted of felonies and gang members.

[8]   Sanctuaries are states, counties, and cities that limit their cooperation with the Immigration and Customs Enforcement (ICE) agency of the Department of Homeland Security. In 2015, there were four states, 326 counties, and 32 cities that had declared themselves to be sanctuaries for unauthorized foreigners (www.americanimmigrationcouncil.org/research/sanctuary-cities-trust-acts-and-community-policing-explained).

[9]   The US admitted 785,000 refugees since September 11, 2001, including a dozen who were arrested or removed from the US due to terrorism concern. Some 3.2 million refugees were admitted since 1975, including 85,000 in FY16, of whom 72 percent were women and children. In FY16, 38,900 Muslim and 37,500 Christian refugees were admitted.

Mexico keep most potential migrants at home. Most researchers conclude that migrants are less likely to commit crimes than similar US-born persons, and that efforts to detect and remove unauthorized foreigners would be costly[10] and break up mixed families, those in which some members are unauthorized while others are US-born and thus US citizens. Finally, researchers decried reducing refugee admissions, arguing that the US has long been a haven for those seeking refuge and that most refugees integrate successfully and are not terrorist threats.

The US does not have a governmental migration commission that studies the socio-economic effects of migration on an ongoing basis. Each house of Congress has an immigration subcommittee that conducts oversight hearings on migration-related issues that range from visa issuance to unauthorized migration to guest workers. Researchers are often invited to testify, although the majority party controls most of the witnesses allowed to testify. Private foundations and the federal government support a wide range of migration research, most of which concludes that migrants and their children are integrating successfully, with few adverse and many positive effects on the US economy and society.

Conclusions: Research and Policy

Most social science research on migration is optimistic, finding that immigrants help themselves by moving to the US and enrich the US economy and society. There are several reasons for this optimism, including economists who find that migrants expand the labor force and the economy without hurting US workers, sociologists who find that most newcomers integrate successfully, and political scientists who are more likely to celebrate diversity rather than emphasize the loss of social capital.

There are three major lessons of the US experience. First, the locus of migration research shifted from historians who examined how immigrants integrated into and changed US society to contemporary migration in the 1970s, when the number of legal immigrants and unauthorized foreigners rose and the origins of most migrants shifted from Europe to Latin America and Asia. A new generation of researchers, many of whom were immigrants themselves, from George Borjas (from Cuba), David Card (Canada), Alejandro Portes (Cuba), and Giovanni Peri (Italy), examined the impacts of contemporary migration, often with the goal of influencing migration policies.

Second, most government- and foundation-supported research concluded that immigration was beneficial for the migrants and the US economy and society. The

---

[10] US Immigration and Customs Enforcement estimated in 2016 that it costs $12,200 to identify and remove each unauthorized foreigner, a cost that could drop if state and local governments cooperated with ICE. See www.politico.com/story/2016/12/is-donald-trump-deportation-plan-impossible-233041

Mexican Migration Project supported by the US government obtained work and migration histories from thousands of Mexicans in Mexico who had been in the US. Massey concluded that Mexico-US migration had mostly mutually beneficial circular patterns until the US government stepped up border enforcement, *"trapping"* unauthorized Mexicans in the US. The general theme of social science research was that immigrants generate more benefits than costs, although some warned that there was a risk of segmented assimilation, as when frustrated immigrant children or the children of immigrants who identified with US minorities could feel unable to get ahead, drop out of school, and perhaps join gangs.

Third, unauthorized migration became an increasingly contentious issue. The research and elite consensus was that three-pronged comprehensive immigration reforms including more enforcement, legalization for unauthorized foreigners in the US, and new guest worker programs would be enacted after Hillary Clinton was elected president. This means that Trump's plans for a wall on the border and widespread deportations were denounced as unneeded and too expensive. Since Clinton was expected to win, the foundations supporting migration research spent more on projects to implement legalization than to anticipate the effects of increased enforcement.

Comparisons with two other issues may highlight links between research and policy in migration. For two centuries, economists have preached the virtues of freer trade, arguing that comparative advantage ensures that most people in trading countries are better off, since winners can compensate losers and still be better off. Free trade became the mantra of opinion leaders in both major political parties and all significant research institutions, with lip service paid to the need to compensate the losers from freer trade by retraining displaced workers for new jobs. Opposition to freer trade came largely from unions representing manufacturing workers that found retraining displaced manufacturing workers for service jobs usually resulted in lower wages, that is, retraining left displaced workers worse off.

Research on the causes of and appropriate responses to climate change are similar. Even with agreement that the climate is warming, there is disagreement over how much warming is due to human activities and the appropriate investment needed now to avoid problems in the future. Most researchers conclude that human activities are a major cause of climate change, and that a significant investment is required now to minimize future adjustment costs. As with migration, the few researchers who disagree on the need for a carbon tax or other investments now to avoid future problems are considered out of the mainstream, with their research often dismissed because some was funded by energy firms that would be adversely affected by carbon taxes.

Perhaps the two most telling facts about US migration research involve consistent results and no penalties for objectively wrong predictions. In migration research, one needs to read only the name of the researcher to know the conclusions. Most economists consistently find that low-skilled migrants either help or hurt similar US workers, and their results do not vary with the data source or model. Second, there appear to be few penalties for false predictions, as illustrated by the careers of those who confidently predicted in the 1970s, when there were fewer than two million Mexican-born US residents, that Mexicans were sojourners, not settlers, and would not settle in the US. There were 12 million Mexican-born persons in the US in 2014, plus an additional 18 million children born to them in the US.

Americans are better educated than ever before, and there is more scientific research than ever. However, the willingness of the public and politicians to accept the results of scientific research has perhaps never been lower. Examples of research ranging from the value of particular drugs and dietary advice are often dismissed by those who disagree with the conclusions. Instead of confronting the science, the critics often suggest that research results were tainted by their funders.

Literature

Borjas, George. 2003. The Labor Demand Curve is Downward Sloping: Reexamining the Impact of Immigration on the Labor Market. Quarterly Journal of Economics. pp1335-74. https://academic.oup.com/qje/article-abstract/118/4/1335/1925108/The-Labor-Demand-Curve-is-Downward-Sloping

Brown, Anna and Renee Stepler. 2016. Statistical Portrait of the Foreign-Born Population in the United States. www.pewhispanic.org/2016/04/19/statistical-portrait-of-the-foreign-born-population-in-the-united-states-trends/

Card, David. 1989. The Impact of the Mariel Boatlift on the Miami Labor Market. NBER Working Paper No. 3069. http://www.nber.org/papers/w3069

Chiswick, Barry. 1978. The Effect of Americanization on the Earnings of Foreign-born Men. Journal of Political Economy pp 897-921. https://ideas.repec.org/a/ucp/jpolec/v86y1978i5p897-921.html

DHS. Yearbook of Immigration Statistics. https://www.dhs.gov/immigration-statistics/yearbook

Higham, John. 1984. Send These to Me: Immigrants in Urban America. John Hopkins.https://books.google.com/books/about/Send_these_to_me.html?id=5JgYAQAAMAAJ&hl=en

Martin, Philip. 2009. Importing Poverty? Immigration and the Changing Face of Rural America. Yale University Press. www.yalebooks.com/yupbooks/book.asp?isbn=978030020976

Martin, Philip. 2003. Promise Unfulfilled: Unions, Immigration, and Farm Workers. Ithaca. Cornell University Press. www.cornellpress.cornell.edu/book/?GCOI=80140100792940&CFID=9652803&CFTOKEN=fl155d49f162eed5-5AABB7F9-C29B-B0E5-30D66D992EBABD0B&jsessionid=84301cb0683d5770849b171b6b4e272f564cTR

Martin, Philip and Elizabeth Midgley. 2010. Immigration in America. Population Reference Bureau. June. www.prb.org/Publications/PopulationBulletins/2010/immigrationupdate1.aspx

Martin, Susan. 2011. A Nation of Immigrants. Cambridge. http://www.cambridge.org/catalogue/catalogue.asp?isbn=9780521517997&ss=fro

Mines, Richard and Philip Martin. 1984. Immigrant workers and the California citrus industry. Industrial Relations, Vol 23, No 1. January: 139-149 http://onlinelibrary.wiley.com/doi/10.1111/j.1468-232X.1984.tb00883.x/abstract

National Academies. 2015. The Integration of Immigrants into American Society. https://www.nap.edu/download/21746#

National Academies. 2016. The Economic and Fiscal Consequences of Immigration. https://www.nap.edu/catalog/23550/the-economic-and-fiscal-consequences-of-immigration

Smith, James and Barry Edmonston. Eds. 1997. The New Americans: Economic, Demographic, and Fiscal Effects of Immigration. National Research Council. www.nap.edu/catalog/5779/the-new-americans-economic-demographic-and-fiscal-effects-of-immigration

The Syrian Humanitarian Disaster: Understanding Perceptions and Aspirations of Refugees and Practitioners in Jordan, Lebanon, and Turkey

Dawn Chatty

Abstract

Twice in modern history, Greater Syria (Bilad al-Sham) and its peoples have experienced massive displacement. In the 100 years between 1850 and 1950 Syria received several million forced migrants from the contested borderlands of the Imperial Russian and Ottoman Empires. Then, a decade into the 21st century, Syria disintegrated into extreme violence triggering a displacement crisis of massive proportions. The speed with which the country emptied of nearly 30 % of its population shocked the world and left the humanitarian aid regime in turmoil as agencies struggled to respond to the growing displacement crisis on Syria's borders. Each country bordering on Syria has responded differently to this complex emergency: Turkey rushed to set up its own refugee camps for the most vulnerable groups, but generally supported self-settlement of Syrians; Lebanon refused to allow the international humanitarian aid regime to set up formal refugee camps preferring to encourage multiple informal settlements near areas of labour shortages; and Jordan openly accepted Syrians to self-settle for nearly a year then reversed its policy and insisted upon the setting up of a massive United Nations refugee camp thus distancing Syrians from urban areas and opportunities to establish livelihoods. And Europe, after 2015, sought to contain these nearly 5 million displaced people in the region. This study addresses the disparities in perceptions and aspirations of practitioners and displaced Syrians in Jordan, Lebanon and Turkey. It also seeks to identify what measures and conditions – if any – are regarded as critical by the three target communities for a safe and secure future.

Introduction

The Making and Unmaking of a Refuge State in Syria

Twice in modern history, Greater Syria (Bilad al-Sham) and its peoples have experienced massive displacement. In the 100 years between 1850 and 1950 Syria received several million forced migrants from the contested borderlands of the Imperial Russian and Ottoman Empires. At the close of the Crimean War (1853-

1856), and the following two Ottoman- Russian Wars in the 1860s and 1880s, an excess of 3 million forced migrants from the Crimea, Caucasus and the Balkans entered the Ottoman provinces of Anatolia; many continued on their journeys to the Arab regions of the Levant (Greater Syria). The Ottoman administration faced with dealing with the aftermath of what many historians labelled as the first genocide in modern history established a special commission to address the needs of these forcibly displaced Tatars (Crimean Muslims), Circassians, Chechnyans, Abkhaza, Abaza, and other related ethnic groups. The Commission (*Muhacirin Komisyonu*) set out generous terms for the resettlement of these people granting them some freedom of choice along the sparsely settled agricultural lands of Greater Syria. This 'Refugee' Commission – the first of its kind in contemporary history - offered incoming forced migrants agricultural land, draught animals, seeds, and other support in the form of tax relief for a period of between 6-12 years depending on location, and exemptions from military service for a decade (Chatty 2010). All effort was made to see these settlers become self-sufficient in as short a time as possible. Social and economic integration into numerous ethnically –mixed settlements of Greater Syria was encouraged rather than any effort to force these immigrants to assimilate into the majority culture of the area. This policy of 'integration without assimilation' resulted in the conscious promotion of the cosmopolitan and convivial nature of urban and rural communities in the late Ottoman Empire.

At the close of World War One as many as half a million Armenians found refuge settling among their co-religionists in Aleppo, Damascus, Beirut, and Jerusalem. When the modern Republic of Turkey was established in 1923, 10,000 Kurds fled across the border into Syria choosing to escape from the forced secularism of Kemal Ataturk's new Turkey and the abolition of the Islamic Caliphate. The Inter-War French mandate (1920-1946) over the modern, greatly reduced, territorial state of Syria saw a continuation of these processes, with waves of Assyrian Christians entering the country in the 1930s seeking asylum and safety from deplorable conditions in Iraq. All these forced migrants were granted citizenship in the new Syrian state. And then in the late 1940s, Syria was the safe harbour for over 100,000 Palestinians fleeing the *Nakbah* (Catastrophe) and the creation of the state of Israel. Negotiations to grant up to 300,000 Palestinians Syrian citizenship then floundered with the assassination of the Syrian President Husni Zaim (Shlaim 1986). It is hardly an exaggeration to say that the modern 'truncated' Syrian state, carved out of Greater Syria by the League of Nations in 1920 and granted full independence in 1946, was a place of refuge for hundreds of thousands of ethno-religious minorities uprooted from their homelands, near and far, as a result of war, of arbitrary lines drawn across maps, and ethno-sectarian strife.

Even in the early 21st century, Syria admitted over a million Iraqi refugees into its country hosting them as 'temporary guests' and brother Arabs. As long as they and other refugees from Afghanistan, Sudan, Somalia, and Eritrea conducted their business quietly and with little public display, they were tolerated by the Syrian

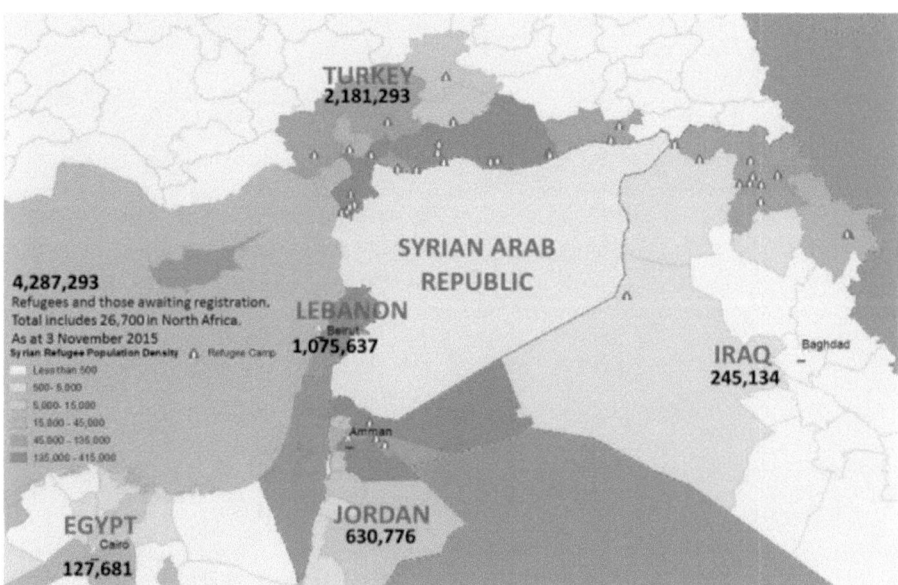

Figure 1 Forced migrations to Syria till the midst of the 20st century. The boundaries and names shown and the designations used in this map do not imply official endorsement or acceptance by the United Nations.

Source: http://data.unhcr.org

Ba'thi state. The Arab and Syrian institution of hospitality and refuge meant that, until 2011, the humanitarian aid regime did not have to deal with mass influx into Europe of Iraqi or other refugees from the Arab world.

Then, a decade into the 21st century, Syria disintegrated into extreme violence triggering a displacement crisis of massive proportions. The speed with which the country emptied of nearly 30 % of its population shocked the world and left the humanitarian aid regime in turmoil as agencies struggled to respond to the growing displacement crisis on Syria's borders. Each country bordering on Syria has responded differently to this complex emergency: Turkey rushed to set up its own refugee camps for the most vulnerable groups, but generally supported self-settlement of Syrians; Lebanon refused to allow the international humanitarian aid regime to set up formal refugee camps; and Jordan openly accepting Syrians to self-settle for nearly a year then reversed its policy and insisted upon the setting up of a massive United Nations refugee camp. Turkey and Lebanon have generally permitted Syrians to enter as temporary 'guests'; Jordan has returned some – con trary to international norms. Lebanon and Jordan have not signed the 1951 Refugee Convention that sets out principles and responsibilities of states in providing protection and asylum for those deemed to fit the definition of 'refugee' according to the 1951 Statutes and the 1967 Protocol. And although Turkey has signed the

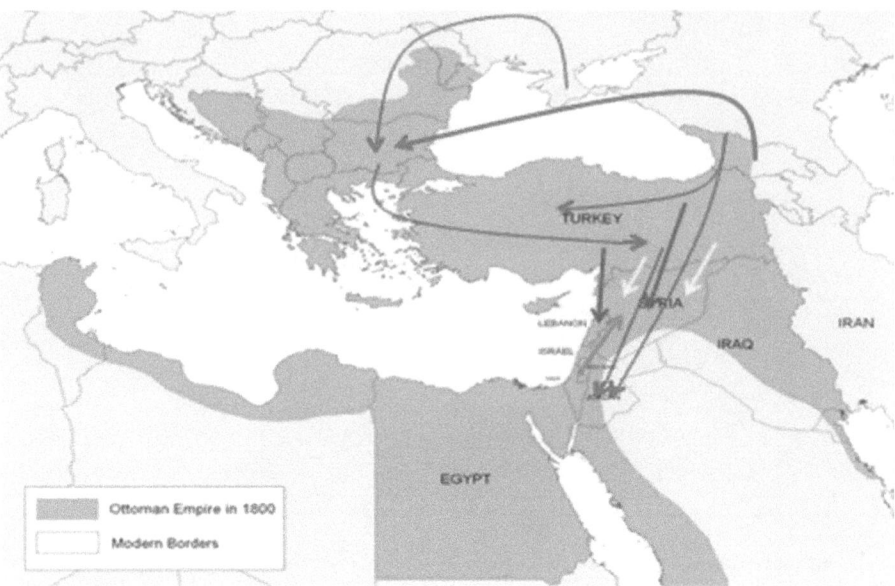

Figure 2 Refugees and camps on border with Syria, November 2017

Source: the author

1951 Convention and its 1967 Protocol, it has reserved its interpretation of the Convention to apply only to Europeans seeking refuge /asylum in Turkey.

UN estimates are that over 60% of the Syrian refugee flow across international borders is self-settling in cities, towns and villages where they have social and economic networks. In Turkey, most refugees are clustered in the southern region of the country bordering Syria and circular migration in and out of the country is tolerated. Despite a general rejection of encampment among those fleeing, still some 10-15% of Syrians in Turkey are in state-run emergency assistance camps. In Lebanon, informal settlements – often based on pre-existing relationships with 'gang-master' agricultural hierarchies - have proliferated with patron-client relationships developing which overshadow the generally more transparent management of humanitarian aid. In Jordan, self-settled refugees from Syria found to be illegally working are 'deported' into the UN managed refugee camps of Za'tari or Azraq from which there is no escape other than paying to be sponsored by a Jordanian or to be smuggled out and re-enter the liminal state of irregular status.

Mass Influx Contained Regionally?

Turkey, Lebanon and Jordan have each established a variety of measures to deal with this, now, protracted crisis. However, in each country, neither the displaced nor the hosting communities have been consulted. Discrepancies rapidly became visible and tensions and protests quickly emerged among host communities, displaced Syrians and humanitarian policy-makers. After the 2015 mass influx of

Syrians into Europe via the land bridge of the Balkans, the humanitarian regime, led by the EU, responded with efforts to make remaining in the region more practicable and more palatable for both the hosting countries and Syrians. The current situation, however, remains unsustainable and threatens to test the humanitarian aid regimes' preferred 'solution' of regionally containing the crisis. Without significant changes in policy and practice throughout the region, Syria's forced migrants will continue to find ways of leaving the region in search of protection – temporary protection – elsewhere. Unable to work and provide their children with an education for the future they will move on risking their lives in dangerous sea crossings and exhausting land marches led by people smugglers.

Research questions

This paper sets out to understand the disparity in perceptions, and aspirations, of refugees from Syria, as well as host communities and practitioners in Turkey, Jordan and Lebanon. It also seeks to identify what measures and conditions – if any – are regarded as important by the three target communities for a future return, and reintegration in Syria once conditions permit.

Methodology and Methods

The field study upon which this paper is based was a multi-sited, 12 month qualitative and participatory research endeavor conducted between October 2014 and September 2015 in Turkey (Istanbul and Gazianteb), Lebanon (Beirut and the Bekaa), and Jordan (Amman and Irbid). Interviews were conducted in Arabic and in English and interpretation was only required in Turkey when interviewing members of local communities hosting refugees from Syria. Once the initial key informants were selected using a purposive sampling approach, a snowballing technique was employed to identify further participants for interviewing keeping an eye on representativeness in terms of gender, class, education, ethnicity and origins. A participant observation strategy also defined this study.

The study initiated a consultative engagement between practitioners, representatives of hosting communities and the refugees. It commenced with in-country recruitment of researchers in collaboration with the facilitating research institutions: the Swedish Institute of Istanbul in Turkey; the American University of Beirut (AUB) in Lebanon; and Council for British Research in the Levant (CBRL) in Jordan. Fieldwork was divided into three one-month phases in each country – October 2014 in Istanbul. Ankara and Gaziantep, Turkey; December 2014 in Beirut and the Bekaa Valley, Lebanon; and February 2015 in Amman and Irbid, Jordan. Each field trip included exploratory informal and focused discussions as well as semi-structured interviewing with international and national practitioners, self-settled refugees and host community members, as well as refugees in camps.

Further study trips to Lebanon and Jordan were conducted between 2016-2018 to update findings with regards to civil society projects – local community support and national NGO efforts – as well as the transformations in attitudes as the crisis moved from an emergency situation to a protracted one.

A Precarious Containment Policy

Lebanon

Many Syrians in Lebanon displaced by the conflict in their country do not feel that they are refugees. However, they sense a growing level of social discrimination, especially in Beirut. In addition, they articulate a fear that the Lebanese population associates them with a rise in criminality. Many of the Syrians in Lebanon were not new to the country but had been working for many years in the construction and agriculture sector of the economy. The continuing armed conflict in Syria meant that many of the Syrian workers' wives and children fled Syria and came to join husbands already working in Lebanon for some time. Their movements were largely progressive and in stages, first arriving in Akkar or the Wadi Khalid region of Northern Lebanon and gradually making their way to join their spouses in the Bekaa, Tripoli and Beirut. Those with jobs, feared losing them once it were known that their families had joined them, contributing to the distress and isolation of many of these Syrians.

> "My husband came to Lebanon a long time ago, even before the war in Syria. He used to come over since he was 17, therefore he knows Lebanon very well. He used come and go, stay for a while [working as a carpenter] and then go back to Syria. In 2011 he was in Lebanon; then the situation was very bad in Syria, so I came to Lebanon …, my husband had a job and we stayed at his boss's house. Back then I couldn't go back to Hama. My husband had no intention of bringing me to Lebanon, for him it was settled that he worked in Lebanon and I stayed in Syria. But after all the explosions in Hama, I couldn't protect my kids. I decided to come and stay in Lebanon. My husband is always afraid he might be fired [if the children get into any trouble]." (Reem, Beirut, 2014)

Curfews in over 40 municipalities (out of more than 1,000) and growing reports of vigilantism have meant that some Syrians are afraid to go out at night, to work overtime or to mix with the Lebanese population. For many of the skilled and unskilled Syrians in Lebanon, these curfews have meant that older children and adolescents are being pulled out whatever schooling they had been entered into in order to work during daylight hours with their fathers.

> "My son should be in 9th grade, but he works in a supermarket now. But people tell me that it is a waste that my son is not in school. He will have no future without education. But our situation is very bad, I really want to send him to school, but at the same time we are in deep need and of his financial help." (Layla, Beirut, 2014)

In the Bekaa Valley, Syrians with no savings are accepting very low wages in order to provide their families with food. This has raised hostility among local Lebanese who see the Syrian workers as a threat to their own livelihoods, resulting in increased social discrimination and vigilantism.

Many Syrians – despite their long association with Lebanon over decades and often close kinship ties – are feeling frightened and cut off from Lebanese society. Although a number of international NGOs and national and local NGOs operate in Beirut and in the Bekaa Valley to provide basic needs, there is little interaction with the Lebanese communities who are hosting Syrians. Very little evidence emerged from the interviews of host community involvement in any 'survival in dignity' activity on an individual basis; NGO activity was limited to more 'distant and distancing' charity work or local civil society efforts in Beirut organized by middle class Lebanese and Syrians resident in the country. The UNHCR's very slow uptake of cash assistance to the most needy and vulnerable Syrians in Lebanon has resulted in large numbers of women and children being seen on the streets of Beirut begging – something which is generally frowned upon and regarded with little sympathy by Lebanese.

"I don't like to buy anything off the street from these people [referring to the selling of pencils, tissues, flowers], it just encourages begging." (Senior refugee aid practitioner, Beirut 2015)

The mass influx of Syrians into Europe in 2015 - as a result of both increase Syrian government and Russian aerial bombardment in areas of the country controlled by opposition forces and the rapid spread of the 'Islamic State' forces over large swathes of the country - did not have a demonstrable impact in Lebanon. Syrians continued to be seen as both detrimental to Lebanon's economy but at the same time a significant element of the informal economy. As Turner clearly elucidates, Lebanon has allowed previous levels of Syrian participation in the economy to be restored and is benefitting from this policy (2015, 13). The non-encampment policy has meant that Syrians have tended to self-settle in areas of the country which they had previously worked in seasonally as agricultural labourers. However, the opportunities for exploitation are clearly evident in the lack of humanitarian support in providing shelter. In many cases, in order for Syrians to rent a space for their tent, they have to commit to work for the landowner in construction or agriculture. This has opened the door to the exploitation of a precarious work force, willing to work at even lower wages than their Lebanese counterparts. While such relations may benefit the broader economy, it creates distinct grievances among the hosting community as expressed by the increasing reports of vigilantism, and other social discriminatory acts. Thus the non-encampment policy of Lebanon – which has political value, can also been seen as a way to suit the state's interests in a cheap and docile Syrian work force. The fact that it also engenders a growing hostility particularly among working class Lebanese who feel undermined economically by the presence of so many Syrians is not adequately considered or addressed by the refugee aid regime present in the country.

Jordan

Most Syrians regard Jordan's initial response to the humanitarian crisis and mass influx of people from the Der'aa region of Syria into the country as open and generous. Many of these initial forced migrants had kinship ties in Northern Jordan or well-established social networks, and the hosting of this initial influx was regarded as generous and hospitable. However, within a year into the crisis, the Jordanian government restricted access to the country and actively prevented some from entering [unaccompanied male youth] or actually returned others [Palestinian refugees from Syria].

The change in Jordanian government policy was attributed to lobbying by tribal elders from the north of the country who were concerned that the hospitality they were extending to many of their Syrian kinsmen could not go on indefinitely and was threatening relations between Syrians and their rural, Jordanian hosts. Andrew Harper, the UNHCR representative in Jordan at the time, admitted that the Jordan's decision to request that UNHCR open a refugee camp in Jordan was taken after consultation with tribal leaders who felt that they could not continue to absorb Syrian refugees (Forum 2013). In other words, although wealthy Syrian exiles were seen to be bringing much needed investment into the country, the poorer Syrian 'cousins' threatened to upset hiring practices at the other end of the social scale, particularly in terms of living daily wages. If the government could be convinced to confine Syrians from the lower socio- economic classes in camps that would reduce the potential number of Syrian labourers entering the Jordanian economy and potentially depressing wages. These poorer, more rural and less well-educated Syrians were prepared to accept lower wages and longer hours than Jordanians, or other Arab migrants, such as the Egyptian labour force in Jordan. Hence the camps which the government permitted the UNHCR to build severely restricted refugees freedom of movement and freedom to work (Turner 2015). Even the bailout system – buying Jordanian sponsorship to leave the camps legally – enables those Syrians with access to capital to leave while the poorest Syrians are consigned to the camps and away from any potential competition with Jordanian wage labourers

> *"Syrians are prepared to work for 15 dinars a day, whereas my Egyptian workers want 25 dinars a day."* (Jordanian employer in Amman, 2015)

Security has also become increasingly an issue both among Jordanian government officials and international aid workers. The government recognized early in the conflict that it was receiving military defectors and wounded opposition fighters for medical treatment. As early as 2013, the Jordan Times newspaper reported that over 2,000 such individuals were being held in a special military complex. Their movements were restricted and monitored. A further example of this concern is that Jordan has refused entry to the country of men who are not accompanied by family or cannot prove that they have family in Jordan (Turner 2015, 7).

"At the beginning you had a refugee crisis with a security component and it has become a security crisis with a refugee component. So in the early days it was 'these are our brothers' and so the natural generosity has now give way to more suspicion about who these people are and the security card is played all the time now." (Senior international practitioner, Amman 2015)

A discrepancy between what is widely written in the local press [the burden of Syrians on the Jordanian economy] and what policy makers and practitioners consider is actually occurring has emerged. Many policy makers express recognition that Syrians are contributing to the Jordanian economy in a greater fashion than is widely being written about and circulated in polite society. Some point to a recent United Nations report (ILO 2015) suggesting that the unemployment rate had dropped by 2% since the start of the Syrian crisis due to the surge in wealthy Syrian business men (over 200) gaining permits to open factories in Jordan and undertaking to employ Jordanians (estimated at about 6,000) in these factories.

The host community in Jordan is bombarded with information in the print media regarding the negative influence of Syrian refugees in the country – although this is not backed up by the studies that are emerging. However at the same time there is a widespread acknowledgement that Syrians are skilled workmen, especially carpenters. Employment in the informal sector has created stress even though it brings in much needed funding. Syrians who are working are fearful of possible arrest as they have no work permits – even though they are largely replacing Egyptian, not Jordanians, in the work force.

"Syrian refugees are skilled craftsmen, especially carpenters, we all know that. Jordanians are not skilled carpenters. Syrians are not taking jobs from Jordanians; but they may be taking jobs from Egyptians. They are working informally, but that puts a lot of stress on them because they can be arrested and deported if they are found out." (Senior Jordanian policy maker, 2015)

There is some social discrimination levelled at Syrians in Jordan but it is muted compared with that expressed in Lebanon. The majority of Syrians in Irbid and in Amman are tied in real rather than fictive kinship with Jordanians. Thus, the negative social attitudes of Jordanians toward their Syrian relations are kept closer to the chest. This may be associated with tribal custom and general conceptual concerns related to the requirement of hospitality to tribal kin and others in patron/client relationships (many Syrians from the Der'a region are associated with the Beni Khalid tribal confederation also found in northern Jordan). Jordanians generally do recognize that the country benefits [from international aid] from its expenditure on refugees and that a significant percentage goes into direct government projects to assist Jordanians. For example, the recent US- Jordanian bilateral announcement of $1 billion over the next 3 years is specifically for Jordanians infrastructure development and the construction of 50 high schools for Jordanians (see, for example, Barbelet and Wake 2017).

Turkey

Syrians in Turkey come from a variety of backgrounds and social classes. The first wave of Syrians to seek sanctuary in Turkey crossed over from the Idlib province into the Hatay region of Turkey – a province of Syria acceded to Turkey in 1938 by the French Mandatory Authority in Syria. Thus, many of these Syrians had close kinship connections as well as linguistic and cultural connections. They were received as misafirs (guests) and generally self-settled in the towns and villages of the province (Dagtas 2017). As the crisis continued Syrians sought shelter in the major towns and cities of the southern border region of Turkey, in some cases changing the population make-up of places like Kilis which came to hold more displaced Syrians then Turkish citizens. Istanbul also saw significant displaced Syrians self-settle, mainly from the wealthy and middle classes.

Many of the displaced Syrians we interviewed were concerned with the negative imagery of 'dirty' and uncouth' Arabs, commonly articulated by middle class Turks – a holdover of stereotypical animosities embedded late Ottoman society. The Arab provinces of the empire were widely regarded as stagnant, backward, and uncultured by the sophisticates of Istanbul. Furthermore, many Syrians remarked that Turkish observers had difficulty differentiating between the general Syrian refugee population in their country and the 'nawwar' (Gypsies). Gypsy communities in Turkey, Iraq, and Syria are widely disparaged in the region. They, too, have been displaced by the Syrian crisis and are commonly seen begging on the streets of Istanbul and elsewhere. Largely unrecognized, the Gypsies of south west Asia have also seen their peripatetic and seasonal economy disrupted by the armed conflict in Iraq and Syria and have gravitated to Turkey in the hope of sustaining themselves in greater security by traditional acts of begging.

At the local level, a growing number of citizen groups and associations are working to cultivate a more positive approach to displaced Syrians. The sentiment of recognizing the needs of Syria' refugees was widely articulated by members of local Turkish hosting communities. The importance of the third sector - charitable organizations and religious / Sufi based associations - in providing assistance has been growing and is beginning to be acknowledged in research. But street begging continues to be widely condemned by both host community members and Syrian refugees themselves.

> *"I don't' like to give money to beggars because it just encourages them."* (Turkish practitioner, Istanbul, 2014)

Lack of communications and poor understandings of the situation of Syrians led to demonstrations, arrests and a dozen or so deaths in the autumn of 2014 and again in 2017; many Turkish citizens felt that more transparency on the part of the government in terms of just what Syrians were entitled to would have relieved the critical situation and growing discriminatory attitudes. Many thought that refugees from Syria were being given salaries by the Turkish government; others felt that Syrians were working for lower wages (their Turkish employers did not have to pay taxes) and this was driving out the unskilled Turkish workers who had no safety net when they lost their jobs to Syrians. These concerns have bubbled away over the past five years and re-emerged in 2018 leading to much political speculation (Cunningham and Zakaria 2018).

At the grass roots level, widespread support from civil society was especially noticeable among established NGOs and religious organizations related to the Islamic Sufi sector of society (civil society rather than religious organizations); neighbourhood public kitchens providing free meals and bread to the poor as well as refugees resident in the area was common in Istanbul and in Gazianteb.

> *"My husband came first and then I joined him 8 months later with our baby. At first we went to Mersin, but my husband couldn't find a job. When we ran out of money we came to Gazianteb, because the Syrian Interim Government was here. We thought there would be more jobs here. So we came here and 2 months later we met this nice man who found a job for my husband and rented us these two rooms. Our neighbours gave us some mattresses and a TV to watch Syrian television. There is also a mosque nearby where I go and the people there give me diapers for the baby, bread and daily hot meals as well as supplies of sugar, pasta and oil."* (Hala, Gazianteb, 2014)

Lack of common language may have been a divide in other times, but in the present crisis, language seems to be less significant. For professionals and skilled workers it has meant the inability to work at their professions [especially doctors, and health care specialists, except when their training was outside of Syria and could be accredited], but in other cases, being 'very' different seems to have breed greater sympathy and general support at the local community level.

Protracted Crisis and the EU Regional Compacts

Efforts to keep displaced Syrians in the region emerged in 2016 in the wake of the mass influx of nearly 800,000 Syrians fleeing the region and trying to walk to safety via the Balkan land corridor to Europe. In February 2016 a Donors meeting was held in London, the Support Syria Conference, to pledge support for the millions of Syrians and the region affected. More than $12 billion were raised in pledges, but more importantly, the meeting led to the Jordan Compact and later the Lebanon Partnership. These were agreements that in return for billions of dollars in grants and loans and preferential trade agreements with the European Union, Jordan, and later Lebanon, would be committed to improving access to education and legal employment for its Syrian refugees. The UNHCR recognized that although thousands of Syrians would continue to embark on dangerous sea journeys to Europe, it was the host governments and communities neighbouring Syria that could continue to bear the brunt of the political, economic, and social spillover from the Syria conflict. Perhaps also in the hope of reducing the number of desperate Syrians making their way across the Mediterranean, the international community embarked on these two agreements with Jordan and with Lebanon. It was assumed that with greater international financing, and trade support both Jordan and Lebanon would open up education opportunities and the legal potentials for Syrians to work in both countries and thus making their lives in the region less precarious (Compact 2016; Jordan 2016). With Turkey, an agreement aimed at blocking Syrians from leaving Turkey to reach Europe was undertaken, giving Turkey up to $6 billion to address the needs of Syrians in their country in exchange for better monitoring and restrictions on 'people smuggling and traffickers'(Statement 2016). In Turkey and Jordan government was encouraged to issue more work permits to Syrians to regularize their status. That these efforts have largely not met their targets due more to the fact that these work permits continue to restrict Syrians' engagement in the full; breadth of the labour market and the economy. Work permits are not the same as offering refugees the right to work in dignity on an equal basis as nationals.

Conclusion

Across the board, what emerges is that history matters. Much of the discrepancies and inconsistencies identified in this study can be linked to social and economic ties as well as political relations between Syria and Turkey, Syria and Lebanon and Syria and Jordan. Disparity in perceptions between practitioners, refugees, and hosting communities is widespread, but not equally so in the three countries.

In Lebanon, the consociational shape of governance and long period of time during this crisis in which there was in effect 'no government' led to a period of paralysis within the UN humanitarian aid system. The UN agencies can only act with the permission of the host country. Thus, effective relief programmes for the poorest and most vulnerable of displaced Syrians - such as cash transfer - were very late in getting started resulting in an exponential rise in street begging and other 'negative coping' strategies such as pulling young children out of school in order to work; moving families into structures unfit for human habitation; and reliance on former agricultural 'gang' masters' (shawish) to be the interface between the UN humanitarian relief system and refugees themselves. All these factors together with the close ties and often extended family networks among the very poor across the two countries has resulted in significant social discrimination and an unwillingness or inability – at the local level – to help Syrians with basic health and education needs. The lack of education opportunities for nearly 50% of Syrian refugee children in Lebanon weighs heavily on the consciousness of their families. However, after 2015, when Europe became more engaged in keeping displaced Syrians in the region, greater financial assistance as well as the steady rise in local level solidarity efforts has resulted in a growing decentralized, if discretionary, approach to humanitarian assistance at the level of the municipality (Mourad 2017).

In Jordan, the majority of Syrian refugees are closely linked to the Jordanian population. This is especially true in northern Jordan where tribal ties are pronounced and where original refuge was granted with host families related either by blood or marriage, particularly those fleeing from Der'a and its surrounding villages. Jordanian sensitivity to the presence of Palestinian refugees from Syria (PRS) has resulted in draconian surveillance to identify such refugees, a dragnet that often pulls in non-Palestinian refugees from Syria. Those found to be illegally working are then deported across the border if they are identified as Palestinian refugees from Syria or to Azraq or Za'tari camp if they are Syrian. This actively enforced stance regarding work without permits has created great misapprehension and mistrust of the host government by the refugees from Syria. Education opportunities are limited and many Syrians children are only able attend second-shift schools with inferior curriculum and reduced hours. Some Syrians consider the situation in Jordan so dire that they are preparing to return to Syria rather than any longer face what they consider 'inhuman conditions'. In September 2015, Andrew Harper, the UNHCR senior humanitarian aid practitioner in Jordan reported that 200 Syrians were returning to Syria each day. After the enactment of the Jordan Compact in 2016, there was some hope that conditions in Jordan would improve dramatically for Syrians. However, with work permits tied effectively to unskilled labour in the agricultural and construction industry, the uptake of applications for work permits has been low. A more promising venture would be one which moved from humanitarian assistance to development aid more robustly by providing community support – to both displaced Syrians and poor Jordanians alike – family self-sufficiency and greater access to education, health and even psycho-social support (Stevens 2016).

In Turkey, lessons learned have been more widely implemented in response to various critical events (demonstrations in October 2014) and widespread criticism of lack of transparency of the government. The camps set up by the Turkish emergency relief organization (IFAD) starting in 2012 without assistance of the UN experts and their camp templates, have rightly been described as '5-star'. Turkey's mass refugee influx approach has been 'traditional' in that it continues to keep international organizations as distant as possible while limiting their involvement to an advisory role (Memisoglu and Ilgit 2016). Unlike the UN camps in Jordan, the Turkish designed and operated temporary settlements for displaced Syrians are open; resident Syrian refugees may enter and leave on a daily basis. But absences of more than three weeks at a time are not tolerated, as there is long waiting list of displaced Syrian waiting to have access to these places.

Although most of the interviewing for this article in Turkey took place before the announcement of domestic law providing Syrians with formal IDs and temporary protection (including rights to health and education opportunities and permission to apply for work permits) in January 2015, it was clear that Turkey – of all the three countries – was far more humane and practical in its approach to the mass influx of refugees from Syria; and this despite a language barrier that did not exist in Lebanon or Jordan. Social discrimination was at its least public expression and religious-based organizations were active in providing assistance at the local community level – mainly hot meals and community supported accommodation. Many members of such organisations expressed their concerns to provide refuge for the Syrians in their country in terms an obligation both morally and religiously grounded. Much of their activity has permitted a form of local accommodation in Turkey which was not found in Lebanon or Jordan despite the closer linguistic and social ties. Social cohesion among Syrians – both middle class and the poor – was strong. This was exemplified by the growing number of locally-based Syrian exile initiatives and Turkish neighbourhood associations involved in providing services to the poorer displaced Syrians particularly in the southern region of Turkey. Recent discussion of providing some eligible Syrians with Turkish citizenship has political and security implications, but overall generally bodes well for eventual local integration in Turkey or reintegration to Syria from a 'friendly and supportive neighbouring state'.

The disparity in perceptions among refugees, members of local hosting communities and practitioners is especially pronounced in Lebanon and Jordan where the international humanitarian aid regime is the most active. The engagement of UN frameworks in creating architecture of assistance is built upon templates developed over the past few decades largely among agrarian and poor developing countries. Such policy and practice does not fit easily into the middle income countries of the Eastern Mediterranean among a refugee population that is largely educated and middle-class. Without a serious effort to make the 'humanitarian solutions' fit the context of the Middle East, success will continue to be muted at best and damaging at worst.

It is ironic that Turkey, the one country which has not requested assistance from the United Nations Refugee Agency, seems to have managed the process of providing assistance without undermining refugee agency and dignity. Largely working alone with local Turkish staff drawn from the Turkish civil service as well as the Disaster Management Unit of the Prime Minister's Office (AFAD) and the main quasi-official Turkish NGO (IHH), Turkey has managed the Syrian refugee crisis with sensitivity and concern. The separate histories of Turkey and the countries of the Levant have obviously contributed to the disparities in perceptions, aspirations and behaviour among refugees, host community members and practitioners in each to the three countries. The moderated engagement of the international humanitarian aid regime in Turkey but not in Lebanon and Jordan has also contributed to some of the disparities noted in this study. Global templates for humanitarian assistance built from experiences in very different contexts and among populations of significantly different make-up are not easily integrated into Middle Eastern concepts of refuge, hospitality, and charity. The close social ties and networks of Syrians in Lebanon and Jordan but not in Turkey (with the exception of the Hatay), have meant that the initial generosity of hosting among relatives in a wide social network has more rapidly given way to hostility and discrimination, unlike the situation in Turkey where fewer Syrians had social networks and the original hosting was based on a social, religious, and moral sense of duty to the stranger.

What are the policy implications of these findings? Many refugees and practitioners articulated steps which the international community could take to ameliorate conditions, halt a potential mass departure from the region, and create conditions on the ground for successful future return and reintegration in Syria. Self-settlement was clearly preferred to formal encampment; that the right to work on an equal basis with nationals was necessary to maintain dignity and self-worth. Successful self-settlement and sustainable livelihoods were seen as creating conditions for local accommodation and potentially a return and re-integration into Syria's many social communities. Lessons learned from Bosnia Herzegovina – as discussed below – support this position (Blitz 2015).

In Lebanon and Jordan, the need for local community drop- in centres offering opportunities for non-formal education, technical training to both Syrians and poor nationals was also identified. Skills development, psycho-social support and language instruction were regularly suggested as measures to help local accommodation and give a future to the current lost generation of youth. Here again, lessons learned from UNHCR's community-support drop-in centres established in Syria for the Iraqi refugees were referred to as exemplary.

Education opportunities for Syria's youth has not been widely operationalized, despite numerous studies pointing to education gaps and opportunities making the UN slogan 'No lost Generation' no more than that – just a slogan (Chatty and al. 2014). As the Syrian crisis enters its seventh year and its displaced youth age, opportunities for higher education abroad become more urgent in order to create a cohort of young adults able and willing to return to Syria and help rebuild their shattered state.

Temporary protection, not resettlement, is the main aspiration for those who have been forced to flee Syria – to work and educate their youth until such a time as they can return to Syria. The temporary protection afforded to nearly 1.2 million Bosnians during the 1992-5 war in Europe is a good example of what the Europe states can do again if has the will.

The present situation is unsustainable. Lebanon and Jordan, and even Turkey, cannot continue to host these enormous numbers of displaced Syrians for much longer. Already in 2015 the world witnessed the mass flight of Syrians from the region seeking safety and security for their families in the Balkans and in Europe. Without a dramatic change in current international refugee policy and programming people will continue to find ways of leaving the immediate region by any means necessary in order to secure survival in dignity – an opportunity to work to feed and educate their families until they can return to Syria – which they cannot access in the states neighbouring on Syria. Only a comprehensive plan of action – a holistic plan – can achieve these ends. Examples of successful plans of action to address mass displacement due to conflict exist for the Indo-Chinese Refugees (Refugees 1989), Central American refugees (CIREFCA 1994) and for Bosnia (Accords 1995). These comprehensive plans encompassed all three of the durable solutions propounded by the international refugee regime: the cooperation of the countries of origin to accept the return of their nationals without prejudice; some local accommodation and integration in neighbouring hosting countries, and safe third country resettlement for those who had the qualifications for entry. Only when the lessons of the past, the history of Syria and its people as well as the successes of earlier comprehensive plans of action for refugees are remembered, will it be possible to see a stable and secure future for Syria and its many peoples.

References

Accords, Dayton (1995) Summary of the Dayton Peace Agreement on Bosnia-Herzegovina. University of Minnesota.

Barbelet, Veronique, and Caitlin Wake (2017) The lives and livelihoods of Syrian refguees in Turkey and Jordan Humanitarian Policy Group, ODI.

Blitz, Brad (2015) Mass Evacuations: Learning from the Past. Forced Migration Review 50: 48-49.

Chatty, Dawn (2010) Dispossession and Displacement in the Modern Middle East Cambridge: Cambridge University Press.

Chatty, Dawn, and et al. (2014) Ensuring Quality Education for refugee youth from Syria

CIREFCA (1994) Review of the CIREFCA Process. Geneva UNHCR.

Compact, EU- Lebanon (2016) European Union and Lebanon Partnership

Cunningham, Erin, and Zakaria Zakaria (2018) Turkey, once a haven for Syrian refugees, grows weary of their presence. Washington Post

Dagtas, Secil (2017) Whose Misafirs? Negotiating Difference along the Turkish-Syrian Border, International Journal of MIddle East Studies 49(4): 661-679.

Forum, Urban Refugees Debate (2013) A Rejoinder, Urban Refugees Debate Forum, 28 August

ILO (2015) Impact of Syrian Refugees on the Jordanain Labour Market: findings from the governorates of Amman, Irbid, and Mafraq.

Jordan, Government of (2016) The Jordan Compact: A New Holisitc Approach betweenthe Hashemite Kingdom of Jordan and the International Community to Deal with the Syrian Refugee Crisis. Amman Jordan

Memisoglu, Fulya, and Asli Ilgit (2016) Syrian refugees in Turkey: multifaceted challenges, diverse players and ambiguous policies Mediterranean Politics: 1-22.

Mourad, Lama (2017) 'Standoffish' Policy-making: Inaction and Change in the Lebanese Response to the Syrian Displacmwent Crisis. Middle East Law and Governance 9: 249-266.

UNHCR (1989) Refugees, Comprehensive Plan of Action for Indo-Chinese. Geneva: UNHCR.

Shlaim, Avi (1986) Husni Zaim and the plan to resettle Palestinian refugees in Syria. Middle East Focus 9(2): 26-31.

Statement, EU-Turkey (2016).

Stevens, Matthew (2016) The collapse of social networks among Syrian refguees in urban Jordan. Contemporary Levant 1(1): 51-63.

Turner, Lewis (2015) Explaining the (Non-)Encampment of Syrian Refugees: Security, Class and the Labour Market in Lebanon and Jordan. Mediterranean Politics: 1-19.

Can EU's migration policy deter migration from Africa?

Belachew Gebrewold

Summary

The current migration policies of the EU focus primarily on the so-called root causes of migration. The discourse is mainly oriented towards prevention of immigration into the EU by focusing the migration policy on "root causes": poverty, conflicts and environmental destruction. In this paper, I argue that, first; the policy priorities of the European side and those of the sending countries are not always compatible. The European approach is a prevention oriented migration policy, whereas for the sending countries emigration is not a policy priority. Second, as various studies show the "root causes" are not always the main drivers of migration and refugees. As some country-specific comparative data show, the alleged root causes have been rather improving instead of worsening while migration from those countries has increased. Third, the European policy to increase development aid in order to decrease immigration could even increase emigration in the countries of origin in short and middle terms. The global net benefit of well-managed migration is at least as important as development aid and global trade. Moreover, it is important to underline that the root causes of migration are not limited to internal factors. Regional and global factors have been displacing people substantially. However, the European migration policy pays little attention to them.

Introduction

In 2015, the EU received over 1.2 million first-time asylum claims, in 2016 390,432, in 2017 186,768, and as of October 24, 2018 95,909 people arrived in Europe through the Mediterranean route (IOM 2017). In recent years people smuggling networks have become better organized and interconnected. The business has become increasingly profitable and more risky for the migrants as the networks start to compete with each other.

The key question of this paper is: To what extent can the root causes-centred EU's migration policy deter migration from Africa? In this paper, I will argue that one of the main problems in the migration policy cooperation between the countries of origin and of destination is largely due to their divergent policy priorities and their asymmetric interdependencies. The Europeans expect from their African partners to do more to cut emigration. However, for the African partners, emigration is not their most urgent problem.

In the immigration discussion on political as well as civil society level in Europe, the discussion is most of the times about increasing development aid and economic and political cooperation in order to prevent or reduce emigration from Africa. The Rabat Plan of Action (2006), the Global Approach to Migration and Mobility (2011), the EU Agenda on Migration (2015), the Valetta Action Plan (2015), the Marshal Plan with Africa (2017) and Abidjan Declaration (2017) – to mention just some – have been created to address the surge of immigration to Europe. However, not all these strategies have deterred emigration from Africa. Even though the political and economic situations have been improving in the main migrants' countries of origin prior 2015, emigration increased too. This suggests that probably there is no immediate correlation between improving economic situation and migration decrease.

I will start the paper with some facts and data on African migration to Europe. The public and political discourse on migration in Europe is predominantly occupied with African migration although the majority of migrants in Europe is not from Africa. Then I will discuss some migration theories before moving to the drivers of migration. Finally, I will discuss the problems with the root-causes discourse and show that the causes of emigration are much more complex than the policy makers suggest.

The facts and myths in the current discourse African migration to Europe

According to the EASO-data, the main countries of origin of applicants for Asylum in Europe in August 2018 were Syria, Iraq, Afghanistan, Turkey and Iran. While Syrian applications reduced by 15%, the Iraqi application increased by 12% than in July 2018, and the Turkish nationals continued to be one the largest groups of applicants in the EU. Moreover, the Iranian applications increased by 19%, Russian increased by 17%, Albanian by 4%. All together, they lodged the most applications so far this year. Conversely, Nigerian by 21% and Eritrean by 20% lodged fewer applications than at any other point so far this year. The decline in the number of Nigerian applicants represents an established trend: between January and August 2018, numbers of applications lodged by Nigerians nearly halved compared to the same period of 2017 almost certainly related to fewer arrivals in the Central Mediterranean. According to the European Asylum Support Office (EASO), applications from Guinea, Côte d'Ivoire and Senegal decreased similarly (EASO 2018). Among those who applied for asylum in EU countries in 2017 there were almost 100,000 Albanians, Turks, Russians, Georgians, Ukrainians, Armenians, and others (Ferrari 2018). If we take the top nationalities of arrivals in Europe 2015 and 2016, the contribution of Sub-Saharan Africa to the flow of refugees toward Europe was far behind Syria, Afghanistan, Iraq and others (Gonzalez-Garcia et al 2016). As regards with the 10 main countries of origin of applicants in Europe in 2017, Syria accounted for 108,040, Iraq 52,625, Afghanistan 49,280, Nigeria 41,775, Pakistan

32,035, Eritrea: 29,365, Albania 26,075, Bangladesh 20,850, Iran 18,900 and Guinea 2,225 (EASO 2017).

As various studies show at least 79% of sub-Saharan African migrants move within the same region, 22% emigrate outside of Africa, less than 15% emigrating to Europe or North America. Within each sub-region, the bulk of African migrants prefer to move within neighbouring countries or sub-regions. South Africa 2.2 million intra-African international migrants, Côte d'Ivoire 2.1 million, Uganda, Ethiopia, Nigeria and Kenya each exceeding 1 million (UNCTAD 2018: 46). The bulk of migrants from North Africa predominantly move to Europe, North Africa, or the Middle East. Migration from sub-Saharan Africa generally is low by global standards, and most of the movement, except for North Africa, takes place within the region (Shimeles 2018). Interestingly, the EU Emergency Trust Fund (EUTF) suggests that North Africa is a region of origin for migrants, albeit to a lesser extent (European Commission 2018). However, some studies show different figures (Shimeles 2018). According to an UN Conference on Trade and Development (UNCTAD) study from 2017, Egypt and Morocco are the leading countries of stock of emigrants living outside Africa, followed by Somalia, Sudan and Algeria (UNCTAD 2018: 45). The top ten origin countries of international migrants in 2017 were India, Mexico, Russian Federation, China, Bangladesh, Syria, Pakistan, Ukraine, Philippines and Afghanistan (World Bank 2018). As these data show, the number and percentage of sub-Saharan African migrants arriving in Europe is not as alarming as is portrayed by the media and on the political level in Europe. Therefore, the political debates, the media coverage and various informal discussions in Europe suggest that poverty and conflicts were the main drivers of migration. As various migration theories suggest, the causes of migration are much more complex.

Migration policies in light of migration theories

Migration is human spatial movements and change of place of abode (Saunders 1956: 221; Eisenstadt 1954, 1), and it takes place after having considered the advantages and disadvantages of the moving. People move due to life-threatening situations like humanitarian crisis, armed conflict, and environmental catastrophes. However, there are also gradual and structural causes such as poverty, social exclusion, unemployment etc. In the decision-making, the available information about the destination is decisive. Based on this available information, the perceived imbalance between the *desired* 'standard of living' and the *actual* 'scale of living' within the society of origin play an important role in the migration decision-making process. This information can include the demand for migrant labour at the destination countries (Piore 1979; Massey 2006: 36; Todaro 1976). After having considered the options, advantages and disadvantages at the countries of origin and destination migrant workers could be willing to take dirty, difficult and dangerous jobs at the destination.

Besides the role of information and the availability of job and income opportunities there are also some global-structural causes that accelerate international migration. The advances of the capitalist system and global markets in the globalized world of today contribute also to the disruptions and dislocations of raw materials, labour, and consumption as a consequence of capitalist development (Massey et al 2006: 42; Massey et al. 1993: 445) as the *world systems theory* (Wallerstein 1974) also suggests. The cost-benefit-analysis of migrants on the individual or household level can play also an important role. If a would-be migrant sells his goods or get family financial support in order to finance his/her journey, the consideration of financial costs and benefits (net income over a certain period of time based on the calculation of migration benefits minus migration costs) of migrating are important in the decision making processes (Sjaastad 1962: 87). As Czaika argues, those who intend to migrate continuously collect information and assess general economic prospects, including the labour market situation, at home and abroad in order to form reference points and updates for their migration-related expectations (Czaika 2015).

Both individuals as well as households make migration-related decisions usually in order to diversify the economies of households, manage household risks, maximize benefits, and invest in productive activities (Stark 1991). This co-decision puts heavy psychological pressure on the migrant to get a job and pay back those who financially facilitated the migration decision. As discussed above, the desired standard of living is key in the decision-making. After having gained information about the possibilities of net income gain through migration, the household's sense of relative deprivation increases (Myrdal 1957). This information about consumer goods and life styles abroad that are difficult to attain through local labour could be gained from those already migrated or from media such as television or internet. Rising educational levels can facilitate information gain and migration. Given that there is enough information about the destination, the number of immigrants is directly proportional to the number of opportunities at the destination and inversely proportional to the number of intervening factors including geographical distance, strict migration law, xenophobia, level of GDP, job opportunities etc. (Stouffer 1962: 69-91).

Usually, the historical, economic, cultural and political linkages between origin and destination countries facilitate migration (Mabogunje 1970; Zlotnik 1998: 12-13). Colonial relations play a big role, because linguistic, economic and cultural ties can facilitate information gain, networking, job opportunities as well as integration into the society. However, the recent migration movements do not necessarily follow this pattern. Migrants move to their destinations where they can live in physical security and believe they will have better job opportunities. The diaspora networks are crucial here. Through ties and networks with relatives and friends at the destination migration flow becomes easier and cheaper (Kuznetsov and Sabel 2006). Faster global transportation systems, internet, mobile phones etc. have not only facilitated international migration but also have decreased monetary, psychological and other similar costs and migration risks (Rosengren 1988: 91; Brettell 2000: 106-118).

As the different migration theories discussed above have shown us, is it possible to reduce the causes of migration to poverty, conflicts and ecological constraints? The Euro-African migration policies seem to draw a kind of clear linear correlation between them and migration. It is important to stress that theories and explanations can overlap, and it is difficult to limit analysis of migration decisions purely to one or another theory (Gebrewold and Bloom 2016; Gebrewold 2007). Those who flee persecution do not always look only for a safe place where they will not be killed. The above migration theories show us the complexities in understanding the causes of migration and migration decision making processes (Gebrewold and Bloom 2016) and the difficulties of theory formation in international migration studies (Castles 2010). As Nicholas Van Hear, Oliver Bakewell and Katy Long show us, several driver complexes may interconnect to shape the eventual direction and nature of movement (Van Hear et al 2018). I will return to these complexities in the third section. In the following section, I will focus on the current European migration policy towards Africa.

The drivers of migration according to the Euro-African migration policies

The 2004 Hague Program for the period of 2005 to 2010 underlined the external dimension of migration policy: address the root causes as well as fight irregular migration. The EU Commission's communication to the Council on 30 November 2006 designed plans to adopt a two-pronged approach: Firstly, fighting illegal immigration, protecting refugees and reinforcing control and surveillance of the external maritime border. Secondly, pursuing and strengthening cooperation with third countries in the context of the Association Agreements and European Neighbourhood Policy Action Plans with North African states as well as, in the context of the Cotonou Agreement, with Sub-Saharan states with the objective to address the root causes

On 18 November 2011, the Commission issued a communication on Global Approach to Migration and Mobility. The third pillar of the communication envisages promoting international protection and enhancing the external dimension of asylum policy. A higher standard of international protection for displaced people who remain in the region of origin of conflicts or persecution was one of the priorities. In 2009 the Stockholm Program highlighted that the external dimension of asylum must be built up in order to contribute more effectively to solving protracted refugee situations and address the issue of stateless persons.

The EU Global Strategy of June 2016 puts migration in the EU's external action priorities including state and societal resilience to East and South, an integrated approach to conflicts and crises. The Euro-African Partnership for Migration and Development (Rabat Declaration 2006) underscores the importance of cooperation with countries of origin and transit to address and prevent the root causes of displacement (underdevelopment, poverty, armed conflicts, climate change, environmental destruction, and unchecked population growth) through good governance, sustainable environmental policy, integrating Africa into global trade, peace, conflict prevention and stability, support of peace-keeping operations, post-conflict reconstruction, shared global responsibilities and solidarity, crisis management operations and coherent international policies of development cooperation and fight trans-border crime.

Three ways of cooperation with Africa on migration were created: Firstly, on the continental level there are Africa-EU Migration, Mobility and Employment Partnership and EU-Africa Summits as a framework. Secondly, on the regional level there are the Rabat Process, the Khartoum Process (Migration Route Initiative with the Horn of Africa in 2014), and Regional Development and Protection Programs in North Africa and in the Horn of Africa. Thirdly, bilaterally there are mobility partnerships such as with Cape Verde (2008), Morocco (2013) and Tunisia (2014) as well as the Common Agenda on Migration and Mobility such as with Nigeria (2015) and Ethiopia (2015). The EU Horn of Africa Regional Action Plan adopted in October 2015 sets the EU Strategic Framework for the Horn of Africa. The Sahel Regional Action Plan 2015-2020 adopted in April 2015 sets a framework for the EU Strategy for Security and Development in the Sahel, prevention and countering radicalization, creation of appropriate conditions for youth, migration, mobility and border management, and fight against illicit trafficking and transnational organized crime. The Agenda on Migration of 2015 consists of four pillars: first, reducing the incentives for irregular migration by addressing the root causes of irregular and forced displacement, and fighting against smuggling and trafficking; second, border management, saving lives and securing external borders; third, protecting the vulnerable within the common asylum policy; fourth, a new policy on legal migration based on managed regular migration and visa policy.

The Valletta Action Plan of 2015 founded EU Emergency Trust Fund for Africa with a general budget of € 4.09 billion to finance projects related to root causes of migration in the Sahel and Lake Chad, the Horn of Africa and the North of Africa regions. The overall objective of the Fund is to enhance cooperation on legal migration and mobility, reinforce the protection of migrants and asylum seekers, prevent and fight irregular migration, migrant smuggling and trafficking in human beings, work more closely to improve cooperation on return, readmission and reintegration. Within this context, the focus of EUTF is on four main areas: first, economic development programs addressing skills gaps, and improving employability through vocational training, and supporting job creation and self-employment opportunities with a focus on strengthening micro, small and medium size enterprises (MSMEs); second, strengthening resilience for improved food and nutrition security for the most vulnerable, refugees and IDPs; third, migration management, addressing the drivers of irregular migration, return, readmission and reintegration, and enhancing synergies between migration and development; fourth, promoting conflict prevention, addressing human rights abuses and enforcing the rule of law (European Commission 2018).

Within this framework, the Sahel and Lake Chad region is of a high priority due to demographic pressure, institutional deficiencies, weak social and economic infrastructures, environmental stress and insufficient resilience to food and nutrition crises, extreme poverty, instability, economic fragility, and low level of resilience exacerbated by climate change. As a result, according to the EU, irregular migration, trafficking in human beings, smuggling of migrants, corruption, terrorist groups and illicit trafficking, and transnational organized crime are thriving.

The EU is working with the countries of the Sahel and Lake Chad region in the improvement of governance and conflicts, in migration management, in strengthening resilience, and in economic and employment opportunities. The cooperation here consists of 86 projects with a budget of almost 1.5 billion. The Horn of Africa region faces challenges that go beyond country borders: climate change, forced displacement, demographic pressures, environmental stresses, various forms of conflict, trafficking of human beings and smuggling of migrants, as well as organized crime and violent extremism. In this region, the EU has been supporting 58 projects funded by more than € 1.1 billion. The projects consist of improved governance and conflict prevention, migration management, strengthening resilience, and economic and employment opportunities. In the North of Africa region for migration management, 17 projects have been financed by more than € 425 million by the EUTF.

The Germany's ambitious plan *Marshall Plan with Africa* also emerged in 2017 with twin objectives: increasing trade and development on the continent, and hopefully reducing migration flows north across the Mediterranean. In November 2017 in Abidjan, on a joint summit the EU and AU agreed on a declaration *Investing in Youth for Accelerated Inclusive Growth and Sustainable Development*.

The Europeans have been trying to involve the African counterparts in the migration policy formulation and implementation. The African Union designed a Migration Policy Framework for Africa in June 2006, for what it considers as major causes of migration. Firstly, push factors: poor political, social, environmental and economic conditions, low wages, high levels of unemployment, poverty and lack of opportunity, poor governance, patronage and corruption, political instability, conflict and civil strife. Secondly, pull factors: the real or perceived opportunity for a better life at the destinations, high income, greater security, better quality of education and health care, lower costs of migration. Thirdly, the facilitating factors: improved communication, greater information availability and related decrease in costs of migration, and the need to join relatives, families and friends. In 2017, the AU came up with a revised migration policy framework for Africa and Plan of Action for the period between 2018 and 2027.

Now the question is to what extent are the root causes mentioned almost in all initiatives and plan of actions are indeed the drivers of migration? Will these policies that focus on the root causes deter emigration from Africa? The following section deals with these questions.

The problems with the root-causes discourse

As migrants make decisions based on cost-benefit analysis, the migration policies and the cooperation between the countries of origin and destination are also based on some kind of cost benefit analysis in their migration policies. The destination countries are generally ready to facilitate skilled immigration (especially in the MINT sector) and reluctant to allow in unskilled ones. There are of course some jobs usually done by unskilled people (harvesting, cleaning or some elderly care). However, the political and public debate is usually how to manage an orderly im-migration of rather skilled labourers and curb the unskilled immigration.

Similarly, the countries of origin are usually reluctant to make readmission agreements because the money flowing in through remittances has enormous sig-nificance for the families behind home and for the GDP in general. The remittances data show that Nigeria received US\$ 22,3 billion in 2017, Egypt 18,2; Morocco 7,1; Senegal 2,3; Ghana 2,2; Algeria 2,1; Tunisia, 2,0; whereas the Official Develop-ment Assistance (ODA) for these countries was Nigeria US\$ 2,6 billion; Egypt 2,8; Morocco 1,6; Senegal 1,0; Ghana 2,0; Algeria 0,1; Tunisia 0,5 (World Bank 2018). 10 African countries received in total about US\$ 60,3 billion from remittances in 2017, whereas the ODA for them was just about US\$ 16,4 billion (OECD 2017). Therefore, there is every reason to believe that African countries would not be that enthusiastic to make easy readmission agreements with the destination countries. This suggest that the challenge to a common migration policy is not just that the origin countries are overwhelmed by drivers of migration but also they benefit more from remittances than the ODA from destination countries. Therefore, migration policy analysis should include also the asymmetric interests of countries of origin and of destination.

Moreover, to raise development aid is widely regarded as the best way to stem migration from regions like Africa. Economic activity, trade and employment; peace and security; and democracy and the rule of law (now the three pillars of the Marshal Plan with Africa) have often been meant to prevent emigration, but the effects could be just the opposite, as some studies suggest. For example, a recent study by Clemens and Postel (2018: 9) shows that sustained economic development tends to encourage emigration; and emigration rates in middle-income countries are typically much higher than in poor countries as emigration from North African countries show (UNECA 2017). They suggest that assuming that aid can increase economic growth and economic growth would decrease emigration is not neces-sarily true. If today's poorest quintile of countries continued to grow at their histor-ical rate of growth (over the last 24 years), would only reach Purchasing Power Parities (PPP) US\$ 8,000 in the year 2198 and the deterrent effect of economic growth on emigration in poor countries is when they reach roughly PPP US\$ 8,000-10,000 in GDP per capita. *"If development aid could systematically raise their eco-nomic growth by one percentage point every year – more than a doubling of the historical rate – it would take until the year 2097. If aid could raise growth by two percentage points – a tripling – it would take until the year 2067"* (Clemens and

Postel 2018: 6). This raises the question whether there are any scientific proofs for the claims that a higher development aid would greatly reduce emigration. If aid would contribute to economic growth – the correlation is still unclear – it could be it rather spurs migration than reduce it. Otherwise, the aid would need to act in unprecedented ways, at much higher levels of funding, over generations, if it would have any effects on the drivers of emigration.

Similarly, a UN Economic Commission for Africa (UNECA) study suggests that economic development in low-income countries is initially associated to increasing rather than decreasing levels of emigration and only when societies become wealthy emigration decreases.

- *"... in situation of poverty and constraints migration is generally part of deliberate, carefully planned, and largely rational strategies by families in order to improve their long-term social and economic wellbeing rather than a stereotypical 'desperate flight from poverty'"* (UNECA 2017).
- *"As development proceeds, human capital accumulates, connections to international networks increase, fertility shifts, aspirations rise, and credit constraints are eased. All of these changes tend to raise emigration. The most important of these factors appear to be rising education levels and international connections, which both inspire and facilitate emigration"* (Clemens and Postel 2018: 9).

Moreover, according to these research findings, aid raises net emigration from the average poor country to high-income OECD countries. Moreover, as the sum of financial remittances sent by international migrants back to their families in origin countries amounted to an estimated US$ 601 billion in 2015 – over two thirds of which were sent to developing countries, much higher than the development aid, how can the destination countries force the governments of origin to stop emigration? (IOM 2015). Many civil society groups and politicians put their focus mainly on development aid, promoting economic growth, addressing conflicts and ecological problems in order to stop emigration. The economies of Ghana, Senegal, Ivory Coast, Nigeria, Sierra Leone, Sudan, Togo, Guinea etc. have been massively growing whereas at the same time emigration from these countries increased significantly in the past years (Cf. African Development Bank Report 2017 and 2018). Moreover, what has often been neglected in the root-causes discourse is that there are some global-structural problems that push emigration. These structural problems lie under the so-called the drivers of migration to which I will turn now. Unfortunately, the complex structural problems are rarely addressed in the various migration policies. Rather, African capacity building for African ownership is high on the priority agenda.

In the development, security or migration policy cooperation with Africa, the EU has been underlining the importance of African "ownership". Ownership was stated, for example, in Articles 2, 11, 19, 56, 73 of the Cotonou Agreement of 2000. For the EU Commission, ownership is "condition for success" in political stability or economic growth. The AU-EU Joint Strategy of 2007 underlines that policies and strategies cannot be imposed from outside. The EU Political and Security Committee on 7 May 2007 recommended ownership as a key principle of the EU African relations. Similarly, the EU's November 2008 Regional Strategy Paper for the region of Southern and Eastern Africa and Indian Ocean, the Regional Strategy Paper of EU for Southern African Region, the Regional Indicative Program (2008-2013) of 18 September 2008 etc. underscored the African responsibility as guiding principles of development strategies.

Similarly, the UK Commission for Africa (2005) stressed that responsibility for peace, security, conflict prevention and resolution lies primarily with African governments. With the support from European and global partners African conflict management capacity, effective Peace and Security Architecture, African Union regional security mechanisms like ECOWAS, IGAD, SADC, non-governmental organizations and universities etc. should be equipped to galvanize African ownership through conflict analysis, security sector reform, small arms control in order to address the various causes of conflict that lead ultimately to displacement and emigration.

In 2007 Michele Alliot-Marie, France's Justice Minister, *"Africa's ills must be dealt with by Africans"* (Michele Alliot-Marie 2007). The US African Crisis Response Initiative of 1997, the Africa Growth and Opportunity Act of 2000, the Pan-Sahel Initiative of 2002, or the Trans-Saharan Counterterrorism Initiative of 2004 etc. have been created to enhance the capacity of African states to control their territories to preclude terrorists and terrorist organizations and to encourage African ownership to address violence and poverty including establishment of the rule of law and human rights and combat corruption. During his visit to Ghana on 11 July 2009, US President Obama said *"Africa's future is up to Africans"* and Africa must take charge of its own destiny in the world. The Foreign Policy Concept of the Russian Federation of July 2008 states that Russia will enhance its multi-pronged interaction with African States at the multilateral and bilateral levels, including through the dialogue and cooperation within the G8, and contribute to a prompt resolution of regional conflicts and crisis situations in Africa, and develop political dialogue with the AU and sub-regional organizations taking advantage of their capabilities to involve Russia in economic projects implemented on the continent. The Beijing Summit of the China-Africa Cooperation of 2006 reiterated that China would support Africa to resolve its problems; and according to the China-Africa Action Plan 2019-2021 China will continue to support the capacity building of the African Union and Africa's sub-regional organizations in capacity building and improving state governance in Africa for internally driven development.

However, as regards with the drivers of migration, there is a contradiction between the African ownership principle reiterated by the above-mentioned global players and their actual political behaviour in Africa. For instance, for France African natural resources and French arms transfer to Africa have been valuable in the protection of France's wider commercial, military and strategic interests'. Similarly, the fear of Anglophone encroachment in French domain in Africa have been playing a key role (Martin 1995: 9, 14; Utley 2002: 130-132; Hansen 2007; Kroslak 2004:

74). For example, France has been an unconditional supporter of Chadian President Deby whose regime ranked as one of the most corrupt in the world in 2007 (ranked 172 out of 179 countries) and in 2005, it was the most corrupt besides Bangladesh. Thanks to the French military support, the Chadian government survived the rebel attack in 2006 as well as late 2007 and early 2008. President Deby violated the Chad Constitution in June 2005 when he changed it to be able to stand for a third term as presidential candidate.

Similarly, not only through economic and trade cooperation but also through arms export to Africa, China has been expanding its interest and influence in Africa. Since one of China's ambitions is to turn its arms industry into a top global player by 2020 it has been delivering to war-torn countries like Sudan, Ethiopia, Eritrea, DR Congo and Sierra Leone. For example, Chinese corporations transferred US$ 1 billion in weapons to Ethiopia and Eritrea during 1998-2000 war, over US$ 55 million worth of small arms to the Sudanese government between 2004 and 2006 (Klein-Ahlbrant and Small 2008: 52) to fight the rebels in the south and west of the country. Chinese investment of about US$ 4 billion mainly in oil sector and arms industry has been critical for Sudan to double its defence spending and purchase modern weapons systems, including Hind helicopter gunships, Antonov medium bombers, MiG 23 fighter aircraft, mobile artillery pieces, and light assault weapons (Department of State 2008) and equipped with US$ 100 million worth of Shenyang fighter planes, including a dozen supersonic F-7 jets (Taylor 2008: 79) in spite of the Security Council Resolution 1591. China provided 90 percent of all the African nation's small arms acquisitions between 2004 and 2006, totalling more than US$ 50 million (Gunpolicy 2008). A UN report in April 2007 stated that the bulk of the arms transferred to Sudan come from China and Russia.

Russian Ambassador to Ethiopia, Mikhail Afanasiev indicated that Moscow is chasing Beijing in Africa when he announced a US$ 500m development aid package to Africa not only to fight hunger, poverty, infectious diseases including HIV/AIDS and to address other development-related problems, but also to strengthen its role in a multipolar world wherein competition for Africa's resources with Europe, the United States, India, China, Japan and South Korea taking place (Africa Research Bulletin 2008: 17586). Russia had accounted for 87 percent of Sudan's major conventional weapons purchases in the period 2003-2007 when the Darfur conflict and violence that caused displacement and emigration of hundreds and thousands of people, while China was responsible for eight percent (Holtom et al 2008: 315). Sudan imported US$ 34.7 million in military equipment from Moscow in 2005. In 2008, Russia not only wrote off US$ 4.6 billion Libya's debt but it also concluded at least US$ 2 billion military-technical cooperation (Africa Research bulletin 2009: 17910). In 2005, whereas Russia sold helicopter gunships worth about Pounds 7 million to the Khartoum regime, Belarus, a close ally of Russia, exported 32 heavy artillery guns and nine armoured fighting vehicles (Telegraph 2007). Between 2004 and 2008 Russia was the leading supplier that provided Central, North and West Africa with 74 per cent of all major arms (Wezeman 2009).

The Security Council Resolution 733 January 1992, which was unanimously adopted, established an arms embargo on Somalia in reaction to the ongoing conflict and deteriorating humanitarian situation (SIPRI 2017). However, Somalia was destabilized by arms flow from Iran to General Mohamed Farah Aideed in October 1993; United States to Somali police force in March 1994; Libya to Hussein Mohamed Aideed mid-October 1997; Ethiopia to Mohamed Said Hirsi Morgan and Ahmed Hashi Mohammed in October 1997, April 1998 to Abdullahi Yusuf Ahmed, April and June 2002 to Mohamed Sudi Yalahow and Mohamed Dhere; Bangladesh and Kuwait to Al Ittihad militia in August 1998; Eritrea to Hussein Mohamed Aideed throughout 1999 and 2001; Saudi Arabia to Musa Sudi Yalahow in January 2000. Qatar, Libya, Saudi Arabia, etc. supported materially and financially the Somali transitional government (UN 2002). Poland, Eritrea, Ethiopia, Yemen, Djibouti, Bulgaria, Egypt, Libya, United Arab Emirates were involved in delivering weapons and ammunitions to Somalia (UN 2003). Various weapons and ammunitions could be traced to Russia, France, Bulgaria, Czech Republic, Slovakia, Poland, Romania and the former Yugoslavia, Yemen, United Arab Emirates, United States (Report of the Monitoring Group on Somalia of 24 April 2008).

In July 2004, the UN imposed an arms embargo including the Sudanese Government. In March 2005, Security Council Resolution 1591, not unanimously adopted, expanded the arms embargo to include all parties. In 2010, the embargo was strengthened to ensure states provide the necessary end-user documentation to prevent breaches of the prior resolutions when exporting arms to the Sudanese Government (see S/2006/1045) (SIPRI 2012) This shows that the conflict dynamic in Chad or Sudan cannot be limited to internal or regional dimensions only. In March 2009, Arab leaders underlined their support for Sudanese President Omar al-Bashir defying the ICC decision; and African states oppose the ICC arrest warrant for al-Bashir. He visited countries like Eritrea, Egypt, Libya, and Ethiopia in order to demonstrate that he has supporters not only in the Arab world but also in Africa. Arms from France, UK, Belarus, Kuwait, Saudi Arabia, Chad, Eritrea, Libya, Turkey, Russia, Iran, China etc have been flowing into Sudan in spite of the crimes against humanity (Holtom et al 2008; 314-416; Wezeman 2007). Sudan signed agreements on military cooperation in 2006, which include agreements to supply arms and training with Belarus, China, Russia and Turkey.

In July 2003, Security Council Resolution 1493 on arms embargo was adopted, because conflicts, violence, illegal exploitation of natural resources and displacement affected civilians in the eastern Democratic Republic of Congo. The embargo covered arms supplies and other military assistance to armed groups. In July 2004, Security Council Resolution 1552 extended the embargo until 31 July 2005. In April 2005, Security Council Resolution 1596 expanded the embargo's coverage to include any recipient in the territory of the Democratic Republic of the Congo, but arms were flowing in from various countries (SIPRI 2018).

As the recent data shows, arms flow into Africa has continued. Between 2013 and 2017, Russia accounted for 39% arms export to Africa; Algeria's 78% of arms import were from Russia. China's arms exports to Africa rose by 55% between

2008–12 and 2013–17, and its share of total African arms imports increased from 8.4% to 17%. A total of 22 sub-Saharan African countries procured major arms from China in 2013–17, and China accounted for 27% of sub-Saharan African arms imports in that period (compared with 16% in 2008-12). The USA accounted for 11% of arms exports to Africa in 2013–17 (SIPRI 2017). Arms transfer to the countries of origin of migrants and refugees has been a big business. Between 2010 and 2016, Ethiopia imported arms from the US, Russia, China, France, Bulgaria, Ukraine, Serbia, Hungary, Czech Rep, North Korea. Uganda imported from Russia, China, US, Israel, Belarus, Bulgaria, Ukraine, Montenegro, Czech Rep, Montenegro, Tanzania, Kenya, Ivory Coast, South Africa. Kenya imported from US, China, Russia, Serbia, Spain, South Africa, Jordan, Germany, France, China. Similarly, South Sudan received arms from South Africa, Canada, UAE, China, Russia, Ukraine, Uganda; Sudan from Russia, China, Belarus, Ukraine, the Netherlands, Iran, Egypt, Germany, Lebanon, Romania, Saudi Arabia, Syria, Turkey, the UAE, Thailand; Somalia from German, Croatia, Turkey, UK, US, Slovakia, South Africa, Yemen, China, Russia, France, UAE, Albania, Algeria, Bulgaria, the Czech Republic, Egypt, Ethiopia, Germany, Hungary, Kyrgyzstan, Poland, Serbia, Sudan, Uganda, and Ukraine, Uganda; and Eritrea from Russia, Belarus, Bulgaria, Ukraine (Mack and Slijper 2016). Most of these African arms receiving countries have been affected by violence, displacement and emigration. In such an international political environment, African ownership can be only partly effective.

Summary and Conclusion

The various policy agendas of the major global players discussed above briefly show some contradiction and hypocrisy. The EU Security Strategy (2003) identified terrorism, proliferation of weapons of mass destruction, regional conflicts, state failure, organised crime as threats to European and global security. The UK Commission for Africa (2005) aimed at supporting the changes needed to reduce poverty in Africa and underlined that if Africa does not create the right conditions for development, then any amount of outside support will fail. The EU's Strategy for Africa (2005) pledged to jointly address global challenges and promote partnership for all people in Africa and Europe. The Joint EU-Africa Strategy (2007) formulated its objectives for peace and, security, democratic governance and human rights, multilateralism. The EU-Global Strategy (2016) focuses on state and societal resilience. Similarly, the Marshall Plan with Africa (2017) proclaims the promotion of economic growth, peace, security, human rights, democracy etc. However, none of those initiatives and policies acknowledge and attempt to take into account the equal importance of external factors, which should be included in the migration drivers discourse. The colonial and the cold war legacy and the competition of global players for their own national interests including the businesses with arms exportation etc. have contributed to the emergence and continuation of the drivers of migration.

On the other hand, many African politicians point their fingers all the time at Europeans and the colonial past instead of acknowledging their own incompetence, corruption, clinging to power at all cost, and the lust for modern-western goods whereas their citizens remain in poverty and illiteracy and suffer from preventable diseases and hunger. They make Europeans and the colonization responsible all the time for conflicts and poverty. Many racists in the West feel vindicated that Africans were incompetent to solve their problems. Africans are indeed partly responsible for the political and economic problems. However, the irony of the thing is that even solving economic and political problems would not automatically end the drivers of emigration. Through economic growth, emigration even would increase. Therefore, firstly, the discourse on the root causes of migration should equally consider the African as well as external historic and contemporary structural responsibilities; secondly, there is no guarantee that reduction of conflicts and poverty would de-crease emigration. Instead of looking for bid drivers of migration, the public and politicians should focus on many small systemic causes of migration.

Literature

Africa Research Bulletin 2008, 45 (6): p. 17586

Africa Research bulletin 2009, 46 (3): p. 17910

Brettell, Caroline B./ Hollifield James F. (2000): Migration Theory. Talking across Disciplines, (Routledge, New York).

Castles, Stephen (2010): Understanding Global Migration: A social transformation perspective. In: Journal of Ethnic and Migration Studies, 2010 (36), 1565 – 1586.

Clemens, Michael A. and Postel Hannah M. (2018): Deterring Emigration with Foreign Aid: An Overview of Evidence from Low-Income Countries. CGD Policy Paper 119. Center for Global Development, Washington, DC.

Czaika, Mathias (2015) Migration and Economic Prospects, Journal of Ethnic and Migration Studies, 41:1, 58-82

Department of State (2008) "Ambassador Ranneberger Discusses U.S.-Kenya Relations," 2008, http://www.america.gov/st/washfile-english/2008/March/20080312120845xjsnommis0.7968 866.html#ixzz0NJe9aGyZ, accessed 12 July 2009.

EASO, European Asylum Support Office (2018): Latest Asylum Trends, Interactive Map, https://www.easo.europa.eu/latest-asylum-trends, accessed 08.11.2018

EASO, European Asylum Support Office (2017): The situation of asylum in the EU 2017: Over-view, Interactive Map, https://www.easo.europa.eu/overview-situation-asylum-eu-2017, ac-cessed 08.11.2018

Eisenstadt, Shmuel N. (1954): The Absorption of Immigrants, (Routledge and Kegan Paul, Lon-don).

European Commission (2018): EU Emergency Trust Fund For Africa. Region Overview. https://ec.europa.eu/trustfundforafrica/region/north-africa_en, accessed 08.11.2018

European Commission (2018). EU Emergency Trust Fund For Africa. Results, Monitoring and Evaluation. https://ec.europa.eu/trustfundforafrica/content/results-monitoring-and-evaluation _en, accessed 08.11.2018

Ferrari, Lorenzo (2018): Europeans also seek EU asylum. https://euobserver.com/migration/ 142732, accessed 08.11.2018

Gebrewold, Belachew (2007): Africa and Fortress Europe, (Ashgate, Aldershot).

Gebrewold, Belachew/Bloom Tendayi (2016): Understanding Migrant Decisions. From Sub-Saharan Africa to the Mediterranean Region, (Routledge, London).

Gonzalez-Garcia, Jesus (2016): Sub-Saharan African Migration: Patterns and Spillovers. In: IMF Spillover Notes, 2016 (9), 8-8.

Gunpolicy (2008), http://www.gunpolicy.org/Topics/Guns_In_North_Africa.html, accessed 12 March 2009

Hansen, A. "The French Military in Africa, Council on Foreign Relations," 2008, https://www.cfr.org/backgrounder/french-military-africa, accessed 11 September, 2018

IOM, International Organisation For Migration (2017): Mediterranean Migrant Arrivals Reach 19,567, Deaths: 521, https://www.iom.int/news/mediterranean-migrant-arrivals-reach-19567-deaths-521, accessed 08.11.2018

IOM, International Organisation For Migration (2015): Global Migration Trends Factsheet. http://gmdac.iom.int/global-migration-trends-factsheet, accessed 08.11.2018

Holtom, Paul (2008): International arms transfers. In: SIPRI Yearbook 2008: Armaments, Disarmament and International Security, 313-317.

Kleine-Ahlbrandt, Stephanie and Small, Andrew (2008) China's New Dictatorship Diplomacy. In: Foreign Affairs, 2008 (87), 38-56.

Kroslak, Daniela (2004) France's policy towards Africa: continuity or change? In Taylor, Ian/ Williams, Paul (Eds.) Africa in international politics. External involvement on the continent, (Routledge, London), 61-82.

Kuznetsov, Yevgeny and Sabel, Charles, International Migration of Talent, Diaspora Networks, and Development: Overview of Main Issues, In Yevgeny Kuznetsov, Diaspora Networks and the International Migration of Skills: How Countries Can Draw on Their Talent Abroad, The International Bank for Reconstruction and Development / The World Bank, 2006

Mabogunje, Akin L. (1970) Systems Approach to a Theory of Rural-Urban Migration. In: Geographical Analysis, 1970 (2, Issue 1), 1–18.

Mack, Daniel and Slijper, Frank (2016) Armed and insecure: An overview of arms transfers and armed violence in the Horn of Africa (2010-2015), PAX: Utrecht

Martin, Guy (1995) Continuity and change in Franco-African relations. In: Journal of Modern African Studies, 1995 (33, Issue 1), 1-20.

Massey, Douglas S., Joaquin Arango, Graeme Hugo, Ali Kouaouci, Adela Pellegrino and J. Edward Taylor (1993) Theories of International Migration: A Review and Appraisal. In: Population and Development Review, 1993 (19, Issue 3) 431–466.

Massey, Douglas S. , Joaquín Arango, Graeme Hugo, Ali Kouaouci, Adela Pellegrino and J Edward Taylor (2006) Theories of International Migration: A Review and Appraisal. In: Messina Anthony and Lahav Gallya (Eds.) The Migration Reader. Exploring Politics and Policies (Lynne Rienner, Boulder), 34-62.

Michele Alliot-Marie (2007): For the EU, Africa's ills must be dealt with by Africans, http://www.consilium.europa.eu/ueDocs/cms_Data/docs/pressData/en/esdp/95218.pdf, accessed 06 November 2018

Myrdal, Gunnar (1957) Rich Lands and Poor. The road to world prosperity, (Harper & Row, New York).

OECD (2017) Development aid at a glance: statistics by region, https://www.oecd.org/dac/stats/documentupload/Africa-Development-Aid-at-a-Glance.pdf, accessed 18 October 2018

Piore, Michael J. (1979) Birds of passage. Migrant labour in industrial societies, (Cambridge University Press, Cambridge).

Rosengren, Karl Erik (1988) Linking Culture and Other Societal Systems. In: Sandra J. Ball-Rokeach and Muriel G. Cantor (Eds.) Media, Audience and Social Structure, (Sage, Beverly Hills) 87 – 98.

Saunders, H. W. (1956) Human Migration and Social Equilibrium. In: Joseph J. Spengler and Otis Dudley Duncan (Eds) Population Theory and Policy, (The Free Press, New York).

Shimeles Abebe (2018): Africa In Focus. Foresight Africa viewpoint – Understanding the patterns and causes of African migration: Some facts. In: Brookings (online blog).

https://www.brookings.edu/blog/africa-in-focus/2018/01/18/foresight-africa-viewpoint-understanding-the-patterns-and-causes-of-african-migration-some-facts/, accessed 08.11. 2018

SIPRI (2012): UN arms embargo on Sudan (Darfur region), SIPRI (Stockholm International Peace Research Institute) databases. https://www.sipri.org/databases/embargoes/un_arms_em bargoes/sudan, accessed 08.11.2018

SIPRI (2017): UN arms embargo on Somalia, SIPRI (Stockholm International Peace Research Institute) databases. https://www.sipri.org/databases/embargoes/un_arms_embargoes/somalia, accessed 08.11.2018

SIPRI (2012): UN arms embargo on Sudan (Darfur region), SIPRI (Stockholm International Peace Research Institute) databases. https://www.sipri.org/databases/embargoes/un_arms_em bargoes/sudan, accessed 08.11.2018

SIPRI (2018): UN arms embargo on DRC (Non-Governmental Forces), SIPRI (Stockholm International Peace Research Institute) databases. https://www.sipri.org/databases/embargoes/un_arms_embargoes/drc/drc_default, accessed 08.11.2018

Sjaastad, Larry A (1962) The costs and returns of human migration. In: Journal of Political Economy 1962 (70, Issue 5) 80–93.

Stark, Oded (1991) The Migration of Labor, (Basil Blackwell, Cambridge).

Stouffer, Samuel Andrew (1962) Social Research to Test Ideas, (The Free Press of Glencoe, New York).

Taylor, Ian (2008) Sino-African relations and the problem of human rights. In: African Affairs, 2008 (107, Issue 426), 63–87.

Telegraph, The (2007) China and Russia defy Sudan arms embargo, by David Blair http://www.telegraph.co.uk/news/worldnews/1550936/China-and-Russia-defy-Sudan-arms-embargo.html, accessed 06 November 2018

Todaro, Michael P. (1976) Internal migration in developing countries, (International Labor Office, Geneva).

UN (202) UN Security Council, Report of the Team of Experts Appointed Pursuant to Security Council Resolution 1407 (2002), Paragraph 1, Concerning Somalia, 3 July 2002, S/2002/722, available at: http://www.refworld.org/docid/46cbf2b70.html, accessed 13 November 2018]

UN United Nations (2003) Report of the Panel of Experts of 25 March 2003 on Somalia, Security Councl Re-Establishes Panel Investigating Somalia Arms Embargo Violations, Unanimously Adopting Resolution 1474. http://www.un.org/News/Press/docs/2003/sc7721.doc.htm, accessed 06. November 2018.

UN (2008) "Report of the Monitoring Group on Somalia," 24 April 2008, http://daccess-ddsny.un.org/doc/UNDOC/GEN/N08/290/68/PDF/N0829068.pdf?OpenElement, accessed 2 April 2010.

UNCTAD (2018), Economic Development in Africa: Migration for Structural Transformation. Report 2018, 45-45.

UNECA (2017): African Migration: Drivers of Migration in Africa, Draft Report Prepared for Africa Regional Consultative Meeting on the Global Compact on Safe, Orderly and Regular Migration, October 2017.

Utley, R. (2002) Not to do less but to do better. French military policy in Africa. In: International Affairs, 2002 (78, Issue1), 129-146.

Van Hear, Nicholas/Bakewell, Oliver / Long, Katy (2018) Push-pull plus: reconsidering the drivers of migration. In: Journal of Ethnic and Migration Studies, 2017 (44, Issue 6), 927-944.

Wallerstein, I. (1974), The Modern World-System, Vol. I: Capitalist Agriculture and the Origins of European World-Economy in the Sixteenth Century (Academic Press: New York).

Wezeman, Siemon T. (2007) United Nations Arms Embargoes: Their Impact on Arms Flows and Target Behaviour. Case study: Darfur, Sudan, 2004–2006, SIPRI, http://books.sipri.org/files/misc/UNAE/SIPRI07UNAESud.pdf, accessed 22 June 2009

Wezeman, Pieter D. (2009) Arms transfers to Central, North and West Africa. In: SIPRI (Stockholm International Peace Research Institute) Background Paper, 2009, http://books.sipri.org/files/misc/SIPRIBP0904b.pdf, accessed 21 July 2009

World Bank (2018) Migration and Development Brief 29. Migration and Remittance: Recent Developments and Outlook. Transit Migration. 2018, 11-11.

Zlotnik, Hania (1998) The theories of international migration. In: Paper for the Conference on International Migration: Challenges for European Populations, Bari, Italy, 25-27 June 1998.

Migrants unbound?
Transnationalism, immigrant integration and return processes[1]

Paolo Ruspini

Abstract

What is the relation between transnational migration, immigrant integration and return migration processes? Moving from a brief theoretical discussion of these social phenomena, the aim of this article is to discuss their relevance as well as interlinkages in the current multimodal and heterogeneous migration. Reference goes to the European context spanning, for instance, from labour migration to asylum seeking, from low to highly skilled migrants, and from migrant elders to the second migrant generations. A methodological approach to capture the extent and policy relevance of these processes has been suggested at the end.

Introduction

Transnational and return patterns of migration in Europe and their impact on integration practices pose several challenges for migration scholars and stakeholders. The following three research questions are worth addressing: (1) Are national migration policies able to adequately respond to old and new migration flows (from permanent to circular and return), the resulting migrants' needs and changes in sense of belonging? (2) What are the lessons to be learnt for those integration policy approaches traditionally based on the immigration/emigration dichotomy and the underlying idea of fixed identity? (3) How can the durability of transnational ties with the passage of time be dealt with and what are the consequences for immigrant integration practices?

The link between migrant transnationalism, immigrant integration and return migration lies at the core of this writing. The paper addresses the impact on immigrant integration policies and practices considering the contemporary changing nature of migration in Europe originating from the globalization processes, war and conflicts,

---

[1] This article draws from the extended abstract and introductive presentation for the workshop "Transnational Perspectives on Return Migration" within the 10 Dialog Forum "Migration and (Dis-)Integration Processes - Perspectives from countries of origin, transit and destination", held on the 18 September 2018 at Danube University Krems, Krems an der Donau, Austria.

the revolution in communication and transportation, and the reality of second-generation migrants on the one hand and migrants' ageing on the other hand. It advances different integration needs with emphasis on migrant integration and return practices of old and new migrant groups in different European locations.

Migrant transnationalism, integration and return: theoretical and policy challenges

The contemporary features of international migration and mobility have resulted into an increasingly blurred distinction between countries of origin, transit and destination of migratory flows. Almost every country and different regions are nowadays covering all three roles – e.g. North Africa is being transformed from region of origin to region of transit and destination and the same goes for Eastern Europe. Although with diverse characteristics, Morocco and Ukraine are two paramount case studies of similar changing migration dynamics.

Temporary migration has thus taken a much more important role than migration in the last two centuries, which was mostly permanent. As a result of similar ongoing population dynamics, we can therefore observe the transition from the traditional model of migration with initial displacement followed by final return home to several migrations over a lifetime, often to different countries, with periodic returns home (Koser, 2007).

The present article addresses three challenges that the current processes of migration have brought to the forefront. They pertain to the following combination of migration processes, which seem apparently in contradiction with each other:

- unidirectional migration and multimodal migration
- migrant transnationalism and immigrant integration
- return migration, migrant transnationalism and social networks.

The causal factors behind these migration configurations include the revolution of transport and communications but also the incentives provided by the developed countries to circular migration in order to avoid costlier sensitive integration policies but, at the same time, to spark development processes in developing countries through diaspora practices. The outcomes bring to the fore the transnational realities of many migrants living dual lives "being here and there" at the same time. These transnational migrants contribute to generate hybrid identities and develop multiple citizenship, where dual or multiple nationalities are permitted. Governance practices should, as a consequence, acknowledge different approach to "integration" in local and national policies. These approaches should therefore take into account different categories of migrants and refugees with very diverse needs. Is this the current case in many immigrant locations across Europe?

Transnational migration

In addressing the above research questions, let's first briefly outline the transnational concept. Transnationalism is neither new nor limited to migration-related phenomena, but refers to a wider range of actions, processes and institutions that cross the boundaries of states or national communities. In the contemporary debate, the notion of transnationalism has been generally used to refer to migrants' ongoing ties with source countries. Portes et al. (1999: 217) argue:

> *"while back-and-forth movements by immigrants have always existed, they have not acquired until recently the critical mass and complexity necessary to speak of an emergent social field. This field is composed of a growing number of persons who live dual lives: speaking two languages, having homes in two countries, and making a living through continuous regular contact across national borders."*

By relying on the empirical work of Bryan Roberts on the Mexico - US migration system and its transformations from temporary migration, Portes et al. (1999) looked at the causes of transnational migration by arguing that a transnational migration pattern results when both the return pull of sending communities and retaining power of receiving economies are high.

The initial perspective from Portes et al. emphasized the economic dimension of transnational migration. The following discussion is, however, much broader and encompasses non-economic factors as well. Transnational practices *"from below"* as forms of adaptation to the influences of global capital are also reformulated by considering *"middle forms of transnationalism as in the case of highly educated or middle-class migrants."* Hybridity in global cities is thus another appealing perspective for the study of transnationalism (Ang, 2000).

Main theories on transnational migration focus on the so-called *"transnational turn in empirical migration research"*, as well as the current discussion on the research methods to estimate *"floating populations"* (Amelina, Faist and Nergiz, 2013). Transnationalism has been also early criticized for its supposedly ambivalent linkage with incorporation processes (Kivisto, 2001). Although not all migrants are transnational migrants, and not all those who take part in transnational practices like communication, traveling, exchange of goods or remittances do so all the time, the contemporary ease of communication and transportation has clearly changed the extent and magnitude of transnational formations.

Transnational migration and immigrant integration

Transnational lifestyle patterns are also the result of top-down policymaking approaches that can be observed in the East-West and South-North geographical contexts in Europe. Restrictive or more open admission and migration control policies have always significant side effects re-directing flows on the ground and sparking different transnational configurations (Ruspini, 2011; Richter et al, 2017). As a consequence, current patterns of circular, transit and return migration in the European continent provide a set of new challenges for integration policies. Under conditions of globalisation, the growing transnationalism (and the role of Diasporas) urges a redefinition of the traditional notions of integration based on incorporation and assimilation. Notions of identity are evolving as individuals increasingly 'belong' to more than one country and society. Transnational communities are thus becoming an important way to organize activities, relationships, and identity for a growing number of people with affiliations in different European countries. The changed sense of affiliation affects also different strands of immigrant integration policies like access to social and health services or to civic rights and duties which pertain to residency in the receiving country.

Do these national policies follow suit the new migration patterns and changes in the sense of belonging? In the integration realm, migration policies are still most often based on the traditional immigration/emigration dichotomy and the underlying idea of fixed identity. A limited number of administratively determined immigrant categories distinguishes mobile populations of increasingly diverse origin. Therefore, integration concerns in mobile population have been largely addressed in terms of traditional migrant classification (e.g. refugee, immigrant, temporary worker, etc.) Although these categories reflect historical migration flows and selected current situations, they seem not fully representative of contemporary migrant diversity or disparity, nor do they reflect the present reality of differences relevant to the changing migration landscape of many receiving, transit and return countries.

Transnational patterns of migration and their impact on integration practices pose additional challenges (e.g. Ruspini, 2014). For instance, on the one hand, we do have the first generation of migrants who came as 'guest workers' to Western European countries or were asked to come on the assumptions that overall they would return to their country of origin. This sometimes resulted into no wish, no need (and often no policies) to get integrated. Since they are currently ageing, they do require proper access to/and different kind of integration services (Ruspini, 2010). On the other hand, the ease of transport and communication makes the transnational life of many second-generation migrants in Europe much easier and their daily needs and sense of belonging are changing.

Data on the European situation suggest that transnationalism does not inevitably hinder integration (Vermeulen, 2006). Therefore, some European historians have questioned the transnationalism-integration equation (Lucassen, Feldman and Oltmer, 2006). In this regard, a pragmatic approach seems to prevail in migration studies that disputes the binary opposites between transnationalism and integration. This approach advances that connections with the homeland and the receiving society occur simultaneously: migrants may thus be both integrated and transnational (Levitt and Glick Schiller, 2004; Bivand Erdal and Oeppen, 2013; Mügge, 2016). Does this hypothesis hold true in empirical terms? How can the matter of the durability of transnational ties with the passage of time be dealt with? As well as *"the ever-present lure of cultural adaptation?"* (Faist, 2000: 238). Finally, how do integration and transnationalism influence each other? (Bivand Erdal & Oeppen, 2013).

The above research questions are thus relevant for different immigrant integration realms, including policies and practices as per following description.

The present circular, often repetitive flows of migration, such as labour migrants, migrants visiting friends and relatives or returning to their place of origin can generate specific challenges pertaining to social and health needs that exceed the capacities of traditional integration programmes developed for unidirectional migration. The consistent outflows of asylum seekers moving from neighbouring countries to the European migration space adds further challenges to the above picture in view of the specific needs of these vulnerable persons which include a significant number of women and children. Intercultural competences and the ability to deal with diversity are then increasingly important aspects in migrant-receiving, transit and return locations.

Return migration, migrant transnationalism and social networks

The above discussion brings us to the third theoretical component that this paper aims to briefly introduce. Return in combination with transnational migration opens, in fact, several other research questions. First and foremost, how do migrant transnationalism and return migration relate to each other? Secondly, what is the unique contribution of social networks and transnationalism to comprehend return migration? At last, what migration theory can learn from empirical research? Although it is out of the scope of this writing to link migration theory with relevant examples from empirical research, it is however important to touch base with the latter dimension.

Return migration is a multifaceted and heterogeneous phenomenon, which still constitutes a relatively new topic on the European research agenda. Except for historical considerations on return migration from the "New World" in the first decade of the last century (Cerase, 1974), and a short-term interest in the remigration of Southern European guest workers in the 1960s and 1970s, the theme remained an underrated research field of European migration for quite a long time (Dustmann et al., 1996).

Gmelch (1980: 135) notes different reasons for this longstanding neglect of return migration. It has been neglected since migration has long been seen as a one-way movement in the nineteenth century; migration was conceptualised as permanent and seen in a rural-urban framework moving only in one direction towards the urban centres. In addition, return is also the most difficult aspect of the migration cycle to quantify because of lack of comparable data on outgoing persons (Gmelch, 1980: 136; King, 1978).

In contrast to previous definitions focusing mainly on the time spent abroad before the return to a migrant's country of origin, more recently a personal dimension in the process of return migration has been identified by the MIREM project (2005-8). In this context, a returnee is

"any person returning to his/her country of origin, in the course of the last ten years, after having been an international migrant (whether short-term or long-

*term) in another country. Return may be permanent or temporary. It may be in-
dependently decided by the migrant or forced by unexpected circumstances"
(MIREM, 2005-8).*

In this context, the introduction of a transnational approach allows us to go beyond an essentialistic and/or purely ethnic perspective on return migration. The
transnational perspective does view return not at the end of migration cycle but with
return the migration process continues. The binary structuralist vision of cross border movements is thus questioned, taking into account the circularity of migration
movements, which facilitates migrants' mobility (Chapman and Prothero, 1983-84).

The social network theory provides then an important addendum to the contribution of transnationalism in understanding return migration. First of all, social networks can be defined as ties or connections between individuals that vary in
strength, type and duration (Granovetter, 1973). In view of Bourdieu (1986) social
networks in the guise of social capital represent potential resources (such as help in
finding a job, financial or moral help) which need to be activated. Belonging to a
group gives, in fact, access to a network, but the access to the resources depends
therefore on the individual and his or her position in the network.

Networks are then important resources for migration since they provide channels
to enter a desired country or help in settling in a specific society. Three types of
social networks usually shape the migration processes: labour, personal (family)
and the so-called "illegal" migrant networks. All they provide benefits and costs for
migrants (Boyd and Nowak, 2012). Additionally, although networks are important
for employment and social opportunities particularly for the most vulnerable individuals, not all migrants depend on labour networks to find employment as well as
not all of them rely on personal networks during the settlement process. The motives
for return are linked to social, economic and institutional opportunities at home as
well as by the relevance of migrants' own resources. Cross-border networks of social and economic relationships secure and sustain return migrants (e.g. Ruspini et
al, 2016).

At last, the contribution to understand return migration drawing from transnationalism and the social network theory allows viewing return no longer at the end
of the migration cycle but as one stage in the migration process. In fact, while rec-
ognising the influence of structural micro and macro factors in origin countries, both
theoretical frameworks argue that the maintenance of linkages between receiving
and origin countries fosters the ability of migrants to prepare and secure their own
return (Cassarino, 2004). The social network theory goes a step further than the
transnational approach contending that the cross-border social and economic networks are conducive to complementary exchange relations among actors, which go
beyond the commonality of attributes since they are based on commonality of interests. Faist's (2000) idea of *"community without propinquity"* which links migrant social and symbolic ties to positions in networks and organizations in different
geographical locations covering two or more nation-states is deemed important in
this regard. Time-space compression is what makes similar social configurations

possible and thus these relationships between contexts provide also a fertile ground for ongoing negotiation of rights and identities (Mapril and Araújo, 2002).

Migrants unbound? A brief methodological note

How to capture the complexity of the described migration processes? A mixed method approach has been envisaged as a suitable mean to detect changing migration trends either in Europe or worldwide. It includes a combination of desk research, policy analysis, qualitative and quantitative instruments at the macro, meso and micro level of investigation. As a broad knowledge base, a systematic collection of policy regulations is available, for instance, from the data generated by the Migrant Integration Policy Index 2015[2] and the ongoing collection of statistical information on incoming migratory flows to Europe pertaining to the so called "refugee crisis" carried out by international organizations as the IOM or the UNHCR.

The responsiveness of the immigrant services and the current integration practices in addressing either the needs of the current mobile, return or resident migrant and refugee populations in Europe are to be assessed comparatively considering the interconnected contemporary migration and asylum framework as well as the extent of mixed flows. A comparative dimension has been proved useful in capturing and contrasting the diverse nuances and temporal stages of migration processes in European countries which, although to a different degree, are now all facing similar migration realities.

Data aim, first, to draw a picture of the transformation of the current European migration landscape by keeping into account the described migrant transnational configurations. Secondly, the impact of the present multimodal migration processes on immigrant integration and the integration policy framework at different level of governance lies at the core of a similar analysis, together with an attentive investigation on the mismatch between different policy levels. It is, in fact, often difficult to reach migration policy coherence considering the duplication of responsibilities and conflict of competences in several European national states between different governmental departments and between the latter and local and regional institutions. Thirdly, sketching return processes remains the most difficult empirical challenge since, as previously mentioned, there are no comparable national data on outgoing persons. The available micro quantitative surveys at regional level are useful in possibly detecting large processes but their interpretative value and comparative relevance is limited.

If many migrants are really "unbound", as our title's research question has posed, because of their migration history, transnational migrant constellations and possibly the resulting changing sense of belonging, it is even more difficult to frame similar ongoing processes by quantitative means. Quantitative analysis is not apt to appro-

---

[2]   MIPEX: http://www.mipex.eu/

priately frame mobile population dynamics if not supported by qualitative and ethnographic means. It is also difficult to make sense of and compare individuals with diverse migration or casual migratory paths behind as well as different migrant generations. In this regard, it is noteworthy mentioning that European national states address access to citizenship in diverse perspectives and according to very different national legislation.

The heterogeneity of migration, migratory flows and policies provides stimulating challenges for the researcher by inviting to an interdisciplinary work where the contribution from different disciplines is a major strength. As a matter of fact, social complexity can be better understood with a variety of disciplinary contributions whereas cooperation from diverse actors in the migration field, which do amass mutually enriching complimentary knowledge and experience, may adequately assist in designing coherent, comprehensive and proactive policies. The latter cooperation approach is the competitive advantage of longstanding dialogue fora at local, national and international level as, for instance, the Dialog Forum of the Danube University Krems at local level or the United Nations Global Compact on International Migration at global level.

In our view, multidisciplinary approaches in migration studies and multilateralism in migration policy are the only plausible responses to the current challenges originating from migration and the right answer to populistic instrumentalization from several political parties and governments in Europe and beyond. The whole of migrants will be indeed "unbound" not only when the politics and media discourse will fully take into consideration the sketched configurations of transnational migrant processes, but first and foremost when they will also adopt fair narratives in portraying migrants, refugees and minorities as well as a balanced human right' approach to the entire migration field.

Concluding remarks

This brief discussion has opened many research questions, but left also unanswered several of them. First, new empirical research based on mixed methods would be particularly profitable in further investigating the link between migrant transnationalism, the changing immigrant integration and return processes in several locations. Time and space of migration are of extreme importance in further understanding these migration dynamics. Only time and further investigation will clarify the durability of transnational ties.

Secondly, the focus of the article on transnationality should not offset the reality of the ageing first generation migrants with permanent residency in many European countries. The latter sample can be transnational as well when approaching their retirement age, but certainly to a different extent than other categories of mobile populations as the Erasmus or the new millennials' generations. Empirical research with a macro comparative perspective can help in elucidating these processes and the different migrants or mobile persons involved.

Thirdly, return migration remains a still underdeveloped research concept where traditional explicatory theories as the new economics and labour migration conflate with more innovative approaches as the sketched transnationalism and social networks' perspectives. At the macro level, the impact of both voluntary or forced return processes on countries and regions of origin still remains a widely unexplored field together with the nexus between migration and regional development. On the micro level, the same need for further research applies on the individual and family dynamics, their social networks, and questions related to the changing sense of belonging. Intersectoral research with a qualitative approach focused on class, ethnicity and gender can assist the researcher in better understanding these social processes in the manifold contexts of origin and destination. One caveat from former fieldworks is however worth mentioning here: the return of the highly skilled migrant usually implies a different narrative compared to that of the rejected asylum seeker or the low-skilled person belonging to an ethnic minority group. By avoiding any generalization, empirical data seem however to prove that the latter may possibly experience hardship and social exclusion and circulate again or re-migrate under diverse constraints than the individual belonging to a majority owing a different degree of social capital and material resources.

References

Amelina, A., Faist, T., Nergiz, D. D. (Eds.) (2013), *Methodologies on the Move. The Transnational Turn in Empirical Migration Research*, Abingdon, Oxon: Routledge.

Ang, I. (2000), "Beyond Transnational Nationalism: Questioning Chinese Diasporas in the Global City", International Conference on Transnational Communities in the Asia-Pacific Region, Singapore: Centre for Advanced Studies, National University of Singapore and Transnational Communities Program ESRC UK.

Bivand Erdal, M. & Oeppen, C. (2013), "Migrants balancing acts: Understanding the interaction between integration and transnationalism", *Journal of Ethnic and Migration Studies*, 39(6), 867-884.

Bourdieu, P. (1986), "The Forms of Capital", in J.G. Richardson, (Ed.) *Handbook of Theory and Research for the Sociology of Education*, New York: Greenwood Publishing Group, pp. 241-258.

Boyd, M. & Nowak, J. (2012), "Social networks and international migration", in M. Martiniello and J. Rath (Eds.), *An introduction to international migration studies: European perspectives,* IMISCOE Textbooks, Amsterdam: Amsterdam University Press, pp. 79-105.

Cassarino, J.P. (2004), "Theorising Return Migration: The Conceptual Approach to Return Migrants Revisited", *International Journal of Multicultural Societies (IJMS)*, Vol. 6, No. 2, pp. 253-279.

Cerase, F. P. (1974), "Expectations and Reality: A Case study of Return Migration from the United States to Southern Italy", *International Migration Review*, Vol. 8, No. 2, Special Issue: Policy and Research on Migration: Canadian and World Perspectives (Summer 1974), pp. 245-262.

Chapman, M., Prothero, R. M. (1983-1984), "Themes on circulation in the Third World", *International Migration Review*, 17 (4), 597-632.

Dustmann, C., S. Bentolila, R. Faini (1996), "Return Migration: The European Experience", *Economic Policy*, Vol. 11, No. 22 (April, 1996), pp. 213-250.

Faist, T. (2000), *The Volume and Dynamics of International Migration and Transnational Social Spaces*, Oxford: Oxford University Press.

Gmelch, G. (1980), "Return Migration", *Annual Review of Anthropology*, Vol. 9, pp. 135-159.

Granovetter, M. (1973), "The strength of weak ties", *American Journal of Sociology*, 78(6), 1360-1380.

King, R. (1978), "Return migration: a neglected aspect of population geography", *Area*, Vol. 10, No. 3, pp. 175-182.

Kivisto, P. (2001), "Theorizing transnational immigration: a critical review of current efforts", *Ethnic and Racial Studies*, Vol. 24, Issue 4, pp. 549-577.

Koser, K. (2007), *International Migration: A Very Short Introduction*, Oxford: Oxford University Press.

Levitt, P., Glick Schiller, N. (2004), "Conceptualizing simultaneity: A transnational social field perspective on society", *International Migration Review*, 38(3), 1002-1039.

Lucassen, L., Feldman D., Oltmer, J. (2006), *Paths of Integration. Migrants in Western Europe (1880-2004)*, IMISCOE Research, Amsterdam: Amsterdam University Press.

Mapril, J. and Araújo, F. (2002), "Between two worlds: Chinese and Cape Verdean voluntary sectors in a changing context", in M. L. Fonseca, J. Malheiros, N. Ribas-Mateos, P. White and A. Estevez (eds.), *Immigration and Place in Mediterranean Metropolises,* Lisbon: FLAD, pp. 197-227.

MIREM - MIgration de REtour au Maghreb project (2005-8), European Commission and the European University Institute. At: http://rsc.eui.eu/RDP/research-projects/mirem/ (accessed on 27.11.2018).

Mügge, L. (2016), "Transnationalism as a Research Paradigm and Its Relevance for Integration", in B. Garcés-Mascareñas, R. Penninx (Eds.), *Integration Processes and Policies in Europe. Contexts, Levels and Actors*, IMISCOE Research Series, New York: Springer Open.

Portes, A., Guarnizo, L. E., Landolt, P. (1999), "The study of transnationalism: pitfalls and promise of an emergent research field", *Ethnic and Racial Studies*, Volume 22, Number 2, March 1999, pp. 217-237.

Richter, M., Ruspini, P., Mihailov, D., Mintchev, V. and Nollert M. (Eds.) (2017), *Migration and Transnationalism Between Switzerland and Bulgaria*, New York: Springer.

Ruspini, P. (2010), "Elderly Migrants in Europe: An Overview of Trends, Policies and Practices", Preliminary report prepared in 2009 for the European Committee on Migration of the Council of Europe (CDMG) and first published as Occasional Paper, Sofia: CERMES - Centre for European Refugees, Migration and Ethnic Studies, New Bulgarian University, 32 p. At: http://cermes.info/upload/docs/Elderly_migrants_in_Europe_paolo_ruspini_14_07_10.pdf (accessed, 30.11.2018).

Ruspini, P. (2011), "Conceptualising Transnationalism: East-West Migration Patterns in Europe", in C. Allemann Ghionda, W.D. Bukow (Eds.) *Orte der Diversität: Formate, Arrangements und Inszenierungen*, Wiesbaden: VS Verlag, pp. 115-127.

Ruspini, P. (2014), "The Transformative Character of International Migration and its Impact on Integration Practices and Learning Needs", in F. Bignami, M.G. Onorati (Eds.) *Intercultural Competences for Vocational Education and Training. Experiential Learning and Social Contexts for Enhancing Professional Competences,* Milan: Egea, pp. 89-98.

Ruspini, P., Richter, M., Nollert, M. (2016), "Between Return and Circulation: Experiences of Bulgarian Migrants", *Economic Studies*, Vol. XXV, 2016, No. 5, Special Issue, Sofia: Economic Research Institute at the Bulgarian Academy of Sciences, pp. 7-20.

Vermeulen, F. (2006), *The Immigrant Organising Process: The Emergence and Persistence of Turkish Immigrant Organisations in Amsterdam and Berlin and Surinamese Organisations in Amsterdam, 1996-2000,* Amsterdam: Amsterdam University Press.

Good practice examples in vocational education and labour market integration of refugees in seven European countries

Helga Moser

Abstract

The challenge of improving the access of refugees to the labour market currently lies with many countries in Europe. The Erasmus+ Strategic Partnership project *"Refugees in Vocational Training – RevoT"* (2016-2018) identified examples of good practice in vocational education and training and labour market integration of refugees in seven participating partner countries (Austria, Croatia, Germany, Greece, Italy, the Netherlands, and Spain). Due to their geographic location and their (socio-political) background, partner countries are challenged to deal with the situation of refugees in different ways, either as transit countries or as destination countries.

As collective outcome the RevoT partnership reviewed existing vocational training practices in line with refugees' job integration in the partners' countries. In order to get to know the context in the different countries, a statistical overview and description of reception conditions for asylum seekers and refugees is provided. The RevoT findings highlight and describe seven domains which are illustrated by good practice examples from the countries involved. The diversity of experiences has interesting potential for innovative measures and leads to an expansion of perspectives. The international good practice examples can serve as suggestions for the (further) development of support measures.

Labour Market Integration of Refugees from a Europe-wide perspective

Refugees and people with subsidiary protection or other protection status as well as resettled refugees are a particularly vulnerable group, due to the forced nature of their migration and the traumatic experiences frequently associated with it[1].

---

[1] A critical remark on terminology and terminological distinctions: in this paper, distinctions between different groups of people who seek refuge are made on the basis of their legal status. The access to different support systems and entitlement to social welfare benefits depends on the legal status. It is necessary to question these legal and bureaucratic categories (asylum

Inclusion in the host society is a long-term complex process, encompassing e.g. housing, education, and participation in society, social integration and finally the integration in the labour market as one of the key-activities in this process. A successful integration in the labour market provides not only the necessary economic resources, it also enables to organise the life and it allows integration in social networks.

People with a positive asylum decision have formal access to education and the labour market. Nevertheless, there are many access barriers that need to be overcome before recognised refugees can participate equally on the labour market; e.g. non-acceptance of qualifications or educational attainment, housing for refugees are often located away from the best job and training opportunities, the long period of inactivity during the asylum procedure, employers fearing additional bureaucracy, effects of psychological trauma and discrimination impeding the start of employment. It needs to be stressed that the group of adult refugees is diverse: often they have qualifications from their home country or used to worked in qualified jobs; others arrive with low educational attainment. In particular, refugees very often face unemployment; their employment level is lower compared to native-born counterparts. Those who find employment are often affected by over-qualification, which means they are in occupations with lower skill requirements than their educational attainment and/or professional qualifications. Refugees face barriers beyond those encountered by other migrants in making the successful transition into employment. On the other hand, host countries have different needs depending on the economic sector, but the demand for qualified employees in some labour market segments is high. The situation differs also between countries and their economy (see e.g. Desiderio 2016; UNHCR 2013).

The current challenge is the successful integration of refugees in the European Union's (EU) labour markets. Initiatives that prepare refugees for the requirements of the new work environment and to support them to become active and equal in making new life trajectories are needed. Vocational education and training (VET) is an educational path, which could facilitate the above-described vision by equipping them with the necessary life skills and competences to handle the new situation. VET providers, NGOs and labour-administration offer a range of programmes and projects supporting the labour market integration of this target group. But institutions often work on their own and lack exchange. At the European level, every country tries to meet the challenge of integrating refugees in its own way and only casts a cautious glance outside the box. The project *"Refugees in Vocational Training – RevoT"* addresses these issues and initiates an international exchange and knowledge transfer.

---

seeker, recognised refugee, beneficiary of subsidiary protection etc.), which classifies very heterogeneous groups of people into different target groups. These bureaucratic categories do not reflect the self-perception of the persons concerned, but the rationalities of the migration regime (Stemberger et al. 2014, p. 37-39; Pichl 2017).

The RevoT Partnership

The project *"Refugees in Vocational Training – RevoT"* (2016-2018) funded by the European Union under the Erasmus+ programme[2], aims at the improvement and expansion of the activities undertaken for the equal participation of refugees. The rationale is that identifying good practices of vocational training and counselling for refugees can foster knowledge about the different situations and frameworks in the seven participating countries. Furthermore, the objective is to contribute to strengthening the topic of integration of refugees as a European challenge and task.

The partnership collaborating in RevoT was a heterogeneous group of institutions composed of adult educational centres, providers of vocational education and training (VET), NGOs and a university of applied sciences, coming from Austria, Croatia, Germany, Greece, Italy, the Netherlands and Spain:

- Ada-und-Theodor-Lessing-Volkshochschule Hannover, Germany (Project Coordination)
- Cramars, Tolmezzo, Italy
- DafniKek, Patras, Greece
- FH JOANNEUM, Graz, Austria
- Fundacion Docetes Omnes, Granada, Spain
- Obrtničko učilište, Zagreb, Croatia
- Participatie in Diversiteit, Enschede, The Netherlands

In addition to the participating partner organisations, other stakeholders were invited to international meetings. Selected institutions were visited as good practice examples during study visits. Representatives from adult and vocational education and labour market integration institutions, NGOs, municipalities and administrative bodies were also invited to meetings. In addition, students at the Institute of Social Work at FH Joanneum were involved in the project.

As collective outcome, a booklet that reviews existing vocational training practices in line with refugees' job integration in the partners' countries was published.[3] In the following chapters, the approaches and methodology used in the project are shown and the main findings are summarised.

Contexts in the seven partner countries

The good practices from the seven partner countries need to be analysed in relation to the context of the relevant national legislative boundaries and integration policies.

---

[2]   Erasmus+ Strategic Partnership: Vocational Education and Training – Exchange of Good Practices, Project Number 2016-1-DE02-KA202-003283

[3]   Ackermann, Renate / Danelon, Sara / Dessy, José Luis / Klercq, Jumbo / Maksimovic, Dražen / Moser, Helga / Tsekoura, Vassiliki (ed.) (2018): "Way Forward – supporting Refugees' Careers. Good Practices for Vocational Training." Erasmus+ Partnership "Refugees in Vocational Training – RevoT". Zagreb

Hence, information about the seven partner countries on the situation of asylum seekers and refugees is given below.

Statistical overview

	Austria	Croatia	Germany	Greece	Italy	Netherlands	Spain
Total population (2016)	8,7 mio.	4,2 mio.	82,6 mio.	10,8 mio.	60,5 mio.	17,1 mio.	46,5 mio.
Total Number of refugees 2016[4]	93.250	2.150	669.482	46.427	147.370	101.744	12.989
Total Number of all Asylum seekers 2016[5]	76.409	2.150	587.346	39.986	99.921	31.642	20.360
Distribution of first instance decisions on (non-EU) asylum applications 2016[6]							
Refugee status	58,2 % = 24.686	29,2% = 85	40,6% = 256.132	21,6% = 2.474	5,3% = 4.763	33,7% = 9.739	4% = 410
Subsidiary protection	12,6 % = 5.344	5,6% = 15	24,4% = 153.694	2,1% = 241	13,5% = 12.133	37,1% = 10.721	0
Humanitarian reasons	0,8 % = 339	0	3,8% = 24.078	0	20,6% = 18.514	1,3% = 376	1% = 102
Rejected	28,4 % = 12.046	65,1% = 185	31,2% = 197.181	76,3% = 8.740	60,6% = 54.465	27,9% = 8.063	95% = 9.738
Sum	42.415	285	631.085	11.455	89.875	28.900	10.250
Main citizenships:	Afghanistan, Syria, Iraq, Pakistan, Iran	Afghanistan, Syria, Iraq, Pakistan, Iran	Syria, Afghanistan, Iraq, Iran, Eritrea	Syria, Iraq, Pakistan, Afghanistan, Albania	Nigeria, Pakistan, Gambia, Senegal, Cote d'Ivoire	Syria, Eritrea, Albania, Morocco, Afghanistan	Venezuela, Syria, Ukraine, Algeria, Colombia

Table 1: Figures: Refugees and Asylum Seekers in the partners' countries.

Source: see footnotes

Reception conditions

Due to their geographic location, historical and socio-political backgrounds, partner countries are affected in different ways in dealing with asylum seekers and refugees, either as transit or destination countries. This results in conditions and challenges

---

[4] UNHCR Definition of "Refugees": Persons recognised as refugees under the 1951 UN Convention/1967 Protocol, the 1969 OAU Convention, in accordance with the UNHCR Statute, persons granted a complementary form of protection and those granted temporary protection. In the absence of Government figures, UNHCR has estimated the refugee population in many industrialized countries based on 10 years of individual asylum-seeker recognition. Figures see: UNHCR 2017, Annex Table 1, p.60ff

[5] UNHCR Definition of "Asylum seekers": Persons whose application for asylum or refugee status is pending at any stage in the asylum procedure, Figures: UNHCR 2017

[6] Eurostat Asylum Statistics 2017

differing between the countries. Therefore, with the help of a template, relevant context information was collected by each partner (e.g. information on legal framework, access to education and training and the labour market, process of recognition). Furthermore, during the RevoT project meetings and study visits in each partner country it became apparent that the reasons and motivations for asylum seekers (not) to stay there were very different. In Greece for example, many asylum seekers do not intend a long-term stay in the country because of planning to continue their way to Northern parts of Europe[7]; this also applies to some extent to asylum seekers arriving in Croatia, Italy and Spain, whereas in Austria, Germany and the Netherlands, most asylum seekers are aiming for a long-term stay.

Furthermore, when it comes to institutional arrangements, differences became apparent as well. In Croatia, Italy, Greece and Spain there are no nation-wide public measures for the support of refugees; the provisions of VET depend on civil society efforts. In Austria, Germany and the Netherlands there has been long-term experience in the integration of migrants and established structures can be found; based on these approaches, measures for the support of asylum seekers and refugees have been developed.

Even though the focus of the RevoT project was on the situation of recognised refugees, an overview of the conditions of reception and living situation of asylum seekers in each country was included in the context analysis. Since when it comes to access to education and training and to the labour market, the previous conditions for asylum seekers effect their later prospects as recognised refugees. If permitted, they can already gain language skills in the local language, get insight into the mechanisms in the work environment, they can continue to use their skills also during the waiting period of the asylum procedure, which is often several months to years.

The findings show, that access to (further) education and the labour market for asylum seekers is (very) restricted in most countries. In Greece for example, asylum seekers have formal access to the labour market; according to a national legislation amendment in 2016. Nevertheless, in practice – taking the current context of the financial crisis and high unemployment rate into consideration – it is difficult for asylum seekers to get formal employment. This is a trend also found in the other countries. When it comes to the situation of recognised refugees, similar patterns can be seen. In all partner countries, recognised refugees have unlimited formal access to the labour market but face many obstacles for equal access. This also applies to access to (further) education and training. Some of the most pressing issues mentioned during the study visits were inadequate proficiency of the local language, lack of qualifications needed on the local labour market, lack of recognition or validation of their qualifications.

---

[7] Legally, according to the Dublin Regulation, asylum seekers need to lodge their asylum application in the first EU Member State they enter. This system doesn't take into account individual preferences, where they actually want to go to and where they wish to live.

Good practices for Integration of Refugees in Vocational Training

The RevoT findings are a collective outcome that reviews existing VET practices in line with refugees' labour market integration in the partner countries. 40 good practice examples were identified in Austria, Croatia, Germany, Greece, Italy, the Netherlands and Spain. The final outcome reflects the research findings of two years' deliberations, study visits and desk research of the RevoT partners, who collaborated to identify key components of VET integration strategies for refugees and their impact on the local societies. For the research and identification of good practices in the partner countries, a common questionnaire was developed. The template included questions on e.g. description of the activities and the target group, impact, outcome for different parties involved, challenges. Social Work students at FH Joanneum[8] were involved in testing and giving feedback to the questionnaire. During the research, the RevoT team identified a wide range of practices across Europe to address the challenges. For the selection of the good practice examples from all measures found, the following five criteria have been applied: content, methods, accessibility, sustainability and quality control. Furthermore, the consortium also took into account the measures´ transferability under different institutional and social preconditions, although they reflect specific, context related strategies.

Moreover, the selected good practice examples were grouped into seven categories. These seven categories evolved during the research process, reflecting challenges and indicating thematic fields, which are relevant areas in VET and labour market integration. E.g. support measures for labour market orientation are critical for making a successful transition into employment; these activities encompass e.g. individual vocational counselling and career guidance. Other strands of project activities focus on labour market integration in specific sectors of the economy. One pressing issue of labour market integration of migrants and refugees is how they can use their skills according to their qualifications, also considering that they have gained qualifications and work experience at various levels and in very different labour markets. Examples of measures addressing the issue of recognition of qualifications were found, e.g. best practices carried out either by universities or by state entities that support and train refugees to access university studies. Further approaches include bridging offers aiming at establishing relations between job seekers and employers, as well as enhancing the knowledge of the structure and functioning of local labour markets through e.g. company visits, providing knowledge of the job offers in a region or networking with companies. An introduction to the world of work is achieved as well through employment on a temporary basis or through internship periods, depending on the possibilities of the participants and the

---

[8]   Thank you to the Bachelor students of the course „*International and Intercultural Social Work*", summer term 2017.

needs of the companies. Furthermore, we found that involving organisations of mi-grants and refugees in stimulating, helping and supporting refugees to find their way to the labour market is a successful strategy.

Relating to and addressing the mentioned challenges, the identified good prac-tices were grouped into the following seven categories[9]:

- General orientation on the Job-Market
- Approaches to specific sectors of the labour market
- Preparation for university
- Recognition of qualification
- Building bridges between training and enterprises
- Culture as resource for job integration
- Involving refugee organisation

General orientation on the Job-Market

Measures for support labour market orientation are critical in making a successful transition into employment, considering also that refugees have gained qualifica-tions and work experience in very different labour markets. In addition, the needs of foreign-qualified professionals and less-educated refugees need to be considered. Therefore, measures and projects that support and guide diverse refugee groups dur-ing these processes are crucial. Finding the right job, further education or vocational training, multilingual advice and individual mentoring (one to one career counsel-ling sessions), along with the organisation of a series of workshops on job readiness, soft skills and hard skills are effective practices to support successful integration. One of the good practice examples in this section is the Integration Path by ZEBRA – Intercultural Centre for counselling and therapy in Austria. The Integration Path offers a multilevel counselling service (e.g. support for job application procedures or for recognition of qualifications) for recognised refugees and beneficiaries of subsidiary protection who are registered as 'seeking employment' at the regional Public Employment Service. The individual consultations are done in the clients' first languages.

Approaches to specific sectors of the labour market

The good practice analysis showed a wide range of approaches for qualifying refu-gees for specific economic sectors. This reflects the economic situations in host countries with specific occupational demands. The situation differs between the countries and their economy, examples range from health and care, metal sector, interpreters, craftsmen and some very special ones as guides in a museum. In Italy for example, the Laboratory on the Job, a cooperation between Cramars (an adult education centre) and Reception Center Balducci is targeting fiberglass industry. The project involved five companies working in the field of fiberglass. A workplace

---

[9]   Some of the good practice examples could have been assigned to several categories, but a de-cision had to be made and they were assigned to the most appropriate.

training was implemented for 11 trainees, encompassing 80 hours each for 3 months. The objective was to improve Italian language, learning of work specific language, workplace safety aspects, technical design as well as group work and leadership.

Preparation for university

The practices in this category are carried out either by universities or by member state entities that support refugees to access university studies (or continue with them in some cases) through scholarships, qualifications in the host country language and pre-university education to access higher studies. In Spain, Universitad Camilo José Cela for example, aims to facilitate access of 10 refugee students who had already been university students in their home-countries. The programme has a duration of 6 months, depending on the needs and characteristics of the group.

Recognition of qualification

Underutilisation of migrants' and refugees' skills is a pressing issue. Particular refugees are very often faced with underemployment; their employment level is lower compared to native-born counterparts. Those who found employment are often affected by over-qualification, which means they are in occupations whose skills requirements are lower than their educational attainment and/or professional qualifications. One important factor is the difficulty of having their foreign qualifications and work experience abroad recognised in the countries of destination. Assessing, validating and recognizing formal, non-formal and informal learning of refugees is required for successful labour market integration. The systems and procedures for the recognition of qualifications and competences are very complex and guidance is needed for orientation.

During the research, we found several projects providing – amongst others – measures in relation to recognition of qualifications. In Germany for example, the Chamber of Industry and Commerce Hannover hosts a Recognition and Qualification Consultation Centre for holders of foreign degrees and certificates. They provide assistance for situations such as assessment of the possibilities of having degrees and qualifications recognised in Germany, referral to the responsible authority, support with the application procedures and necessary formalities, accompaniment through the entire recognition process, information about possibilities of further education and language acquisition.

Building bridges between training and enterprises

Services and measures offered in this category range from company visits, lectures by external guests from business life, network meetings, coaching by future potential employers and internships or work placements. These measures offer the opportunity for job seekers who are new in the country, to experience the functioning of the labour market and daily work routine. Furthermore, they can establish networks and they are put in contact with potential future employers. Through work placements, they are introduced to the work environment on a temporary or long-term basis. On the other side, employers meet future talented employees. Ideally, the possibilities, skills and interests of the participants/job seekers are matched with the needs of the companies. Close contact between job seekers, businesses and intermediaries is important. Allileggie Solidarity Now – Employability Service in Greece for example offers individual career counselling and development of job related-skills as well as mediation with employers when needed.

Culture as resource for job integration

In this category examples with a focus on cultural activities were classified. In Croatia for example, *"Taste of Home"* by the project *"Fade in"* developed from a culinary-cultural exchange project to a sustainable cooperative. Through developing management skills as well as cooking and service skills for catering, the economic emancipation of refugees and migrants is promoted and acts as a model for migrant entrepreneurship.

Involving refugee organisation

Involving migrants and refugees and their organisations in projects is very effective to stimulate, support and empower participants in finding their way in the labour market, because it creates commitment and support in their own community. In the Netherlands the project VIP – Refugees Investing in Participation by Vluchtelingen-Werk Nederland, the Dutch Council for Refugees, applies an integrated approach to improve refugees labour market participation and takes all parties responsible: refugees, employers, trainers and the government.

Conclusion and outlook

The European society is in transition, challenging the vocational and education training systems, which are also in a process of change to adapt to new circumstance and envisaging future improvements. Hopefully, the practices collected during the RevoT project offer a necessary basis for consideration and action in favour of learning in diversity.

The findings show that in all partner countries' institutions and organisations in diverse sectors are busy and engaged for the well-being of refugees. Depending on the local contexts, the organisations range from adult education institutions, vocational and educational training providers, higher education institutions, profit and non-profit organisations as well as public and non-governmental organisations. The identified measures and activities as well vary to a great extent. They range from individual career guidance and mentoring to measures focusing on specific economic sectors. Furthermore, activities to recognise qualifications of refugees were identified as very important for successful labour market integration. Another crucial approach is building bridges to establish relations between job-seeking refugees and employers through network meetings, company visits and also work placements. Furthermore, we found that involving refugee organisations is helpful to create tailor-made measures and address the actual needs of the target group. What became clear is that the interaction and cooperation of different actors is important to reach the goal of a more inclusive labour market for refugees. Furthermore, it became apparent that individualised approaches are necessary to address the needs of refugees who are not a homogenous group but come from different individual backgrounds.

In our work we identified various obstacles in the process of integration in the job-market. One pressing issue is the ability of institutions and enterprises to integrate people with a different cultural background. Thus, we decided to continue our work in this cooperation and applied for a new Erasmus+ project with the aim of implementing diversity concepts in institutions of adult education. The idea is that institutions reflecting their own openness against cultural differences will be better prepared to employ and to train people from other countries and backgrounds.

References and further links

Ackermann, Renate / Danelon, Sara / Dessy, José Luis / Klercq, Jumbo / Maksimovic, Dražen / Moser, Helga / Tsekoura, Vassiliki (ed.) (2018): "Way Forward – supporting Refugees' Careers. Good Practices for Vocational Training." Erasmus+ Partnership "Refugees in Vocational Training – RevoT". Zagreb

Desiderio, Maria Vincenza (2016): Integrating Refugees into Host Country Labor Markets: Challenges and Policy Options. Washington, DC: Migration Policy Institute

Eurostat Asylum Statistics (2017) (online data code: migr_asyappctza), http://ec.europa.eu/eurostat/statistics-explained/images/b/b5/Asylum_statistics_YB2017_III.xlsx, 30.10.2018

Pichl, Maximilian (2017): Diskriminierung von Flüchtlingen und Geduldeten. In: Albert Scherr, Aladin El-Mafaalani und Gökçen Yüksel (Hg.): Handbuch Diskriminierung. Wiesbaden: Springer, p. 449-463

Stemberger, Veronika; Katsivelaris, Niko; Zirkowitsch, Maximilian (2014): Soziale Arbeit in der Grundversorgung. Eine Skizze zur Bedeutung der organisierten Desintegration. In: soziales_kapital 12 (2014). http://soziales-kapital.at/index.php/sozialeskapital/article/download/342/587, 30.10.2018

United Nations High Commissioner for Refugees, Austria (UNHCR) (2013): Facilitators and barriers. Refugee Integration in Austria. https://www.unhcr.org/dach/wp-content/uploads/sites/27/2017/03/RICE-Austria-ENG.pdf, 30.11.2018

United Nations High Commissioner for Refugees (UNHCR) (2017): Global Trends. Forced Displacement in 2016. Geneva. http://www.unhcr.org/statistics/unhcrstats/5943e8a34/global-trends-forced-displacement-2016.html, 30.10.2018

Further RevoT Project Information

RevoT Project Website: www.revot.jimdo.com
FH JOANNEUM Website: https://www.fh-joanneum.at/projekt/revot/

DIE SOZIOÖKONOMISCHE INTEGRATION VON MIGRANTINNEN UND FLÜCHTLINGEN IN ÖSTERREICH

Arbeitsmarktintegration und Bildung 1: wissenschaftliche Perspektiven

Determinanten der Arbeitsmarktintegration von Geflüchteten am Beispiel der Stadt Wien

Raimund Haindorfer, Bernd Liedl, Bernhard Kittel, Roland Verwiebe

Zusammenfassung

Dieser Beitrag thematisiert die Arbeitsmarktintegration von neu angekommenen Geflüchteten aus Syrien, Afghanistan, Iran und Irak in der Stadt Wien anhand einer standardisierten Umfrage (*„Integration-Survey 2017"*). Wir untersuchen Geflüchtete im erwerbsfähigen Alter, die einen vollen Arbeitsmarktzugang in Österreich haben (u.a. Asylberechtigte und subsidiär Schutzberechtigte). Im Mittelpunkt steht die Frage, welche individuellen Ressourcen für die Arbeitsmarktintegration (d.h. bezahlter Job) ausschlaggebend sind. Unsere Ergebnisse zeigen, dass die Arbeitsmarktintegration vor allem über die soziale Integration der Geflüchteten erklärt werden kann. Vor diesem Hintergrund erscheint es für eine Arbeitsmarktintegration von Geflüchteten besonders wichtig zu sein, einen Fokus auf die Stärkung aufnahmelandspezifischer Kontakte (Kontakte zu „Einheimischen") zu richten.

Einleitung[1]

Um Geflüchteten ihre wirtschaftliche Unabhängigkeit zu ermöglichen und die soziale Kohäsion in der Gesellschaft zu stärken, ist es ein dringendes Anliegen, Geflüchtete möglichst rasch in den Arbeitsmarkt einzugliedern. Österreich gehörte im Jahr 2015 zu jenen Ländern Europas, die in Relation zu ihrer Population nach Ungarn und Schweden die meisten Asylanträge hatten (Statistik Austria 2016, S. 37).[2] Vor einem Entscheid im Asylverfahren haben Asylwerberinnen und Asylwerber in Österreich einen eingeschränkten Arbeitsmarktzugang (Grieger 2015, S. 1). Wir untersuchen in diesem Artikel Geflüchtete im erwerbsfähigen Alter, die einen vollen Arbeitsmarktzugang in Österreich haben, dazu zählen u.a. Asylbe-

---

[1]   Für grundlegende Arbeiten zu diesem Artikel (Datenerhebung und Datenbereinigung) sowie hilfreiches Feedback danken wir Fanny Dellinger, Christina Liebhart und David W. Schiestl vom Projektteam der Institute für Soziologie und Wirtschaftssoziologie der Universität Wien.

[2]   Insgesamt gab es in Österreich im Zeitraum 2015-2016, d.h. seit Beginn und Abklingen der sogenannten „Flüchtlingskrise" 130.625 Asylanträge. Rechnet man die bereits im Jahr 2014 deutlich gestiegenen Asylantragszahlen hinzu, landet man bei 158.689 Asylanträgen. Die meisten Asylanträge erreichten Österreich in den Jahren 2015 bis 2016 von Staatsangehörigen aus Afghanistan, Syrien und dem Irak (Statistik Austria 2017, S. 37).

rechtigte und subsidiär Schutzberechtigte. 2016 waren 25.027 Asylberechtigte und subsidiär Schutzberechtigte entweder arbeitslos oder in einer Schulung. Hauptsächlich befinden sich die Asylberechtigten und subsidiär Schutzberechtigten, die beim österreichischen Arbeitsmarktservice (AMS) als arbeitslos vorgemerkt oder in einer Schulung sind, in Österreichs Hauptstadt Wien (65,7%) (ÖIF 2017, S. 24). Dies unterstreicht die besondere Relevanz einer Untersuchung der Arbeitsmarktintegration von Geflüchteten in Wien.

Anhand des *Integration-Survey 2017* wird der Frage nachgegangen, welche individuellen Ressourcen (auch Orientierungen) für die Arbeitsmarktintegration von Geflüchteten ausschlaggebend sind. Dafür vergleichen wir mittels multinomialen logistischen Regressionsanalysen die Charakteristika von Geflüchteten, die bereits eine bezahlte Arbeit haben (erwerbstätig, Basiskategorie), einerseits mit Geflüchteten, die auf Arbeitssuche sind (arbeitslos), und andererseits mit Geflüchteten, die weder eine bezahlte Arbeit haben noch auf Arbeitssuche sind (Nichterwerbspersonen NEP, hier auch als Personen ‚außerhalb des Arbeitsmarktes' bezeichnet).[3] Somit können wir auf Unterschiede zwischen unterschiedlich stark aktiven Gruppen am Arbeitsmarkt eingehen.

Auch wenn die meisten Studien zur Integration von Geflüchteten einen qualitativen Zugang verfolgen, können wir bereits auf eine Reihe von Studien zur Arbeitsmarktintegration von Geflüchteten aufbauen, die auf statistischen Daten beruhen (Bakker, Dagevos und Engbersen 2014, 2017; Beaman 2012; Bloch 2007; Cheung und Phillimore 2014; Correa-Velez, Barnett und Gifford 2015; De Vroome und Van Tubergen 2010; Hauff und Vaglum 1993; Waxman 2001). Auf der Grundlage dieser Studien wollen wir die Arbeitsmarktintegration im Kontext einer theoriegeleiteten, mehrdimensionalen Integrationsperspektive (Esser 2001, 2004, 2009) untersuchen und die Frage nach den relevanten Ressourcen in den Mittelpunkt stellen. Dieses Forschungsinteresse begründet sich in der vorhandenen Literatur zur Arbeitsmarktintegration von Geflüchteten, in der argumentiert wurde: „[...] *much has been written about what constitutes integration, yet little is known about the variables that influence refugees' ability to integrate.*" (Cheung und Phillimore 2014, S. 519)

Analog zu einer Reihe anderer Studien unterscheiden wir zwischen verschiedenen Integrationsdimensionen (strukturelle, kulturelle, soziale und identifikative Integration) und gehen davon aus, dass Integration ein wechselseitiger Prozess ist, für dessen Erfolg sich sowohl die Geflüchteten als auch die Aufnahmegesellschaft anpassen müssen (Castles et al. 2002, S. 113). Ferner gehen wir davon aus, dass die Integration ein Prozess ist, der am ersten Tag im Zielland beginnt und in welchem „[...] *long-term outcomes may be influenced by early experiences.*" (Castles et al. 2002, S. 126) Diese Perspektive unterstreicht die Relevanz unserer Studie, da wir uns auf Geflüchtete konzentrieren, die erst vor kurzem (2008-2017) in Österreich angekommen sind.

---

[3]   Im Englischen wird diese Gruppe als „persons outside the labour force" bezeichnet.

Im Unterschied zu vielen anderen Studien aus der Flüchtlingsforschung unterscheiden wir jedoch sehr genau zwischen aufnahmeland- und herkunftslandspezifischen Ressourcen von Geflüchteten, also z.B. Kontakten zu „Einheimischen" und Kontakten zu Menschen aus der ethnischen Gemeinschaft. Denn letztlich ist die Frage nach den relevanten individuellen Ressourcen für eine gelungene Arbeitsmarktintegration auch eine Frage, inwieweit sich Geflüchtete an die Zielgesellschaft anpassen, oder vice versa, inwieweit Geflüchtete ihre eigenen herkunftslandspezifischen Ressourcen (auch als ethnische Ressourcen zu bezeichnen) aufrechterhalten sollen. Die empirische Klärung dieses Punktes ist insofern besonders wichtig, da politische Maßnahmen zur Arbeitsmarktintegration von Geflüchteten bei der Förderung von essentiellen Ressourcen zielgerichtet sein sollen.

Theoretischer Rahmen:
Eine mehrdimensionale Perspektive zur
Erklärung der Arbeitsmarktintegration von Geflüchteten

Die Arbeitsmarktintegration von Geflüchteten wird in dieser Studie als Konsequenz des Integrationserfolgs in anderen zentralen Integrationsdimensionen betrachtet. Mit dieser mehrdimensionalen Perspektive versuchen wir die Arbeitsmarktbeteiligung von Geflüchteten in Form eines bezahlten Jobs zu erklären. Für die exakte Operationalisierung der verschiedenen Integrationsdimensionen wählen wir einen theoriegeleiteten Zugang. Konkret übertragen wir die mehrdimensionale Theorie der Integration von Migrantinnen und Migranten nach Esser (2001, 2004, 2009) in den Kontext von neueren Fluchtwanderungen in europäische Gesellschaften.

Esser (2001, 2009) unterscheidet auf Grundlage von Berry (1990) und seinem Konzept der *„varieties of acculturation"* verschiedene Typen der Integration von Migrantinnen und Migranten (siehe Abbildung 1). Esser differenziert die Integration in die Herkunftsgesellschaft und die ethnische Gemeinschaft von der Integration in die Aufnahmegesellschaft. Auf dieser Basis ist es möglich, zwischen vier verschiedenen Typen der Integration von Migrantinnen und Migranten zu unterscheiden: Multiple Integration, als die Integration eines Individuums in beide Gesellschaften; Segmentation, als die Integration in die ethnische Gemeinschaft bei gleichzeitiger Exklusion aus den Sphären der Aufnahmegesellschaft; Assimilation als die Integration in die Aufnahmegesellschaft unter Aufgabe der Integration in ethnische Bezüge; und schließlich die Marginalität als die Exklusion aus allen Bereichen (Esser 2001, S. 19f.).

		Integration in Aufnahmegesellschaft	
		Ja	Nein
Integration in Herkunftsgesellschaft / ethnische Gemeinde	Ja	Multiple Integration	Segmentation
	Nein	Assimilation	Marginalität

Abbildung 1 Typen der Integration von Migrantinnen und Migranten

Quelle: Esser (2001, S. 19)

In Anlehnung an Essers Integrationstheorie (Esser 2001, 2004, 2009) unterscheiden wir insgesamt vier Dimensionen, durch welche sich die Integration von Geflüchteten in die österreichische Gesellschaft vollziehen kann. Diese Integrationsdimensionen lauten Platzierung, Kulturation, Interaktion sowie Identifikation und können als Bausteine einer Gesamtintegration aufgefasst werden. Diese Dimensionen treten in ganz ähnlicher Form auch in der Integrationstheorie von Heckmann auf, der sich dabei stark auf Esser bezieht und sie etwas einfacher als strukturelle, kulturelle, soziale und identifikative Integration bezeichnet (Heckmann 2015, S. 71f.). Aus Gründen der einfacheren Lesbarkeit werden wir in diesem Paper auch diese alternativen Begriffe verwenden.

Folgt man Esser, dann ist die Integration in die Aufnahmegesellschaft nur in Form der Assimilation möglich. Die scheinbare Alternative der multiplen Integration, die in den stärker pluralistischen Perspektiven auf Integration (Alba und Nee 1997, 2003; Bonacich 1973; Portes und Zhou 1993; Yang 2006; Zhou 1997) eine wichtige Rolle spielt, ist nach Esser – und auch empirisch betrachtet – ein sehr seltener Fall. Dieser Integrationstyp erfordert die Integration in mehrere, kulturell und sozial unterschiedliche Bereiche gleichzeitig, mögliche Ausdrucksformen sind Mehrsprachigkeit, interethnische Kontakte und eine mehrfache Identifikation. Das seltene Vorliegen einer multiplen Integration unter Migrantinnen und Migranten erklärt sich laut Esser durch die damit verbundenen hohen Anforderungen bei Lern- und Investitionsaktivitäten, durch fehlende Möglichkeiten und Gelegenheiten (v.a. bei sozial benachteiligten Migrantinnen und Migranten) sowie durch eine Reihe sozialpsychologischer Prozesse. Letztlich erachtet Esser eine mehrfache Integration allenfalls für Kinder von höher gebildeten Migrantinnen und Migranten für möglich. Individuen sind also im Kern dann als integriert (d.h. assimiliert) zu betrachten, wenn sie sich in wichtigen Positionen der funktionalen Sphären der Aufnahmegesellschaft platziert haben (einschließlich der Inanspruchnahme von grundlegenden Rechten und Pflichten), sie sich in Hinsicht auf Wissen und Kompetenzen an die Aufnahmegesellschaft akkulturiert haben, interethnische Kontakte mit Einheimischen aufgenommen haben und die Aufnahmegesellschaft emotional unterstützen (Esser 2001, S. 20f.).

Ein weiterer wichtiger theoretischer Punkt für diese Studie ist, dass die Platzierung am Arbeitsmarkt als abhängig von der Integration in andere gesellschaftliche Bereiche angenommen wird. Arbeitsmarktrelevante Aspekte der kulturellen Integration sind vor allem in der Aufnahmegesellschaft erworbene Bildungsabschlüsse und Sprachkenntnisse. Das herkunftslandspezifische Humankapital wird hingegen meist durch die Migration entwertet. Die in die aufnahmelandspezifischen sozialen Kreise reichenden Netzwerke dürften im Vergleich zu rein herkunftslandspezifischen Netzwerken einen Vorteil am Arbeitsmarkt bringen, da in den aufnahmelandspezifischen Netzwerken eher Informationen über den primären Arbeitsmarkt kursieren. Identifikationen dürften auf kompetitiven Arbeitsmärkten in funktional differenzierten und individualistisch geprägten Gesellschaften hingegen keine besondere Rolle für die Platzierung am Arbeitsmarkt spielen (Esser 2009, S. 360f.). Insofern als der Erhalt eines Arbeitsplatzes letztlich von der Entscheidung der Arbeitgeberinnen oder Arbeitgeber abhängig ist (Esser 2001, S. 9), bleibt der/dem einzelnen Geflüchteten so gesehen die Chance, sich für diese so attraktiv wie möglich zu machen, indem sie/er sich mit ortsrelevanten Wissen und Kompetenzen ausstattet und Kontakte mit Einheimischen knüpft. Ein Zugehörigkeitsgefühl zur Aufnahmegesellschaft dürfte hingegen, wenn schon keinen positiven, dann zumindest auch keinen negativen Effekt auf die Arbeitsmarktplatzierung haben.

Hypothesen: Einflüsse der kulturellen, sozialen und identifikativen Integration auf die Arbeitsmarktintegration von Geflüchteten

Kulturelle Einflüsse

Bezüglich der Analyse von Einflüssen der kulturellen Integration auf die Arbeitsmarktintegration konzentrieren wir uns auf die Rolle von aufnahme- und herkunftslandspezifischen Sprachkenntnissen. Sprachkenntnisse spielen in Essers Theorie der Integration von Migrantinnen und Migranten (Esser 2001, 2004, 2009) eine zentrale Rolle und werden in den empirisch exakten Operationalisierungen seiner Theorie ausschließlich zur Messung des Ausmaßes der kulturellen Integration verwendet (Esser 2009; Kalter 2007). Am Beispiel von Personen mit einem nicht-deutschsprachigen Migrationshintergrund zeigt Esser (2009, S. 372f.), nach Kontrolle der sozialen und identifikativen Integration sowie einer Reihe von Kontrollvariablen, dass das Vorhandensein einer Erwerbstätigkeit von einer marginalen und segregierten kulturellen Integration im Kontrast zu einer assimilierten Integrationssituation gleichmäßig negativ beeinflusst wird. Die multiple Inklusion in kultureller oder sprachlicher Hinsicht hat hingegen keine vor- oder nachteilige Auswirkung auf den Arbeitsmarktstatus. In einer ähnlichen Form demonstriert Kalter (2007, S. 410f.) am Beispiel von Jugendlichen mit Migrationshintergrund in Deutschland, das sprachliche Marginalität und Segmentation einen erheblich negativen Effekt auf den sozioökonomischen Status (ISEI) aufweisen, und auch er weist keinen statistisch relevanten Einfluss der multiplen Integration in diesem Bereich gegenüber der Assimilation nach. Es gilt als etablierter Befund in der breiteren Migrationsforschung, dass aufnahmelandspezifische Sprachkenntnisse eine positive Auswirkung auf die Arbeitsmarktbeteiligung haben (Dustmann und

Fabbri 2003, S. 707ff.). Im Kontext der Fluchtforschung wird dieser Befund überwiegend bestätigt (Bakker, Dagevos und Engbersen 2014; Beaman 2012; Bloch 2007; Cheung und Phillimore 2014; Waxman 2001), teilweise wird Sprachkenntnissen sogar eine überaus wichtige Rolle im Prozess der Arbeitsmarktintegration attestiert (e.g. Cheung und Phillimore 2014). Es existieren jedoch auch quantitative Studien, die keinen statistisch relevanten Effekt von aufnahmelandspezifischen Sprachkenntnissen auf die Arbeitsmarktintegration von Geflüchteten feststellen (Correa-Velez, Barnett und Gifford 2015; De Vroome und Van Tubergen 2010). Die zum Teil beobachtete geringe Relevanz von Sprachkenntnissen ist vermutlich mit der Qualität der gefundenen Jobs zu erklären: Correa-Velez, Barnett und Gifford (2015, S. 331) führen dieses Ergebnis in ihrer Studie zu Flüchtlingen in Australien auf den zumeist geringen Status der Jobs der Flüchtlinge zurück, bei denen keine oder nur sehr begrenzt Englischkenntnisse erforderlich sind. Trotz teilweise abweichender Befunde gehen wir davon aus, dass Geflüchtete die kulturell marginalisiert oder segmentiert sind, eher seltener einen bezahlten Job haben als Geflüchtete die kulturell assimiliert sind (Hypothese 1a bzw. abgekürzt H1a). Zwischen kulturell multipel integrierten und assimilierten Geflüchteten prognostizieren wir keine Unterschiede in der Wahrscheinlichkeit, einen bezahlten Job zu erhalten (H1b).

Soziale Einflüsse

Zur Untersuchung von Einflüssen der sozialen Integration auf die strukturelle Integration am Arbeitsmarkt bei Geflüchteten fokussieren wir auf die sozialen Interaktionen der Geflüchteten und unterscheiden Effekte ihrer nicht-verwandtschaftlichen aufnahmeland- und herkunftslandspezifischen Kontakte (Esser 2009, S. 365). In einer Studie zu Migrantinnen und Migranten in Deutschland findet Esser, dass sich die soziale Integration nicht signifikant auf die Wahrscheinlichkeit einer Erwerbstätigkeit auswirkt (Esser 2009, S. 372). Dieses Ergebnis, eigentlich im Widerspruch zu dieser Theorie, ist auch im Kontext von Befunden zur Nützlichkeit von Sozialkapital am Arbeitsmarkt unter Migrantinnen und Migranten (Aguilera und Massey 2003; Lancee 2016; Verwiebe et al. 2017) unerwartet. Offensichtlich sind mit Blick auf den Arbeitsmarktzugang vor allem diesbezüglich nützliche Informationen als Ressourcen (Sozialkapital) zu verstehen, eine Überlegung die sich auch bei Esser findet (siehe oben). Es stellt sich also die Frage, ob aufnahmeland- und herkunftslandspezifische soziale Netzwerke einen unterschiedlich guten Zugang zum Arbeitsmarkt liefern. Sozialkapitaltheoretisch lassen sich aufnahmeland- und herkunftslandspezifische Kontakte auch als „bridging social capital" und „bonding social capital" (d.h. Beziehungen zu Personen die in wichtiger Hinsicht unähnlich bzw. ähnlich sind) differenzieren (Putnam 2007, S. 143). In der Literatur wird oftmals argumentiert, dass aufnahmelandspezifische Kontakte besser über den Arbeitsmarkt des Ziellandes informiert sind als herkunftslandspezifische Kontakte (vgl. Kanas und Van Tubergen 2009, S. 899). Viele Studien zur Arbeitsmarktbeteiligung von Geflüchteten nutzen Operationalisierungen von Sozialkapital, die nicht zwischen aufnahmeland- und herkunftslandspezifischen sozialen Kontakten differenzieren (Cheung und Phillimore 2014; Correa-Velez, Barnett und Gifford 2015). Nur eine Studie zu Geflüchteten hat bislang belegt, dass aufnahmelandspezifische soziale Kontakte einen signifikant positiven Effekt auf die Wahrscheinlichkeit haben, über einen Job zu verfügen (De Vroome und Van Tubergen 2010). Vor diesem Hintergrund erwarten wir, dass Geflüchtete die sozial marginalisiert oder segmentiert sind, also über kein aufnahmelandspezifisches Sozialkapital verfügen, eine geringere Jobwahrscheinlichkeit haben als assimilierte Geflüchtete (H2a). Ferner erwarten wir, dass multipel integrierten Personen sich von assimilierten Personen nicht unterscheiden, da, theoretisch betrachtet, in erster Linie aufnahmelandspezifische soziale Kontakte für eine Arbeitsmarktintegration ausschlaggebend sind (H2b).

Identifikative Einflüsse

Am wenigsten erforscht sind die Einflüsse der identifikativen Integration auf die Arbeitsmarktintegration von Migrantinnen und Migranten sowie Geflüchteten. Esser folgend (2009, S. 361) dürften auf kompetitiven Arbeitsmärkten in funktional differenzierten und individualistisch geprägten Gesellschaften Identifikationen keine nennenswerte Rolle für eine erfolgreiche Jobsuche spielen. In seiner eigenen Untersuchung zu Migrantinnen und Migranten in Deutschland stellt er keinen signifikanten Einfluss der identifikativen Integration – gemessen über ein Zugehörigkeitsgefühl – auf die Wahrscheinlichkeit fest, einen Job zu haben (Esser 2009, S. 361). Eine weitere Studie, die eine ähnliche Operationalisierung von identifikativer Integration nutzt, kommt zum Ergebnis, dass unter Migrantinnen und Migranten in Schweden keine signifikanten Unterschiede in der Wahrscheinlichkeit für eine Arbeitsmarktbeteiligung zwischen Personen existieren, die sich nur mit der Mehrheit identifizieren (assimilierte), und denen, die sich sowohl mit der aufnahme- als auch herkunftslandspezifischen Kultur identifizieren. Da bei diesen zwei Vergleichsgruppen in beiden Fällen eine starke Identifikation mit der Aufnahmegesellschaft besteht und nur die Stärke der eigenethnischen Identifikation variiert, folgern Nekby und Rödin (2010), dass für die Arbeitsmarktbeteiligung eine Zugehörigkeit zur Mehrheitskultur entscheidend ist, und dass unter dieser Bedingung eine ethnische Identifikation mit der Arbeitsmarktsituation nicht korreliert. Außerdem wird belegt, dass unter Männern, nach Kontrolle einer Reihe von Merkmalen, assimilierte Migranten eine höhere Arbeitsmarktwahrscheinlichkeit haben als segmentierte Migranten (Nekby und Rödin 2010, S. 43f.). Den Ergebnissen von Grigoryev und Berry (2017, S. 548) zufolge, dürfte eine starke ethnische Identifikation nachteilig für Assimilationsprozesse sein, was in weiterer Folge nachteilig für die sozioökonomische Adaption ist.

Um zusammenzufassen, gibt es also bereits mehrere Befunde zu positiven Auswirkungen einer ziellandspezifischen Zugehörigkeit für den Arbeitsmarkterfolg. Auf Basis dieser Überlegungen und bisheriger Befunde formulieren wir die Hypothese, dass identifikativ marginalisierte und segmentierte Geflüchtete einen

Nachteil in der Jobwahrscheinlichkeit gegenüber assimilierten Geflüchteten haben (H3a). Zudem erwarten wir, dass zwischen multipel integrierten und assimilierten Geflüchteten keine Differenzen in der Wahrscheinlichkeit einer aktiven Erwerbstätigkeit bestehen (H3b).

Daten und Methoden

Der Integration-Survey 2017

Für unsere quantitativen Analysen nutzen wir den *Integration-Survey* zur Arbeits- und Lebenssituation sowie den Einstellungen von neu angekommenen Geflüchteten aus Syrien, Afghanistan, Iran und Irak in Österreichs Hauptstadt Wien.[4] Insgesamt konnten im *Integration-Survey* 1710 Interviews mit Geflüchteten durchgeführt werden. Die Interviews wurden als Computer-Assisted Self-Interviews (CA-SI) geführt (Olsen und Sheets 2008). Um zu gewährleisten, dass alle Befragten die Fragen verstehen, wurde die Umfrage vorab in Arabisch und Farsi übersetzt, einschließlich mehrerer sprachlicher Gegenchecks. Darüber hinaus wurden die Fragen möglichst einfach formuliert. Es musste davon ausgegangen werden, dass die Population der aus dem mittleren Osten Geflüchteten in Teilen keinen formalen Bildungsabschluss hat (Haindorfer 2017, S. 4f.).

Die Datenerhebung fand vorwiegend in Gemeinschaftsunterkünften von Geflüchteten und in Beratungszentren statt, in kleineren Teilen auch über soziale Netzwerke und Schneeballverfahren an anderen Orten. Mit dieser breiten Anlage an Sampling Points wurde versucht, ein möglichst umfassendes Bild von Geflüchteten in Wien zu erzielen. Für die Implementierung der Umfrage wurden an den Messpunkten eine Reihe von handlichen Eingabegeräten (tablets) platziert und das Projektteam motivierte gemeinsam mit mehreren arabisch- und farsisprechenden Übersetzern die Geflüchteten vor Ort um eine Teilnahme am Survey zu bitten. Stichprobentheoretisch wurde ein sogenanntes Convenience Sample gezogen, d.h. ein Sample das nicht auf einer Zufallsauswahl basiert, sondern darauf, dass Personen leicht in die Stichprobe gelangen (Battaglia 2008: 148).[5] Da keine tatsächliche Zufallsauswahl von Geflüchteten in Wien vollzogen werden konnte, ist diese Studie nicht repräsentativ im engeren statistischen Sinn. Auf Basis der Daten-

---

[4] Diese Umfrage wurde in Kooperation zwischen dem Institut für Soziologie der Universität Wien und dem Institut für Wirtschaftssoziologie der Universität Wien von Mai bis August 2017 durchgeführt. Kooperationspartner der Studie waren das Wiener Institut für Internationale Wirtschaftsvergleiche (wiiw) und das Institut für Personalpolitik der Karl-Franzens-Universität Graz. Die Befragung wurde von der Ethikkommission der Karl-Franzens-Universität Graz vorab erfolgreich geprüft.

[5] In der Fluchtforschung ist der Einsatz von Convenience Samples weit verbreitet (z.B. Nakash et al. 2013; Salo und Birman 2015), da die Erreichbarkeit von Flüchtlingen eingeschränkt ist und diese im Rahmen von allgemeinen Bevölkerungsumfragen kaum integriert werden.

grundlage des österreichischen Innenministeriums,[6] wurde die Stichprobe nach den Merkmalen Staatsbürgerschaft, Jahr der Ankunft in Österreich und Geschlecht gewichtet (Redressement). Damit kann sichergestellt werden, dass diese Stichprobe nicht nennenswert von grundlegenden Charakteristika der Grundgesamtheit von geflüchteten Menschen in Österreich abweicht.

Wir beschränken unsere Analysen auf eine Teilstichprobe der Befragten im erwerbsfähigen Alter von 15 bis 64 Jahren, die einen vollen Arbeitsmarktzugang in Österreich haben (u.a. Asylberechtigte oder subsidiär Schutzberechtigte) (N = 835). Dadurch wurde die Gesamtstichprobe des *Integration-Surveys* um zirka 50% der Fälle reduziert.[7] Um mit dieser Teilstichprobe aussagekräftige Ergebnisse zu erzielen, haben wir für die multivariaten Analysen eine Imputation der fehlenden Werte mittels des Verfahrens der multiple imputation by chained equations (MICE) durchgeführt (Eddings und Marchenko 2012; StataCorp 2013; UCLA idre; Van Buuren und Oudshoorn 1999). Die Ergebnisse der entsprechenden multivariaten Analysen ohne Imputation sind im Anhang zu finden (siehe Tab. 3).

Zum *Integration-Survey* ist an dieser Stelle noch zu erwähnen, dass es sich um eine Querschnittsbefragung handelt. Aus diesem Grund können wir auch keine kausalen Zusammenhänge zwischen den verschiedenen Einflussfaktoren und der Arbeitsmarktintegration von Geflüchteten prüfen. Das ist eine wichtige Limitation der vorliegenden Studie, die es bei der Interpretation der Befunde zu berücksichtigen gilt.

Messkonzepte

Abhängige Variable. Die abhängige Variable *Erwerbsstatus* („*Labour Force Status*") unterscheidet Personen, die zum Zeitpunkt des Interviews (a) einen bezahlten Job hatten (erwerbstätig), (b) arbeitslos, aber in den letzten vier Wochen aktiv auf der Suche nach einer bezahlten Stelle waren (arbeitslos), oder (c) weder einen bezahlten Job hatten noch auf aktiver Arbeitssuche waren (Nichterwerbspersonen, NEP). Bei der Bildung dieser Kategorien haben wir uns an der weit verbreiteten classification of the population by labour force status der International Labour Organization (ILO)[8] orientiert, auf die sich auch andere arbeitsmarktbezogene Flüchtlingsstudien beziehen (Auer 2017; Cheung und Phillimore 2014).

Unabhängige Variablen. Die im Mittelpunkt dieses Aufsatzes stehenden Einflussfaktoren sind die verschiedenen Integrationsdimensionen – die kulturelle, soziale und identifikative Integration. Entlang jeder dieser Dimensionen differenzieren wir die Geflüchteten danach, ob sie assimiliert, multipel integriert, segmen-

---

[6] Die offiziellen Statistiken zum Asylwesen der Jahre 2002 bis 2017 können unter folgendem Link abgerufen werden: https://www.bmi.gv.at/301/Statistiken/

[7] Der *Integration-Survey* fokussiert auf neu angekommene Geflüchtete (rund 88% der Befragten in der Gesamtstichprobe sind zwischen 2015 und 2017 nach Österreich gekommen), und diese haben vielfach noch keinen vollen Arbeitsmarktzugang.

[8] https://www.ilo.org/global/statistics-and-databases/statistics-overview-and-topics/WCMS_470304/lang--en/index.htm, Zugriff am 27.07.2018.

tiert oder marginalisiert sind. Für die Messung der *kulturellen Integration* verwenden wir zwei Fragen zu den aufnahmeland- und herkunftslandspezifischen Sprachkenntnissen der Befragten. Beide Fragen beruhen auf einer Selbsteinschätzung, wie gut man Deutsch bzw. die Muttersprache lesen und schreiben kann (5-stufige Antwortskalen: 1 „sehr schlecht", 2 „eher schlecht", 3 „es geht", 4 „gut", 5 „sehr gut") (van Tubergen und Kalmijn 2005). Die Abgrenzung guter von schlechten Sprachkenntnisse in Deutsch und der Muttersprache wurden unterschiedlich gewählt (Deutsch: 1-3 schlecht, 4-5 gut; Muttersprache: 1-4 schlecht, 5 gut). Die unterschiedliche Setzung der Schwellenwerte ergibt sich daraus, dass bei der Muttersprache schon 96% der Befragten mindestens gute Kenntnisse hatten. Diese Vorgehensweise in der Setzung der Schwellen bei kultureller Integration findet sich auch bei Esser (2009, S. 365). Für alle vier Typen der kulturellen Integration wurde dann ein Index gebildet (siehe Abbildung 2).

		Sprachkenntnisse Deutsch	
		Gut	Schlecht
Sprachkenntnisse Muttersprache	Gut	Multiple Integration	Segmentation
	Schlecht	Assimilation	Marginalität

Abbildung 2 Typen der kulturellen Integration unter den Geflüchteten

Quelle: Eigene Darstellung, in Anlehnung an Esser (2001, S. 19)

Die *soziale Integration* wurde über die beiden Fragen operationalisiert, (a) wie oft man Zeit mit Österreicherinnen oder Österreichern verbringt, und (b) wie oft man Zeit mit Personen aus dem eigenen Herkunftsland verbringt, die nicht mit einem verwandt sind. Die Antwortskalen der von uns verwendeten Fragen umfassten jeweils die Kategorien 1 „täglich", 2 „mehrmals pro Woche", 3 „jede Woche", 4 „jeden Monat", 5 „seltener" und 6 „nie" (TNS Infratest Sozialforschung 2016, S. 49). Auf dieser Grundlage wurden die Befragten dahingehend differenziert, ob sie viel (1–2) oder wenig Kontakt (3–6) mit der jeweiligen Gruppe hatten.

Das Ausmaß der *identifikativen Integration* unter den Geflüchteten haben wir auf der Basis eines subjektiven Zugehörigkeitsgefühls zur Aufnahme- und Herkunftsgesellschaft berechnet (Esser 2009, S. 365). Die Befragten gaben zunächst ihr Zugehörigkeitsgefühl zum Herkunftsland an („Wie sehr fühlen Sie sich mit Ihrem Herkunftsland verbunden?"), bevor sie in einem nächsten Schritt ihr Zugehörigkeitsgefühl zu Österreich bewerteten („Und wie sehr fühlen Sie sich mit Österreich verbunden?"). Bei der Beantwortung dieser Fragen kam jeweils eine 5-stufige Antwortskala zum Einsatz (1 „sehr stark", 2 „stark", 3 „in mancher Beziehung", 4 „kaum", 5 „gar nicht") (TNS Infratest Sozialforschung 2016, S. 69). Bei beiden Indikatoren wurden die Antwortkategorien 1 bis 3 als starke Identifikation und 4 bis 5 als schwache Identifikation mit dem jeweiligen Kontext gezählt. Aus diesen Indizes ergaben sich wiederum vier unterschiedliche Typen der Integration unter den Geflüchteten.

Kontrollvariablen. Zur Absicherung unserer Ergebnisse mittels Kontrollvariablen kommen eine Reihe etablierter Variablen aus den existierenden arbeitsmarktorientierten Flüchtlingsstudien zur Anwendung (Bakker, Dagevos und Engbersen 2014; Beaman 2012; Bloch 2007; Cheung und Phillimore 2014; Correa-Velez, Barnett und Gifford 2015; De Vroome und Van Tubergen 2010; Hauff und Vaglum 1993). Zunächst berücksichtigen wir spezifische Barrieren der Integration, wie sie in diesen Studien identifiziert werden. So bereinigen wir unsere Analysen um Einflüsse des auf Selbsteinschätzung beruhenden *allgemeinen Gesundheitszustands* und *psychischen Gesundheitszustands* (jeweils 5-stufige Antwortskala von 1 „schlecht" bis 5 „sehr gut"; der psychische Gesundheitszustand ist im Detail operationalisiert als mean score aus mehreren Items, die zusammen den Faktor psychische Gesundheit bilden) sowie der *subjektiv wahrgenommenen Diskriminierungserfahrungen* (5-stufige Antwortskala von 1 „nie" bis 5 „sehr häufig" auf Basis der Frage: „Wie häufig haben Sie persönlich die Erfahrung gemacht, hier in Österreich aufgrund Ihrer Herkunft benachteiligt oder ungerecht behandelt geworden zu sein?"). Außerdem kontrollieren wir zentrale soziodemographische Merkmale und unterscheiden die Geflüchteten nach ihrer *Staatsangehörigkeit* in die Gruppen Afghanistan, Syrien, Irak, Iran und Sonstige. Mittels einer dichotomen Variable *Geschlecht* unterscheiden wir weibliche und männliche Geflüchtete. Das Merkmal *Alter* differenziert auf der Basis der Altersverteilung in unserer Stichprobe zwischen Geflüchteten die 15–24 Jahre, 25–34 Jahre und Geflüchteten die über 34 Jahre alt sind. Die *herkunftslandspezifische Bildung* der Befragten geht als quasi-metrische 6-stufige Skala in die Analysen ein (1 „keine formale Ausbildung" bis 6 „Universität"). Die *herkunftslandspezifische Berufserfahrung* geht als Dummy-Variable in die Analysen ein und differenziert Personen die über eine solche Erfahrung verfügen, von jenen die keine Erfahrung haben. Die Variable *Kinder* dient zur Unterscheidung von Personen, die eigene Kinder haben, von Personen die kinderlos sind. Und die Variable *Religionszugehörigkeit* differenziert zwischen Personen die eine islamische Religionszugehörigkeit, und Personen die eine andere Glaubensrichtung haben (einschließlich Personen die keine Religionszugehörigkeit angegeben oder keine Angabe bei dieser Frage gemacht haben). Ferner kontrollieren wir in den Analysen den *Ankunftszeitpunkt in Österreich*, mittels mehreren Jahreskategorien im Zeitraum 2008-2017. Zuletzt berücksichtigen wir auch den *Aufenthaltsstatus* der Geflüchteten, indem wir Asylberechtigte, subsidiär Schutzberechtigte und Personen mit einem anderen Aufenthaltstitel mit Arbeitsmarktzugang miteinander kontrastieren.

Methode

Unsere empirischen Analysen setzen sich aus deskriptiven und multivariaten Analysen zusammen. In den deskriptiven Analysen beobachten wir die durchschnittlichen Charakteristika der Geflüchteten unseres Samples entlang der uns interessierenden Variablen. Dabei vergleichen wir die entsprechenden Werte zwischen den Gruppen unserer abhängigen Variable, d.h. zwischen den erwerbstätigen Geflüchteten, den arbeitslosen Geflüchteten und den Geflüchteten die zu den Nichterwerbspersonen (NEP) gezählt werden. Die jeweiligen Unterschiede zur Basiskategorie der erwerbstätigen Geflüchteten werden mittels des Post Hoc Test nach Games-Howell auf Signifikanz geprüft.

Für die multivariaten Analysen und den Hypothesentest verwenden wir schrittweise aufgebaute multinomiale logistische Regressionsmodelle (Windzio 2013). In diesen Modellen wird die kategoriale Variable Erwerbsstatus in Abhängigkeit von den Einflüssen der kulturellen, sozialen und identifikativen Integration gesetzt, ohne und mit Kontrollvariablen. Die Basiskategorie der abhängigen Variable bildet die Kategorie *erwerbstätig* und es werden die Einflüsse der unabhängigen Variablen stets im Vergleich von *arbeitslos* vs. *erwerbstätig* bzw. *außerhalb des Arbeitsmarktes* vs. *erwerbstätig* angegeben. Somit können wir auch auf Unterschiede zwischen unterschiedlich stark aktiven Gruppen am Arbeitsmarkt eingehen (Cheung und Phillimore 2014). In den Regressionstabellen berichten wir *relative risk ratios* (RRR), diese sind relativ zur Basiskategorie angegeben. Die Standardinterpretation eines Koeffizienten (r) lautet, dass bei einer Veränderung einer unabhängigen Variable um eine Einheit die Wahrscheinlichkeit für ein Individuum in eine bestimmte Kategorie der abhängigen Variable (arbeitslos bzw. außerhalb des Arbeitsmarktes) zu fallen in Relation zur Basiskategorie (employed) das r-fache beträgt. RRRs über 1 erhöhen damit die Chance relativ zur Basiskategorie; RRRs zwischen 0 und 1 reduzieren die relative Chance (Windzio 2013, S. 225f.).

Ergebnisse

Deskriptive Ergebnisse

Insgesamt zählen circa 54% der Geflüchteten im *Integration-Survey* zu den Nichterwerbspersonen (siehe Tabelle 1). Rund 28% der Geflüchteten sind arbeitslos und 17% der Geflüchteten haben bereits eine bezahlte Arbeit in Österreich gefunden. Hinsichtlich des Ausmaßes ihrer kulturellen Integration – entlang der vier verschiedenen Typen der Integration von Migranten und Migrantinnen (Esser 2001) – ist zu beobachten, dass die Geflüchteten mit einem Anteil von rund 58% insgesamt am häufigsten segmentiert sind, also ausschließlich über gute Kenntnisse ihrer Muttersprache verfügen. Kulturell assimiliert sind hingegen nur etwa drei Prozent der Geflüchteten. Kontrastiert man die Flüchtlinge hinsichtlich ihres Erwerbsstatus, dann zeigt sich, dass die Referenzgruppe der erwerbstätigen Geflüchteten mit einem Anteil von rund 49% deutlich häufiger multipel integriert ist als die arbeitslosen (26%) und NEP-Geflüchteten (19%). Diese Unterschiede sind statistisch signifikant (p < 0.001). Bei diesen beiden Gruppen ist der wichtigste Integrationstyp die kulturelle Segmentation, d.h. das ausschließlich gute Beherrschen der Muttersprache.

Die soziale Marginalisierung ist mit Blick auf die soziale Integration unter den Geflüchteten in der gesamten Stichprobe der vorherrschende Integrationstyp. Fast ein Drittel der Geflüchteten (31%) verfügt weder über viel Kontakt zu Österrei-

	Min	Max	Gesamt (N=835)		Erwerbstätig (N=110)		Arbeitslos (N=219)		NEP (N=418)	
			Mean / %	SD	Mean / %	SD	Mean / %	SD	Mean / %	SD
ABHÄNGIGE VARIABLE										
Erwerbsstatus										
Erwerbstätig	0	1	17							
Arbeitslos	0	1	28							
Nichterwerbspersonen (NEP)	0	1	54							
DIMENSIONEN INTEGRATION										
Kulturelle Integration										
Marginalität	0	1	12		9		13		14	
Segmentation	0	1	58		36		58***		65***	
Assimilation	0	1	3		6		3		3	
Multiple Integration	0	1	27		49		26***		19***	
Soziale Integration										
Marginalität	0	1	31		16		41***		31**	
Segmentation	0	1	22		15		18		26*	
Assimilation	0	1	23		34		22+		20*	
Multiple Integration	0	1	24		35		19*		22*	
Identifikative Integration										
Marginalität	0	1	18		29		14**		16*	
Segmentation	0	1	11		9		10		12	
Assimilation	0	1	40		28		39		45**	
Multiple Integration	0	1	32		34		37		28	
KONTROLLVARIABLEN										
Barrieren für Integration										
Allgemeiner Gesundheitszustand (1 = schlecht, 5 = sehr gut)	1	5	4,16	0,96	4,42	0,68	4.12*	1,00	4.09**	1,00
Psychischer Gesundheitszustand (1 = schlecht, 5 = sehr gut)	1	5	3,84	1,03	4,25	0,71	3.80***	1,01	3.71***	1,11
Subjektive Diskriminierungserf. (1 = nie, 5 = sehr häufig)	1	5	2,23	1,22	2,88	1,31	2.18***	1,20	2.05***	1,14
Soziodemographische Faktoren										
Staatsangehörigkeit										
Afghanistan	0	1	33		42		27*		33	
Syrien	0	1	38		35		40		38	
Irak	0	1	8		5		13*		6	
Iran	0	1	8		8		5		9	
Sonstige	0	1	14		10		16		14	
Geschlecht										
Frauen	0	1	19		16		13		22	
Männer	0	1	82		84		87		78	
Alter										
15-24 Jahre	0	1	42		31		37		49**	
25-34 Jahre	0	1	35		48		36+		30**	
über 34 Jahre	0	1	23		22		27		21	
Herkunftslandspezifische Bildung (1 = keine Ausbildung, 6 = Uni)	1	6	3,79	1,66	4,08	1,63	4	1,70	3.64+	1,63
Herkunftslandspezifische Berufserfahrung										
Ja	0	1	78		81		87		73	
Nein	0	1	22		20		13		27	
Kinder										
Ja	0	1	37		33		42		35	
Nein	0	1	63		67		58		65	
Religionszugehörigkeit										
Islam	0	1	72		70		74		71	
andere/ keine Religions- zugehörigkeit, keine Angabe	0	1	28		30		26		29	
Ankunftszeitpunkt in AUT										
2008 bis 2013	0	1	14		41		13***		5***	
2014	0	1	13		19		17		8**	
2015	0	1	60		36		60**		70***	
2016 bis 2017	0	1	13		4		10		17***	

Aufenthaltsstatus					
Asylberechtigt	0	1	30	41	22**	31
Subsidiär Schutzberechtigt	0	1	46	38	51*	45
Anderer Aufenthaltstitel mit Arbeits- marktzugang	0	1	25	22	27	24

Unterschiede der Arbeitslosen und der NEPs zur Referenzgruppe der Erwerbstätigen werden mittels des Post Hoc Test nach Games-Howell auf Signifikanz geprüft; Signifikanzniveaus: +p < 0,1; *p < 0,05; **p < 0,01; ***p < 0,001.

Tabelle 1 Charakteristika der Geflüchteten mit Arbeitsmarktzugang in Österreich im *Integration-Survey*

Quelle: Integration-Survey 2017; eigene Berechnungen

chern und Österreicherinnen, noch über viel Kontakt zu Leuten aus der eigenen ethnischen Gemeinschaft. Abgesehen davon sind annähernd gleich viele Geflüchtete sozial assimiliert (23%) und multipel integriert (24%), können also auf aufnahmelandspezifisches Sozialkapital zurückgreifen. Circa 22% der Geflüchteten haben ausschließlich viel Kontakt mit Personen aus ihrem Herkunftsland, sind daher als segmentiert einzuordnen. Die Gruppe der erwerbstätigen Geflüchteten ist vor allem sozial multipel integriert (24%) und assimiliert (23%). Keine andere der beiden Gruppen erreicht solch hohe Werte bei diesen beiden Integrationstypen, die entsprechenden Unterschiede sind signifikant. Die arbeitslosen Geflüchteten und die Geflüchteten Nichterwerbspersonen sind stattdessen vor allem sozial marginalisiert (41 bzw. 31%).

Die Verteilung der Geflüchteten auf die Typen der identifikativen Integration zeigt, dass insgesamt rund 40% identifikativ assimiliert sind, ein Wert der ein hohes exklusives Zugehörigkeitsgefühl zu Österreich ausdrückt. Die vergleichsweise geringe exklusive Identifikation mit dem Herkunftsland (Segmentation) mit einem Anteil von rund 11% mag ein Spezifikum bei Geflüchteten sein, die ihrem Herkunftsland den Rücken kehren mussten. In vergleichbaren Studien zu Migranten und Migrantinnen in Deutschland ist das eigenethnische Zugehörigkeitsgefühl oftmals deutlich stärker ausgeprägt (Esser 2009; Kalter 2007).[9] Ferner sind circa 32% der Geflüchteten multipel integriert, haben also emotionale Bezüge sowohl in den Aufnahme- als auch den Herkunftskontext. Demgegenüber sind rund 18% weder da noch dort subjektiv verortet bzw. identifikativ marginalisiert. Die erwerbstätigen Geflüchteten sind mit einem Anteil von circa 34% in erster Linie multipel integriert. Einer der wenigen signifikanten Unterschiede zwischen den verschiedenen Arbeitsmarktgruppen ergibt sich jedenfalls durch ein deutlich höheres Ausmaß einer identifikativen Assimilation unter den Geflüchteten, die sich außerhalb des Arbeitsmarktes befinden, das, mit rund 45%, doch überraschend stärker ausfällt als bei den am Arbeitsmarkt befindlichen Geflüchteten (28%).

---

[9]   Eine Studie in Schweden zu Personen mit einem nicht-europäischen Migrationshintergrund, kommt jedenfalls diesbezüglich zu ähnlichen Ergebnissen wie wir (Nekby und Rödin 2010, S. 40).

Mit Blick auf die Kontrollvariablen sind eine Reihe von weiteren statistisch signifikanten Differenzen zwischen den erwerbstätigen Geflüchteten und den beiden Vergleichsgruppen zu notieren.[10]

Multivariate Analysen

Wie relevant sind nun die verschiedenen Dimensionen der Integration und die entsprechenden aufnahmeland- und herkunftslandspezifischen Ressourcen (und Orientierungen) für die Chance, einen bezahlten Job in Österreich zu haben? In diesem Abschnitt zeigen wir die Ergebnisse zur zentralen Forschungsfrage auf der Basis von multinomialen, logistischen Regressionsanalysen und Relativen Risk Ratios (RRR) (siehe Tab. 2).

Im finalen Modell III, in dem wir die Einflüsse der Integrationsdimensionen unter Berücksichtigung der Kontrollvariablen betrachten, können wir hinsichtlich der Chance, erwerbstätig zu sein, keine signifikanten Differenzen zwischen kulturell marginalisierten und segmentierten Geflüchteten zu assimilierten Geflüchteten beobachten. Unsere Befunde ähneln damit denjenigen Ergebnissen der Fluchtforschung, die keinen Effekt von aufnahmelandspezifischen Sprachkenntnissen für die Arbeitsmarktintegration von Geflüchteten feststellen (Correa-Velez, Barnett und Gifford 2015; De Vroome und Van Tubergen 2010). Dies ist wahrscheinlich in einer überwiegend schlechten Qualität der bis dato gefundenen Jobs begründet, die keine guten Deutschkenntnisse erfordern, wie das in einer Studie zu Flüchtlingen in Australien erklärt wird (Correa-Velez, Barnett und Gifford 2015, S. 331). Unsere Ergebnisse zu den Mechanismen kultureller Integration widersprechen somit unserer diesbezüglich formulierten Hypothese (H1a). Entsprechend unserer theoretischen Überlegungen stellen wir immerhin fest, dass (auch) zwischen kultu-

---

[10] Die Signifikanztests demonstrieren, dass die erwerbstätigen Geflüchteten gegenüber den arbeitslosen Geflüchteten und den Geflüchteten außerhalb des Arbeitsmarktes im Durchschnitt einen besseren allgemeinen und psychischen Gesundheitszustand haben. Und dass erwerbstätige Geflüchtete häufiger Diskriminierungserfahrungen wahrnehmen. Die erwerbstätigen Geflüchteten sind außerdem häufiger afghanische und weniger oft irakische Staatsbürger (dies nur im Kontrast zu arbeitslosen Geflüchteten). Ferner zeigen sich signifikante Altersdifferenzen im Kontrast zu den erwerbstätigen Geflüchteten (mehr jüngere Personen bei der Gruppe der Nicht-erwerbspersonen, weniger Personen in der mittleren Altersgruppe bei den arbeitslosen und den Nichterwerbspersonen), sowie eine etwas besser ausgeprägte herkunftsspezifische Bildung bei den erwerbstätigen Geflüchteten im Vergleich zu den Geflüchteten außerhalb des Arbeitsmarktes. Zudem weisen die Ergebnisse klar darauf hin, dass die erwerbstätigen Geflüchteten durchschnittlich schon seit Längerem in Österreich sind als die arbeitslosen Geflüchteten und jene Geflüchteten, die sich aktuell außerhalb des Arbeitsmarktes befinden. Und es wird gezeigt, dass erwerbstätige Geflüchtete im Vergleich zu arbeitslosen Geflüchteten signifikant eher asylberechtigt und weniger oft subsidiär schutzberechtigt sind. Keinerlei signifikante Unterschiede zwischen den Gruppen sind nach Geschlecht, im Vorhandensein von herkunftslandspezifischer Berufserfahrung und eigenen Kindern und Religionszugehörigkeit festzustellen.

	Modell I (Basiskategorie: Erwerbstätige)				Modell II (Basiskategorie: Erwerbstätige)				Modell III (Basiskategorie: Erwerbstätige)			
	Arbeitslos		NEP		Arbeitslos		NEP		Arbeitslos		NEP	
	RRR	SE	RRR	SE	RRR	SE	RRR	SE	RRR	SE	RRR	SE
DIMENSIONEN INTEGRATION												
Kulturelle Integration (Ref.: Assimilation)												
Marginalität	2,31	1,64	2,43	1,47					2,63	2,17	2,84	2,36
Segmentation	2,24	1,37	2,49 +	1,27					2,20	1,58	2,51	1,79
Multiple Integration	0,87	0,53	0,63	0,34					1,35	0,98	0,99	0,72
Soziale Integration (Ref.: Assimilation)												
Marginalität	3,49 ***	1,26	2,85 **	1,01					4,45 ***	1,84	3,99 **	1,71
Segmentation	1,64	0,67	2,46 *	0,92					1,69	0,77	3,38 **	1,52
Multiple Integration	0,78	0,26	1,01	0,31					0,80	0,32	1,26	0,50
Identifikative Integration (Ref.: Assimilation)												
Marginalität	0,27 ***	0,10	0,27 ***	0,10					0,40 *	0,17	0,36 *	0,18
Segmentation	0,71	0,34	0,68	0,30					1,08	0,62	1,29	0,78
Multiple Integration	0,85	0,28	0,54 *	0,16					0,72	0,28	0,42 *	0,16
KONTROLLVARIABLEN												
Barrieren für Integration												
Allgemeiner Gesundheitszustand (1 = schlecht, 5 = sehr gut)					0,88	0,15	0,83	0,16	1,01	0,20	0,97	0,20
Psychischer Gesundheitszustand (1 = schlecht, 5 = sehr gut)					0,63 **	0,11	0,60 **	0,11	0,61 *	0,12	0,58 **	0,12
Subjektive Diskriminierungserfahrungen (1 = nie, 5 = sehr häufig)					0,62 ***	0,07	0,54 ***	0,06	0,63 ***	0,08	0,56 ***	0,07
Soziodemographische Faktoren												
Staatsangehörigkeit (Referenz: Syrien)												
Afghanistan					0,94	0,37	1,45	0,55	1,03	0,45	1,60	0,69
Irak					2,26	1,25	1,20	0,67	2,41	1,45	1,04	0,63
Iran					1,59	1,02	3,76 *	2,21	1,76	1,17	4,03 *	2,50
Sonstige					1,90	0,87	1,77	0,79	1,91	0,93	1,63	0,78
Frauen (Referenz: Männlich)					0,99	0,39	1,22	0,45	0,82	0,35	1,11	0,43
Alter (Referenz: 15-24 Jahre)												
25-34 Jahre					0,38 **	0,14	0,32 **	0,11	0,33 **	0,14	0,24 ***	0,10
über 34 Jahre					0,48	0,25	0,40 +	0,21	0,48	0,29	0,35 +	0,21
Herkunftslandspezifische Bildung (1 = keine Ausbildung, 6 = Uni)					0,94	0,09	0,87	0,09	0,95	0,10	0,92	0,10
Herkunftslandspezifische Berufserfahrung (Ref.: Nein)					1,86	0,75	0,78	0,29	1,37	0,60	0,52	0,21
Kinder (Referenz: keine Kinder)					1,62	0,60	1,64	0,60	1,35	0,55	1,46	0,59
Religion (0 = Islam, 1 = andere/ keine Religionszugehörigkeit, k. A.)					1,01	0,37	1,06	0,38	0,96	0,41	1,05	0,43

Ankunftszeitpunkt in AUT (Referenz: 2015)												
2008 bis 2013					0,23***	0,09	0,06***	0,02	0,22**	0,10	0,05***	0,03
2014					0,59	0,23	0,22***	0,09	0,50+	0,21	0,18***	0,07
2016 bis 2017					2,11	1,19	2,31	1,26	1,81	1,05	1,77	1,02
Aufenthaltsstatus (Ref.: Subsidiär Schutzberechtigt)												
Asylberechtigt					0,41**	0,13	0,63	0,20	0,45*	0,15	0,67	0,23
Anderer Aufenthaltstitel mit Arbeitsmarktzugang					0,67	0,24	0,86	0,31	0,55	0,21	0,80	0,31
Konstante	1,09	0,68	2,26	1,20	135,73***	142,88	1353,81***	1390,81	54,86**	74,87	454,41***	608,09
N		835		835		835				835		

*Signifikanzniveaus: +p < 0,1; *p < 0,05; **p < 0,01; ***p < 0,001*

Tabelle 2 Determinanten der Arbeitsmarktintegration bei Geflüchteten; Ergebnisse von multinomialen logistischen Regressionsanalysen

Quelle: Integration-Survey 2017; imputierte missing values, eigene Berechnungen

rell multipel integrierten und assimilierten Geflüchteten keine signifikanten Differenzen in der Jobwahrscheinlichkeit bestehen (H1b).[11]

In Übereinstimmung mit unseren theoretischen Überlegungen beobachten wir, dass sozial marginalisierte gegenüber assimilierten Geflüchteten ein signifikant erhöhtes Risiko haben, dass sie arbeitslos sind im Vergleich dazu, dass sie erwerbstätig sind. Hat man also weder zur Aufnahmegesellschaft noch zur eigenen ethnischen Gemeinschaft vielen Kontakt dann senkt dies die Jobwahrscheinlichkeit gegenüber Personen mit einem rein aufnahmelandspezifischen Sozialkapital (De Vroome und Van Tubergen 2010; Kanas und Van Tubergen 2009; Putnam 2007) stark. Keinerlei signifikante Unterschiede im Chancenverhältnis arbeitslos versus erwerbstätig sind hingegen zwischen segmentierten und assimilierten Geflüchteten festzustellen. Ferner stellen wir im Kontrast zu assimilierten Geflüchteten bei sozial marginalisierten und segmentierten Geflüchteten ein deutlich erhöhtes Risiko fest, zu den Nichterwerbspersonen zu gehören. Individuen, die sowohl über aufnahmeland- als auch herkunftslandspezifisches Sozialkapital verfügen, unterscheiden sich außerdem nicht von Personen, die nur auf aufnahmelandspezifisches Sozialkapital zugreifen können. Eine vorstellbare Konkurrenzhypothese aus Perspektive der Theorie der segmentierten Assimilation (Portes und Zhou 1993; Zhou 1997), wonach co-ethnische Kontakte zusätzlich einen Zugang zu ethnisch besetzten Arbeitsmärkten liefern, also einen Zusatznutzen haben könnten, findet somit keinen Beleg. Aufgrund der Ergebnislage zu den Einflüssen der sozialen Integrationstypen auf die Arbeitsmarktintegration werden unsere korrespondierenden Hypothesen teilweise (H2a) und gänzlich (H2b) durch die Daten gestützt.

Das Risiko identifikativ marginalisierter Geflüchteter, arbeitslos zu sein bzw. außerhalb des Arbeitsmarktes zu stehen, ist im Vergleich zu assimilierten Geflüchteten reduziert. Mit anderen Worten ist die Chance, einen bezahlten Job zu haben höher, wenn man sich weder dem Aufnahme- noch dem Herkunftsland zugehörig fühlt, als wenn man sich nur dem Aufnahmeland zugehörig fühlt. Fer-

---

[11] Es ist überdies zu erwähnen, dass die Koeffizienten zumindest der Tendenz nach in die vermutete Richtung gerichtet sind, dass also stets eher ein Job vorliegt, wenn man kulturell assimiliert ist. Dieses Muster gilt bis auf das Chancenverhältnis zwischen kulturell multipel integrierten und assimilierten Geflüchteten (RRR = 0.99). Außerdem zeigt sich in Modell I (ohne Kontrollvariablen) ein signifikant höheres Risiko außerhalb des Arbeitsmarktes zu sein, wenn man kulturell segmentiert ist. Ferner ist zu sagen, dass die Referenzgruppe der kulturell assimilierten Geflüchteten in den Regressionsanalysen eine besonders kleine Gruppe darstellt (3% der Stichprobe), was für die Stabilität der statistischen Analysen nicht günstig ist. Entsprechende alternative Berechnungen in denen andere Cut Points bei der Einteilung von guten und schlechten Deutschkenntnissen (1-2 schlecht, 3-5 gut) gewählt werden, zeigen signifikant positive Effekte der kulturellen Assimilation gegenüber Marginalität und Segmentation im Vergleich von Erwerbtätigen und Nichterwerbspersonen. Letztlich erschien uns aber die im Paper gewählte Operationalisierung nach Esser (2009, S. 365) als die inhaltlich am besten vertretbare Operationalisierung, wenngleich eine gewisse Vorsicht bei der Interpretation der entsprechenden Befunde notwendig erscheint.

ner stellen wir im Gruppenvergleich außerhalb des Arbeitsmarktes vs. erwerbstätig fest, dass multipel integrierte Geflüchtete eher erwerbstätig sind als assimilierte Geflüchtete. Die Ergebnisse zu den identifikativen Integrationseffekten widerlegen somit unsere Hypothese zu den Unterschieden zwischen marginalisierten und segmentierten Geflüchteten zu assimilierten Geflüchteten (H3a), stützen aber teilweise jene Erwartungen, dass es keine Unterschiede zwischen multipel integrierten und assimilierten Geflüchteten gibt (H3b). Jedoch stellt sich angesichts unserer Ergebnisse in diesem Bereich die Frage, ob die subjektive Zugehörigkeit mit den verwendeten Indikatoren exakt gemessen werden kann (siehe hierzu auch Kalter 2007, S. 411f.). Ein einzig vorstellbarer Grund für unsere Befunde zu den identifikativen Integrationseffekten wäre, dass die verwendeten Zugehörigkeitsfragen bei den Personen die sich weder dem einen noch dem anderen gesellschaftlichen Kontext zugehörig fühlen bzw. jenen die sich beiden Kontexten zugehörig fühlen, eine offenere Geisteshaltung ausdrücken die diesen Befragten (d.h. den identifikativ marginalisierten und multipel integrierten Befragten) Vorteile am Arbeitsmarkt bringt gegenüber Personen die sich nur einem Kontext (in unserer Analyse: Aufnahmegesellschaft) zugehörig fühlen. Die Ergebnisse zu den Einflüssen der Kontrollvariablen bei Einschluss der Integrationsdimensionen (Modell III) decken sich weitgehend mit den bisherigen Befunden aus arbeitsmarktbezogenen Flüchtlingsstudien. Unter den Barrieren der Integration können wir beobachten, dass Geflüchtete mit einem schlechteren psychischen Gesundheitszustand eine signifikant schlechtere Chance haben, erwerbstätig zu sein im Vergleich zu Arbeitslosigkeit bzw. Erwerbsferne (Bakker, Dagevos und Engbersen 2014; De Vroome und Van Tubergen 2010). Ebenfalls eine schlechtere Chance auf eine bezahlte Erwerbstätigkeit haben überraschenderweise Geflüchtete, die subjektiv mehr ethnische Diskriminierungserfahrungen haben – ein Effekt der wahrscheinlich dadurch bedingt ist, dass die erwerbstätigen Geflüchteten aufgrund ihrer Arbeit auch mehr Diskriminierung erleben als Flüchtlinge die sich außerhalb des Arbeitsmarktes aufhalten. Die einzigen signifikanten Unterschiede zwischen den verschiedenen Staatsbürgerschaften in der Stichprobe sind dahingehend zu beobachten, dass iranische gegenüber syrischen Geflüchteten eine erhöhte Chance haben, dass sie sich außerhalb des Arbeitsmarktes befinden anstatt erwerbstätig zu sein. Der Ankunftszeitpunkt in Österreich ist statistisch relevant, insofern als Geflüchtete, die im Zeitraum 2008-2014 gekommen sind, eine höhere Wahrscheinlichkeit aufweisen, einen bezahlten Job zu haben als Geflüchtete die später gekommen sind (Bloch 2007; Correa-Velez, Barnett und Gifford 2015; Waxman 2001). Zuletzt demonstriert unsere Studie, dass Asylberechtigte eine höhere Wahrscheinlichkeit haben, erwerbstätig als arbeitslos zu sein, im Kontrast zu subsidiär Schutzberechtigten.[12]

---

[12] Rechnet man eine Regressionsanalyse mit einem nicht-imputierten, aber ansonsten identischen Datensatz, zeigen sich für die Dimensionen der Integration ähnliche Befunde. Nur in der identifikativen Integrationsdimension können keine signifikanten Effekte der Kategorie Marginalität mehr festgestellt werden.

Conclusio

In diesem Beitrag haben wir die Arbeitsmarktintegration von neu angekommenen Geflüchteten aus Syrien, Afghanistan, Iran und Irak (2008–2017) in Österreichs Hauptstadt Wien anhand einer Umfrage („*Integration-Survey 2017*") quantitativ untersucht. Ins Zentrum haben wir die Frage gestellt, welche individuellen Ressourcen (auch Orientierungen) für die Arbeitsmarktintegration von Geflüchteten ausschlaggebend sind. Dafür haben wir mittels multinomialer logistischer Regressionsanalysen die Charakteristika von Geflüchteten, die bereits eine bezahlte Arbeit haben, einerseits mit Geflüchteten, die auf Arbeitssuche sind, und andererseits mit Geflüchteten, die weder eine bezahlte Arbeit haben noch auf Arbeitssuche sind, verglichen. Ein wichtiges Alleinstellungsmerkmal dieser Studie ist, dass wir sehr genau zwischen aufnahmeland- und herkunftslandspezifischen Ressourcen von Geflüchteten differenzieren können. Empirisch konnten wir zeigen, dass die befragten Geflüchteten – obwohl sie erst seit kurzem in Österreich sind – durchaus unterschiedlich stark in die österreichische Gesellschaft integriert sind. Insgesamt befinden sich circa 54% der Geflüchteten unserer Befragung außerhalb des Arbeitsmarktes (Nichterwerbspersonen), rund 28% sind auf Arbeitssuche (arbeitslos) und 17% der Geflüchteten haben bereits eine bezahlte Arbeit in Österreich gefunden (erwerbstätig).

Unsere Hypothesen zu den Unterschieden zwischen sozial, kulturell und identifikativ marginalisierten sowie segmentierten Geflüchteten zu assimilierten Geflüchteten (H1a, H2a, H3a), d.h. unsere Vorstellungen über die Nützlichkeit spezifischer aufnahmeland- und herkunftslandspezifischer Ressourcen, werden durch die Daten teilweise gestützt. Wir konnten zwar keine signifikanten Differenzen zwischen kulturell marginalisierten und segmentierten Geflüchteten zu assimilierten Geflüchteten, in der Chance erwerbstätig zu sein, feststellen (Correa-Velez, Barnett und Gifford 2015; De Vroome und Van Tubergen 2010), entsprechend unserer Ausgangsüberlegungen beobachteten wir jedoch, dass sozial marginalisierte gegenüber assimilierten Geflüchteten eine höhere Wahrscheinlichkeit aufweisen, arbeitslos zu sein, bzw. sich außerhalb des Arbeitsmarktes zu befinden. Keinerlei signifikante Unterschiede im Chancenverhältnis arbeitslos versus erwerbstätig waren jedoch zwischen segmentierten und assimilierten Geflüchteten zu konstatieren. Außerdem haben wir bei sozial marginalisierten und segmentierten Geflüchteten im Kontrast zu assimilierten Geflüchteten ein deutlich höheres Risiko festgestellt, außerhalb des Arbeitsmarktes zu sein. In diametralem Gegensatz zu unseren Überlegungen konnten wir keinen positiven Arbeitsmarkteffekt einer klaren Identifikation mit der Zielgesellschaft beobachten. Bezüglich dieser Dimension war festzustellen, dass im Kontrast zu einer ausschließlich starken Zugehörigkeit zu Österreich die Chance, einen bezahlten Job zu haben, höher ausfällt, wenn man sich weder dem Aufnahme- noch dem Herkunftskontext stark zugehörig fühlt (identifikative Marginalität) (Kalter 2007, S. 411f.), sowie teilweise (nur außerhalb des Arbeitsmarktes vs. erwerbstätig), wenn man sich beiden Kontexten stark zugehörig fühlt (identifikative multiple Integration). Die Hypothesen, dass zwischen sozial, kulturell und identifikativ multipel integrierten und assimilierten Geflüchteten keine Unterschiede in der Jobwahrscheinlichkeit bestehen (H1b, H2b, H3b), wurden fast gänzlich gestützt. Das bedeutet, es gibt überwiegend keine über die Assimilation hinaus gehenden positiven, aber auch keine negativen Effekte einer multiplen Integration (Esser 2009; Nekby und Rödin 2010).

Zusammengefasst zeigen unsere Ergebnisse, dass die Arbeitsmarktintegration in Form eines bezahlten Jobs vor allem über die soziale Dimension der Integration erklärt werden kann. Die kulturelle Integration ist hingegen nicht relevant für die Arbeitsmarktintegration, was vermutlich durch die tendenziell schlechte Qualität der bislang von Geflüchteten in Österreich eingenommenen Jobs bedingt ist. Unsere Befunde zu den Mechanismen der identifikativen Integration bekräftigen insgesamt die Zweifel an der Validität des verwendeten und weit verbreiteten Messkonzepts von Zugehörigkeitsgefühlen im Kontext von Migration. Vor dem Hintergrund unserer Ergebnisse zur wichtigen Rolle der sozialen Integration für die Arbeitsmarktintegration von Geflüchteten erscheint eine Förderung von aufnahmelandspezifischen sozialen Kontakten, d.h. Kontakten zu „Einheimischen" in nicht näher definierter Form (also z.B. Kontakte zu Ehrenamtlichen, zu Vereinen wie Nachbarschaftsvereinen oder Sportvereinen), als besonders wichtig. Zukünftige Studien könnten genauer erforschen, welcher Typ sozialer Kontakte hinsichtlich der Arbeitsmarktintegration von Geflüchteten entscheidend ist und in welcher Form die entsprechenden Kontakte befördert werden können. Vor diesem Hintergrund erscheint es produktiv, den Fokus in der Arbeitsmarktintegration von Geflüchteten auf die Stärkung aufnahmelandspezifischer Kontakte zu richten.

Literatur

Aguilera, Michael B. / Massey, Douglas S. (2003) Social Capital and the Wages of Mexican Migrants: New Hypotheses and Tests. In: Social Forces, 82(2), 671-701.
Alba, Richard / Nee, Victor (1997) Rethinking Assimilation Theory for a New Era of Immigration. In: International Migration Review, 31(4), 826-874.
Alba, Richard / Nee, Victor (2003) Remaking the American Mainstream. Assimilation and Contemporary Immigration. Harvard University Press, Cambridge, MA.
Auer, Daniel (2017) Language roulette – the effect of random placement on refugees' labour market integration. In: Journal of Ethnic and Migration Studies, 1-22.
Bakker, Linda / Dagevos, Jaco / Engbersen, Godfried (2014) The Importance of Resources and Security in the Socio-Economic Integration of Refugees. A Study on the Impact of Length of Stay in Asylum Accommodation and Residence Status on Socio-Economic Integration for the Four Largest Refugee Groups in the Netherlands. In: Journal of International Migration and Integration, 15(3), 431-448.
Bakker, Linda / Dagevos, Jaco / Engbersen, Godfried (2017) Explaining the refugee gap: a longitudinal study on labour market participation of refugees in the Netherlands. In: Journal of Ethnic and Migration Studies, 43(11), 1775-1791.
Battaglia, Mike (2008) Convenience Sampling. In Lavrakas, Paul J. (Hrsg.): Encyclopedia of Survey Research Methods. Volume 1 SAGE, Los Angeles, London, New Dehli, Singapore, Washington DC. 148-149.

Beaman, Lori A. (2012) Social Networks and the Dynamics of Labour Market Outcomes: Evidence from Refugees Resettled in the U.S. In: The Review of Economic Studies, 79(1), 128-161.

Berry, John W. (1990) Psychology of Acculturation. Understanding Individuals Moving Between Cultures. In Brislin, Richard W. (Hrsg.): Applied Cross-Cultural Psychology Sage, Newbury Park, CA. 232–253.

Bloch, Alice (2007) Refugees in the UK Labour Market: The Conflict between Economic Integration and Policy-led Labour Market Restriction. In: Journal of Social Policy, 37(1), 21-36.

Bonacich, Edna (1973) A Theory of Middleman Minorities. In: American Sociological Review, 38(5), 583-594.

Castles, Stephen / Korac, Maja / Vasta, Ellie / Vertovec, Steven (2002) Integration: Mapping the Field. Report of a Project Carried out by the University of Oxford Centre for Migration and Policy Research and Refugee Studies Centre Contracted by the Home Office Immigration Research and Statistics Service (IRSS). Home Office Online Report 28/03, London.

Cheung, Sin Yi / Phillimore, Jenny (2014) Refugees, Social Capital, and Labour Market Integration in the UK. In: Sociology, 48(3), 518-536.

Correa-Velez, Ignacio / Barnett, Adrian G. / Gifford, Sandra (2015) Working for a Better Life: Longitudinal Evidence on the Predictors of Employment Among Recently Arrived Refugee Migrant Men Living in Australia. In: International Migration, 53(2), 321-337.

De Vroome, Thomas / Van Tubergen, Frank (2010) The Employment Experience of Refugees in the Netherlands. In: International Migration Review, 44(2), 376–403.

Dustmann, Christian / Fabbri, Francesca (2003) Language Proficiency and Labour Market Performance of Immigrants in the UK. In: The Economic Journal, 113(489), 695–717.

Eddings, Wesley / Marchenko, Yulia (2012) Diagnostics for multiple imputation in Stata. In: Stata Journal, 12(3), 353-367.

Esser, Hartmut (2001) Integration und ethnische Schichtung. Arbeitspapiere - Mannheimer Zentrum für Europäische Sozialforschung. Nr. 40

Esser, Hartmut (2004) Does the "New" Immigration Require a "New" Theory of Intergenerational Integration? In: International Migration Review, 38(3), 1126-1159.

Esser, Hartmut (2009) Pluralisierung oder Assimilation? Effekte der multiplen Inklusion auf die Integration von Migranten. In: Zeitschrift für Soziologie, 38(5), 358–378.

Grieger, Nadine (2015) Anerkannte Flüchtlinge und subsidiär Schutzberechtigte am Arbeitsmarkt. Spezialthema zum Arbeitsmarkt. September 2015. Arbeitsmarktservice Österreich, Wien.

Grigoryev, Dmitry / Berry, John W. (2017) Acculturation Preferences, Ethnic and Religious Identification and the Socio-Economic Adaptation of Russian-Speaking Immigrants in Belgium. In: Journal of Intercultural Communication Research, 46(6), 537–557.

Haindorfer, Raimund (2017) Bildung und Arbeitsmarktintegration von Geflüchteten. In: Trendreport 2/2017, 4-5.

Hauff, Edvard / Vaglum, Per (1993) Integration of Vietnamese Refugees into the Norwegian Labor Market: The Impact of War Trauma. In: The International Migration Review, 27(2), 388-405.

Heckmann, Friedrich (2015) Integration von Migranten. Einwanderung und neue Nationenbildung. Springer VS, Wiesbaden.

Kalter, Frank (2007) Ethnische Kapitalien und der Arbeitsmarkterfolg Jugendlicher türkischer Herkunft. In Wohlrab-Sahr, Monika / Tezcan, Levent (Hrsg.): Konfliktfeld Islam in Europa Nomos, Baden-Baden. 393-417.

Kanas, Agnieszka / Van Tubergen, Frank (2009) The Impact of Origin and Host Country Schooling on the Economic Performance of Immigrants. In: Social Forces, 88(2), 893–916.

Lancee, Bram (2016) Job search methods and immigrant earnings: A longitudinal analysis of the role of bridging social capital. In: Ethnicities, 16(3), 349–367.

Nakash, Ora / Wiesent-Brandsma, Cleo / Reist, Simone / Nagar, Maayan (2013) The Contribution of Gender-Role Orientation to Psychological Distress Among Male African Asylum-Seekers in Israel. In: Journal of Immigrant & Refugee Studies, 11(1), 78-90.

Nekby, Lena / Rödin, Magnus (2010) Acculturation identity and employment among second and middle generation immigrants. In: Journal of Economic Psychology, 31(1), 35-50.

ÖIF (2017) Flucht und Asyl. Statistiken zu Migration und Integration. Eine statistische Broschüre des Österreichischen Integrationsfonds. Österreichischer Integrationsfonds,

Olsen, Randall / Sheets, Carol (2008) Computer-Assisted Self-Interviewing (CASI). In Lavrakas, Paul J. (Hrsg.): Encyclopedia of Survey Research Methods Sage Publications, Thousand Oaks. 121-122.

Portes, Alejandro / Zhou, Min (1993) The New Second Generation: Segmented Assimilation and Its Variants. In: Annals of the American Academy of Political and Social Science, 530, 74-96.

Putnam, Robert D. (2007) E Pluribus Unum: Diversity and Community in the Twenty-first Century. The 2006 Johan Skytte Prize Lecture. In: Scandinavian Political Studies, 30(2), 137-174.

Salo, Corrina D. / Birman, Dina (2015) Acculturation and Psychological Adjustment of Vietnamese Refugees: An Ecological Acculturation Framework. In: American Journal of Community Psychology, 56, 395–407.

StataCorp, LP (2013) Stata multiple-imputation reference manual. Release 13. StataCorp, College Station, Texas.

Statistik Austria (2016) Migration und Integration. Zahlen. Daten. Indikatoren. Statistik Austria, Wien.

Statistik Austria (2017) Migration und Integration. Zahlen. Daten. Indikatoren. Statistik Austria, Wien.

TNS Infratest Sozialforschung (2016) Erhebungsinstrumente der IAB-BAMF-SOEP-Befragung von Geflüchteten 2016: Integrierter Personen- und Biografiefragebogen, Stichproben M3-M4. SOEP Survey Papers 362: Series A. DIW/SOEP, Berlin.

UCLA idre Multiple Imputation in Stata. Retrieved from https://stats.idre.ucla.edu/stata/seminars/mi_in_stata_pt1_new/. Zugegriffen: 2018-06-14.

Van Buuren, Stef / Oudshoorn, Karin (1999) Flexible mutlivariate imputation by MICE. Netherlands Organization for Applied Scientific Research (TNO),

van Tubergen, Frank / Kalmijn, Matthijs (2005) Destination-Language Proficiency in Cross-National Perspective: A Study of Immigrant Groups in Nine Western Countries. In: American Journal of Sociology, 110, 1412-1457.

Verwiebe, Roland / Reinprecht, Christoph / Haindorfer, Raimund / Wiesboeck, Laura (2017) How to Succeed in a Transnational Labor Market: Job Search and Wages among Hungarian, Slovak, and Czech Commuters in Austria. In: International Migration Review, 51(1), 251–286.

Waxman, Peter (2001) The Economic Adjustment of Recently Arrived Bosnian, Afghan and Iraqi Refugees in Sydney, Australia1. In: International Migration Review, 35(2), 472-505.

Windzio, Michael (2013) Regressionsmodelle für Zustände und Ereignisse. Studienskripte zur Soziologie. Springer, Wiesbaden.

Yang, Philip Q. (2006) Transnationalism as a New Mode of Immigrant Labor Market Incorporation: Preliminary Evidence from Chinese Transnational Migrants. In: Journal of Chinese Overseas, 2(2), 173-192.

Zhou, Min (1997) Segmented Assimilation: Issues, Controversies, and Recent Research on the New Second Generation. In: International Migration Review, 31(4), 975-1008.

Anhänge

	Min	Max	Gesamt (N=835) Mean / %	SD	Erwerbstätig (N=110) Mean / %	SD	Arbeitslos (N=221) Mean / %	SD	NEP (N=445) Mean / %	SD
ABHÄNGIGE VARIABLE										
Erwerbsstatus										
Erwerbstätig	0	1	14%							
Arbeitslos	0	1	29%							
Nichterwerbspersonen (NEP)	0	1	57%							
DIMENSIONEN INTEGRATION										
Kulturelle Integration										
Marginalität	0	1	10%		7%		10%		11%	
Segmentation	0	1	63%		34%		61%***		72%***	
Assimilation	0	1	3%		4%		3%		2%	
Multiple Integration	0	1	24%		55%		26%***		15%***	
Soziale Integration										
Marginalität	0	1	31%		13%		40%***		31%***	
Segmentation	0	1	29%		16%		23%		34%***	
Assimilation	0	1	21%		42%		20%**		18***	
Multiple Integration	0	1	19%		29%		17%+		17%+	
Identifikative Integration										
Marginalität	0	1	14%		21%		12%+		12*	
Segmentation	0	1	13%		14%		13%		14	
Assimilation	0	1	39%		30%		33%		44+	
Multiple Integration	0	1	34%		35%		42%+		31+	
KONTROLLVARIABLEN										
Barrieren für Integration										
Allgemeiner Gesundheitszustand	1	5	4,14	0,99	4,43	0,70	3,98***	1,05	4,13**	0,95
(1 = schlecht, 5 = sehr gut)										
Psychischer Gesundheitszustand	1	5	3,86	1,00	4,28	0,70	3,85**	0,95	3,87***	1,07
(1 = schlecht, 5 = sehr gut)										
Subjektive Diskriminierungserfahrungen	1	5	2,08	1,19	2,63	1,41	2,09**	1,17	1,95***	1,13
(1 = nie, 5 = sehr häufig)										
Soziodemographische Faktoren										
Staatsangehörigkeit										
Afghanistan	0	1	21%		24%		17%		22	
Syrien	0	1	46%		31%		46%*		49**	
Irak	0	1	6%		4%		10%*		4	
Iran	0	1	3%		3%		2%		3	
Sonstige	0	1	26%		38%		25%+		23*	
Geschlecht										
Frauen	0	1	28%		36%		17%**		32	
Männer	0	1	72%		65%		83%**		69	
Alter										
15-24 Jahre	0	1	43%		38%		37%		47	
25-34 Jahre	0	1	35%		43%		35%		32+	
über 34 Jahre	0	1	22%		19%		28%		21	
Herkunftslandspezifische Bildung	1	6	3,94	1,70	4,12	1,77	3,82	1,71	3,94	1,68
(1 = keine Ausbildung, 6 = Uni)										
Herkunftslandspezifische Berufserfahrung										
Ja	0	1	73%		67%		83%*		69	
Nein	0	1	27%		33%		17%*		31	
Kinder										
Ja	0	1	36%		30%		41%		35	
Nein	0	1	64%		71%		60%		65	
Religionszugehörigkeit										
Islam	0	1	76%		70%		78%		77	
andere/ keine Religionszugehörigkeit, k. A.	0	1	24%		31%		22%		24	

Ankunftszeitpunkt in AUT						
2008 bis 2013	0	1	11%	40%	10***	4%***
2014	0	1	9%	18%	12%	5%**
2015	0	1	53%	39%	53%	56%
2016 bis 2017	0	1	27%	3%	25%***	35%***
Aufenthaltsstatus						
Asylberechtigt	0	1	32%	37%	20%**	36%
Subsidiär Schutzberechtigt	0	1	43%	40%	51%	39%
Anderer Aufenthaltstitel mit Arbeitsmarktzugang	0	1	26%	24%	29%	25%

*Unterschiede der Arbeitslosen und der NEPs zur Referenzgruppe der Erwerbstätigen werden mittels des Post Hoc Test nach Games-Howell auf Signifikanz geprüft; Signifikanzniveaus: +p < 0,1; *p < 0,05; **p < 0,01; ***p < 0,001.*

Anhang 1 Charakteristika der Geflüchteten mit Arbeitsmarktzugang in Österreich im *Integration-Survey*

Quelle: Integration-Survey 2017; gewichtet, eigene Berechnungen

	Model I (Basiskategorie: Erwerbstätige)				Model II (Basiskategorie: Erwerbstätige)				Model III (Basiskategorie: Erwerbstätige)			
	Arbeitslos		NEP		Arbeitslos		NEP		Arbeitslos		NEP	
	RRR	SE	RRR	SE	RRR	SE	RRR	SE	RRR	SE	RRR	SE
DIMENSIONEN INTEGRATION												
Kulturelle Integration (Ref.: Assimilation)												
Marginalität	10,35+	13,21	2,06	,93					14,56+	21,27	3,22	4,19
Segmentation	5,60	6,45	2,91	2,16					4,41	5,81	2,40	2,53
Multiple Integration	1,65	1,91	0,80	0,59					1,63	2,12	0,95	0,98
Soziale Integration (Ref.: Assimilation)												
Marginalität	3,14*	1,57	2,56*	1,16					7,27**	4,48	5,67**	3,48
Segmentation	1,68	0,93	2,37+	1,12					3,21+	2,15	6,79**	4,48
Multiple Integration	1,03	0,49	1,47	0,59					1,83	1,03	2,80+	1,52
Identifikative Integration (Ref.: Assimilation)												
Marginalität	0,29**	0,14	0,34**	0,14					0,47	0,26	0,55	0,30
Segmentation	0,56	0,36	0,77	0,41					0,54	0,41	0,61	0,45
Multiple Integration	0,78	0,34	0,54	0,21					0,49	0,27	0,28*	0,16
KONTROLLVARIABLEN												
Barrieren für Integration												
Allgemeiner Gesundheitszustand (1 = schlecht, 5 = sehr gut)					0,97	0,25	0,76	0,19	1,19	0,35	0,89	0,25
Psychischer Gesundheitszustand (1 = schlecht, 5 = sehr gut)					0,52**	0,13	0,50**	0,12	0,45**	0,12	0,44**	0,11
Subjektive Diskriminierungserfahrungen (1 = nie, 5 = sehr häufig)					0,68	0,11	0,59***	0,09	0,66*	0,11	0,57***	0,10
Soziodemographische Faktoren												
Staatsangehörigkeit (Referenz: Syrien)												
Afghanistan					0,74	0,44	1,46	0,82	0,83	0,55	1,44	0,93
Irak					2,46	1,89	1,37	1,08	2,16	1,78	0,93	0,78
Iran					1,30	1,03	6,09*	4,62	1,29	1,12	5,34*	4,48
Sonstige					1,58	1,10	1,23	0,88	1,20	0,95	0,81	0,66
Frauen (Referenz: Männlich)					0,82	0,46	0,54	0,30	0,63	0,39	0,52	0,32
Alter (Referenz: 15-24 Jahre)												
25-34 Jahre					0,78	0,39	0,36*	0,18	0,57	0,32	0,27*	0,15
über 34 Jahre					1,49	1,10	0,72	0,54	1,03	0,85	0,52	0,42
Herkunftslandspezifische Bildung (1 = keine Ausbildung, 6 = Uni)					0,91	0,12	0,93	0,13	1,09	0,17	1,09	0,17
Herkunftslandspezifische Berufserfahrung (Ref.: Nein)					0,79	0,44	0,34*	0,18	0,41	0,25	0,20**	0,12
Kinder (Referenz: keine Kinder)					1,32	0,69	2,04	1,07	1,24	0,74	2,03	1,21
Religion (0 = Islam, 1 = andere/ keine Religionszugehörigkeit, k. A.)					1,08	0,53	0,64	0,33	0,85	0,49	0,49	0,29

	(1)	(2)	(3)	(4)	(5)	(6)	(7)	(8)
Ankunftszeitpunkt in AUT (Referenz: 2015)								
2008 bis 2013	0,24*	0,13	0,04***	0,02	0,25*	0,16	0,03***	0,02
2014	0,50	0,28	0,17**	0,10	0,29+	0,20	0,08***	0,06
2016 bis 2017	1,65	1,15	2,81	1,81	1,31	1,00	2,20	1,56
Aufenthaltsstatus (Ref.: Subsidiär Schutzberechtigt)								
Asylberechtigt	0,32*	0,15	0,42+	0,20	0,38+	0,20	0,45	0,23
Anderer Aufenthaltstitel mit Arbeitsmarktzugang	0,79	0,42	1,07	0,56	0,66	0,38	1,03	0,58
Konstante	139,95**	233,32	2.681,38***	4.384,64	30,42	64,98	1.265,65***	2.480,87
N	287		287		287			
Pseudo R2	0,09		0,23		0,3			

Signifikanzniveaus: +p < 0,1; *p < 0,05; **p < 0,01; ***p < 0,001

Anhang 2 Determinanten der Arbeitsmarktintegration bei Geflüchteten; Ergebnisse von multinomialen logistischen Regressionsanalysen

Quelle: Integration-Survey 2017; eigene Berechnungen

Integration braucht Unterstützung: Erfahrungen mit weiblichen Flüchtlingen in Österreich

Gudrun Biffl

Zusammenfassung

Dieser Beitrag legt den Schwerpunkt auf weibliche Flüchtlinge, da sie andere Bedürfnisse haben alles ihre männlichen Counterparts und mit anderen Hürden der Eingliederung in die Gesellschaft konfrontiert sind. Frauen haben in den meisten Fällen abhängige Kinder zu versorgen. Das erschwert die Teilnahme an Sprachkursen sowie an Werte- und Orientierungskursen. Auch haben sie im Schnitt geringe schulische und berufliche Qualifikationen und vergleichsweise wenig Erwerbserfahrung, insbesondere im formellen Sektor. Sie leiden auch häufig unter Traumata, die selten angesprochen werden, nicht zuletzt wegen objektiver (sprachlicher) und subjektiver (schambesetzter) Kommunikationsbarrieren. Frauen können wichtige Akteurinnen im Integrationsprozess ihrer Familien und Communities sein, wenn sie die nötige Unterstützung des Aufnahmelandes erhalten. Dabei kommt der Kooperation zwischen institutionellen AkteurInnen verbunden mit einem konstruktiven komplementären Schnittstellenmanagement eine besondere Bedeutung zu.

Hintergrund

Die Jahre 2014 bis 2017 waren von einer überdurchschnittlich hohen Zuwanderung von Flüchtlingen in die EU geprägt. Die Zahl der Flüchtlinge aus dem Nahen Osten, Afrika, West- und Südasien lag nicht nur weit über dem langfristigen Durchschnitt, sondern war auch höher als die Arbeitsmigration oder die Familienzusammenführung aus Drittstaaten. So standen etwa im Jahr 2016 den rund 702.000 neu zugewanderten ArbeitsmigrantInnen und den 555.200 neu zugewanderten Familienangehörigen 1,3 Millionen AsylwerberInnen gegenüber. In Österreich war der mismatch noch viel ausgeprägter mit 3.300 neu zugewanderten ArbeitsmigrantInnen, 15.700 Familienangehörigen und 42.300 AsylwerberInnen – allesamt aus Drittstaaten. Im Jahr 2017 verringerte sich die Fluchtzuwanderung in die EU ebenso wie in Österreich abrupt, ohne jedoch auf die Niveaus von vor 2014 zurückzufallen. In Summe machten Asylsuchende 2015-2016 etwa die Hälfte und 2017 rund ein Viertel der Gesamtzuwanderung in die EU aus. In Österreich hatte die Asylzuwanderung nicht dasselbe Gewicht wie in der EU28: 2015-2016 stellte sie ein Drittel und 2017 16% aller Zuzüge aus dem Ausland dar.

Unter den neu zugewanderten Drittstaatsangehörigen, die als Arbeitskräfte rekrutiert oder zugelassen werden, liegt der Anteil der Frauen bei einem Drittel
(2016 EU28: 33%, Österreich: 43%); unter jenen, die im Rahmen einer Familienzusammenführung kommen, sind Frauen etwas in der Überzahl (2016 EU28: 58%,
Österreich: 55%). Während das Geschlechterverhältnis im Bereich der Arbeits-
und Familienmigration mittelfristig relativ stabil ist, wechselt das Geschlechterverhältnis im Fall der Asylzuwanderung: Zu Beginn einer neuen Welle oder bei
einer Änderung der ethnisch-kulturellen Zusammensetzung des Zustroms, etwa als
Folge einer Verlagerung von Konfliktherden, kommen in der Regel mehr Männer.
Nach einer gewissen Stabilisierung des Aufenthalts dieser männlichen Asylbe-
werber kommen tendenziell mehr Frauen mit Kindern spontan nach oder warten
auf eine legale Zuwanderung im Rahmen der Familienzusammenführung. So war
es auch zwischen 2014 und 2017 in den Staaten der EU. Während der Frauenanteil
2014 und 2015 unter Asylsuchenden in den Staaten der EU noch bei 29,6 bzw.
27,8% lag - (in Österreich waren es 24 bzw. 28%), stieg er bis 2017 auf 32,9% (in
Österreich auf 39%). (Abbildung 1 und Abbildung 2)

Der Anteil der Frauen an den Asylsuchenden hängt stark von der Herkunft ab.
In Österreich lag der Anteil der Frauen unter Asylsuchenden aus Syrien bei 57%,
bei Anträgen aus Afghanistan lag der Anteil der Frauen mit 33% darunter; unter
Asylsuchenden aus Pakistan gab es fast keine Frauen.

Allein aus der Tatsache heraus, dass es in Österreich zwischen 2014 und 2017
67.200 positiv rechtskräftige Asylbescheide gegeben hat, ergibt sich eine besondere Herausforderung für die Integration in die Gesellschaft und die Arbeitswelt.
Das ist auf die besondere Situation der Frauen zurückzuführen. Sie sind häufig
Gewalt ausgesetzt, und da sie oft mit Kindern unterwegs sind, haben sie auch
andere Bedürfnisse als unabhängige Männer. Angesichts ihres steigenden Anteils
an den Flüchtlingen sind daher besondere Unterstützungsmaßnahmen notwendig,
auf die im Folgenden näher eingegangen wird. Dabei ist allerdings zu berücksichtigen, dass eine Integrationspolitik nur dann gelingen kann, wenn es ein Manage-
mentsystem für Integration gibt. Hier geht es nicht nur um die Frage der Ressourcen der Zugewanderten und den Zugang zu Unterstützungsstrukturen, sondern
auch um die Akzeptanz von integrationspolitischen Maßnahmen in der Gesellschaft.

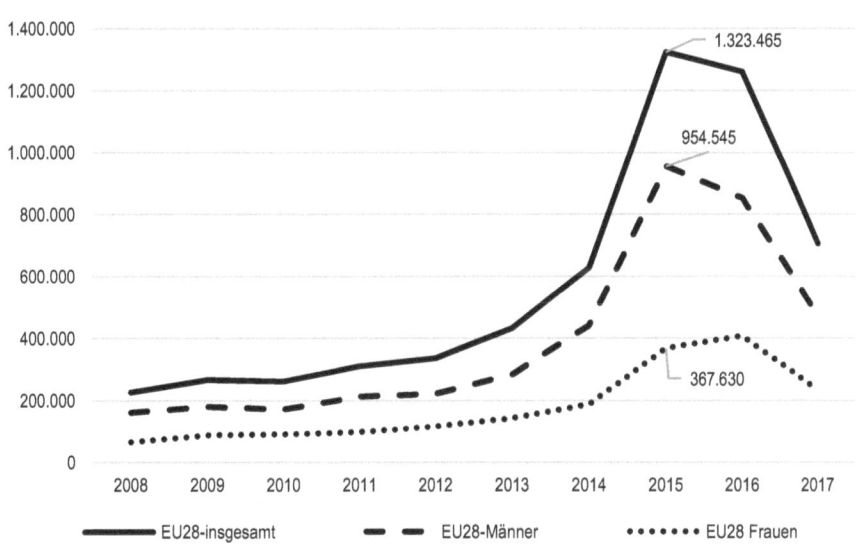

Abbildung 1 Asylanträge nach Geschlecht in der EU28: 2008-2017

Quelle: Eurostat, eigene Darstellung

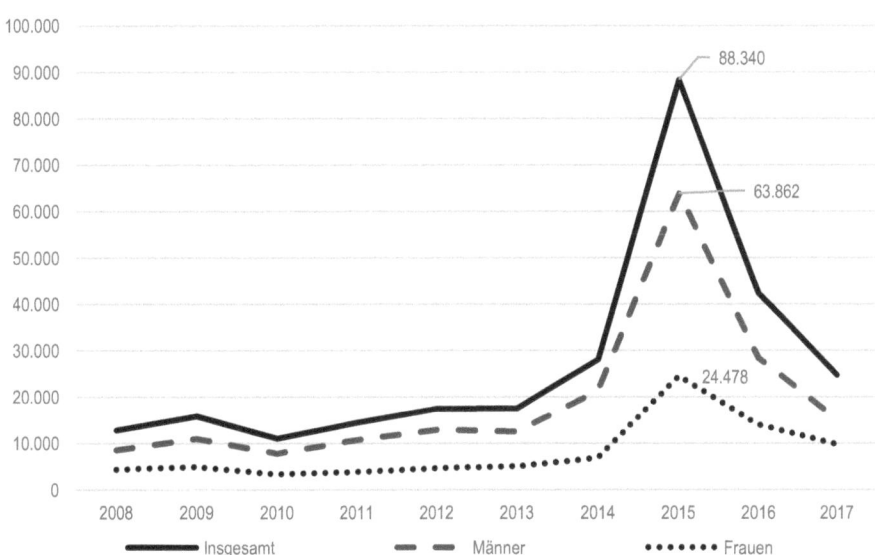

Abbildung 2 Asylanträge nach Geschlecht in Österreich: 2008-2017

Quelle: BMI, eigene Darstellung

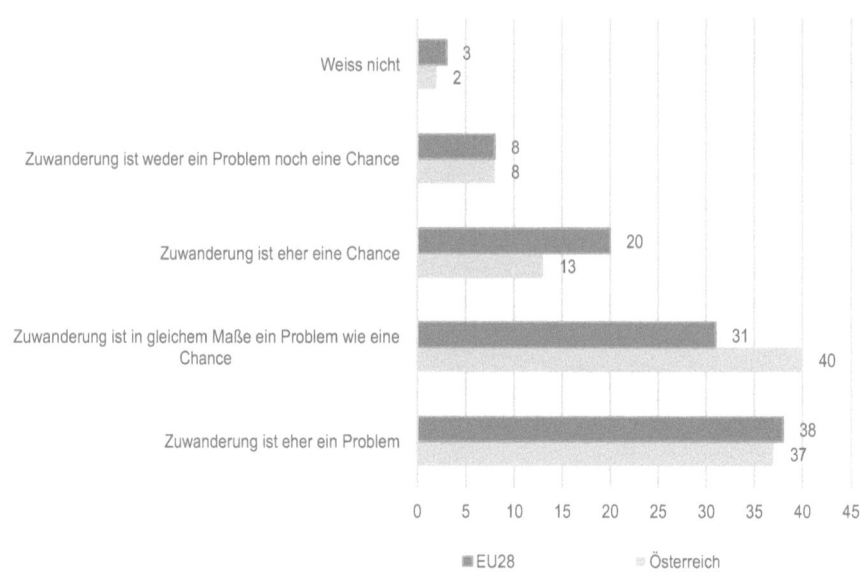

Abbildung 3 Glauben Sie, dass die Zuwanderung aus Ländern außerhalb der EU heute insgesamt eher ein Problem oder eine Chance für (unser Land) ist?

Quelle: Eurobarometer 469 (Oktober 2017), eigene Darstellung

Eurobarometer-Erhebungen (EBS 2018) weisen darauf hin, dass Migrationen, und damit verbunden die Integration von MigrantInnen, in hohem Maße als Herausforderung für das Aufnahmeland gesehen werden. Im Jahr 2018 waren 38% der Befragten in der EU28 – und 37% der Befragten in Österreich - der Meinung, dass Zuwanderung eher ein Problem sei. Weitere 31% (in Österreich 40%) sahen in der Zuwanderung eine gewisse Janusköpfigkeit, d.h. sie sahen die Herausforderung ebenso wie die Chance, wenn richtig gehandhabt. Weitere 20% sahen in der Zuwanderung vor allem Chancen (Österreich 13%). Diese Ergebnisse zeigen, dass die Bevölkerung Migrationen als politisches Thema wahrnimmt, das zu gestalten ist. Es ist daher wichtig, die Bevölkerung bei der Planung und Umsetzung von Integration mitzunehmen, die Maßnahmen und ihre Bedeutung bzw. Wirkungsweise zu vermitteln. Denn, und auch das zeigt uns die Eurobarometer-Erhebung – je besser die Menschen in der Aufnahmegesellschaft über die ZuwanderInnen und über Integrationsmaßnahmen und ihre Wirkung informiert sind, und je mehr Sozialkontakte sie mit MigrantInnen haben, desto größer ist die Akzeptanz von MigrantInnen.

Weibliche Flüchtlinge werden von den diversen internationalen und nationalen Unterstützungseinrichtungen als besonders verletzliche Gruppe von MigrantInnen identifiziert. (Barbière 2016) Eine EU-Studie (Sansonetti 2016) gibt einen Überblick über die wesentlichen Hürden, die weibliche Flüchtlinge zu überwinden haben. Dazu zählen der Zugang zu Wohnraum, Schutz vor Gewalt, Zugang zu Sprachkursen sowie zu Aus- und Weiterbildung, Möglichkeiten der Erwerbstätigkeit sowie gesundheitliche Versorgung, insbesondere psychologische Betreuung und Traumata Behandlung. Ergänzend dazu verweist die Studie von O'Brien (2003) auf die wichtige Rolle der Frauen für die Integration von Flüchtlingen.

Zur Situation weiblicher Flüchtlinge in Österreich

Zahlen und Fakten

Zwischen 2014 und 2017 wurden in Österreich 183.400 Asylanträge gestellt. Davon entfielen 30% (54.800) auf Frauen. In der gleichen Zeit wurden, wie eingangs erwähnt, 67.200 positiv rechtskräftige Asylentscheidungen getroffen, davon betrafen 45% Frauen. Allein im Jahr 2017 wurden 21.800 positive Entscheidungen gefällt, davon entfielen 10.600 (48,8%) auf weibliche Flüchtlinge. Eine Altersaufteilung zeigt, dass es sich zum Großteil um Kinder und Jugendliche unter 18 handelt. Von allen positiven Entscheidungen entfielen 53% auf Kinder und Jugendliche (11.600), davon waren 48% Mädchen und junge Frauen. Daraus ist ersichtlich, dass Frauen im Rahmen von Asylverfahren nicht schlechter gestellt sind als Männer, vor allem, weil sie in hohem Maße nach einem positiven Asylbescheid des Mannes als Familienangehörige nachkommen können.

Da es in Österreich keine öffentlich zugänglichen Daten zum rechtlichen Aufenthaltsstatus der ausländischen Bevölkerung gibt, kann man nur die Bevölkerungsdaten nach Staatsbürgerschaft als Anhaltspunkt für die Zahl und demographische Zusammensetzung von Menschen aus den typischen Herkunftsregionen der jüngsten Asylzuwanderung heranziehen. Demnach waren am 1.1. 2018 von den 8,8 Millionen EinwohnerInnen rund 16% ausländische Staatsangehörige (1,4 Millionen). Davon kam die Hälfte aus der EU oder einem EFTA-Staat (703.300), die andere Hälfte kam aus Drittstaaten. Aus den Ländern der jüngeren Fluchtmigration (Afghanistan, Syrien, Irak, Pakistan, Somalia, Bangladesch und Russische Föderation) waren in Summe 154.100 Personen in Österreich ansässig, davon 61.800 Frauen (40%). Hier muss angeführt werden, dass es sich nicht nur um Personen mit einem Fluchthintergrund handelt, sondern um eine Mischung aus geplanter Arbeits-, Familien- und Bildungsmigration, ergänzt um Fluchtmigration. Das gilt vor allem für Personen aus der Russischen Föderation, von denen nur ein vergleichsweise geringer Prozentsatz aus Tschetschenien kommt.

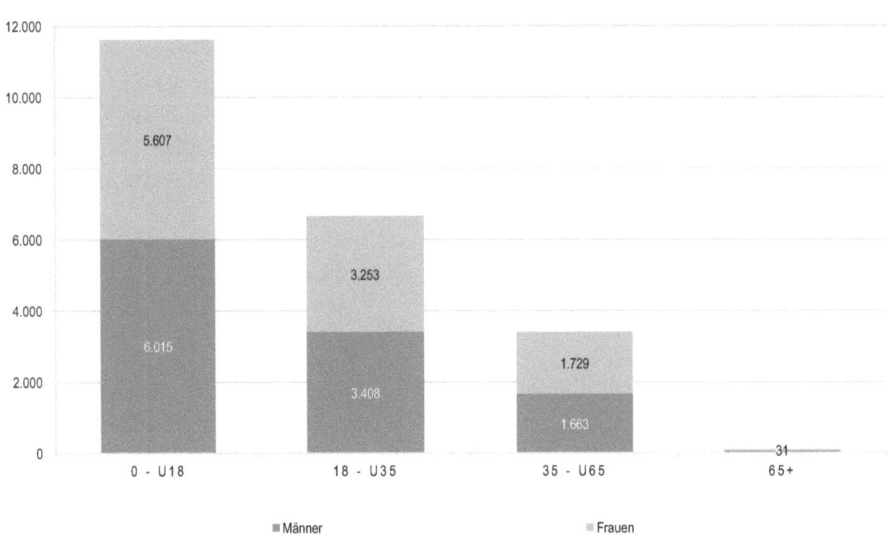

Abbildung 4 Positive Asylentscheidungen nach Alter und Geschlecht 2017

Quelle: BMI, eigene Darstellung

Staatsbürgerschaft	Insgesamt	davon Frauen	in %	unter 5	6-14	15-17	18-24	25-34	35-49	50-64	65+
Syrien	48.103	19.692	40,9	6.456	9.704	2.423	7.070	11.155	8.681	2.197	417
Afghanistan	45.724	14.022	30,7	4.257	6.042	4.046	13.650	10.637	5.051	1.602	439
Russische Föderation	32.429	18.597	57,3	2.684	5.573	1.719	4.043	5.912	7.931	3.514	1.053
Irak	14.536	5.035	34,6	1.508	2.360	527	2.087	4.124	2.952	808	170
Somalia	6.206	2.222	35,8	552	693	397	2.158	1.653	584	141	28
Pakistan	4.519	1.372	30,4	316	360	130	634	1.498	1.207	321	53
Bangladesch	2.542	825	32,5	240	141	41	301	936	764	105	14
Insgesamt	**154.059**	**61.765**	**40,1**	**16.013**	**24.873**	**9.283**	**29.943**	**35.915**	**27.170**	**8.688**	**2.174**

Tabelle 1 Bevölkerung in Österreich am 1.1.2018 nach ausgewählter Staatsbürgerschaft, Geschlecht und Alter

Quelle: Statistik Austria

Wie aus Tabelle 1 ersichtlich ist, unterscheidet sich der Anteil der Frauen an der Bevölkerung deutlich nach Herkunftsländern. Während mehr als die Hälfte der Personen aus der Russischen Föderation weiblich ist, liegt der Frauenanteil bei den anderen Herkunftsländern zwischen 30 und 41%. Am geringsten ist er bei Personen aus Afghanistan und Pakistan und am höchsten unter Personen aus Syrien. Auch hier zeigt sich, dass der Anteil von Kindern und Jugendlichen unter 18 Jahren (32,6%) im Vergleich zum Schnitt der österreichischen Bevölkerung (17%) hoch ausfällt – mit den damit verbundenen Herausforderungen für das Integrations- und Bildungssystem.

Bevor im Folgenden auf die Herausforderungen der Frauen bei der Bewältigung ihres Lebens in Österreich eingegangen wird, möchte ich hervorheben, dass ich viele starke Frauen kennengelernt habe, aber auch einige, die in ihrer Heimat und auf der Flucht so viel Gewalt erfahren haben, dass sie traumatisiert sind und nur mit Hilfe von Medikamenten ihren Alltag bestreiten können. Aber in allen Interviews haben die Frauen ihre Dankbarkeit gegenüber Österreich und den HelferInnen für die Aufnahme Ausdruck verliehen. Und auf die Frage, was sie besonders schätzten, war die übliche Antwort: die Sicherheit für Kinder und Familie.

Herausforderungen bei der Integration von Frauen[1]

Weibliche Flüchtlinge sind entweder selbst geflohen, mit oder ohne Familienanhang, oder sie sind im Rahmen der Familienzusammenführung gekommen. In den meisten Fällen haben sie minderjährige Kinder, wie die obigen Zahlen verdeutlichen. Sie sind nicht nur vor Krieg und Terrorismus geflohen, sondern auch vor sexueller Gewalt, Zwangsverheiratung, Menschenhandel, Ehrenmorden und dgl. mehr. Ihre Flucht ist meist geprägt von Gewalt, Ängsten und Mangel an Ressourcen, die es ihnen ermöglichen würden, für sich und ihre Kinder zu sorgen. Wenn angekommen, leiden sie häufig unter Traumata, die selten angesprochen werden, nicht zuletzt auch wegen objektiver (sprachlicher) und subjektiver (schambesetzter) Kommunikationsbarrieren.

Weibliche Flüchtlinge haben in höherem Maße als männliche geringe schulische und berufliche Qualifikationen; darüber hinaus haben sie eine deutlich geringere Erwerbserfahrung als männliche Flüchtlinge. Das sollte aber kein Hindernis sein, ins Erwerbsleben einzusteigen. Frauen sind Umfragen zufolge sehr motiviert, jedoch kann eine Nichtberücksichtigung von Kinderbetreuungspflichten bedeuten, dass weder Sprachkurse noch Werte- und Orientierungskurse sowie Arbeitsangebote angenommen werden können. So gesehen sind Faktoren wie eine gesundheitliche Versorgung und Therapierung von Traumata, eine adäquate Unterkunft sowie Kinderbetreuung Grundvoraussetzungen dafür, dass Sprachkurse, Wertekurse, Aus- und Weiterbildungsmaßnahmen und letztlich Jobangebote wahrgenommen werden können.

---

[1] Viele Erkenntnisse beruhen auf Interviews mit Frauen, ergänzt um Ehepartner, sowie auf Fokusgruppen und individuellen Gesprächen mit ExpertInnen der diversen Unterstützungseinrichtungen im Rahmen des Forschungsprojekts: „Einstellungen, Erwartung und Ressourcen weiblicher Flüchtlinge", das vom Bundesministerium Europa, Integration und Äußeres (BMEIA) im Rahmen der nationalen Projektförderung 2017 des NAP.I gefördert wurde. Darüber hinaus flossen Erkenntnisse aus der Begleitung und Evaluierung von Integrationsmaßnahmen, die den Verbleib und die Integration von Asylberechtigten und subsidiär Schutzberechtigten in ländlichen und kleinstädtischen Regionen im Südburgenland und in der Oststeiermark zum Ziel haben, ein. Bei Letzterem handelt es sich um ein LEADER-Projekt mit Ko-Förderung durch das BMEIA zum Thema „Integration in der Region".

Wohnen und Kinderbetreuung

Erfahrungen in Österreich zeigen, dass mit dem Integrationsgesetzt 2017 und der darin enthaltenen Einführung einer rechtlichen Verpflichtung von Asylberechtigten und subsidiär Schutzberechtigten zur „vollständigen Teilnahme, Mitwirkung und zum Abschluss der angebotenen und zumutbaren Kursmaßnahmen"[2], zu denen Deutschkurse auf A1 Niveau[3] und Werte- und Orientierungskurse zählen, der Frauenanteil der TeilnehmerInnen merklich gestiegen ist; bei Letzteren erhöhte sich der Anteil von 21% im Jahr 2016 auf 45% 2018. Erfahrungen aus den persönlichen Interviews mit weiblichen Flüchtlingen zeigen, dass die gesetzliche Verpflichtung eine gute Argumentationsbasis innerhalb der Familie ist. Frauen sehen darin nicht nur die Chance auf eine eigenständige Absicherung ihres Aufenthalts, sondern auch auf eine Verbesserung ihrer Partizipationschancen in der Gesellschaft und auf dem Arbeitsmarkt. Wesentlich für die Teilnahme ist allerdings, dass Kinderbetreuung zur Verfügung steht. Für die Abwicklung ist der Österreichische Integrationsfonds (ÖIF) im Rahmen der Umsetzung der Integrationsvereinbarung verantwortlich. In diesem Rahmen bietet der ÖIF österreichweit Deutschprüfungen auf verschiedenen Sprachniveaus an und evaluiert Deutsch-Integrationskurse.

Mit der gesetzlichen Verpflichtung ab Inkrafttreten des Integrationsgesetzes 2017 will man dazu beitragen, dass weibliche Flüchtlinge einen Kontakt zur Aufnahmegesellschaft etablieren können. Trotzdem bleiben diese oft lange unsichtbar, nicht zuletzt, weil die Familie oder Herkunftscommunity in Österreich von ihr erwartet, dass sie zuallererst ihren Pflichten als Frau und Mutter nachkommt. Hierzu gehört die Hausarbeit ebenso wie die Versorgung von Mann und Kindern. Da bleibt dann häufig keine Zeit für das Erlernen der Sprache und das Kennenlernen der neuen Gesellschaft – in der Folge versinken Frauen oft in der Isolation, aus der sie sich selbst schwer befreien können.

Und darin liegt der große Unterschied zur geplanten Arbeitsmigration oder Familien-Migration: im ersten Fall ist in der Regel ein Arbeitsplatz vor Ort vorhanden, womit Unterstützungsstrukturen betrieblicher Natur verbunden sind. Die Wohnungssuche, die für Fluchtmigrantinnen ein oft unüberbrückbares Problem ist, wird dadurch erleichtert, dass ein eigenständiges Erwerbseinkommen nachgewiesen werden kann; häufig ist der Arbeitgeber lokal bekannt und kann als Ansprechpartner bei Fragen und Problemen herangezogen werden. Auch bei der Familienzusammenführung fällt die Suche nach einer adäquaten Unterkunft weg, da die neuen Zuwanderinnen zu Anker-Personen kommen, die schon im Aufnahmeland etabliert sind.

Auch der Zugang zum Arbeitsmarkt eines hoch entwickelten Industrielandes wie Österreich ist für Frauen aus den traditionellen Herkunftsländern der jüngsten

---

[2] Integrationsgesetz 2017 (BGBLA_2017_I_68.pdfsig), S. 3. https://www.ris.bka.gv.at.
[3] Gemäß europäischem Referenzrahmen für Sprachen: http://www.europaeischer-referenz rahmen.de/

Fluchtmigration oft ein Enigma. Die Erwerbsquote der Frauen aus den wesentlichen Herkunftsländern der jüngsten Fluchtzuwanderung lag den jüngsten Daten zufolge (2013 ILO-KILM-Datenbank[4]) 14 und 40%. Dabei ist anzumerken, dass in Afghanistan, Somalia und Pakistan der ILO zufolge (2010, 2011, 2012, 2013) etwa 90% der Jobs der Frauen als prekär einzustufen sind. Das bedeutet, dass damit kein stabiles und ausreichendes Einkommen verbunden ist. Darüber hinaus ist auch in Syrien und im Irak ein verhältnismäßig kleiner Prozentsatz von Frauen formell erwerbstätig.

Anzumerken ist in dem Zusammenhang auch, dass eine lange Phase des Wartens und der Unsicherheit im Rahmen des Asylverfahrens, oft gekoppelt mit einer geographischen Isolation der Asylunterkunft von der Aufnahmebevölkerung, die Kontaktaufnahme mit Menschen in der Aufnahmebevölkerung erschwert. Daraus kann ein Gefühl der Isolation verstärkt werden, wenn nicht bewusst und gezielt, in Österreich häufig durch FreiwilligenhelferInnen, eine Brücke des Vertrauens aufgebaut wird.

Sprache, Alphabetisierung, Anerkennung von Kompetenzen

Auch wenn eine Lösung für die Betreuung von Kindern gefunden wird, stellt der geringe Bildungsgrad eines hohen Prozentsatzes von Frauen, insbesondere aus Afghanistan und Somalia, eine oft unüberwindbare Hürde beim Erlernen der deutschen Sprache und bei der Erwerbsintegration dar. Die Daten zum Bildungsgrad der anerkannten Flüchtlinge und subsidiär Schutzberechtigten im erwerbsfähigen Alter, die beim AMS als arbeitslos oder in Schulung befindlich erfasst werden, zeigen, dass 68% der weiblichen Konventionsflüchtlinge und 75% der weiblichen subsidiär Schutzberechtigten höchstens einen Pflichtschulabschluss haben. Bei den Männern mit diesem Rechtsstatus ist die Situation nicht viel anders (siehe Abbildung 5).

Viele in dieser Qualifikationsgruppe haben kaum Schulen besucht und sind de facto funktionale Analphabetinnen.[5] Dieser Umstand erschwert das Erlernen einer Sprache, noch dazu, wenn die Schriftzeichen sich von jenen der Muttersprache unterscheiden. Es wäre daher notwendig, parallel zu Deutschkursen Basisqualifikationen zu vermitteln. Die Initiative Erwachsenenbildung des Bildungsministeri-

---

[4] Siehe diesbezügliche website: https://www.ilo.org/global/statistics-and-databases/research-and-databases/kilm/lang--en/index.htm

[5] Somalia und Afghanistan zählen zu den Ländern mit den höchsten Analphabetismusquoten der Welt mit 62%, wobei der gender gap mit 28 Prozentpunkten besonders hoch ist. Aber auch der Irak hat eine hohe AnalphabetInnenquote von 56%, allerdings verbunden mit einem geringeren gender gap von 15 Prozentpunkten. Deutlich besser ist die Situation in Bangladesch und Pakistan, allerdings nur für Männer – unter Frauen liegt die Quote bei 57%. (UNESCO Survey 2015).

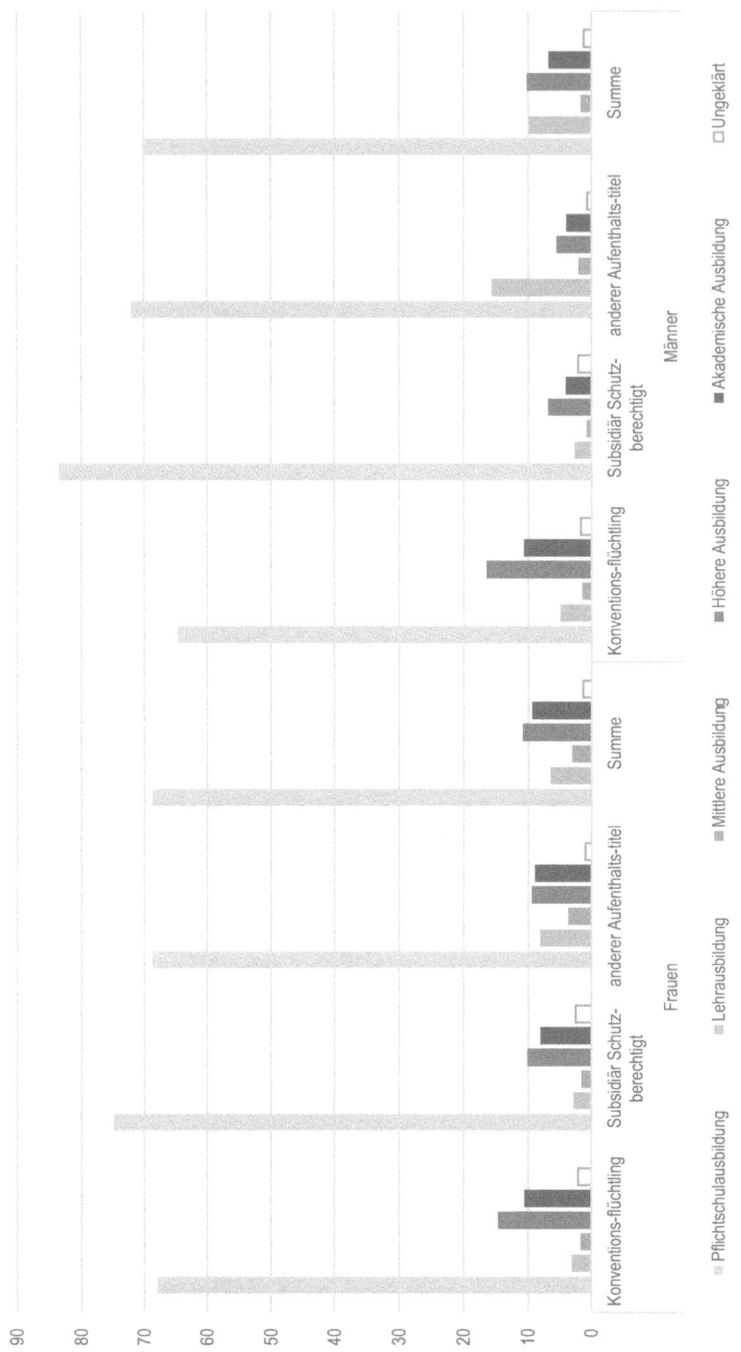

Abbildung 5 Qualifikationsstruktur arbeitsuchender Drittstaatsangehöriger (ohne Türkei) nach Geschlecht und rechtlichem Aufenthaltsstatus 2017 (Arbeitslose plus Schulungsteilnehmer-Innen) in %

Quelle: Integrationsmonitoring, BMEIA

ums[6], die in Kooperation mit den Bundesländern seit 2012 durchgeführt wird, ist eine der wenigen Möglichkeiten, sinnerfassendes Lesen und Schreiben zu lernen, sowie Rechnen und digitale Kompetenzen für den Alltag, ohne Kosten für den Einzelnen. Den Daten des Integrationsmonitors 2017 (BMEIA 2018) zufolge, haben zwischen September 2016 und September 2017 8.600 Personen einen Basisbildungskurs absolviert, davon 49% Frauen. 13% dieser Frauen waren österreichische Staatsbürgerinnen (560).

Angeführt wurde die Liste der wichtigsten Herkunftsländer der Frauen, die Basisbildungskurse besuchten, von Afghanistan, gefolgt von Österreich, der Türkei, Somalia, Serbien, Irak und Rumänien. Migrantinnen, oftmals mit Fluchterfahrung, nehmen dieses Angebot, wie man sieht, in Anspruch. Jedoch stellte sich in den Interviews von Frauen, die im Zusammenhang mit der jüngsten Fluchtzuwanderung nach Österreich gekommen sind, heraus, dass niemand von dieser Gruppe auf diese kostenlose Bildungsmöglichkeit aufmerksam gemacht worden ist. Denn auch hier übernehmen Brückeneinrichtungen, seien es Behörden oder Migrationsvereine, die Aufgabe, die Verbindung zwischen den Personen und den Bildungseinrichtungen herzustellen. (Schörgenhofer 2018)

	Basisbildung		Pflichtschulabschluss	
	Frauen	Männer	Frauen	Männer
Afghanistan	870	1832	157	589
Österreich	560	319	223	214
Syrien	443	727	18	89
Türkei	420	35	19	15
Somalia	178	169	22	87
Irak	109	210	11	32
Iran	67	91	12	24
Rumänien	100	60	19	12
Serbien	112	29	25	11
Nigeria	76	35	9	12

Tabelle 2 TeilnehmerInnen an Kursen der Basisbildung und zum Pflichtschulabschluss nach Geschlecht aus den Top 10 Herkunftsländern. (1.9.2016-31.8.2017)

Quelle: Integrationsmonitoring, Initiative Erwachsenenbildung

Aber auch höher qualifizierte Frauen stehen vor der Aufgabe, über den Erwerb der deutschen Sprache hinaus ihre Qualifikationen und Kompetenzen anerkannt zu bekommen und eventuell über Schulungsmaßnahmen ihre Kompetenzen an Österreichische Standards anzupassen. Das ist oft eine Voraussetzung für die Aufnahme einer bildungsadäquaten Beschäftigung. Die Alternative ist, einen Job anzunehmen, der den Kompetenzen der Frauen nicht Rechnung trägt und der es ihnen nicht ermöglicht, ihr Potenzial in Österreich auszuschöpfen, zu ihrem und unser aller Nachteil.

---

[6] Mehr dazu auf https://www.initiative-erwachsenenbildung.at/initiative-erwachsenenbildung/
     was-ist-das/

Wie aus der Tabelle 2 ersichtlich ist, holen ausländische Frauen generell und Frauen aus den Herkunftsländern der jüngsten Fluchtzuwanderung im Besonderen, relativ selten einen Pflichtschulabschluss nach. In Summe waren das zwischen dem 1.9. 2016 und dem 31.8. 2017 686 Frauen, davon 463 Ausländerinnen. Etwas höher sind die Zahlen der beim AMS (Arbeitsmarktservice) registrierten Arbeitslosen und in Schulung befindlichen Personen mit Fluchterfahrung (Konventionsflüchtlinge und subsidiär Schutzberechtigte): Das waren im Jahresdurchschnitt 2017 knapp 30.000 Personen, davon 27% Frauen. Ihre Qualifikationsstruktur geht aus Abbildung 5 hervor. Im Schnitt waren 43% der arbeitsuchenden Frauen und 46% der arbeitsuchenden Männer in einer Schulungsmaßnahme, die ihnen den Zugang zum Arbeitsmarkt erleichtern sollte. Am höchsten war der Anteil der Schulungsteilnehmenden, sowohl bei Frauen als auch bei Männern, unter höher qualifizierten FluchtmigrantInnen (48% und 51%) und AkademikerInnen (47% und 48%), gefolgt von Personen mit maximal Pflichtschulabschluss (43% und 45%). Die Bildungsförderquote des AMS lag bei Frauen stets etwas unter der der Männer.

Zugang zum Arbeitsmarkt

Wie hoch die Erwerbseinbindung der Flüchtlinge in Österreich ist, kann mangels Beschäftigungsdaten nach rechtlichem Aufenthaltsstatus nicht genau gesagt werden. Jedoch kann annäherungsweise eine Aussage dazu aufgrund von Daten zur Staatsbürgerschaft gemacht werden. Dies beinhaltet auch Personen, die mitunter bereits seit vielen Jahren in Österreich leben. So waren von den 31.500 Personen im erwerbsfähigen Alter mit syrischer Staatsbürgerschaft (per 1.1.2018) 17.100 bzw. 60% beim AMS arbeitslos bzw. beim Hauptverband der österreichischen Sozialversicherungsträger als beschäftigt erfasst (8.500 Männer und 1.900 Frauen). Analog dazu waren von den 35.000 AfghanInnen im erwerbsfähigen Alter (1.1.2018) 12.300 (35%) im Jahr 2017 als Arbeitslose oder Erwerbstätige erfasst (8.000 Männer und 1.500 Frauen). Bei Personen im erwerbsfähigen Alter aus der Russischen Föderation betrug die Erwerbseinbindung 51% (5.100 Männer und 5.600 Frauen). Die kleinste Gruppe der AsylmigrantInnen der jüngsten Jahre waren IrakerInnen - 10.500 Personen im erwerbsfähigen Alter am 1.1.2018. Von ihnen waren nur 32% (2000 Männer und 600 Frauen) erwerbstätig oder arbeitslos gemeldet. Diesen Daten zufolge dürfte die Erwerbseinbindung der Syrer nur etwas geringer als die der Gesamtgruppe der Drittstaatsangehörigen (72%) sein, gefolgt von Personen aus der Russischen Föderation; Personen aus dem Irak und Afghanistan haben hingegen nur eine etwa halb so hohe Erwerbsquote wie Drittstaatsangehörige, was ein Indikator für die besonderen Herausforderungen in diesem Bereich ist. Denn die vergleichsweise hohe Erwerbsquote der SyrerInnen ist trotz einer extrem hohen Arbeitslosenquote von 62% (Männer 58%, Frauen 80%) als vergleichsweise günstig zu Personen aus Afghanistan einzustufen, die eine Arbeitslosenquote von ‚nur' 34% (Männer 30%, Frauen 55%) aufweisen. Eine hohe Arbeitslosenquote sagt aus, dass ein hoher Anteil dieser Personengruppe noch keine adäquate Beschäftigung gefunden hat. Sie werden aber vom AMS erfasst, und - wie die Zahlen zu den Schulungen zeigen – haben Zugang zu Schulungsmaßnahmen und anderen Fördermaßnahmen. Viel schwieriger ist die Situation bei Personen aus dem Irak und aus Afghanistan, von denen nur 32% bzw. 35% der Personen im erwerbsfähigen Alter auf dem Arbeitsmarkt erfasst sind, und vor allem sehr wenige Frauen. Die Situation für Frauen aus Somalia gestaltet sich hierbei besonders schwierig: Auch wenn ihre Arbeitslosenquote geringer ist als die der Personen aus Syrien (Männer 41%, Frauen 59%), bedeutet das nicht, dass sie kein Arbeitsmarktproblem haben. Vielmehr ist ein hoher Anteil dieser Personengruppe so arbeitsmarktfern, dass sie vom AMS nicht einmal erfasst werden und daher auch über Förder- und Aktivierungsmaßnahmen nicht erreicht werden können.

Auf alle Fälle zeigen diese Daten, dass der Zugang zum Arbeitsmarkt eine der größten Herausforderungen der Frauen, aber auch der Männer, mit Fluchterfahrung ist. Hier können nicht nur Sprachkurse und Weiterbildungsmaßnahmen helfen, sondern es ist auch notwendig, neue Wege der Beschäftigung zu finden, die näher an den Kompetenzen der Flüchtlinge sind, verbunden mit einer modularen Aus- und Weiterbildung und ihrer Zertifizierung. Das Instrument der sozialökonomischen Betriebe könnte dabei als Vorbild dienen. (Lechner et al 2000)

Gewalt in der Familie

Das Thema der Gewalt in der Familie ist in allen Herkunftsländern von Migrantinnen ebenso wie in Österreich ein Thema. Dabei ist zwischen psychischer, körperlicher und bei Frauen vor allem auch sexueller Gewalt zu unterscheiden. Zwar gibt es keine rezenten Studien dazu (Kury et al 2004, Watts – Zimmerman 2002, Kapella et al. 2011), jedoch legen die vorhandenen Daten und Studien nahe, dass Gewalt in keinem Land eine vernachlässigbare Größenordnung darstellt. Armut und Statusverlust tragen zur Verschärfung der Problematik bei. In Österreich wurde das Thema vor allem von Betreuerinnen, auch Freiwilligenhelferinnen, angesprochen. Die Frauen mit Fluchterfahrung meinten, dass die im Vergleich zum Herkunftsland veränderte Rolle der Frau sowie der von Männern besonders stark empfundene Statusverlust, die Männer verunsichere und aggressives Verhalten auslöse, das sogar stärker als im Herkunftsland sein könne. Ähnliche Erfahrungen hat man auch in Finnland gemacht. (Pittaway & Van Genderen Stort 2011) Beratungseinrichtungen von Frauen weisen daher darauf hin, dass Migrantinnen darauf aufmerksam gemacht werden, dass sie in der Kommunikation der Rechte der Frau in Österreich, und damit auch ihrer Rechte, gegenüber dem Partner oder anderen männlichen Familienangehörigen bzw. der Herkunftscommunity, diplomatisch vorgehen sollen.

Gesundheitliche Versorgung

Flüchtlingsfrauen sind stärker als jede andere Gruppe von Frauen Gewalt ausgesetzt, und zwar sowohl im Herkunftsland als auch auf dem Fluchtweg. Die Gesundheitsrisiken, zu denen auch sexuell übertragbare Krankheiten und ungewollte Schwangerschaften zählen, sind daher besonders hoch. Auch weibliche Genitalverstümmelung (FGM) und die damit verbundenen gesundheitlichen Belastungen und Infektionen sind Thema bei der Unterstützung derartig betroffener Frauen. Dabei ist zu bedenken, dass Mädchen und Frauen aus vielerlei Gründen, vor allem bei sexuellen Gewalterfahrungen, darüber nicht sprechen wollen. Stellen sich jedoch psychische oder körperliche Belastungen, etwa aufgrund von FGM, heraus, oder wird es von den Mädchen und Frauen thematisiert, ist eine psychologische und medizinische Begleitung zu ermöglichen. Hierzu ist anzumerken, dass die gesundheitliche Betreuung und Versorgung schon in den Erstaufnahmezentren einzusetzen hat. Das bedeutet, dass das Gesundheitspersonal eine diesbezügliche Ausbildung aufweisen sollte, damit es die Problemlage richtig einschätzen kann und in der Folge Frauen an spezielle Einrichtungen wie das Frauengesundheitszentrum FEM-Süd in Wien[7] weiterleitet.

Die gesundheitliche Betreuung und Vorsorge bleibt auch nach der Anerkennung als Flüchtling wichtig, wobei in Österreich vor allem Frauenberatungsstellen als Drehscheibe für spezifische ärztliche Betreuung und Beratung fungieren. Dabei ist der Kommunikation und der Wahrung eines Vertrauensverhältnisses besonderes Augenmerk zu schenken. Daher ist eine spezielle Ausbildung der BetreuerInnen und TrainerInnen notwendig bzw. sollten diese auch Frauen aus den Herkunftsregionen mit ähnlichen Erfahrungen offenstehen bzw. gefördert werden.

Abschließende Bemerkungen

Eine wesentliche Erkenntnis aus den Gesprächen mit geflüchteten Frauen ist, dass Personen, die an der Schnittstelle zur Integration von Migrantinnen mit Fluchterfahrung arbeiten, eine gewisse Vorstellung von den Erfahrungen haben sollten, die Frauen in ihren Herkunftsländern und auf dem Fluchtweg nach Österreich gemacht haben. Dies betrifft die Flucht per se, Verlusterfahrungen unterschiedlicher Art, Traumata, aber auch das Überleben von Gewalt, Folter und sexuellem Missbrauch. Jede Maßnahme, die die Förderung der sozialen Integration der Frauen zum Ziel hat, sollte den möglichen Effekt derartiger Erlebnisse auf die Chancen der Integration in die Gesellschaft Österreichs berücksichtigen.

Des Weiteren ist zu berücksichtigen, dass Hilfsbedürftige selbst einen Beitrag leisten möchten, um damit ihre Würde zu bewahren. So meinte eine somalische Frau, die für ihre Landsleute als Übersetzerin fungiert, dass sie nicht nur übersetzen wolle, sondern auch den menschlichen Kontakt suche. Sie wolle weniger über ihre eigenen, schmerzhaften Erlebnisse reden als vielmehr etwas über die Lebensgeschichte ihres österreichischen Gegenübers erfahren. Die materielle Versorgung mit den Gütern des täglichen Bedarfs wäre zwar wichtig fürs Überleben, sie reiche

---

[7] FEM-Süd ist eine niederschwellige Anlaufstelle im Kaiser Franz-Josef-Spital (SMZ Süd).

aber für das Ankommen nicht aus. So gesehen kommt der Freiwilligenarbeit eine besondere Bedeutung zu, denn sie ist häufig die wesentliche persönliche Stütze, die sie zu den Behörden bringt, die Funktionsmechanismen der österreichischen Gesellschaft erklärt, den Kuchen zum Tee und Kaffee, den die Migrantin für sie zubereitet hat, mit ihr trinkt und damit dazu beiträgt, dass sie ihre Würde bewahren kann. Einige Flüchtlinge, die nach dem Erhalt des positiven Asylbescheides nach Wien gegangen waren, sind eben deshalb wieder in die Region, in der sie als Asylwerberinnen aufgenommen und unterstützt worden waren, zurückgekehrt.

Jedoch werden Erfahrungen mit Behörden, die des Öfteren als herabwürdigend empfunden werden, ebenso wie offen artikulierte Xenophobie und Ablehnung auf der Straße, zum Teil auch von der Politik über die Medien transportiert, als Demütigung und Diskriminierung erlebt. Das kann dazu führen, dass eine ursprüngliche Dankbarkeit in Frustration und Ablehnung und in der Folge in die innere Isolation umschlägt. Um hier wieder herauszukommen bedarf es viel Verständnis und aufsuchende Sozialarbeit, die in diesem Maße nicht notwendig wäre, wenn die Brücken zur Gesellschaft von Anfang an gebaut und im Prozess des Ankommens erhalten bleiben. Frauen sind nämlich keine passiven Almosenempfängerinnen sondern aktive Partnerinnen im Integrationsprozess ihrer selbst und ihrer Familie. Sie brauchen dazu allerdings Instrumente, die sie in die Lage versetzen, einen konstruktiven Beitrag zu leisten. Und das ist die Aufgabe des Staates, der sich nicht nur der Hilfe von NGOs und Freiwilligen bedienen sollte, sondern in allen angesprochenen Bereichen spezifische Unterstützung anbieten muss. Dabei kommt der Kooperation zwischen institutionellen AkteurInnen, und damit dem Schnittstellenmanagement, eine besondere Bedeutung zu, damit Flüchtlinge nicht ‚im Kreis' geschickt werden, bevor es zu einer Lösung ihres Problems kommt.

Literatur

Barbière, Cecile 2016. Richard Beddock: Female migrants in an 'impossibly vulnerable situation'. EURACTIV.fr

Bmeia 2018. Integrationsbericht 2018. Zahlen, Trends und Analysen – Integration von Frauen im Fokus. Bericht des Expertenrats für Integration im bmeia. https://www.bmeia.gv.at/fileadmin/ user_upload/Zentrale/Integration/Integrationsbericht_2018/Integrationsbericht_2018.pdf

EBS (Eurobarometer Survey) 2018. Integration of immigrants in the European Union. Special Eurobarometer 469 -, Wave EB88.2. Survey conducted by TNS opinion & political at the request of the European Commission, Directorate-General for Migration and Home Affairs. Survey co-ordinated by the European Commission, Directorate-General for Communication (DG COMM "Media monitoring, Media Analysis and Eurobarometer" Unit.

International Labour Organization (ILO) (2013). Pakistan Labour Market Update, ILO Country Office for Pakistan, Islamabad.

International Labour Organization (ILO) (2012). Afghanistan: Time to move to sustainable Jobs. Study on the State of Employment in Afghanistan, ILO-Afghanistan Office.

International Labour Organization (ILO) (2011). Iraq Knowledge Network, Labour Market Factsheet. Genf.

International Labour Organization (ILO) (2010) Afghanistan. Decent Work Country Programme 2010-2015.

Kapella, Olaf, Andreas Baierl, Christiane Rille-Pfeiffer, Christine Geserick, Eva-Maria Schmidt und Monika Schröttle 2011. Gewalt in der Familie und im nahen sozialen Umfeld. Österreichische Prävalenzstudie zu Gewalt an Frauen und Männern. Österreichisches Institut für Familienforschung. Universität Wien.

Kury, Helmut, Joachim Obergfell-Fuchs, Gunda Woessner 2004. The extent of Family Violence in Europe. A comparison of National Surveys. Sage Journal 'Violence Against Women' Vol. 10 No.7, July 2004: 749-769.

Lechner, Ferdinand, Rainer Loidl, Lukas Mitterauer, Walter Reiter, Andreas Riesenfelder 2000. Evaluierung Sozialökonomischer Betriebe. Endbericht an das AMS Österreich.

O'Brien, Steven 2003. "Invisible", but refugee women play key integration role. UNHCR News and Stories.

Pittaway, Eileen, Astrid Van Genderen Stort 2011. A dialogue with refugee women in Finland. Protectors, Providers, Survivors. Centre for Refugee Research, UNHCR, UNSW.

Sansonetti, Silvia 2016. Female refugees and asylum seekers: the issue of integration. Directorate-General for International Policies. Policy Department C (Women's Rights and gender Equality). PE556.929.

Schörgenhofer, Bettina 2018. Evaluation der Initiative Erwachsenenbildung - Zusammenfassung. https://www.initiative-erwachsenenbildung.at/fileadmin/docs/Endbericht_IHS_Zusammenfas sung.pdf

Shreeves, Rosamund 2016. Gender aspects of migration and asylum in the EU. European Parliamentary Research Service (EPRS), PE 579.072.)

Watts, Charlotte, Cathy Zimmermann 2002. Violence against women: global scope and magnitude. The Lancet, Vol. 359, Issue 9313, April 2002: 1232-1237.

Flüchtlinge:
Herausforderung für die Erwachsenenbildung
aus Sicht der Migrationsforschung

Gudrun Biffl[1]

Zusammenfassung

Die große Anzahl von Flüchtlingen ebenso wie ihre hohe Diversität stellen die österreichischen Organisations- und Verwaltungsstrukturen vor große Herausforderungen. Bildungseinrichtungen sind besonders gefordert, da die Qualifikationen der Flüchtlinge so rasch wie möglich an Kompetenzen herangeführt werden müssen, die auf dem österreichischen Arbeitsmarkt verwertbar sind. Die Länder-Bund-Initiative Erwachsenenbildung ebenso wie das Instrument der Produktionsschule könnten in dem Zusammenhang eine wichtige Rolle spielen. Die schlechte Datenlage erschwert allerdings die Planbarkeit der Integrationsmaßnahmen und die Entwicklung von Perspektiven für die Flüchtlinge ebenso wie die Regionen und Unterstützungseinrichtungen.

Einleitung

An den Beginn meiner Ausführungen stelle ich das historische Ereignis der jüngsten Zuwanderung von Flüchtlingen, ihren abrupten Anstieg, die Größenordnung und ihre außergewöhnliche ethnisch-kulturelle Heterogenität. Daraus wird der besondere Charakter der jüngsten Flüchtlingszuwanderung ersichtlich, der große Anforderungen an die öffentliche Verwaltung und die Gesellschaft stellt. Wie eine Welle von Dominosteinen kam zuerst die Organisation der Aufnahme, Unterkunft und Registrierung der AsylwerberInnen unter Druck, in weiterer Folge die Durchführung der Asylverfahren und die ersten Schritte zur ‚Integration' über Werte- und Orientierungskurse, die Vermittlung von Deutschkenntnissen, die Feststellung der mitgebrachten Kompetenzen und die ersten Aus- und Weiterbildungsmaßnahmen sowie den Beginn der Einbindung ins Erwerbsleben. Ohne die große Hilfsbereitschaft der Zivilgesellschaft und der vielen Freiwilligen wären weder die öffentliche Verwaltung noch die Hilfsorganisationen in der Lage gewesen, die

---

[1] Der vorliegende Beitrag ist ein bearbeiteter und aktualisierter Wiederabdruck eines Artikels der Autorin für das Magazin erwachsenenbildung.at Ausgabe 31, CC BY 4.0 Biffl 2017. Online im Internet: http://www.erwachsenenbildung.at/magazin/17-31/meb17-31.pdf, Lizenz: https://creativecommons.org/licenses/by/4.0/deed.de.

Herausforderungen zu meistern bzw. so zu handeln, dass die Not der Schutzsuchenden gelindert werden konnte.

Die Herausforderungen in Bezug auf den Aus- und Weiterbildungsbedarf der Flüchtlinge, mit dem Ziel einer für alle zufriedenstellenden Erwerbsintegration und Selbsterhaltungsfähigkeit, sind noch nicht befriedigend angesprochen worden, geschweige denn gelöst. Es gibt keine Anhaltspunkte dafür, dass ein Organisations- und Finanzierungsmodell gefunden wurde, das der Komplexität der Aufgabe gerecht werden könnte. Dies ist aber die Voraussetzung dafür, dass Flüchtlinge in unserer Gesellschaft wohlwollend aufgenommen werden und dafür, dass sie ihren Beitrag zur Neugestaltung ihres Lebens zu ihrer eigenen Zufriedenheit und zum Besten Österreichs leisten können. Daher soll das Hauptaugenmerk dieses Beitrags der Komplexität der Anforderungen an das Bildungs- und Erwerbssystem gewidmet sein. Dabei kommt der Erwachsenenbildung eine Schlüsselrolle zu.

Warum ist die jüngste Flüchtlingszuwanderung anders?

Nur einmal seit dem Zweiten Weltkrieg ist die Zahl der Bevölkerung in Österreich so abrupt und so stark gestiegen wie im Zusammenwirken mit der Flüchtlingszuwanderung im Jahr 2015, nämlich im Jahr 1992 im Gefolge des kriegerischen Zerfalls Jugoslawiens. Die Situation damals war allerdings, was die Aufnahmefähigkeit der Flüchtlinge anbelangt, anders, da es infolge der Gastarbeiterzuwanderung der 1960er bis 1980er Jahre schon eine große Zahl von Menschen aus diesem Raum in Österreich gab. Sie konnten die Flüchtlinge auf der Suche nach Arbeit und Unterkunft unterstützen, sodass die ‚de facto' Flüchtlinge nur für vergleichsweise kurze Zeit im Rahmen der sogenannten Bund-Länderaktion eine staatliche Unterstützung benötigten. (Biffl 2016: S36) Sie wurden kaum als AsylwerberInnen registriert, da sie einen temporären Aufenthalt bis zum Jahr 1998 gewährt bekamen. (Abbildung 1) Der Großteil blieb auch danach in Österreich, da sie Arbeit gefunden und sich in Österreich gut eingelebt hatten. Nur ein geringer Prozentsatz der Personen aus Bosnien-Herzegowina nahm die Rückkehrförderung, die vom Bundesministerium für Inneres gewährt wurde, in Anspruch und ging zurück nach Bosnien-Herzegowina.

Die Situation im Jahr 2015 war anders, da es kaum Personen aus Afghanistan, Syrien, Irak und Iran gab, die sich in Österreich seit längerem niedergelassen hatten und die unterstützend für ihre Landsleute hätten wirken können. Am 1.1.2014, also vor dem Anstieg der Zuwanderung aus diesen Regionen, gab es gerade mal 29.500 Staatsangehörige aus diesen Ländern in ganz Österreich, etwa die Hälfte aus Afghanistan. Zwar wurden die Flüchtlinge aus dem Nahen und Fernen Osten von der Zivilbevölkerung in einem ersten Willkommensschritt freundlich aufgenommen, allerdings verringerte sich die positive Grundeinstellung mit der Verfestigung ihres Aufenthalts, einem ungebrochenen Zustrom und dem politischen Umschwung, der Österreich ebenso wie Deutschland mit der Zeit

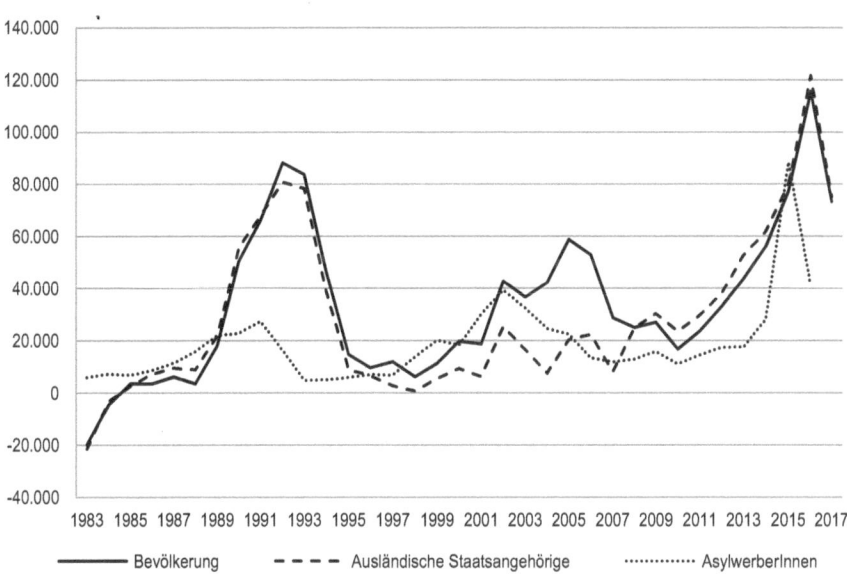

Abbildung 1 Zahl der AsylwerberInnen (Summe zu Jahresende), Gesamtbevölkerung nach Staatsangehörigkeit (Stand zu Jahresbeginn, Veränderung gegenüber dem Vorjahr)

Quelle: Statistik Austria

erfasste. Das kann an der öffentlichen Kritik am Spruch der deutschen Bundes kanzlerin Angela Merkel *„Wir schaffen das"*, der an den Ausspruch von US-Präsident Obama *„Yes we can"* erinnerte, ebenso festgemacht werden wie an der österreichischen Politik der ‚Schließung der ‚Balkanroute'. Der Erste, der die unkontrollierte Zuwanderung von Flüchtlingen ablehnte, war der ungarische Premierminister Viktor Orban; nach einem ersten ‚Durchwinken' der Flüchtlinge wurden Zäune aufgestellt. Je länger der ‚Ansturm' dauerte, desto schärfer wurde die Gangart gegen Flüchtlinge, nicht zuletzt angesichts der Ohnmacht und Handlungsunfähigkeit der Europäischen Union und der Zwiespältigkeit der Mitgliedsländer bezüglich einer koordinierten gemeinsamen Flüchtlings- und Asylpolitik.

Die Maßnahmen Österreichs und Ungarns erinnern an die Spaniens, einem Land, das schon viel früher als Reaktion auf die Bootsflüchtlinge aus Afrika in Melilla und Ceuta, den kleinen spanischen Enklaven in Nordafrika an der Grenze zu Marokko, Zäune errichtet hat. Zusätzlich zu den Zäunen wurden bilaterale Abkommen mit Marokko, Senegal, Mauretanien, Guinea und Gambia geschlossen. Um sicherzustellen, dass keine irregulären MigrantInnen nach Europa kommen, wurden auch die lokalen Behörden mit spanischer Unterstützung ausgebildet, damit sie die Küsten bewachen. In der Folge wurde die Zahl der AsylwerberInnen innerhalb von 10 Jahren von jährlich rund 40.000 auf knapp 5.000 reduziert. Der Vertrag der Europäischen Union mit der Türkei und die Verhandlungen mit Libyen folgen diesem spanischen Vorbild. Was die jüngste Flüchtlingszuwanderung darüber hinaus so anders macht ist nur zum Teil ihre Größenordnung; vielmehr schwingt die Angst vor einer unkontrollierten und unkontrollierbaren massiven Zuwanderung aus den an Europa angrenzenden Kontinenten, allen voran Afrika, mit.

Was aber die Integration der Flüchtlinge, die schon in Österreich vorübergehend oder dauerhaft aufgenommen worden sind, anbelangt, so gestaltet sie sich angesichts ihrer ,Superdiversität' besonders schwierig. Der Terminus ,Superdiversität' geht auf Steven Vertovec (2007) zurück. Er soll den Grad der Komplexität der jüngsten Zuwanderung verdeutlichen, der größer ist als jener der bisherigen Zuwanderungen. Die Diversität resultiert nicht nur aus der Vielfalt der Herkunftsländer - die unterschiedliche Subgruppen bezüglich ethnisch-kultureller Zugehörigkeit und Sprache, religiöser Traditionen, regionaler und lokaler Identitäten sowie kultureller Werte und Praktiken umfasst - sondern auch aus unterschiedlichen Migrationserfahrungen - resultierend aus einer Vielfalt von Migrationskanälen, in denen unterschiedliche soziale Netzwerke und berufliche Rekrutierungskanäle genutzt werden und in denen Männer und Frauen zum Teil sehr unterschiedlich stark vertreten sind - sowie aus unterschiedlichen Aufenthaltsrechten, die sich aus der Vielfalt der Zuwanderungsmöglichkeiten und den damit verbundenen Zugangsrechten zu Bildung und Arbeit ergeben. All diese Faktoren haben einen Einfluss auf die ,Integrationserfolge', die sich an der Erwerbseinbindung, der bildungsadäquaten Beschäftigung und der finanziellen Unabhängigkeit ebenso messen lassen wie an der Teilhabe am sozio-kulturellen Leben im Aufnahmeland und der politischen Partizipation.

Zu den Herkunftsländern der jüngsten Flüchtlingszuwanderung

In Österreich haben im Jahr 2015 88.300 Personen einen Asylantrag gestellt, gegenüber 28.100 im Jahr 2014 und 42.000 im Jahr 2016. Wie aus Abbildung 1 ersichtlich ist, baute sich die Flüchtlingszuwanderung im Jahr 2014 auf, erreichte im Jahr 2015 ihren Höhepunkt und verringerte sich 2016 im Gefolge der ,Schließung' der Balkanroute wiederum abrupt, blieb allerdings höher als im Jahr 2014. Die Zusammensetzung der AsylwerberInnen nach Herkunftsländern hat sich in den drei Jahren nur leicht verschoben: während Syrien im Jahr 2014 die Rangordnung anführte (28% aller AsylwerberInnen), gefolgt von Afghanistan (18%), rückte Afghanistan im Jahr 2015 an die erste Stelle mit 29%, knapp gefolgt von Syrien mit 27%. Im Jahr 2016 blieb Afghanistan an erster Stelle (28%) während der Anteil der AsylwerberInnen aus Syrien auf 21% zurückfiel. (Abbildung 2) Die Erfahrung zeigt, dass es deutliche Unterschiede in der Anerkennungsquote nach Herkunftsländern gibt. So wurde etwa im Jahr 2016 21.600 Asylsuchenden der Asylstatus gewährt, davon 15.200 Syrischen Staatsangehörigen. Die Anerkennungsquote bei syrischen Flüchtlingen lag bei 90%, gegenüber 24% unter Afghanischen Schutzsuchenden. In Summe wurden zwischen 2014 und 2017 50.000 AsylwerberInnen als Flüchtlinge gem. Genfer Konvention anerkannt. Darüber hinaus bleibt eine gewisse Zahl von abgelehnten AsylwerberInnen in Österreich, die einen subsidiären Schutz erhalten, da eine Rückführung ins Herkunftsland aufgrund der realen Gefahr massiver Grundrechtsverletzungen nicht zulässig ist – in Summe waren das zwischen 2014 und 2017 9.000 Personen. Davon betroffen sind vor allem Personen aus Afghanistan, aber auch aus dem Irak, Syrien und Somalia. Das Aufenthaltsrecht kann auch aus humanitären Gründen gewährt werden – allein im Jahr 2016 waren das 1.400 Personen. Das bedeutet, dass zur Jahresmitte 2017 mindestens 60.000 anerkannte Flüchtlinge inklusive subsidiär Schutzberechtigte an der Eintrittspforte ins Erwerbsleben stehen, die in unterschiedlichem Ausmaß eine Aus- und Weiterbildung brauchen, um eine adäquate Erwerbstätigkeit wahrnehmen zu können.

Über die reine Quantität hinaus ist noch der Anteil von Männern und Frauen sowie Kindern und Jugendlichen zu berücksichtigen, da diese Charakteristika nicht unerheblich für das Bildungs- und Erwerbssystem sind. Auffällig ist der hohe Anteil von Männern – im Schnitt der Jahre 2014 bis 2017 waren es 72%; der Frauenanteil ist allerdings über die Zeit angestiegen und zwar von 24% im Jahr 2014 auf 33% im Jahr 2016. Eine genaue Information über die Altersverteilung der AsylwerberInnen wird nicht öffentlich verfügbar gemacht. Wir wissen nur, dass die Zahl der unbegleiteten minderjährigen AsylwerberInnen zunimmt. Von 2014 bis 2016 waren in Summe 15.900 unbegleitete Minderjährige, davon 14.700 im Alter von 14 bis 18 Jahren und 1.200 unter 14. Diese Zahlen allein stellen schon eine gewisse Herausforderung für das Bildungssystem dar. Wenn man jedoch berücksichtigt, dass anerkannte Flüchtlinge ihre Familien nachholen können, gewinnt die Herausforderung für das Bildungssystem angesichts der hohen Fertilitätsraten in den Herkunftsländern an Bedeutung.

Es stellt sich aber auch die Frage, wie lange noch mit einer anhaltenden Zuwanderung von Flüchtlingen aus dem Nahen und Fernen Osten zu rechnen ist, kamen doch zwischen 2014 und 2017 64% der AsylwerberInnen aus nur drei Herkunftsländern: Afghanistan (42.400, 27%), Syrien (41.100, 26%), und Irak (17.600, 11%). Alle drei Länder sind von kriegerischen Auseinandersetzungen geprägt. Die Frage, wie lange derartige Situationen anhalten, hat in den vergangenen Jahren eine zunehmende Zahl von ForscherInnen versucht zu beantworten. Dieser Literatur zufolge weiten sich die Zahl und die Intensität der bewaffneten Auseinandersetzungen seit dem Zweiten Weltkrieg kontinuierlich aus, wobei die überwiegende Mehrzahl der militärischen Konflikte im innerstaatlichen Bereich stattfindet. (Collier et.al. 2008; Gleditsch et al. 2002; Harbom und Wallensteen 2007) Der Literatur zufolge betrug die durchschnittliche Dauer eines militärischen Konflikts in den Jahren 1946 bis 2006 sieben Jahre. Im Schnitt benötigten die betroffenen Regionen nach Ende des Konflikts 15 Jahre, um die ursprüngliche wirtschaftliche Leistungsfähigkeit wiederzuerlangen. (Dunne 2012)

Diese Forschungserkenntnisse lassen erwarten, dass die Abwanderung aus den obigen drei Herkunftsländern wohl noch ein paar Jahre anhalten wird, auch wenn die bewaffneten Konflikte vorbei sein sollten. Das ist nicht zuletzt auch auf den

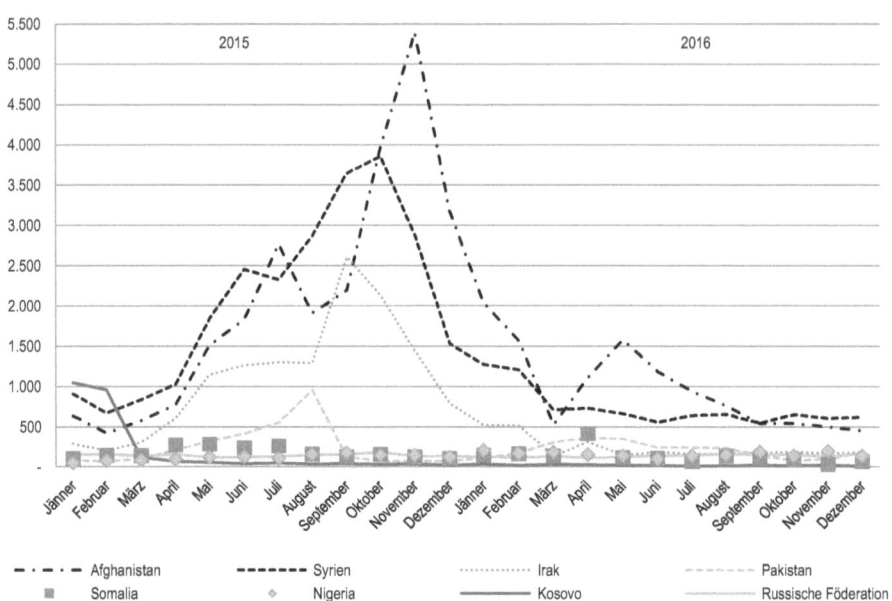

Abbildung 2 Asylanträge in Österreich nach Herkunftsländern, Jänner-Dezember 2015/16

Quelle: Statistik Austria

starken Bevölkerungsanstieg - eine Folge der hohen Fertilität - im Zusammenwirken mit einem schwachen Wirtschaftswachstum zurückzuführen. In Afghanistan steigt etwa die Bevölkerungszahl seit den späten 1980er Jahren jährlich um +2,7%. (Byrd 2014) Auch in Syrien und Irak ist und war die Jugendarbeitslosigkeit ein ausgeprägtes Problem (Fortuny und Al Husseini 2010, 6; ILO 2011, Kraitt 2015), auch hier zum Teil eine Folge der hohen Fertilitätsraten der 1980er Jahre, zum anderen der wirtschaftlichen Umstrukturierung und des niedrigen Ölpreises. Diese Entwicklungen sind für eine gewisse Perspektivenlosigkeit der Jugend in den Herkunftsländern verantwortlich, was ihre Mobilitätsbereitschaft erhöht. Darüber hinaus bringt die Familienzusammenführung der anerkannten Flüchtlinge in Österreich einen weiteren Zuwachs, der vorwiegend Frauen sowie Kinder und Jugendliche umfassen dürfte.

Aus Abbildung 2 ist aber auch ersichtlich, dass eine Vielzahl von Flüchtlingen aus anderen Teilen der Welt nach Österreich kommt, einerseits aus Afrika - insbesondere Somalia, Nigeria und Marokko, andererseits aus Asien – insbesondere Pakistan und Iran, und weiterhin aus der Russischen Föderation, im Wesentlichen Tschetschenien. Diese Vielfalt ist es, die ein differenziertes, zum Teil individualisiertes Erwachsenenbildungssystem für Flüchtlinge erstrebenswert macht, wenn man echte berufliche Perspektiven in Österreich eröffnen will.

Es wird aber auch notwendig sein, neben der Aufnahme sowie der Aus-/Weiterbildung von Flüchtlingen einen Beitrag zum Wiederaufbau bzw. der wirtschaftlichen Stärkung der Abwanderungsländer zu leisten. Der institutionelle Rahmen hierfür könnte die Entwicklungszusammenarbeit sein. Allerdings müssten die MigrantInnen aus den Herkunftsländern, die in Österreich aufgenommen wurden, als wichtige AkteurInnen und Bindeglied zwischen Europa und den Herkunftsländern und deren Institutionen wahrgenommen und eingebunden werden.

Derzeit liegt der Schwerpunkt der Entwicklungspolitik auf wirtschafts- und handelspolitischen Partnerschaften sowie auf der Armutsbekämpfung, verbunden mit der Fortentwicklung und Festigung von Demokratie und Rechtsstaatlichkeit und der Wahrung der Menschenrechte (Art. 177 EGV, EU 2014). Crespi et al (2014) schlagen allerdings vor, dass die Stabilisierung von Institutionen und die Sicherstellung der politischen Fähigkeit zur Umsetzung von Entwicklungsprogrammen im Vordergrund stehen sollten. In dem Zusammenhang kommt der Bildung der Flüchtlinge in Österreich eine besondere Rolle zu. Sollte sich nämlich ein gewisser Anteil der Flüchtlinge für eine Rückkehr ins Herkunftsland entscheiden, könnten ihre in Österreich erworbenen Kompetenzen eine wichtige Stütze für den Wiederaufbau ihrer Länder darstellen. Dabei geht es nicht nur um berufliche Fähigkeiten, sondern vor allem auch um das Verständnis für die Funktionsmechanismen einer Demokratie, die Rolle von Institutionen zur Lösung von Konflikten und die Partizipation in politischen Prozessen.

Herausforderung Erwachsenenbildung für Flüchtlinge

Eine der wesentlichen Herausforderungen für das Erwachsenen-Bildungssystem ist der Mangel an validen Daten zu den Flüchtlingen. Um den Bildungsbedarf der Flüchtlinge abschätzen zu können, wären umfassende Informationen zur Alters- und Geschlechtsstruktur, zum Gesundheitszustand, dem Bildungsgrad und den beruflichen Kompetenzen erforderlich. Darüber hinaus wäre es wichtig, mehr über die zum Teil ethnisch-kulturell geprägten bildungs- und erwerbsorientierten Verhaltensmuster zu erfahren. Diese Daten stehen in Österreich im Gegensatz zu Deutschland[2] den regionalen Behörden nicht zur Verfügung, was eine Planung der schulischen Bildung sowie der Erwachsenenbildung, die im Einklang mit der

---

[2] In Deutschland gibt es das Ausländerzentralregister (AZR), das seit 2004 dem Bundesamt für Migration und Flüchtlinge (BAMF) unterstellt ist. Das AZR ist die zentrale Informationsdrehscheibe im Ausländer- und Asylrecht. Im Gefolge der Flüchtlingswelle 2015 wurde der Ankunftsnachweis für Asylsuchende zur Beschleunigung der Asylverfahren und besseren Planbarkeit der Integrationsmaßnahmen eingeführt. Zusammen mit einer Indentifikationsnummer werden Personen-, Identitäts- und Kontaktdaten wie Name, Geburtsdatum, Fingerabdrücke und Wohnort auf dem Ankunftsnachweis gespeichert. Dazu kommen Daten zur Schulbildung und berufliche Qualifikation, was eine schnelle Integration und Arbeitsvermittlung ermöglichen soll. http://www.bamf.de/DE/Fluechtlingsschutz/AblaufAsylv/ablauf-des-asylverfahrens-node.html;jsessionid=04B9A0F8F5883054AA149B89337A021A.1_cid294

Bundesland	Minderjährige, alle	in %	unter 14	14 bis 18	Volljährige, alle	insgesamt	in % der Bevölkerung
Burgenland	823	31,1	583	240	1.826	2.649	0,9
Kärnten	1.428	30,8	1.109	319	3.206	4.634	0,8
Niederösterreich	5.499	38,0	3.450	2.049	8.980	14.479	0,9
Oberösterreich	4.966	36,9	3.600	1.366	8.508	13.474	0,9
Salzburg	1.128	26,0	658	470	3.213	4.341	0,8
Steiermark	4.266	38,6	2.889	1.377	6.772	11.038	0,9
Tirol	1.858	29,9	1.350	508	4.347	6.205	0,8
Vorarlberg	1.259	34,6	880	379	2.381	3.640	1,0
Wien	6.119	30,1	4.391	1.728	14.241	20.360	1,1
Insgesamt	27.346	33,8	18.910	8.436	53.474	80.820	0,9

Tabelle 1 AsylwerberInnen in der Grundversorgung nach Bundesländern und Altersgruppen (1.November 2016)

Quelle: BMI

regional verfügbaren Infrastruktur und den Arbeitsmarktstrukturen stehen sollte, erschwert.

Die wenigen Informationen, die wir haben (Tabelle 1) zeigen, dass im November 2016 34% der AsylwerberInnen, die in der Grundversorgung waren, minderjährig waren. Von den 27.346 Kindern und Jugendlichen kommt der Großteil aus Afghanistan, gefolgt von Tschetschenien, Somalia, Pakistan, Nigeria und Syrien. Weiters war etwa die Hälfte der AsylwerberInnen zum Zeitpunkt des Asylansuchens zwischen 18 und 34 Jahre alt. Wie aus Tabelle 1 ersichtlich ist, ist die Verteilung der AsylwerberInnen auf die Bundesländer nicht gleich. Wien nimmt deutlich mehr auf als der Schnitt der Bundesländer, gefolgt von Vorarlberg, während Kärnten, Salzburg und Tirol unter dem Schnitt liegen.

Angesichts des häufigen Wechsels der Unterkunft – eine Wohnortzuweisung von anerkannten Flüchtlingen oder AsylwerberInnen wie in Deutschland (Geis und Orth 2016) oder Schweden (Parusel 2016) gibt es in Österreich nicht – haben nicht nur Bildungseinrichtungen, das Arbeitsmarktservice (AMS) und Arbeitgeber, sondern auch die Flüchtlinge selbst Schwierigkeiten in der Planung und Entwicklung von Perspektiven.

Prinzipiell ist davon auszugehen, dass eine alternde Bevölkerung wie die Österreichs von einem Bevölkerungszuwachs profitieren kann, der einen hohen Anteil von Kindern und Jugendlichen aufweist. Allerdings muss das Erst- und Weiterbildungssystem in der Lage sein, den zusätzlichen Ansprüchen, die mit einer sehr heterogenen und zum Teil traumatisierten Kinder- und Jugendbevölkerung verbunden sind, gerecht zu werden. Auch ist der Bildungsgrad der Kinder und Jugendlichen je nach Herkunftsregion sehr unterschiedlich, was eine Herausforderung für die Kompetenzfeststellung und Einstufung darstellt.

Außerdem ist das Verständnis für die Rolle der verschiedenen Elemente des österreichischen Ausbildungssystems für die Berufskarriere oft nicht gegeben. Das zeigt sich an der geringen Wahrnehmung der Möglichkeit der Lehre für AsylwerberInnen (bis zu einem Alter von 25 Jahren). Obschon es seit Juli 2012 möglich ist, eine Lehre in Berufen, die zu Mangelberufen zählen, aufzunehmen, gibt es nur eine geringe Zahl von AsylwerberInnen, die eine Lehre machen. Im Jänner 2016 waren es gerade mal 120 AsylwerberInnen.

Bildungshintergrund der Flüchtlinge

In den letzten beiden Jahren sind von unterschiedlichen Einrichtungen in Österreich Befragungen unter Flüchtlingen und AsylwerberInnen vorgenommen worden, um den Bildungshintergrund und die Erwerbskompetenzen zu erfassen. So zeigte eine Befragung von 514 Flüchtlingen in Wiener Flüchtlingsunterkünften im November und Dezember 2015 (Buber-Ennser et al. 2016), dass 52% der befragten Flüchtlinge keinen über einen Grundschulabschluss hinausgehenden Bildungsgrad hatten (gegenüber 19% im Schnitt in Österreich). Ein weiteres Viertel hatte eine mittlere bis höhere Qualifikation. Es waren vor allem Personen aus Syrien, die besser qualifiziert waren, während Personen aus Afghanistan und Somalia im Schnitt den geringsten Bildungsgrad aufwiesen. Obschon die Erhebung keinen Anspruch auf Repräsentativität erhebt, ist doch zu berücksichtigen, dass es sich bei der Gruppe der AsylwerberInnen und Asylberechtigten um eine Gruppe handelt, die einerseits infolge geringer Deutschkenntnisse, andererseits infolge einer vergleichsweise großen Mobilität und einer marginalisierten Position schwierig zu erreichen ist. Insbesondere bildungsferne Personen dürften untererfasst und besser Qualifizierte übererfasst sein. Das legen auch andere Erhebungen nahe. So verweisen Battisti und Felbermayr (2015) auf Umfragedaten unter syrischen Flüchtlingen bei der Ankunft in der Türkei im Jahr 2013. Demnach verfügten 9% über einen Hochschulabschluss, 11% besaßen eine Matura und 80% hatten maximal einen Pflichtschulabschluss. Diese Struktur entspricht in hohem Maße der Bildungsstruktur der Syrer zu Zeiten der Volkszählung 2004 in Syrien. Damals waren rund 78% der syrischen Bevölkerung gering qualifiziert, knapp 10% verfügten über eine akademische Ausbildung und knapp 13% über eine mittlere Qualifikation. Diese Zahlen korrespondieren auch mit Erhebungen der Flüchtlinge in Deutschland (Brücker et al. 2015). Den Erhebungen des IAB (Institut für Arbeitsmarkt – und Berufsforschung) zufolge hatten 71% der sozialversicherungspflichtig Beschäftigten und Erwerbslosen aus den Kriegs- und Bürgerkriegsländern keine abgeschlossene Berufsausbildung, 8% hatten mittlere Berufsabschlüsse und 8% akademische Abschlüsse. Für Österreich hat das AMS in der Aussendung *„Spezialthema zum Arbeitsmarkt"* vom September 2015 festgehalten, dass von den beim AMS gemeldeten anerkannten Flüchtlingen und subsidiär Schutzberechtigten 82,3% höchstens einen Pflichtschulabschluss aufwiesen und 14,7% eine dem Lehrabschluss vergleichbare Ausbildung oder darüber hinaus.

Eine Befragung des BAMF (Bundesamt für Migration und Flüchtlinge) von AsylwerberInnen, die in Deutschland zwischen Jänner und August 2015 aufgenommen wurden, zeigt eine etwas bessere Ausbildungsstruktur. Die Befragung umfasste 105.000 AsylwerberInnen. Dieser Befragung zufolge weisen syrische

Land	Erwerbsbevölkerung (in 1000)			Bevölkerung (in 1000)			Erwerbsquote (in %)		
	Insgesamt	Männer	Frauen	Insgesamt	Männer	Frauen	Insgesamt	Männer	Frauen
Afghanistan	7.632	6.381	1.251	15.585	7.882	7.704	49,0	81,0	16,2
Syrien	6.077	5.142	935	13.293	6.770	6.523	45,7	76,0	14,3
Irak	8.444	6.955	1.489	19.152	9.636	9.517	44,1	72,2	15,6

Tabelle 2 Erwerbsintegration der Bevölkerung im erwerbsfähigen Alter (15-64) im Herkunftsland nach Geschlecht: 2013

Quelle: ILO-KILM (1a)

AsylwerberInnen eine bessere Bildungsstruktur auf als Personen aus den anderen
Ländern. Im Schnitt waren rund 62% der Flüchtlinge gering qualifiziert, rund 17%
verfügten über akademische Ausbildung und knapp 21% über eine mittlere Qualifikation.

Diese Erhebungen legen nahe, dass der Aus- und Weiterbildungsbedarf unter
Flüchtlingen beträchtlich ist, insbesondere in der Basisbildung. Darüber hinaus ist
die Bereitschaft, eine berufliche Ausbildung mit dem Ziel einer Erwerbsintegration ins Auge zu fassen, nicht ganz unabhängig vom kulturell und traditionell geprägten Rollenverständnis der Frauen und Männer. Wenn man die Erwerbsintegration in den Herkunftsländern als Richtwert annimmt, ist festzuhalten, dass Männer
etwa im selben Maße wie in Österreich einer Erwerbsarbeit nachgehen. Die Erwerbsintegration der Frauen ist allerdings in den Herkunftsländern der drei wichtigsten Gruppen von AsylwerberInnen in Österreich mit 14 bis 16% äußerst gering. Frauen arbeiten vor allem im informellen Sektor. Die formale Beschäftigung
der Frauen ist im Wesentlichen auf urbane Räume beschränkt, und zwar vor allem
auf die öffentliche Verwaltung sowie den Gesundheits- und Bildungsbereich.
(Tabelle 2)

Ein Positivum ist der hohe Anteil von Flüchtlingen im jüngeren Alter; darin
liegt eine große Chance für eine hohe und rasche Erwerbsintegration. Das Ausmaß
der Integration und die Geschwindigkeit hängen aber davon ab, wie gut ihre Qualifikationen in den österreichischen Arbeitsmarkt passen. Der vergleichsweise
hohe Anteil von Flüchtlingen mit einfachen Qualifikationen oder mit einer geringen Berufserfahrung im mittleren und höheren Technologiesegment des industri-
ell-gewerblichen Bereichs erschwert eine rasche Erwerbsintegration. Jedoch kann
die Erwerbsintegration mit einer adäquaten Unterstützung gefördert werden.

Eine offene Frage ist allerdings, was man unter einer adäquaten Unterstützung
verstehen kann. Angesichts des hohen Anteils von Personen mit einer geringen
Bildung bei gleichzeitig hoher sprachlicher und ethnisch-kultureller Diversität,
gewinnen alternative Lehr- und Lernformen an Bedeutung. In dem Zusammenhang könnte der Länder-Bund-Initiative zur Förderung grundlegender Bildungsabschlüsse für Erwachsene inklusive Basisbildung eine Schlüsselrolle zukommen.
(Steuerungsgruppe Erwachsenenbildung 2015). In dem Programmplanungsdoku-
ment 2015-2017 wird zwar noch nicht die Gruppe der anerkannten Flüchtlinge als
Zielgruppe ins Auge gefasst. Jedoch besteht eine Organisationsstruktur, ein Finanzierungsmodell ebenso wie ein Curriculum, das flexibel auf die individuellen
Bedürfnisse eingehen kann. Das Programmmanagement der Länder-Bund-

Initiative Erwachsenenbildung trägt dem föderalen Grundprinzip Rechnung und sieht eine partnerschaftliche Ausgestaltung der Verfahren und Entscheidungsprozesse zwischen den Ländern und dem Bund vor. Ein erster Evaluationsbericht über die Umsetzung der ersten Periode der Initiative Erwachsenenbildung liegt ebenfalls schon vor (Stoppacher et al. 2014, Steiner und Vogtenhuber 2014), sodass Adaptierungen, wo nötig, vorgenommen werden könnten. Die ersten Erfahrungen geben auch Aufschluss über die Kosten, die mit der Höherqualifizierung verbunden sind. All das sind Voraussetzungen für eine gute Planbarkeit der Bildungsaktivitäten und -ausgaben.

Darüber hinaus liegt es nahe, das Instrument der Produktionsschule für eine Aus- und Weiterbildungsinitiative der jungen Flüchtlinge zu nutzen. Produktionsschulen sind eine wirkungsvolle Überbrückungsmaßnahme für Jugendliche, die aus unterschiedlichen Gründen den Pflichtschulabschluss nicht erreicht haben und die auf der Suche nach einer passenden beruflichen oder schulischen Ausbildung sind. Eine Bestandsaufnahme unter den österreichischen Produktionsschulen (Bergmann & Schelepa 2011) hat gezeigt, dass es zwar große Unterschiede zwischen den verschiedenen Einrichtungen in Österreich gibt, dass es aber eine gemeinsame Klammer über alle Produktionsschulen gibt, die darin besteht, *„der Gruppe der sogenannten benachteiligten und besonders benachteiligten Jugendlichen eine reale Chance auf berufliche und soziale Integration"* zu geben. (Bergmann & Schelepa: S5) Eine Möglichkeit bestünde in der Schaffung bzw. Pilotierung einer auf Flüchtlinge fokussierten Produktionsschule etwa in Wien, einem Bundesland mit einer besonders hohen Zahl an jugendlichen AsylwerberInnen, Asylberechtigten und subsidiär Schutzberechtigten. Sie haben ein gemeinsames Verständnis für Flucht und Entwurzelung, damit verbunden hatten sie geringe Chancen auf eine kontinuierliche und aufbauende Aus- und Weiterbildung; sie leiden weiters unter einer gewissen Orientierungslosigkeit in Bezug auf die beruflichen Möglichkeiten in Österreich und haben ein mangelhaftes Verständnis für die Funktionsmechanismen der österreichischen Gesellschaft. All diese Faktoren und noch mehr sollten in einem maßgeschneiderten, modularen und altersübergreifenden Bildungsprogramm Berücksichtigung finden. Damit könnten sie ihren beruflichen Werdegang besser finden und gestalten, zu ihrem eigenen Wohl und zum Besten unserer Gesellschaft.

Schlussfolgerungen und Handlungsoptionen

Die obigen Ausführungen haben gezeigt, dass es sich bei der jüngsten Zuwanderung von Flüchtlingen um ein außergewöhnliches Ereignis handelt, das auch besondere Anstrengungen zur Sicherung des sozialen Zusammenhalts und der Integration der Flüchtlinge in Österreich erforderlich macht. Eine rasche Integration der anerkannten Flüchtlinge in die Erwerbstätigkeit ist nicht nur eine Herausforderung für die Arbeitsmarkt- und Beschäftigungspolitik, sondern vor allem auch die Bildungspolitik.

Die österreichische Regierung ist auch dazu bereit, zusätzliche Mittel zur Unterstützung des Bildungs- und Arbeitsmarktsystems bei der Integration von Asylberechtigten bzw. subsidiär Schutzberechtigten bereitzustellen. Dabei ist davon auszugehen, dass eine erfolgversprechende Erwerbsintegration von Asylberechtigten einen stufenweisen Prozess vorsieht, in dem die Flüchtlinge schrittweise an die Erwerbstätigkeit herangeführt werden. Die erste Stufe schafft erst die Voraussetzungen für eine spätere Erwerbsteilnahme, indem einerseits gewisse Mindestsprachkenntnisse in Deutsch vermittelt werden, andererseits die fachlichen Kompetenzen der Flüchtlinge erfasst, validiert und angehoben werden. Da die Maßnahmen von unterschiedlichen Einrichtungen durchgeführt werden, braucht es ein effizientes Schnittstellenmanagement, d.h. eine institutionalisierte Kooperation zwischen dem Arbeitsmarktservice, dem Österreichischen Integrationsfonds, und den diversen Erwachsenenbildungseinrichtungen für zum Teil spezialisierte Ausbildungsmodule.

In einer zweiten Stufe geht es um das Heranführen der Qualifikationen der Erwerbswilligen an die Bedürfnisse der Betriebe, d.h. die vorhandenen offenen Stellen. Dazu wird es bildungsspezifische Schwerpunktsetzungen brauchen. Neben der Primärausbildung ist vor allem die Erwachsenenbildung gefordert. In einigen Fällen wird es auch Praktika brauchen, um die Fachkompetenzen in einem Arbeitsumfeld zu erproben und zu vertiefen. Generell sollte die Möglichkeit der Ausbildung innerhalb von Betrieben genützt bzw. gegebenenfalls (etwa über die Lehrausbildung hinaus) ausgeweitet werden. Eine große Herausforderung ist auch mit dem Zusammenführen der arbeitsuchenden Flüchtlinge mit offenen Stellen verbunden, gibt es doch große regionale Unterschiede im Fachkräftemangel. Die gezielte Vermittlung von Flüchtlingen mit entsprechenden Qualifikationen sollte auf diese regionalen Unterschiede ausgerichtet sein. Auch hierfür bedarf es einer engen Koordination der diversen Bereiche der Integration von Flüchtlingen, und damit eines institutionalisierten Schnittstellenmanagements.

Um die Erwerbsintegration der Flüchtlinge voranzutreiben, wird es weiters notwendig sein, einerseits alternative Erwerbsmöglichkeiten zu erschließen und andererseits eine Arbeitserfahrung im arbeitsmarktnahen Bereich zu ermöglichen. Im ersten Fall könnte die Förderung von Unternehmensgründungen durch Flüchtlinge eine Alternative zur unselbständigen Beschäftigung sein. Eine diesbezügliche Initiative könnte etwa dazu beitragen, den bestehenden Versorgungsbedarf im peripheren ländlichen Raum zu decken. Man sollte auch noch gezielter über bestehende Maßnahmen im Bereich der Gewerbeordnung informieren, die es Menschen ohne eine volle Berufsausbildung erleichtern, selbständig etwa im handwerklichen oder Dienstleistungsbereich zu arbeiten. Eventuell wäre auch die Entwicklung von Organisationsstrukturen analog zu Pflegagenturen zu fördern, die nicht nur die Arbeitsvermittlung übernehmen sondern auch bestimmte Verwaltungsaufgaben, Buchhaltung und dgl., für Menschen, die der deutschen Sprache nicht im nötigen Ausmaß mächtig sind und die den bürokratischen Anforderungen nicht entsprechen können.

Der zweite Aspekt der Sicherstellung von Arbeitserfahrung wird über die Förderung der Einbindung in freiwillige Dienste wie der Feuerwehr angestrebt. Diesbezüglich sind Hilfestellungen bei der Vernetzung von interessierten Flüchtlingen und NGOs und Gemeinden sinnvoll. Insbesondere im kommunalen Bereich wird überlegt, inwieweit Tätigkeiten im gemeinnützigen Bereich geschaffen werden könnten, die entsprechende Arbeitserfahrung für Flüchtlinge bieten könnten.

Um sicherzustellen, dass es nicht zu langen Verzögerungen bei der Erwerbsintegration der einen oder anderen Gruppe von Flüchtlingen kommt, ist ein Integrationsmonitoring ins Auge zu fassen. Ein Ziel dieses Monitorings wäre, rasch mit zusätzlichen Unterstützungsmaßnahmen für jene Gruppen von Flüchtlingen reagieren zu können, die Gefahr laufen, längerfristig beschäftigungslos zu bleiben. Empirische Befunde belegen nämlich, dass längerdauernde Phasen der Erwerbslosigkeit die Aussicht auf eine erfolgreiche Integration in Beschäftigung substanziell verringern. Vor diesem Hintergrund erscheint es von hoher Wichtigkeit ein umfassendes Monitoring der Integrationsfortschritte der Asylberechtigten aufzubauen. Vorhandene Datenbestände der Sozialversicherung bieten die Voraussetzungen, ein entsprechendes Monitoring durchzuführen.

Abschließend ist zu sagen, dass die Anstrengungen für eine rasche Integration der Flüchtlinge einer Investition gleichkommen, die langfristig Erträge in der Form von Steigerungen des Wirtschaftswachstums und der Wohlfahrt abwerfen können. Sie tragen dazu bei, dass die Flüchtlinge, die sich hier vorübergehend oder auf Dauer niederlassen, ihre Potenziale entfalten und ein eigenständiges Leben führen können; damit können sie für sich und ihre Familien sowie der Gesellschaft ‚von Nutzen' sein.

Literaturhinweise

Battisti, M. und G. Felbermayr (2015). Migranten im deutschen Arbeitsmarkt: Löhne, Arbeitslosigkeit, Erwerbsquoten, ifo Schnelldienst 20/2015.

Bergmann, Nadja; Schelepa, Susanne (2011). Bestandsaufnahme der österreichischen Produktionsschulen. Studie von L&R Sozialforschung im Auftrag des Bundesministeriums für Arbeit, Soziales und Konsumentenschutz, Wien http://www.esf.at/esf/wp-content/uploads/Eine-Bestandsaufnahme-der-%C3%B6sterreichischen-Produktionsschulen_LR_2011.pdf

Biffl, Gudrun (2016). Migration and Labour Integration in Austria. SOPEMI Report on Labour Migration Austria 2015-16. Report of the Austrian correspondent to SOPEMI, OECD's reporting system on Migration. Danube University Krems. http://www.donau-uni.ac.at/imperia/md/content/department/migrationglobalisierung/forschung/sopemi/biffl-sopemi-2016.pdf

Brücker, Herbert, Hauptmann, Andreas, Vallizadeh, Ehsan (2015). Flüchtlinge und andere Migranten am deutschen Arbeitsmarkt: Der Stand im September 2015. Institut für Arbeitsmarkt- und Berufsforschung (IAB) Aktuelle Berichte 14/2015, Nürnberg. http://doku.iab.de/aktuell/2015/aktueller_bericht_1514.pdf

Buber-Ennser, Isabella; Kohlenberger, Judith; Rengs, Bernhard; Zakarya Al Zalak; Goujon, Anne, Striessnig, Erich; Potančoková, Michaela; Gisser, Richard; Testa, Maria Rita; Lutz, Wolfgang (2016). Human Capital, Values, and Attitudes of Persons Seeking Refuge in Austria in 2015. PLOS ONE. Wittgenstein Centre for Demography and Global Human Capital

(WU, ÖAW, IIASA), Vienna Institute of Demography der Österreichischen Akademie der Wissenschaften, Wien.

Byrd, W. A. (2014). Afghanistan's economy during transition: Challenges and possible international implications. In Wolfgang Taucher - Mathias Vogl - Peter Webinger (Hrg.) Afghanistan, 2014 and beyond. BMI, Wien.

Collier, P., Chauvet, L., Hegre H. (2008). The Challenge of Conflicts, Copenhagen Consensus 2008 Challenge Paper, Kopenhagen.

Crespi, G., Fernández-Arias, E., Stein, E. (2014). Rethinking Productive Development. Sound Policies and Institutions for Economic Transformation, IDM – Inter-American Development Bank. http://www.iadb.org/en/research-and-data/publication-details,3169.html?pub_id= IDB-BR-145

Dunne, J.P., (2012). Armed Conflict, Copenhagen Consensus 2012 Challenge Paper, Kopenhagen.

Europäische Union (EU) (2014). Die Europäische Union erklärt: Internationale Zusammenarbeit und Entwicklung. http://europa.eu/pol/pdf/flipbook/de/development_cooperation_de.pdf

Fortuny, M., Al Husseini, J. (2010). Labour market policies and institutions, with a focus on inclusion, equal opportunities and the informal economy. International Labour Office, Employment Policy Dept. . ILO. Employment working paper No.64. Genf.

Geis, Wido, Orth Anja Katrin (2016). Flüchtlinge regional besser verteilen. Ausgangslage und Ansatzpunkte für einen neuen Verteilungsmechanismus. Gutachten für die Robert Bosch Stiftung. Institut der deutschen Wirtschaft, Köln.

Gleditsch, N., Wallensteen P., Eriksson ,M., Sollenberg ,M., Strand, H., (2002). Armed Conflict 1946-2001: A New Data Set, Journal of Peace Research 39(5):615-637

Harbom, L., Wallensteen P., (2007) Armed Conflict 1989-2006, Journal of Peace Research 44(5):623-634.

International Labour Organization (ILO) (2011). Iraq Knowledge Network, Labour Market Factsheet. Genf.´

Kraitt, T. (IIg.) (2015). Irak – Ein Staat zerfällt. Hintergründe, Analysen, Berichte, Promedia, Wien.

Parusel, Bernd (2016). Das Asylsystem Schwedens. Bertelsmann Stiftung. https://www.bertels mann-stiftung.de/fileadmin/files/Projekte/28_Einwanderung_und_Vielfalt/IB_Studie_Asyl verfahren_Schweden_Parusel_2016.pdf

Steiner, Mario; Vogtenhuber, Stefan (2014). Grundlagenanalysen für die Initiative Erwachsenenbildung. Studie des IHS (Instituts für Höhere Studien) im Auftrag des Bundesministeriums für Unterricht, Kunst und Kultur, Wien. https://www.initiative-erwachsenen bildung.at/fileadmin/docs/BLI-PPD-Grundlagenanalysen-end.pdf

Steuerungsgruppe Erwachsenenbildung (2015). Länder-Bund-Initiative zur Förderung grundlegender Bildungsabschlüsse für Erwachsene inklusive Basisbildung 2015-2017. https://www.initiative-erwachsenenbildung.at/fileadmin/docs/PPD_2015-2017_Stand_11_12 _2015.pdf

Stoppacher, Peter; Edler, Marina; Reinbacher, Karin (2014). Evaluation der ersten Periode der Initiative Erwachsenenbildung. Evaluation erstellt vom Institut für Arbeitsmarktbetreuung und –forschung Steiermark im Auftrag der neun Bundesländer und des Bundesministeriums für Bildung und Frauen. Graz: Dezember 2014. https://www.initiative-erwachsenenbildung.at/fileadmin/docs/Evaluation_Abschlussbericht.pdf

Vertovec, Steven. (2007). 'Super-diversity and its implications', Ethnic and Racial Studies 29(6): 1024-54.

Ungleichheit und ethnisch-sprachliche Diversität im österreichischen Schulsystem

Oliver Gruber

Einleitung

Österreichs Gesellschaft ist von Diversität geprägt, die Vielfalt der ethnischen sowie sprachlichen Hintergründe prägt auch ihre Schulen. Ein Siebtel der gesamten
SchülerInnenpopulation hat im Ausland geborene Eltern, ein Viertel spricht eine
andere Familiensprache als Deutsch. In der öffentlichen Debatte dominiert jedoch
oft ein verallgemeinerndes Bild von „den SchülerInnen mit Migrationshintergrund"
als einer vermeintlich homogenen Gruppe, was durch einen unreflektierten Ge-
brauch dieser Analysekategorie befördert wird. Zudem wird der Migrationshintergrund regelmäßig für das schlechtere Abschneiden bei Bildungsverläufen verantwortlich gemacht, ohne dahinterliegende Ursachen der Bildungsungleichheit sowie
deren Konservierung durch Mechanismen des Schulsystems ausreichend zu berücksichtigen.

   Vor diesem Hintergrund setzt sich der vorliegende Beitrag mit Bildungsungleichheit unter besonderer Berücksichtigung ethnischer und sprachlicher Diversität in Österreich auseinander. Zunächst diskutiert er allgemeine Ursachen sowie
Folgen sozioökonomischer Ungleichheit für schulische Karrieren und stellt Österreich anhand vergleichender Statistiken in einen Kontext mit anderen OECD-Ländern. Im Anschluss daran bietet er einen differenzierteren Blick auf die heterogene
Gruppe der SchülerInnen mit Migrationshintergrund und demonstriert den Zusammenhang zwischen deren Schulleistungen sowie sozioökonomischen Merkmalen,
schulsystemischer Selektion und Segregation. Das Kapitel schließt mit bildungspo-
litischen Maßnahmenvorschläge zur Steigerung der Chancengleichheit für SchülerInnen, die ein erhöhtes Risiko der Bildungsbenachteiligung aufweisen, unter besonderer Berücksichtigung des Faktors ethnisch-sprachlicher Diversität.

Bildungsungleichheit in Österreich

Bildungsmobilität und soziökonomische Ungleichheitsmuster

Die Auseinandersetzung mit Ungleichheit aus bildungswissenschaftlicher und -po-
litischer Perspektive geht der Frage nach, inwieweit Bildungssysteme für alle Lernenden, trotz deren unterschiedlicher Ausgangsvoraussetzungen, gleiche Lernchan-
cen bereitstellen. Kernanspruch einer egalitaristischen Gerechtigkeitsperspektive ist

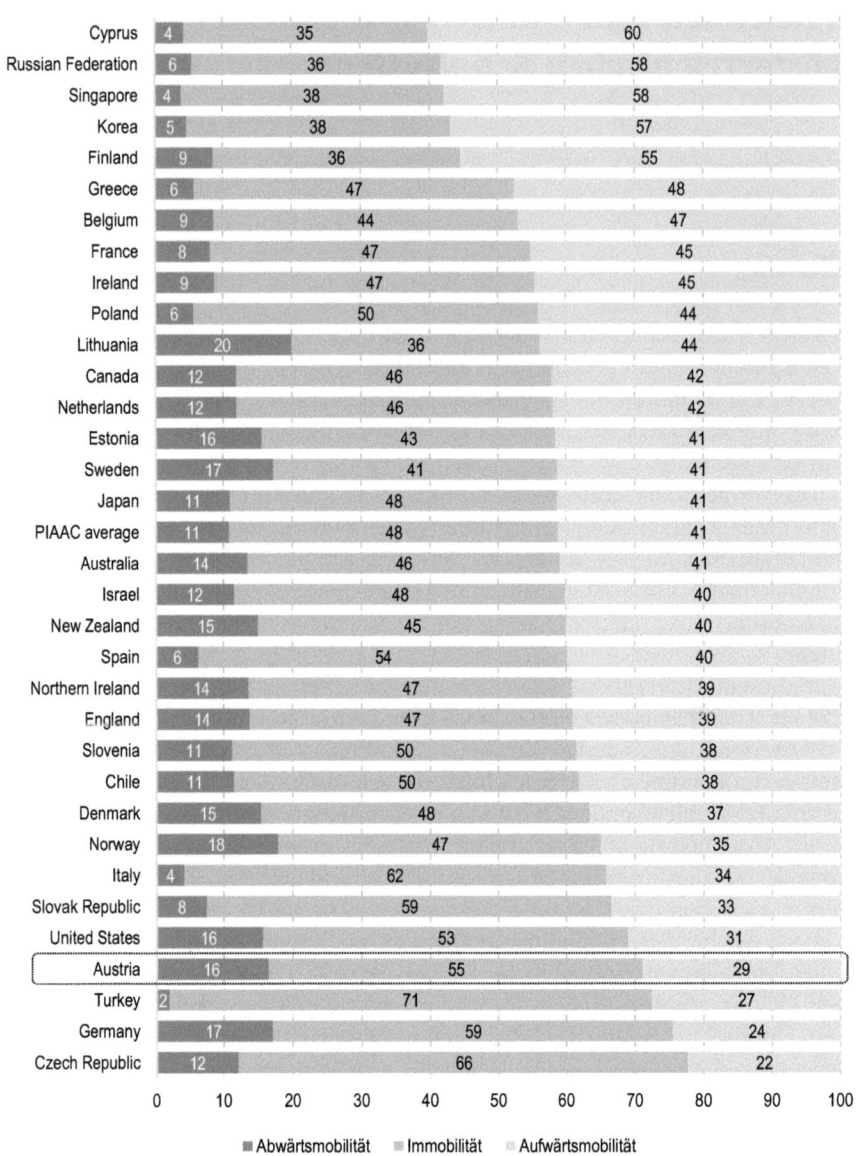

Abbildung 1 Bildungsmobilität im Ländervergleich, 2015 (Anteil der über 26-jährigen, die eine niedrigere, dieselbe oder eine höhere Ausbildung als ihre Eltern abgeschlossen haben)

Quelle: OECD 2018, Berechnungen auf Basis der PIAAC 2015 Erhebungen. Eigene Darstellung

dabei, dass Lernende mit verschiedenen askriptiven Eigenschaften – also mitgebrachten Merkmalen wie z.B. der sozialen Herkunft, dem Geschlecht oder dem

Migrationshintergrund, auf die sie keinen Einfluss haben – die selbe Wahrscheinlichkeit haben, gute Bildungsabschlüsse zu erreichen. Unterschiedliche Bildungserfolge bestehen zwar weiterhin, sollten jedoch das Ergebnis individueller Leistungen und Kompetenzen sein und nicht durch die oben genannten Faktoren vorbestimmt werden (OECD 2018).

Dieser Anspruch ist natürlich in keinem Bildungssystem faktisch vollständig eingelöst, dennoch unterscheiden sich Bildungssysteme deutlich darin, inwieweit ihnen die Förderung einer solchen Chancengleichheit gelingt. Gerade mit der Herausbildung flächendeckender staatlicher Schulwesen, der Durchsetzung allgemeiner Schulpflicht sowie der sukzessiven Ausweitung der vorgeschriebenen Schuljahre stieg auch der Anspruch, gesellschaftliche Ausgangsunterschiede auszugleichen und so zu mehr sozialer Durchlässigkeit von Gesellschaften beizutragen (Pechar 2011, OECD 2018)

Vergleicht man Österreich mit anderen OECD-Ländern, so liegt es in Bezug auf die Aufwärtsmobilität bei Bildungsabschlüssen im unteren Bereich. D.h. die Anzahl jener über 26-jährigen, die einen höheren Bildungsabschluss als ihre Eltern aufweisen ist mit 29% am unteren Ende jener Länder, die regelmäßig an der von OECD durchgeführten PIAAC-Studie zur Erhebung von Erwachsenenkompetenzen teilnehmen (Abbildung 1).[1] Bei der blockierten Aufwärtsmobilität spielen zahlreiche Faktoren eine Rolle, allen voran solche, die im Schulsystem angesiedelt sind. Denn Schulsysteme können in unterschiedlichem Maße auf die Realisierung bildungspolitischer Chancengleichheit ausgerichtet sein, also besondere Strukturen zur Bewältigung von Ausgangsungleichheiten vorsehen.

Ein zentraler Faktor ist dabei das Ausmaß der schulischen Segregation – also die räumliche Trennung unterschiedlicher SchülerInnengruppen – und die damit einhergehenden unterschiedlichen schulischen Lernumgebungen, in denen sich diese SchülerInnen befinden. Vergleicht man etwa anhand der PISA-Erhebungen die Segregation von SchülerInnen nach ihrer sozialen Herkunft (gemessen am Einkommen der Eltern) zwischen den schlechter gestellten 50% und den besser gestellten 50% über den Zeitraum von 2000 bis 2015, so müssten in Österreich 41% der SchülerInnen die Schule wechseln, um eine Gleichverteilung dieser beiden Gruppen zu erreichen (Gutiérrez/Jerrim/Torres 2017). Diese „Dissimilarität" (Unähnlichkeit) liegt im OECD-Durchschnitt bei 37%. Österreich bewegt sich damit auch hier im am stärksten segregierten Drittel der OECD-Länder, während vor allem nordeuropäische Länder ein relativ geringes Ausmaß der Segregation aufweisen.

---

[1] Dieser Befund ist freilich auch abhängig von der jeweiligen nationalen Verteilung des Bildungsstands der Eltern, da Aufwärtsmobilität in bereits höher gebildeten Ländern naturgemäß niedriger ausfällt als in weniger hoch gebildeten Ländern. Betrachtet man die einzelnen Gruppen für Österreich genauer, so lag in der PIAAC-Erhebung 2012 die Aufwärtsmobilität bei Personen, deren Eltern maximal Pflichtabschluss aufwiesen, im Mittelfeld der Teilnehmerländer (70% der in Österreich Befragten schnitten hier besser ab als ihre Eltern), bei jenen, deren Eltern Sekundarabschluss aufwiesen jedoch am unteren Ende (nur 17% schafften hier den Sprung zu einem Tertiärabschluss).

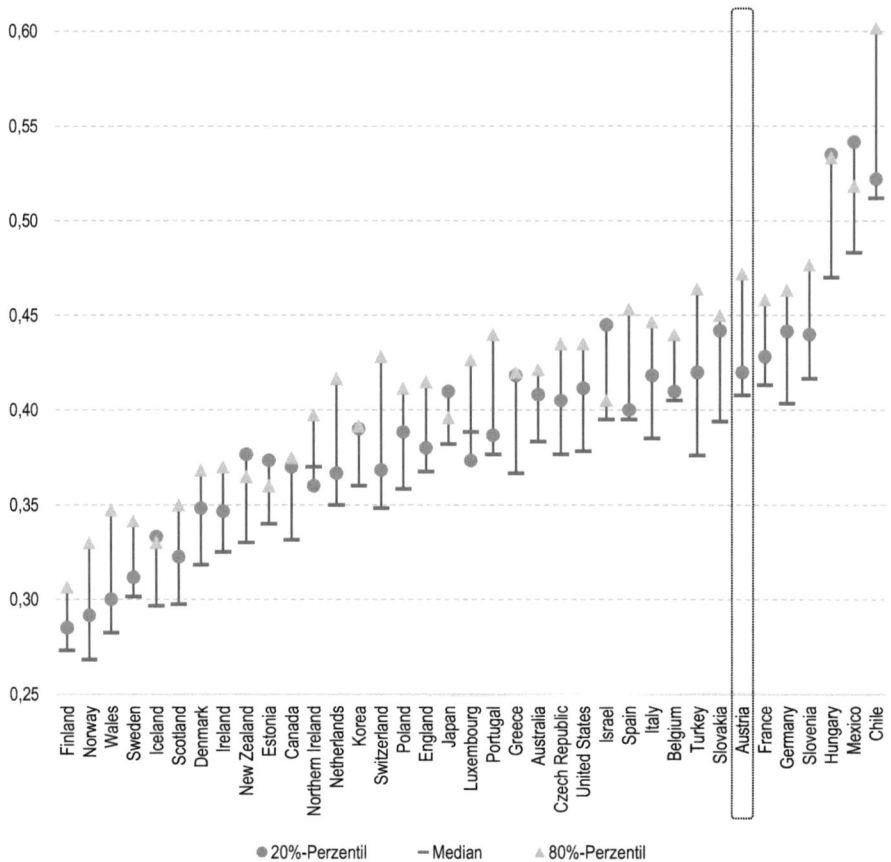

● 20%-Perzentil   — Median   ▲ 80%-Perzentil

Abbildung 2 SchülerInnensegregation zwischen Schulen nach sozialer Herkunft (unterste 20%, unterste 50%, oberste 20%) – OECD-Ländervergleich auf Basis des nationalen Durchschnittswerts der PISA-Erhebungen 2000-2015. Der Dissimilaritätsindex vergleicht jeweils zwei Gruppen, hier die sozioökonomisch schlechter gestellten 20% (20%-Perzentil), die sozioökonomisch schlechter gestellten 50% (Median) sowie die sozioökonomisch bestgestellten 20% (80%-Perzentil) mit den übrigen Getesteten. Der Indexwert gibt den Anteil der SchülerInnen an, der jeweils für eine Gleich-verteilung der beiden Gruppen zwischen den Schulen ausgetauscht werden müsste. Werte liegen zwischen 0 (keine Segregation) und 1 (maximale Segregation), Werte unterhalb 0,3 werden als geringe, zwischen 0,3 und 0,6 als mittelstarke und über 0,6 als starke Segregation interpretiert.

Quelle: Gutiérrez/Jerrim/Torres 2017 bzw. Biedermann et al 2016. Nationale Durchschnittswerte auf Basis der PISA-Erhebungen 2000-2015, Eigene Darstellung

Noch stärker fällt die Segregation aus, betrachtet man ausschließlich die untersten und die obersten 20% der sozioökonomischen Hierarchie. Unter ihnen müssten so-gar 42% bzw. 47% der SchülerInnen wechseln, um eine Gleichverteilung mit den übrigen vier Fünftel der Gesellschaft zu erreichen. Hier rangiert Österreich also noch weiter unten in der Rangliste der am geringsten segregierten OECD-Länder (Abbildung 2).

Schulische Segregation und damit einhergehende Bildungsfolgen

Ursachen für die schulische Segregation sozioökonomischer Gruppen können außerhalb der Institution Schule begründet sein. So etwa in der Wohnraumsegregation der Bevölkerung (z.B. führen fixe Schulsprengelzuteilungen zu umso stärker segregierten öffentlichen Schulen, je stärker die Wohnbevölkerung selbst segregiert ist – Biedermann et al 2016), was sich vor allem in der Segregation zwischen Schulen gleichen Typs widerspiegelt (Vogtenhuber et al 2016). Aber auch die ungleichen Mobilitätsbedingungen zwischen Bevölkerungsgruppen und die damit verbundene Erreichbarkeit eines breiteren sowie räumlich entfernteren Schulangebots können hierfür eine Rolle spielen.

Zudem können auch gezielte Steuerungseingriffe des Schulsystems diese Segregation mitbeeinflussen, so etwa die vorgesehene Dauer des gemeinsamen Schulbesuchs vor der ersten Trennung in unterschiedliche Schulzweige oder auch die Selektion durch privat betriebene Schulen, welche ihre SchülerInnen nach unterschiedlichen Kriterien (nicht zuletzt sozioökonomischen) auswählen können. Der Zeitpunkt und das Ausmaß der „äußeren Differenzierung", also die Trennung von SchülerInnen in unterschiedliche Schulzweige aufgrund von Schulleistungen, gehört traditionell zu den umstrittensten Aspekten schulpolitischer Steuerung in Österreich. Sie wird vor allem unter dem Gesichtspunkt der sozialen Ungleichheit von Gesellschaft und der Verteilungsgerechtigkeit diskutiert. Dies hat nicht zuletzt damit zu tun, dass Österreich im OECD-Vergleich mit Abstand am frühesten eine solche Trennung vorsieht und damit die geringste Dauer gemeinsamer Schulerfahrung für alle SchülerInnen aufweist. Bereits nach 4-jährigem Besuch der gemeinsamen Primarstufe erfolgt im Alter von zehn Jahren eine Trennung in Allgemeinbildende Höhere Schulen (AHS) sowie Haupt- bzw. Neue Mittelschulen (HS/NMS). Im Unterschied dazu besuchen SchülerInnen in Australien, Kanada, Neuseeland oder dem Vereinigten Königreich fast zehn Jahre eine gemeinsame Schule, bevor es zur Trennung in weiterführende Bildungseinrichtungen kommt (Abbildung 3).

Wie der Nationale Bildungsbericht 2015 zeigt, können österreichweit „66 % der interschulischen sozialen Segregation durch Segregation zwischen der AHS und der HS/NMS erklärt werden". Dahingegen macht die Segregation zwischen Schulen des gleichen Typs – also etwa zwischen verschiedenen NMS – lediglich 33% der gesamten sozioökonomischen Segregation aus (Biedermann et al 2016, 151)

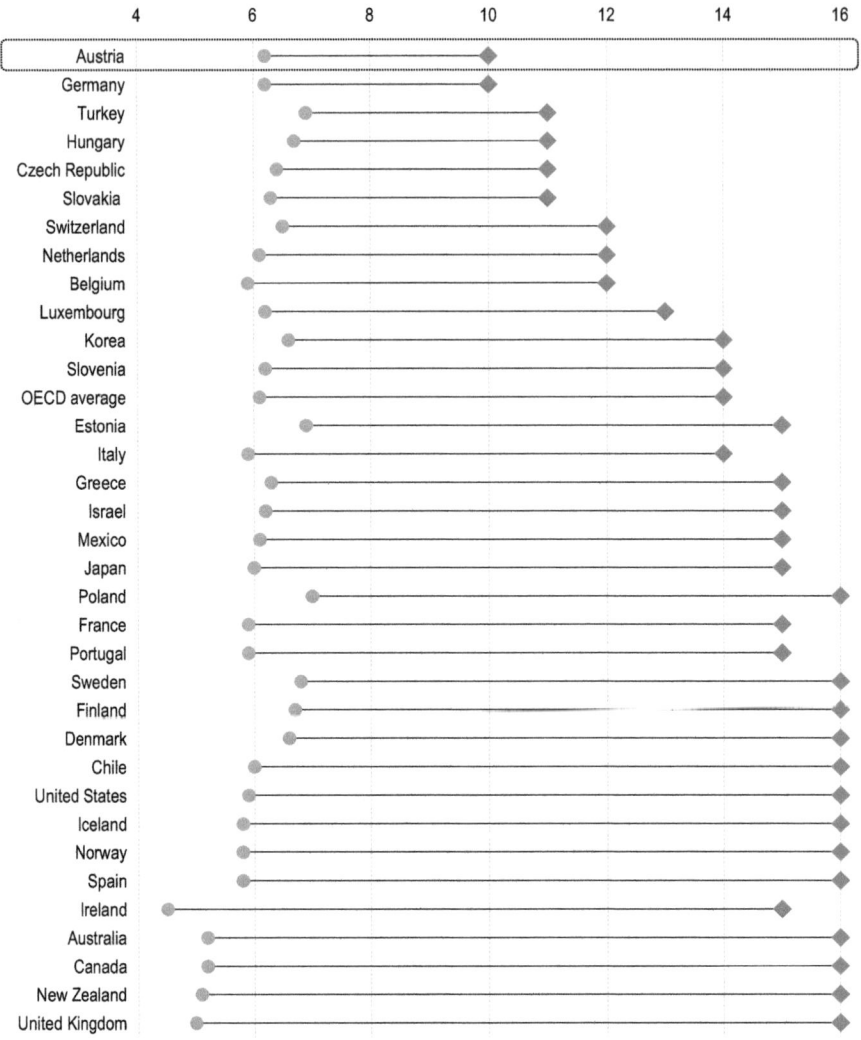

Abbildung 3 Durchschnittliches Einstiegsalter ins Schulsystem & Zeitpunkt der ersten äußeren Differenzierung nach unterschiedlichen Schultypen, Ländervergleich 2012.

Quelle: OECD 2013, Angaben auf Basis der PISA 2012 Erhebungen, Eigene Darstellung

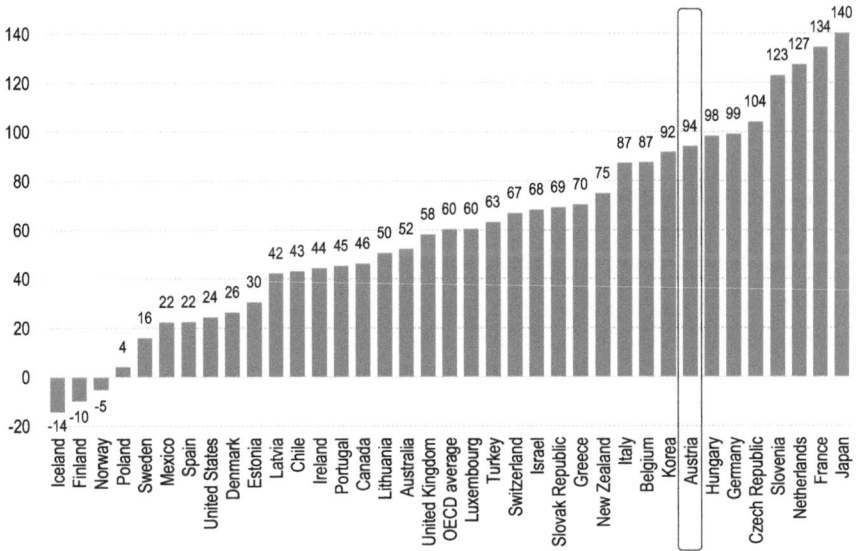

Abbildung 4 Leistungsdifferenz sozioökonomisch benachteiligter SchülerInnen in naturwissenschaftlichen Fächern bei Anstieg des durchschnittlichen soziökonomischen Profils der Schule um eine Einheit des ESCS-Index (der aus Indikatoren zu Bildungshintergrund, beruflicher Stellung sowie Haushaltsgütern der Eltern gebildet wird) in den PISA-Erhebungen, Ländervergleich 2015.

Quelle: OECD 2018, Berechnungen auf Basis der PISA 2015 Erhebungen, Eigene Darstellung

Diese – durch schulsystemische Selektion verstärkte – Segregation hat auch weitreichende Folgen für die Bildungskarrieren von Jugendlichen. Denn das Schulumfeld – also die SchülerInnenzusammensetzung, die Unterrichtsformen, die habituellen und milieuspezifischen Erfahrungen, etc., welche SchülerInnen an ihrer Schule vorfinden – prägen die Lernmöglichkeiten des/der einzelnen Schülers/Schülerin signifikant. Anhand der PISA-Ergebnisse 2015 lässt sich zeigen, dass benachteiligte SchülerInnen an sozioökonomisch begünstigten Schulstandorten im OECD-Durchschnitt um 78 Punkte mehr in naturwissenschaftlichen Fächern erzielen als SchülerInnen, die an sozioökonomisch benachteiligten Schulstandorten lernen. Selbst an sozioökonomisch durchschnittlich zusammengesetzten Schulstandorten erreichen benachteiligte SchülerInnen immer noch um 36 Punkte – also einem Vorsprung von einem Lernjahr – mehr als an Schulstandorten, die sozioökonomisch stark benachteiligt sind (OECD 2018).

Dieser Effekt ist jedoch wiederum von Schulsystem zu Schulsystem verschieden stark ausgeprägt, wie Abbildung 4 verdeutlicht. Sie zeigt für SchülerInnen aus benachteiligten Verhältnissen, um wieviele Punkte sie mit jeder Steigerung des sozioökonomischen Profils der Schule auch in ihren naturwissenschaftlichen Schulleistungen besser/schlechter abschneiden. Österreich liegt auch hier im unteren OECD-Drittel, d.h. hier nimmt das sozioökonomische Profil der Schule (also wie hoch oder gering der soziökonomische Status der SchülerInnen im Durchschnitt ist) besonders

starken Einfluss darauf, wie gut benachteiligte SchülerInnen abschneiden. Eine Er-
höhung des sozioökonomischen Profils um nur eine Stufe bringt hier für SchülerInnen bereits einen Leistungszuwachs von über 90-Punkten, was einem Vorsprung
von über zwei Lernjahren entspricht.

Bildungsungleichheit im Kontext ethnischer Diversität

Die Kumulation bildungsbenachteiligender Faktoren

Schulische Segregation aufgrund sozioökonomischer Ungleichheit hat also signifikante Folgen für die Bildungskarrieren von SchülerInnen. Diese ungleichheitskon-
servierenden Strukturen des Schulwesens sind gerade für die bildungswissenschaft-
liche Auseinandersetzung mit ethnischer Diversität von besonderer Bedeutung. Sozioökonomische Erklärungsansätze für die Schlechterstellung von SchülerInnen mit
Migrationshintergrund verweisen auf die ihren Familien zur Verfügung stehenden
geringeren Fördermöglichkeiten zu Hause, die geringeren Ressourcen für außerschulische Förderung, den geringeren Informationsgrad über Bildungswegentschei-
dungen, die geringere Vernetzung mit informierten Eltern bzw. Beratungspersonen
sowie einen mit sozioökonomischer Benachteiligung tendenziell verbundenen Habitus (Oleschko/Lewandowska 2017).

Freilich sind die soziökonomischen Voraussetzungen auch innerhalb der heterogenen Gruppe von Personen mit Migrationshintergrund unterschiedlich verteilt. Besonders augenfällig wird das Wechselverhältnis daher erst dann, wenn Zuwanderungsgruppen unter- oder überdurchschnittlich stark von soziökonomischer Benachteiligung betroffen sind (d.h. sich sozioökonomischer Status und herkunftsbe-
zogene Differenzierungen überlagern). Bei SchülerInnen mit Migrationshintergrund kommen zudem noch weitere Faktoren zum Tragen, die eine allgemeine Bildungsbenachteiligung aufgrund sozioökonomischer Bedingungen verstärken können: Dazu gehört gerade bei Zugewanderten der ersten Generation die Aufgabe alter
Netzwerke im Herkunftsland bei gleichzeitig erschwertem Aufbau neuer, äquiva-
lenter Netzwerke im Zielland (Haug 2007). Das Fehlen solcher Netzwerke und der
daraus resultierenden Informationen bzw. der sozialen und institutionellen Eintritts-
hilfen auf Seiten der Erziehungsberechtigten kann vor allem bei Bildungswegent-
scheidungen und -zugängen aber auch bei der familiären Lernunterstützung eine
benachteiligende Rolle für deren Kinder spielen.

Hinzu kommen linguistische Faktoren, wie die unterschiedlichen sprachlichen
Voraussetzungen von SchülerInnen für ihre Bildungserwerbslaufbahn. Vor allem
die zentrale Rolle der Bildungssprache des Landes – in Österreich ‚Deutsch' – kann
für Lernende mit anderen Erstsprachen benachteiligende Folgen mit sich bringen.
Je stärker der „monolinguale Habitus" eines Bildungssystems ausgeprägt ist, desto
stärker fällt die Benachteiligung dieser SchülerInnen aus, wenn ihre Mehrsprachigkeit nicht frühzeitig gefördert wird. Ohne diese Förderung erhöht sich für sie das
Risiko, in beiden Sprachen keine hohe bildungssprachliche Kompetenz zu erreichen

(Apeltauer 2001).[2] Dies ist umso bedenklicher als die Mehrsprachigkeitsforschung sehr deutlich zeigt, dass bei frühzeitiger Förderung der mehrsprachigen Anlagen von Kindern nicht nur kognitive Fähigkeiten (wie Konzentration, Flexibilität, Lesefähigkeit) steigen und dadurch langfristige Lernvorteile – nicht nur in sprachlicher Hinsicht – gegenüber einsprachigen Kindern entstehen, sondern selbst bestimmte gesundheitliche Vorteile (wie späteres Risiko an Alzheimer zu erkranken) damit einhergehen (Herzog-Punzenberger/Schnell 2012).

Nicht zuletzt werden in der bildungswissenschaftlichen Forschung auch psychologische Faktoren nachgewiesen, die bei SchülerInnen mit Migrationshintergrund wirken können. Zum einen können stereotype Urteilsmuster von Lehrpersonen und Schulleitungen mehr oder weniger bewusst ihren Umgang mit SchülerInnen verschiedener Herkunftsgruppen bzw. die an sie gerichteten Erwartungen unabhängig von deren Kompetenzen beeinflussen (Fürstenau/Gomolla 2011). Andererseits kann auch das Selbstbild und die Eigenmotivation betroffener SchülerInnengruppen infolge wiederholt erlebter Stereotypisierung negativ beeinflusst werden und – ebenfalls bewusste sowie unbewusste – Strategien zur Vermeidung produzieren (Schofield/Alexander 2011).

Diese Effekte kumulieren sich bei SchülerInnen mit Migrationshintergrund im ungünstigen Fall – also bei niedrigem sozioökonomischen Status, keiner (frühzeitigen) Förderung der Mehrsprachigkeit, früher schulischer Selektion und segregiertem Schulumfeld sowie fehlender sozial-psychologischer Begleitung bei Erfahrungen der Chancenlosigkeit oder der Diskriminierung – zu einer besonders nachteiligen Konstellation. Auch diese sich gegenseitig verstärkenden Effekte sind jedoch unter SchülerInnen mit Migrationshintergrund sehr unterschiedlich verteilt, können also mehr oder weniger stark ausgeprägt sein und können – bei günstigen Vorzeichen für alle oben genannten Faktoren – sogar den gegenteiligen Einfluss haben, sich also als Vorteil gegenüber SchülerInnen ohne Migrationshintergrund erweisen (Vogtenhuber et al 2016).

Dies unterstreicht die Notwendigkeit, die sehr grobe Kategorie des ‚Migrationshintergrunds‘ in der wissenschaftlichen und politischen Auseinandersetzung nachhaltig zu überdenken. Denn mit ihr werden die sehr unterschiedlichen Bedingungen unterschiedlicher Zuwanderungsgenerationen (1. vs. 2. Generation), verschiedener Herkunftsländer sowie verschiedener Auswanderungsursachen/-motive (Flucht, Arbeitsmigration, Familiennachzug, Bildungsaufenthalt, etc.) vermischt, und dies allein aufgrund des Umstandes, dass es in der Familiengeschichte zu einem bestimmten Zeitpunkt eine Wanderungserfahrung gegeben hat (Perchinig/Troger 2010).

---

[2] Unter „Bildungssprache" wird im bildungswissenschaftlichen Kontext einerseits jene Sprache verstanden, in der innerhalb von Bildungsinstitutionen die Vermittlung von Bildung erfolgt (also in Österreich vor allem „Deutsch"), andererseits jedoch auch das in diesen Institutionen verwendete spezifische „sprachliche Register", in dem Lernprozesse sprachlich gestaltet werden (und das sich damit von anderen sprachlichen Registern, wie der Umgangssprache oder der Wissenschaftssprache, unterscheidet). (Gogolin 2011b)

So unterscheiden sich allein schon die drei aktuell größten Zuwanderungsgruppen in Österreich (aus Deutschland, aus Bosnien-Herzegowina sowie aus der Türkei stammende Personen) massiv voneinander: Während erstere sowohl sprachlich als auch sozioökonomisch günstige Ausgangscharakteristika für hohen Bildungserfolg im österreichischen Schulsystem aufweisen und als EU-BürgerInnen zudem weitgehende rechtliche Gleichstellung genießen, fehlen der zweitgrößten Gruppe, jener aus Bosnien-Herzegowina als einem europäischen Drittstaat, diese rechtlichen Vorzüge und viele von ihnen kamen als Bürgerkriegsflüchtlinge in den 1990er-Jahren unter sehr schwierigen Bedingungen nach Österreich. Die drittgrößte Gruppe, türkische Zuwanderer, ist schließlich noch von der Gastarbeiteranwerbung der 1960er- und 1970er-Jahre geprägt, sie genießt aufgrund völkerrechtlicher Verträge privilegierte Rechte in Österreich, unterscheidet sich jedoch hinsichtlich ihres sozioökonomischen Profils wiederum markant von den anderen beiden Gruppen. Dass diese gravierenden Gegensätze sich auch in unterschiedlichen Bildungsbilanzen niederschlagen, zeigt sich im folgenden Abschnitt bei näherer empirischer Betrachtung.

Ethnische Diversität und Bildungsbenachteiligung – Österreichische Befunde

Wie dargestellt, weist das österreichische Schulsystem eine starke Segregation nach sozioökonomischen Gesichtspunkten auf. Doch inwieweit deckt sich dies mit der Segregation nach unterschiedlicher Herkunft bzw. ethnischem Hintergrund? Für die Darstellung dieser Unterschiede wird im Rahmen der Schulstatistik neben der Kategorie des Migrationshintergrundes (also dem eigenen Geburtsland bzw. jenem der Eltern) auch auf die Kategorie der Familien- oder Umgangssprache zurückgegriffen. Dies nimmt den für schulische Lernprozesse relevanteren Faktor in den Blick, da die Aneignung von Unterrichtsstoff über weite Teile über das Medium der Sprache erfolgt. Dennoch ist auch das Merkmal der Familiensprache für sich genommen vorsichtig zu interpretieren, da es grundsätzlich weder etwas über die erstsprachlichen Kompetenzen eines Kindes noch dessen Fertigkeiten in seiner Zweitsprache Deutsch aussagt. Was es jedoch erlaubt ist ein Blick auf das sprachliche Umfeld, indem sich mehrsprachige SchülerInnen (hier verstanden als SchülerInnen mit einer anderen Erstsprache und Deutsch als Zweitsprache) gegenüber muttersprachlich deutschprachigen SchülerInnen befinden.

Die Analyse der Schulstatistik 2013/14 zeigt dabei für alle Schulstufen eindeutig die Segregation nach sprachlichen Gesichtspunkten: Während über 50% der SchülerInnen mit nicht-deutscher Muttersprache in Klassen sitzen, in denen mehr als die Hälfte ihrer KlassenkameradInnen ebenfalls eine andere Muttersprache spricht, gilt dies für SchülerInnen mit deutscher Muttersprache nur für 17% (Abbildung 5). Bricht man diese Gesamtbefunde auf die unterschiedlichen Schultypen herunter, so zeigt sich das Ineinandergreifen segregierender Faktoren:

In der gemeinsam geführten Volksschule sitzen – ähnlich dem Gesamttrend – noch 51% aller SchülerInnen mit nicht-deutscher Muttersprache (im Gegensatz zu lediglich 18% der SchülerInnen mit Deutsch als Muttersprache) in überwiegend

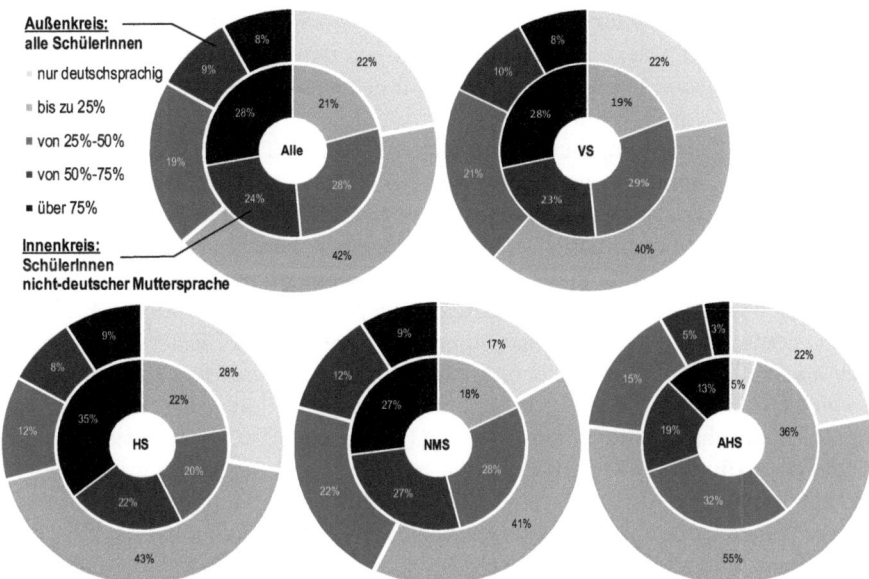

Abbildung 5 SchülerInnenverteilung nach dem Klassenanteil der SchülerInnen mit einer anderen Erstsprache als Deutsch in verschiedenen Schultypen – Vergleich alle SchülerInnen vs. SchülerInnen mit anderer Erstsprache als Deutsch

Quelle: Nationaler Bildungsbericht 2015 (Vogtenhuber et al 2016) auf Basis von Berechnungen der Statistik Austria (Schulstatistik). Eigene Darstellung.

mehrsprachigen Klassen (also Klassen mit mehr als 50% der SchülerInnen, die eine andere Erstsprache sprechen). D.h. auf eine/n erstsprachig deutschsprachige/n SchülerIn kommen drei nicht-erstsprachig deutschsprachige SchülerInnen, die in einer überwiegend mehrsprachigen Volksschulklasse sitzen. Nach der schulischen Selektion auf der Sekundarstufe I verschärft sich dieses Verhältnis in der AHS-Unterstufe von 1:3 auf 1:4. Hier sitzen zwar insgesamt weniger, nämlich nur 32% der nicht-erstsprachig Deutschsprachigen in überwiegend mehrsprachigen AHS-Klassen, erstsprachig-deutschsprachige SchülerInnen sind davon aber in der AHS-Unterstufe gar nur noch zu 8% betroffen. Für Haupt- und Neue Mittelschulen bleibt hingegen ähnlich der Volksschule ein Verhältnis von 1:3 zu bestehen, wenngleich auf einem geringfügig höheren Gesamtniveau an überwiegend mehrsprachigen Schulklassen (HS: 57%:17%, NMS 54%:21%). D.h. eine grundsätzlich bereits durch die Wohnsegregation induzierte Segregation von SchülerInnen mit Deutsch als Erst- von jenen mit Deutsch als Zweitsprache zwischen einzelnen Volksschulen wird in der Sekundarstufe durch die Trennung in HS/NMS und AHS nochmals verstärkt.

Eine noch genauere Gegenüberstellung unterschiedlicher Gruppen erlaubt eine jüngst durchgeführte Analyse der Bildungsstandard-Testungen (BIST-Testungen) 2012/13 mit dem Titel *„Migration und Mehrsprachigkeit"* (Herzog-Punzenberger

2017).³ Sie zeigt den Zusammenhang zwischen sozioökonomischem Hintergrund, schulsystemischer Selektion und Segregation mit den letztlichen schulischen Leistungen noch augenscheinlicher anhand von drei unterscheidbaren Clustern an SchülerInnengruppen auf (Abbildung 6).

Im oberen Testleistungsbereich der durch die BIST-Testungen überprüften Mathematik- und Englisch-Kompetenzen findet sich zunächst ein Cluster aus deutsch-, polnisch-, slowakisch-, tschechisch- und ungarischsprachigen SchülerInnen. Ihre Testergebnisse bewegen sich innerhalb eines gemeinsamen Lernjahres und entsprechen einem Niveau, bei dem die Mathematik-Bildungsstandards als erreicht gelten. In Englisch erreichen einige Sprachgruppen hier sogar teilweise bessere Ergebnisse als die deutschsprachige Referenzgruppe. Die Eltern dieses Clusters unterscheiden sich hinsichtlich ihres sozioökonomischen Hintergrunds insofern deutlich von den übrigen Gruppen, als sie am geringsten von niedrigen Bildungsabschlüssen bis maximal Pflichtschulabschluss betroffen sind (Mütter: 5-17%; Väter: 8-19%), seltener einer Beschäftigung unterhalb des Niveaus einer Fachkraft nachgehen (Mütter 0-16%; Väter: 2-6%), den geringsten Anteil an Müttern mit lediglich mittelmäßigen bis gar keinen Deutschkenntnissen aufweisen (0-35%) und zu maximal 27% lediglich zehn Kinderbücher oder weniger zu Hause besitzen. Die SchülerInnen selbst sind in diesem Cluster am seltensten von Klassenwiederholungen betroffen (7-14%), haben die geringsten Anteile an Zuweisungen zu Vorschulstufen (1. Gen: 18-28%; 2. Gen: 14-18%) und besuchen tendenziell auch seltener als die übrigen Gruppen eine HS/NMS statt einer AHS (1. Gen: 54-74%; 2. Gen: 40-64%).

Im mittleren Testleistungsbereich bewegt sich hingegen ein Cluster aus erstsprachig russisch-, slowenisch-, kroatisch-, rumänisch-, arabisch- und bosnisch-, mit einigem Abstand serbischsprachigen SchülerInnen. Sie liegen in etwa ein Lernjahr hinter dem erstgenannten Cluster, haben aber entsprechend der BIST-Klassifikation für Mathematik die Bildungsziele zumindest teilweise erreicht. Ihr sozioökonomischer Hintergrund hebt sich bereits merklich von der zuvor genannten Gruppe ab: d.h. ihre Eltern weisen bereits in etwas höherem Ausmaß maximal Pflichtschulabschluss auf (Mütter: 18-37%; Väter: 15-35%), vor allem die Mütter gehen hier öfter lediglich einer Beschäftigung unterhalb des Niveaus einer Fachkraft nach (11-38%), die Mütter besitzen auch bereits zu höherem Anteil lediglich mittelmäßige bis gar keine Deutschkenntnisse (40-47%) und auch die Zahl der zu Hause verfügbaren Kinderbücher bewegt sich zu einem höheren Anteil im lediglich einstelligen Bereich (22-55%). Die SchülerInnen dieses Clusters weisen geringfügig öfter Klassenwiederholungen auf (7-20%), wurden zudem etwas häufiger Vorschulstufen zugewiesen (1. Gen: 18-34%; 2. Gen: 15-22%) und sie besuchen nicht zuletzt häufiger eine HS/NMS als die zuvor genannten Gruppen (1. Gen: 57-80%; 2. Gen: 40-74%).

---

³   Die Bildungsstandardstestungen stellen eine vom Bundesinstitut für Bildungsforschung, Innovation und Entwicklung des österreichischen Schulwesens (BIFIE) durchgeführte, bundesweite Vollerhebung der Testleistungen in den Fächern Mathematik, Englisch sowie Deutsch dar. Jährlich wird jeweils ein Fachgegenstand sowie eine Schulstufe (4. Schulstufe oder 8. Schulstufe) standardisiert überprüft, berücksichtigt werden alle ordentlichen SchülerInnen der betreffenden Schulstufe im betreffenden Schuljahr.

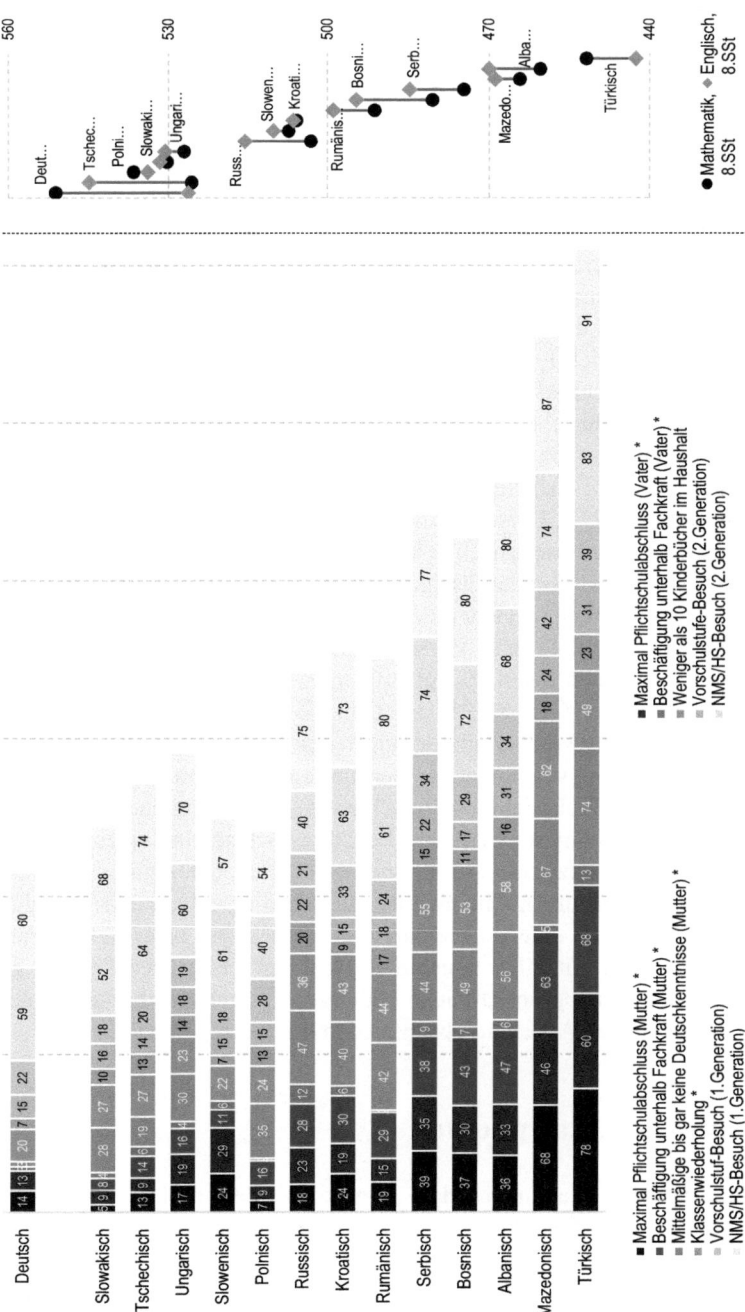

Abbildung 6 Sozioökonomische und schulselektionsbedingte Benachteiligung (kumulierte Balken links) sowie BIST-Testleistungen in Mathematik und Englisch (Punkteskala rechts) nach unterschiedlichen Sprachgruppen, 2012/13.

Quelle: Herzog-Punzenberger 2017. BIST-Standardtestungen Mathematik und Englisch, 8. Schulstufe (2012/13). Eigene Darstellung, berücksichtigt wurden ausschließlich jene Sprachgruppen, bei denen auch eine eindeutige Zuordnung zu einem Herkunftsland möglich war.
* Herkunftsland der Mutter für Zuordnung zu Sprachgruppen verwendet

Im unteren Bereich der getesteten Ergebnisse bewegt sich schließlich ein Cluster aus erstsprachig albanisch-, mazedonisch- und türkischsprachigen SchülerInnen. Sie liegen mehr als ein Lernjahr hinter den Leistungsstärksten zurück, womit sie sich an bzw. unterhalb jener Grenze der BIST-Klassifikation für Mathematik befinden, bei der die Bildungsstandards als nicht mehr erreicht gelten. Dieser Cluster unterscheidet sich auch in den sozioökonomischen Hintergründen und der Betroffenheit von schulischer Selektion am stärksten von allen übrigen Gruppen. So weisen vor allem Eltern mit türkischem (Mütter: 78%; Väter: 60%) und mazedonischem (Mütter: 68%; Väter: 46%) Migrationshintergrund am häufigsten eine geringe formale Bildung mit maximal Pflichtschulabschluss auf. Hinsichtlich der beruflichen Tätigkeit sind bei diesen beiden Gruppen vor allem die Mütter überdurchschnittlich stark von gänzlich fehlender Beschäftigung bzw. einer Tätigkeit unterhalb des Niveaus einer Fachkraft betroffen (47-68%) und auch ihre Deutschkenntnisse werden überdurchschnittlich oft als lediglich mittelmäßig bis unzureichend beschrieben (56-74%). Die sozioökonomischen Ausgangsnachteile spiegeln sich auch in der hohen Zahl an Haushalten wieder, in denen weniger als zehn Kinderbücher vorhanden sind (49-62%). Diese Starthürden gehen in der Folge auch mit einer besonderen Betroffenheit von schulischen Selektionsmechanismen einher. So sind SchülerInnen dieses Clusters überdurchschnittlich oft von Klassenwiederholung betroffen (16-23%), werden in der 2. Generation deutlich häufiger (24-31%) aber auch in der 1. Generation öfter (34-42%) Vorschulstufen zugewiesen als die übrigen Gruppen und besuchen nach der 4. Schulstufe mit Abstand am häufigsten eine HS/NMS statt einer AHS (1. Gen: 80-91%; 2. Gen: 68-83%).

Diese Gegenüberstellung verdeutlicht demnach den starken Zusammenhang der sozioökonomischen Stellung verschiedener Herkunftsgruppen mit schulpolitischen Selektionsmaßnahmen und letztlichen Unterschieden in den fachlichen Testergebnissen. Sie zeigt, in welchem Ausmaß den Leistungsrückständen einzelner Herkunftsgruppen eine grundsätzliche sozioökonomische Benachteiligung zugrunde liegt, die durch spezifische sprachliche oder herkunftsbedingte Merkmale lediglich verstärkt wird und dass nur eine differenziertere Betrachtung jener heterogenen Gruppe von SchülerInnen mit Migrationshintergrund der schulischen Realität gerecht wird. Daraus leiten sich grundsätzliche bildungspolitische Handlungsempfehlungen ab, die im folgenden Abschnitt abschließend diskutiert werden.

Bildungspolitische Ansatzpunkte

Dem oben dargestellten Zusammenwirken von sozioökonomischer Benachteiligung mit schulstruktureller Selektion und segregierter SchülerInnenzusammensetzung kann freilich nur mit einem Maßnahmenbündel begegnet werden, das zudem auf unterschiedlichen Ebenen ansetzen muss.

Dazu zählen besonders allgemeine Maßnahmen zur Bekämpfung sozioökonomisch bedingter Bildungsungleichheit. Eine grundsätzlich integrativere Wohnraum- und Sozialpolitik müsste der räumlichen Segregation benachteiligter Gruppen systematisch entgegenwirken, unabhängig von deren Herkunftshintergrund. Das verlangt nach einer noch gezielteren Berücksichtigung sozialer Durchmischung bei der Wohnbauplanung sowie bei der Vergabe von gefördertem Wohnraum. Dazu gehören aber auch im schulpolitischen Einflussbereich Maßnahmen zur Desegregation: Die gezielte Verwendung und Verschiebung von Schulsprengelgrenzen jenseits wohnräumlicher Segregationslinien, die integrativere Planung von Schulneubauten oder die gezielte Rekrutierung von sozioökonomisch besser gestellten SchülerInnen (etwa durch Schulschwerpunkte) lassen sich hier als einige Beispiele anführen (Karsten 2010; Bonal/Bellei 2018). Das Überdenken früher segregierender Schulselektionsmaßnahmen (wie Deutschklassen, äußere Differenzierung ab der 5. Schulstufe, Klassenwiederholungen) sind weitere Ansatzpunkte, um einer allzu raschen Verfestigung von Bildungspfaden entgegenzuwirken (Eder/Dämon 2010; Biedermann et al 2016).

Angesichts des in Österreich gegenwärtig fehlenden politischen Mehrheitswillens für derartige international praktizierte Maßnahmen ist allerdings eher eine Kontinuität derzeitiger raum- und schulpolitischer Segregationsmuster zu erwarten, weshalb Maßnahmenvorschläge für höhere Bildungsgerechtigkeit derzeit an anderen Punkten ansetzen müssen. Allen voran betrifft dies eine bessere Ressourcenausstattung der Schulen mit hohem Anteil an sozioökonomisch benachteiligten Kindern, um Standorte und ihre PädagogInnen in die Lage zu versetzen, Startnachteile von Kindern systematisch auszugleichen. Dafür liegen bereits internationale Erfahrungen zu index-basierten Schulfinanzierungsmodellen vor (Groot-Wilken et al 2016). Für Österreichs Schulwesen hat die Arbeiterkammer Wien ein Chancen-Index-Modell entwickelt, welches kalkuliert wie zusätzliche Ressourcen an Schulen nach dem Grad der elterlichen Bildung sowie der Alltagssprache ihrer SchülerInnen vergeben werden könnten. Auf diese Weise sollen jene Schulen mit der höchsten sozioökonomisch und unterrichtssprachlichen Belastung auch die höchsten zusätzlichen Schulressourcen erhalten, um diese Herausforderungen zu bewältigen (vgl. Schüchner et al. 2018). Ein weiteres Instrument zur Bewältigung sozioökonomisch bedingter Bildungsbenachteiligung stellt der Ausbau von Angeboten der Ganztagsbetreuung bzw. Ganztagsschulen dar, sofern diese qualitativ hochwertig und pädagogisch strukturiert gestaltet sind. In dieser Form vermögen sie dann den fehlenden familiären Unterstützungsressourcen der SchülerInnen entgegenzuwirken (Hörl et al. 2012).

Neben den schulorganisatorischen Rahmenbedingungen werden auch didaktische Innovationen vorgeschlagen. Insbesondere der monolingualen Prägung des Schulunterrichts werden durchgängige Sprachfördermodelle gegenübergestellt. Sie sehen eine gleichzeitige Förderung von Erst- und Zweitsprachen vor, integrieren Sprachförderung und Fachunterricht durch die Anwendung sprachsensibler Unterrichtselemente und plädieren für einen kontinuierlichen Förderansatz, der über

Schulstufen und -typen hinweg abgestimmt ist, um Lernbrüche weitgehend zu vermeiden (vgl. Gogolin 2011a). Dies setzt natürlich eine verstärkte Aus-, Fort- und Weiterbildung aller PädagogInnen in sprach- und diversitätssensiblem Unterricht voraus, die – anders als derzeit – im Lehramtscurriculum verpflichtend verankert werden sollte. Auch in diesem Bereich besteht in Österreich trotz durchaus vorhandener grundsätzlicher Zustimmung und zunehmender Entwicklung bzw. Implementierung im letzten Jahrzehntnoch wesentliches Ausbaupotential in puncto bundesweiter Realisierung.

Nicht zuletzt sollen auch Eltern und außerschulische Partner als wesentliche Ressource fungieren, um die schulischen Fördermaßnahmen mitzutragen oder nach Möglichkeit sogar fortzuführen. Gezieltere Unterstützung durch (interkulturelle) ElternbegleiterInnen (wo möglich auch in aufsuchender Form) können wichtige Brücken zwischen Lehrkraft und Eltern darstellen. Wesentlicher Erfolgsfaktor für die Elterneinbindung ist dabei stets auch die Berücksichtigung der Erstsprache der Eltern. Schon jetzt stehen Lehrkräfte des muttersprachlichen Unterrichts vielfach als wichtige Ansprechpersonen für Eltern mit anderen Erstsprachen als Deutsch zur Seite, diese Betreuung müsste jedoch intensiviert bzw. professionalisiert werden und sollte nicht auf Kosten der Zeit für die Sprachförderung gehen.

Conclusio

Österreichs Schulsystem gehört im internationalen Vergleich der OECD-Staaten zu jenen Ländern, dessen SchülerInnen als stärker segregiert gelten und das am frühesten mit der Selektion der SchülerInnen in unterschiedliche Schultypen (äußere Differenzierung) beginnt. Dies wirkt sich besonders für SchülerInnen aus sozioökonomisch benachteiligten Verhältnissen in Form einer geringeren Zahl an schulischen Optionen (vor allem ab der Sekundarstufe) und einem schwierigeren schulischen Lernumfeld aus – was in Summe zu stark ungleichen Bildungschancen führt.

Wie der vorliegende Beitrag deutlich macht, sind SchülerInnen mit anderen Erstsprachen als Deutsch in unterschiedlichem Maße von sozioökonomischer Benachteiligung betroffen. Dort wo sich jedoch eine solche sozioökonomische Benachteiligung und die damit einhergehende wohnräumliche Segregation auch mit einer unzureichenden Förderung von Erst- und Zweitsprachen sowie den selektiven und zusätzlich segregierenden Mechanismen des nach wie vor monolingual geprägten österreichischen Schulsystems kumuliert, dort mündet dies auch in niedrigere fachliche Testleistungen, wie sich an den dargestellten BIST-Testungen zeigt. Dagegen schneiden SchülerInnen aus Sprachgruppen mit höherem sozioökonomischem Status ähnlich gut oder sogar besser ab als die SchülerInnen mit deutscher Muttersprache.

Diese Befunde sind eindringliche Hinweise für den schulischen Reformbedarf: Dieser betrifft einerseits Maßnahmen zur allgemeinen Bekämpfung der Reproduktion sozialer Ungleichheiten durch das Schulsystem, wie die Hinwendung zu Desegregationsmaßnahmen, gezieltere Zuteilung zusätzlicher Ressourcen für Schulen mit besonderen Förderherausforderungen auf Basis eines Chancen-Index, die Ausweitung gemeinsamer Schulzeit, die höhere Durchlässigkeit zwischen Schultypen, den Ausbau ganztägiger Schulformen mit individualisierten Förderprofilen sowie intensivierte Elternbegleitung.

Es gilt jedoch andererseits auch, für den Ausbau spezifischer Förderstrukturen für SchülerInnen mit anderen Erstsprachen als Deutsch (die ein Viertel der SchülerInnenschaft ausmachen) zu sorgen. Dazu sollte künftig insbesondere eine stärkere Hinwendung zu einer durchgängigen Sprachförderung aller Kinder erfolgen ebenso wie eine stärkere und verpflichtende Verankerung sprach- und diversitätssensibler Pädagogik in Aus-, Fort- und Weiterbildung von Lehrkräften und Schulleitungen. Gerade Sprachlernprozesse – unabhängig von der Muttersprache eines Kindes – sollten schon in frühen Jahren vor Erreichen des schulpflichtigen Alters begleitet und bedarfsgerecht gefördert werden, weshalb die Elementarpädagogik als wesentlicher Baustein sprachsensibler Förderung eingebunden und mit entsprechenden Ressourcen ausgestattet werden sollte. Das Bekenntnis zu einem Bildungssystem, welches Chancengleichheit für alle SchülerInnen – unabhängig ihres soziökonomischen Status und ihrer Erstsprache – aktiver und gezielter fördert, ist dafür freilich die notwendige Voraussetzung.

Literatur

Apeltauer, Ernst (2001) Bilingualismus und Mehrsprachigkeit. In: Helbig, Gert / Krumm, Hans-Jürgen (Hrsg.) Deutsch als Fremdsprache. Ein internationales Handbuch (de Gruyter, Berlin) 628–638.

Biedermann, Horst / Weber, Christoph / Herzog-Punzenberger, Barbara / Nagel, Arvid (2016) Auf die Mitschüler/innen kommt es an? Schulische Segregation – Effekte der Schul- und Klassenzusammensetzung in der Primarstufe und der Sekundarstufe I. In: Bruneforth, Michael / Eder, Ferdinand / Krainer, Konrad / Schreiner, Claudia / Seel, Andrea / Spiel, Christiane (Hrsg.) Nationaler Bildungsbericht Österreich 2015, Band 2: Fokussierte Analysen bildungspolitischer Schwerpunktthemen. (Leykam, Graz) 133-174.

Bonal, Xavier / Bellei, Cristián (Hrsg.) (2018) Understanding School Segregation. Patterns, Causes and Consequences of Spatial Inequalities in Education (Bloomsbury, London).

Eder, Ferdinand / Dämon, Konrad (2010) Leistungsvergleiche zwischen Hauptschule und AHS-Unterstufe. In: Eder, Ferdinand / Hörl Gabriele (Hrsg.). Schule auf dem Prüfstand, (LIT, Wien) 13-56.

Fürstenau, Sara / Gomolla Mechtild (Hrsg.) (2011) Migration und schulischer Wandel: Leistungsbeurteilung (Springer, Wiesbaden).

Gogolin, Ingrid (2011a) Förderung von Kindern und Jugendlichen mit Migrationshintergrund. FörMig: Bilanz und Perspektiven eines Modellprogramms (Waxmann, Münster).

Gogolin, Ingrid (2011b) Bildungssprache und Durchgängige Sprachbildung. In: Fürstenau, Sara / Gomolla Mechtild (Hrsg.) (2011) Migration und schulischer Wandel: Leistungsbeurteilung (Springer, Wiesbaden) 107-127.

Groot-Wilken, Bernd / Isaac, Kevin / Schräpler, Jörg-Peter (Hrsg.) (2016) Sozialindices für Schulen. Hintergründe, Methoden und Anwendung (Waxmann, Münster und New York).

Gutiérrez, Gabriel / Jerrim, John / Torres, Rodrigo (2017) School segregation across the world. Has any progress been made in reducing the separation of the rich from the poor? (University

College, London). Download: https://johnjerrim.files.wordpress.com/2017/12/working_pa-per_international_segregation1.pdf

Haug, Sonja (2007) Soziales Kapital als Ressource im Kontext von Migration und Integration. In: Lüdicke, Jörg / Diewald, Martin (Hrsg.) Soziale Netzwerke und soziale Ungleichheit (VS Verlag, Wiesbaden) 85-111.

Herzog-Punzenberger, Barbara (2017) Migration und Mehrsprachigkeit. Wie fit sind wir für die Vielfalt? (Kammer für Arbeiter und Angestellte für Wien, Wien). Download: https://wien.arbeiterkammer.at/interessenvertretung/bildung/Migration_und_Mehrsprachigkeit.html (25.6.2018).

Herzog-Punzenberger, Barbara / Schnell, Philipp (2012) Die Situation mehrsprachiger Schüler/innen im österreichischen Schulsystem – Problemlagen, Rahmenbedingungen und internationaler Vergleich. In: Herzog-Punzenberger, Barbara (Hrsg.) Nationaler Bildungsbericht Österreich 2012. Band 2: Fokussierte Analysen bildungspolitischer Schwerpunktthemen (Leykam, Graz) 229–267.

Hörl, Gabriele / Dämon, Konrad / Popp, Ulrike / Bacher, Johann / Lachmayr, Norbert (2012) Ganztägige Schulformen – Nationale und internationale Erfahrungen, Lehren für die Zukunft. In: Herzog-Punzenberger, Barbara (Hrsg.): Nationaler Bildungsbericht Österreich 2012. Band 2: Fokussierte Analysen bildungspolitischer Schwerpunktthemen. (Leykam, Graz) 269–312.

Karsten, Sjoerd (2010) School segregation. In: Equal opportunities? The labour market integration of the children of immigrants. (OECD, Paris) 193-209.

OECD (2013) PISA 2012 results. What makes schools successful? Resources, policies and practices (OECD Publishing, Paris).

OECD (2018) Equity in Education. Breaking down barriers to social mobility. (OECD Publishing, Paris).

Oleschko, Sven / Lewandowska, Zuzanna (2017) Soziale Exklusion und ihr Einfluss auf Bildungsungleichheit im Kontext von Migration und Raum. In: Geisen, Thomas et al. (Hrsg.): Migration, Stadt und Urbanität. Perspektiven auf die Heterogenität migrantischer Lebenswelten. (Springer, Wiesbaden) 279–298.

Pechar, Hans (2011) Bildungsgerechtigkeit in der Wissensgesellschaft. In: Wirtschaftspolitische Blätter 2/2011, 225–237.

Perchinig, B. & T. Troger (2010) Migrationshintergrund als Differenzkategorie. Vom notwendigen Konflikt zwischen Theorie und Empirie in der Migrationsforschung. In: Polak, R. et al. (Hrsg.): Europäische Wertestudie 2008–2010. Österreich im Europäischen Kontext. Wien: Böhlau, 283–323.

Schofield, Janet W. / Alexander, Kira M. (2011) Stereotype Threat, Erwartungseffekte und organisatorische Differenzierung. Schulische Leistungsbarrieren und Ansätze zu ihrer Überwindung. In: Fürstenau, S. & M. Gomolla (Hrsg.) Migration und schulischer Wandel: Leistungsbeurteilung (Springer, Wiesbaden) 65-88.

Schüchner, V., P. Schnell & I. Schwarzenbacher (2018) Schulen gerecht finanzieren: Ein Chancen-Index-Modell für Österreich. In: Schulheft 168, 67–84.

Vogtenhuber, Stefan / Lassnigg, Lorenz / Bruneforth, Michael / Edelhofer-Lielacher, Edith / Siegle, Thilo (2016) Inputs – Personelle und finanzielle Ressourcen. In: Bruneforth, Michael / Eder, Ferdinand / Krainer, Konrad / Schreiner, Claudia / Seel, Andrea / Spiel, Christiane (Hrsg.) Nationaler Bildungsbericht Österreich 2015, Band 1: Das Schulsystem im Spiegel von Daten und Indikatoren. (Leykam, Graz) 37-70.

Arbeitsmarktintegration und Bildung 2: Perspektiven aus der Praxis

Produktionsschulen in Deutschland: ein pluralistisches pädagogisches Experiment und berechenbarer Faktor im Übergangssystem

Martin Mertens[1]

„ Vielleicht brauchen junge Leute mit Lebensproblemen
Orte, die für sie einladend sind,
und Menschen, die für sie glaubwürdig erscheinen. "
(Anne Charton, Arnulf Bojanowski (1993) S. 84.)

Hinter sich einen Berg Sand, vor sich den Zementmischer. Seit fast einer Stunde geht Karim ohne Unterbrechung seiner Arbeit nach: Immer wieder füllt er Sand, Wasser und Zement in die runde Tonne, entleert sie und schickt mit dem fertigen Speis einen Kollegen mit der Schubkarre auf die andere Seite des Gebäudes. Fünf junge Männer sind dort damit beschäftigt, neue Fenster einzupassen. Die Zusammenarbeit funktioniert – in kleinen Schritten: Einer hält die Karre fest, ein Zweiter füllt den Zement in den Eimer. Der Dritte reicht ihn nach oben, der Vierte nimmt ihn an. Der Verlauf bietet viel Raum „Unsinn". Also vergeht kaum eine Minute, ohne dass der Ausbilder sich einschaltet und die Jungs anleitet, dieses oder jenes so oder anders zu tun.

Die Jugendlichen, die hier die Arbeit auf dem Bau lernen, sind keine Lehrlinge – und ohne weitere Vorbereitung werden sie auch keine. Vier der fünf haben keinen Schulabschluss, jeder hat noch andere kulturbedingte Verhaltensmuster, die einer stetigen selbstständigen Arbeit im Weg stehen.

Manchmal braucht es länger, bis gute Ideen von den Regelsystemen und deren Institutionen aufgegriffen werden. Das Konzept der Produktionsschule ist solch ein Beispiel.

Die Produktionsschule begegnet den aktuellen Defiziten im allgemeinbildenden und beruflichen Bildungssystem insbesondere in Bezug auf die berufliche Orientierung, die Dominanz kognitiver Lernprozesse (Sprach- und Schriftlastigkeit) und die unzureichende Förderung der sozialen und emotionalen Kompetenz der Jugendlichen. In der Produktionsschule wird auf die Verschulung von Lernprozessen und auf die Dominanz kognitiven Lernens zu Gunsten der Entwicklung praktischer Fähigkeiten und sozial-emotionaler Nachreifung verzichtet.

Die berufliche Bildung geht zwar im Kern als deklarierte Absicht durchaus regelhaft vom Konzept der Handlungsorientierung aus. In der Realität praktiziert sie methodisch jedoch formelhaft und frontal eher theorielastig. Produktionsschulen

---

[1] Dieser Text ist eine Überarbeitung des gemeinsamen Textes von Martin Mertens/Henner Stang aus dem Jahr 2016

setzen das Konzept der Handlungsorientierung in reale Herstellung gebrauchswertiger Produkte um. Das essentielle Prinzip der Produktionsschul-Didaktik schafft Selbsttätigkeit indem es mit exemplarischer Phantasie die vollständige Handlung von der Kundenakquise über die Produktplanung und -design, kooperative Arbeit am Produkt bis zum Verkauf methodisch praktisch gestaltet. So verwirklicht sich das Duale real in der didaktischen Einheit von Theorie und Praxis an einem Lernort.

Das (berufs-)pädagogische Zauberwort heißt Produktion. Die produktive Arbeit steht im didaktischen Zentrum von Produktionsschulen und trägt dazu bei, die Jugendlichen in ihrer Persönlichkeitsentwicklung qualifiziert zu unterstützen. Darüber hinaus will das Konzept der Produktionsschule nichtfremdbestimmte Arbeitstugenden und demokratische Grundwerte vermitteln, um junge Menschen in die Gesellschaft zu integrieren; und positiv in der Persönlichkeitsentwicklung, von der Selbstwirksamkeit über Teilhabe, zur Lebensfähigkeit, zu unterstützen. Die *„Berufliche Förderpädagogik"* (Bojanowski 2013 bildet dabei die Grundlage für die Kompetenzen und Qualifikationen der Fachkräfte in Produktionsschulen.

Das pädagogische Konzept der Produktionsschule ist konstitutiver Bestandteil der Arbeits- und Produktionsprozesse zur Förderung und Kompetenzentwicklung junger Menschen. Lernprozesse werden mit Arbeit in betriebsnahen Strukturen mit „Werkzeugen" und Inhalten zielorientiert verknüpft („Der Wunsch nach Theorie entsteht in der Produktion!" (Martina Lüking in G.I.B. Info 2013). Gerade dadurch werden Kenntnisse, Fähigkeiten und Verhaltensweisen, die für die Aufnahme und Durchführung einer Berufsausbildung und/oder einer Erwerbstätigkeit notwendig sind, entwickelt und gefördert. Die betriebsnahen Strukturen (Werkstätten bzw. Dienstleistungsbereiche) bilden das Gerüst und Werkzeug für eine arbeitsweltbezogene Berufsorientierung, -vorbereitung, -ausbildung und Nachqualifizierung. In der auf soziale Bedürfnisse und Lebensperspektiven von lebendigen Menschen orientierten Werkstattkultur der Produktionsschule verknüpfen sich die Kultur und Geschichte der lebendigen Arbeit mit den Erkenntnissen der digitalen Revolution mit der Kultur der Jugend in Handlungseinheit mit der Idee des produktiven Lernens: eine historisch neue Gestalt von Bildung und Erziehung.

Die in der Produktionsschule realisierten didaktisch-methodischen Konzeptionen zur Förderung Jugendlicher zielen darauf, deren Leistungspotentiale zu aktivieren und damit ihre Entwicklungsmöglichkeiten auszuschöpfen. Sie fördert die Integration junger Menschen in die Arbeitswelt durch

- die Gewöhnung an den Arbeitsrhythmus
- die Einhaltung innerbetrieblicher Umgangsformen
- das Zurechtfinden in betrieblichen Strukturen
- die Übernahme von Verantwortung bei der Arbeit
- die Auseinandersetzung mit KollegInnen
- das Lernen voneinander
- die bewusste Berufsentscheidung
- die Unterstützung bei der persönlichen Nachreifung

Ein Schlingel

Ein schmaler „arabischer" Junge mit Straßenkinder-Pfiffigkeit und „Schalk" in den Augen. Palästinenser. Mit den Eltern über Jordanien in ein nordafrikanisches Land geflohen, dann nach Deutschland. Über eine Jugendhilfe Unterstützung kommt er als Teilnehmer eines Schulverweigerung Projektes zur Produktionsschule; neben dem „Unterricht" zur Arbeits-und Kompetenz Erprobung in die Schreinerwerkstatt. Täglich produziert er fantasievolle Auffälligkeiten, leider oft hinter blauen Wolken von Haschisch.

Der Vater wird öfter „einbestellt". Unter seinen autoritär patriarchalischen bösen Ansagen" gibt der Sohn sich reumütig und einsichtig. Indirekt erfahren wir von Prügel und anderer familiärer Gewalt (zum Beispiel Einsperren und Anketten des Bruders wegen Drogenkonsums). Nach seinen Unterwerfungsakten gegenüber dem Vater ist er wie immer der nicht uncharmante „Gassenjunge". „Trotz" allem gelingt ihm der Hauptschulabschluss. Er ist schließlich wegen seiner pfiffigen Ausreden nicht unbeliebt. Alle rollen die Augen, wenn es um ihn geht.

Aber schließlich verliert man sich auch aus den Augen. Der Schulabschluss mündet für ihn nicht in einer Schreinerausbildung in der Produktionsschule.

Bei aller Liebe sind die Ausbilder auch genervt. Nach geraumer Weile treffen wir ihn in der Stadt mit Kinderwagen und Ehefrau. Großer Stolz: er hat eine Ausbildung zum Koch oder Küchenhelfer? erfolgreich abgeschlossen. Ja, er hatte schließlich handwerkliche Betriebsverläufe und eine verantwortlich-planvolle Arbeitsorganisation in der Schreinerei kennengelernt

„Afrikaner sein heißt zuallererst ein freier Mensch sein oder, wie Frantz Fangen immer wieder erklärte: ein Mensch unter anderen Menschen." (Achill Mbembe). Dafür bot die Produktionsschule offenbar eine gute neue Heimat.

Ein weiteres Grundprinzip der Produktionsschule ist die Verbindung von kognitiven, emotionalen, sozialen und handlungsbezogenen/praktischen Lernprozessen. Lernen ist stark bedingt durch die Situation des Lernenden sowie durch die Person des Werkstattpädagogen (LehrerIn/AusbilderIn). Gerade Jugendliche, mit verfestigten Mustern und nicht immer linearen Biografien, finden hier tragfähige Beziehungsangebote der (Werkstatt-)PädagogInnen. Wesentlicher pädagogischer Merkposten ist die intensive Beachtung der phantasievollen und durchaus verschlungenen Wege der Trieb Ansprüche und Affekte in der Adoleszenz (Heimlicher Lehrplan).

Damit werden die herkömmlichen Formen der betrieblichen Didaktik („Vorbereiten", „Vormachen", „Nachmachen", „Üben") zugunsten eines neuen Verständnisses des offenen und allgemeinbildenden Lernens überwunden.

Hinzu kommt eine Verbesserung und Intensivierung der Zusammenarbeit mit regionalen Kooperationspartnern (Betriebe, Schulen, Kommunen, Bildungsträger) – z.B. über regionale Beiräte mit VertreterInnen der Sozialpartner und kommunalen Körperschaften – durch die Etablierung von Produktionsschulen vor Ort.

Zu viele Teufel im Land (Paul Parin)

Sophia, eine etwa 17-jährige junge Frau, Afrikanerin aus Kamerun. Sie ist „mächtig" scheu, erscheint außerordentlich introvertiert und sprachlich eher zurückhaltend, sehr redestill. Bald stellt sich jedoch heraus, meist im unmittelbaren Arbeitskontakt, dass ihre deutschen Sprachkenntnisse sehr gut sind. Sind das Vorerfahrungen aus ihrer Heimat? Kamerun ist doch eher französischsprachlich kolonialisiert.

Über ihre Fluchtbewegungen ist nichts bekannt. Sie lebt in einer betreuten Jugendwohngruppe (JWG) und kommt aus dieser (25 km entfernt) meist täglich zu uns in die Produktionsschule.

In der Produktionsschule ist sie in eine Ausbildung zur Bürokommunikation eingestiegen. Die Kommunikation mit ihr persönlich jedoch gestaltet sich sehr „blockiert". In der AB:S (Arbeitsberatung: Soziales), einer betriebsinternen „Supervision" für alle Jugendlichen der Produktionsschule, ist sie sehr abwesend, ja geradezu abweisend, kommunikativ oft nicht erreichbar. Abwesend ist sie natürlich auch, wenn sie zu spät kommt oder wegen Krankheit fehlt. Was nicht selten passiert. Da sie von der JWG „therapeutisch" betreut wird, gibt es über das Pädagogische hinaus in der Produktionsschule keine therapeutischen Interventionen.

Alle sehen sehr „schwarz", in typischer ethno-linguistischer eurozentrierter Vorurteilszuweisung. Lächeln kann sie erst, als wir über einen Vorschlag, Geschichten zu erzählen, besseren Sprachkontakt zu ihr gewinnen: Grimms Märchen in Hessen. Wir bitten sie, afrikanische Märchen aufzuschreiben und in der Gruppe zu erzählen. Sie strahlt. Afrikanische Mythen schaffen schließlich eine sprachlich-soziale Brücke, auf der wir uns „irgendwo" treffen können. Irgendwo heißt aber auch ganz konkret in einem Ausbildungsbüro, wo man die erforderliche betriebliche Organisation „lernen kann". Das Eis zwischen Afrika und Europa scheint gebrochen. Nun „funktioniert" auch der soziale Kontakt beim Spracherwerb im Handlungs- und Produktionsprozess. Gemeinsam arbeiten, erst lächeln, dann sprechen!

Produktionsschulen zeichnen sich durch eine besondere Lern- und Organisationskultur aus. Produktionsschulen verfolgen damit nicht nur besondere pädagogische Ziele, sondern sie artikulieren auch eine explizit sozialpolitische Dimension: Die Förderung von Integration. In diesem Sinne sehen wir die Einbindung von jungen Flüchtlingen und AsylbewerberInnen als eine der bestimmenden Herausforderungen für die Produktionsschulen.

In mehrfacher Hinsicht stellt die Produktionsschule einen Spezialfall von Schule dar: Ein gewisses Paradox zwischen Pädagogik und Ökonomie. Sichtbar an ihrer Rechtsform, Größe, Finanzierung, Sozialraumorientierung, Schülerrekrutierung und vor allem hinsichtlich ihres pädagogischen Profils.

„Lernen an Produktionsaufgaben" wirft eine ganze Reihe von Fragen und Gestaltungsproblemen auf, die sich aus der pädagogischen Bedeutung von Arbeits- und Produktionsprozessen zum Zwecke der Förderung von „benachteiligten Jugendlichen" ableiten lassen.

Die curriculare Gestaltung von Produktionsschulen erfolgt entsprechend der Auftragssituation vor Ort: Produktionsschulen strukturieren ihre Lernprozesse vor dem Hintergrund realer Aufträge, die die Schulen von externen Kunden erhalten bzw. selbst akquirieren. Dieser Marktbezug öffnet die Produktionsschule in besonderer Weise gegenüber ihrem gesellschaftlichen Umfeld, erzeugt aber zugleich auch das pädagogische Gestaltungsproblem zwischen didaktischer Herausforderung und betriebswirtschaftlicher Notwendigkeit. Bei der Produktion gebrauchs- und verkaufsfähiger Gegenstände und Dienstleistungen muss einerseits die Produktionsschule pädagogisch differenzieren, indem sie am individuellen Entwicklungsstand des einzelnen Produktionsschülers in Kooperation mit der Gruppe ansetzt und ihn mit Arbeitsaufgaben konfrontiert, die ihn herausfordern. Andererseits gibt es Gesetzmäßigkeiten und Imperative des Marktes, Kundenwünsche, Qualitätsansprüche und Terminvorgaben, die nicht folgenlos ignoriert werden dürfen.

Das Gestaltungsproblem der anregenden und spannenden Kombination von Arbeiten und Lernen wird dadurch komplexer, sodass es keine festen Einstellungs- und Ausstiegstermine gibt. ProduktionsschülerInnen treten zu für sie in ihrem sozialen Umfeld passenden Terminen freiwillig als Novizen in die Produktionsschule ein und können diese nach etwa einem Jahr wieder bzw. in der Berufsausbildung nach drei- oder dreieinhalb Jahren verlassen.

Produktionsschulen sind keine pädagogischen Entdeckungen der 70er oder gar der 90er Jahre des 20. Jahrhunderts in Deutschland, sondern haben eine europäische Genese. Das Produktionsschulprinzip wurde im späten 18. Jahrhundert *„nicht in die Luft hinein konstruiert"* (Frankreich); es ist unterbaut von den *Gedanken der großen Pädagogen* des 18. und 19. Jahrhunderts (Franz Hilker). Bereits 1923 fand der Produktionsschulkongress des Bundes entschiedener Schulreformer in Deutschland statt. Die Nationalsozialisten verboten 1933 diese Organisation und ihre pädagogischen Bemühungen. Erst wieder im Anschluss an die sozialen Bewegungen Ende der 60er Jahre nahm die Bewegung Fahrt auf. Seit Beginn der 90er Jahre, inspiriert durch die dänischen Produktionsschulen, kam es deutschlandweit zur konkreten Einrichtung von Produktionsschulen an unterschiedlichen Orten (Mertens). Aktuell stehen in Deutschland in ca. 200 Produktionsschulen 7.500 Plätze für Lernende im Jahr offen. Der Bundesverband Produktionsschulen e.V. hat 2010 Qualitätsstandards formuliert und verabschiedet, als Rahmen für die Pädagogik, Struktur und Finanzierung von Produktionsschulen.

Fakt ist: Es existiert in Deutschland noch kein einheitlicher Typus von Produktionsschulen; gleichwohl gibt es übertragbare Gemeinsamkeiten. So kann in Produktionsschulen die Schulpflicht der allgemein bildenden Schule bzw. der Berufsschule erfüllt werden. Produktionsschulen nehmen in einigen Bundesländern von Ausgrenzung bedrohte SchülerInnen („Schulverweigerer") ab Klasse 8 auf, bereiten sie auf die Rückkehr in Regelschulen vor und/oder vermitteln ihnen außerhalb des Regelschulangebotes einen staatlichen Schulabschluss. Produktionsschulen bieten auch den nicht mehr schulpflichtigen, noch nicht „ausbildungsreifen" jungen Menschen, die im ersten Arbeitsmarkt weder eine Berufsausbildung noch eine

Beschäftigung finden oder eine Ausbildung abgebrochen haben, arbeitsmarkt- und -rechtliche Anschlussperspektiven. Produktionsschulen können auch als außerbetriebliche Ausbildungsstätten und als „soziale Betriebe" des zweiten Arbeitsmarktes im Rahmen der Nachqualifizierung fungieren. Wir finden im Ergebnis in deutschen Produktionsschulen Jugendliche und junge Erwachsene also auch Flüchtlinge und AsylbewerberInnen in einer Altersspanne von 14 bis 27 Jahren.

Die in den letzten zwanzig Jahren gegründeten Produktionsschulen in Deutschland waren ein offenes Modell bezüglich der Konzeptionierung und in ihrer pädagogischen Praxis. Dies war wichtig, um unterschiedliche schulische und außerschulische „Produktionsschulmodelle" zu erproben, die positive Anknüpfungspunkte mit Weiterentwicklungsperspektive bieten. Diese Modelle (Bojanowski 2012) zeigten dabei eine überzeugende pädagogische Antwort auf Integrations- und Gefährdungsprobleme der jungen Menschen, als eine extrem heterogene gesellschaftliche Gruppe -Ich bin einzigartig-.

Der Bundesverband Produktionsschulen ist eingebettet in die europäische bzw. internationale Vernetzung der International Production School Organization IPSO. Dieser Verbund hat u.a. das Ziel die Produktionsschulen als Element der Europäischen Jugendgarantie zu nutzen, um sie als sinnvolle Angebote gegen die hohe Jugendarbeitslosigkeit auch in anderen EU-Staaten einzuführen und nachhaltig zu etablieren.

Literatur

Charton, A./Bojanowski, A. (1993): Produktionsschule bei BuntStift - ein breitgespannter Förderansatz für den Weg zu Ausbildung und Arbeit. In: Bundesministerium für Bildung und Wissenschaft/Bundesinstitut für Berufsbildung (Hg.): Differenzierte Wege zum Beruf. Berlin/Bonn, S. 85-94.

Bojanowski, A./Koch, M./Ratschinski, G./Steuber, A. (2013): Einführung in die Berufliche Förderpädagogik. Pädagogische Bacics zum Verständnis benachteiligter Jugendlicher. Münster.

Bojanowski, Arnulf (2012): Charakteristika von Produktionsschulen in Deutschland. Annäherungen an eine „amtliche" Definition. In: Meier, J./Gentner, C./Bojanowski, A. (Hrsg.): Produktionsschulen verstetigen! Handlungsempfehlungen für die Bildungspolitik. Münster u.a. S. 15-26.

Hilker, F. (1924). Der Produktionsschulgedanke. In P. Oestreich. Die Produktionsschule als Nothaus und Neubau: Elastische Einheits-, Lebens-, Berufs- und Volkskultur-Schule (S. 29-40). Berlin

Mbembe, A. (2014): Kritik der schwarzen Vernunft. Berlin.

Mertens, M./ Johanssen, T. (2014): Produktionsschulen in Deutschland In: Die Berufsbildende Schule: Heft 9 September 2014. Berlin. S. 289-294.

Mertens, M./Stang, H. (2016): „Vielleicht brauchen junge Leute mit Lebensproblemen Orte, die für sie einladend sind, und Menschen, die für sie glaubwürdig erscheinen." Produktionsschulen in Deutschland - ein pluralistisches pädagogisches Experiment und berechenbarer Faktor im Übergangssystem. Kassel

Pantel, P. (2013): Produktionsschule Bielefeld – „Der Wunsch nach Theorie entsteht in der Produktion". In: G.I.B.-Info 3/2013. Bottrop

Parin, P. (2008): Zu viele Teufel im Land: Aufzeichnungen eines Afrikareisenden. Klagenfurt

Ein Essay:
Junge Erwachsene mit Fluchthintergrund und der schwierige Weg in das österreichische Ausbildungs- und Beschäftigungssystem

Nadja Bergmann

Zusammenfassung

Die Anforderungen, welche seitens einer breiten Öffentlichkeit an (junge) Erwachsene mit Fluchthintergrund gestellt werden sind enorm: sich schnell und unauffällig integrieren. Dabei haben vor allem junge Menschen viel zu leisten: Deutsch lernen, fallweise erst in der Erstsprache alphabetisiert werden, sich im österreichischen System zurechtfinden, je nach vorheriger Schulausbildung Grundfächer lernen, Prüfungen ablegen, sich für eine Ausbildung entscheiden oder einen zu erlernenden Beruf, freundlich sein, etwaige Wertekonflikte aushalten, die Pubertät überstehen, psychische und physische kriegs- und fluchtbedingte Probleme hinter sich lassen, österreichische FreundInnen finden, dankbar sein, ein wertvolles Mitglied der Gesellschaft werden, Betriebe überzeugen, dass sie der/die Richtige sind, schnell lernen und vieles mehr.

Was aber wird seitens der Aufnahmegesellschaft – konkret der österreichischen Arbeitsmarktpolitik – dazu beigetragen, dass diese großen Erwartungshaltungen unterstützt werden? Dieser Beitrag wirft einen aufgrund der sich ständig wechselnden Rahmenbedingungen notwendigerweise unvollständigen Blick auf die österreichische Arbeitsmarktpolitik im Hinblick auf die Ausbildungs- und Arbeitsmarktintegration von jungen Erwachsenen mit Fluchthintergrund. Dabei wird stellvertretend für ähnliche Ansätze „Start Wien – Das Jugendcollege" herausgegriffen und die bisherigen Erfahrungen des Jugendcolleges bei der Unterstützung junger Erwachsener mit Fluchthintergrund exemplarisch vorgestellt.

Einleitung

2015 markierte in Europa das Jahr, in dem infolge des Anstiegs aus Kriegsgebieten flüchtender Menschen nach Europa bzw. steigender Asylanträge in europäischen Ländern, von einer „Flüchtlingswelle" gesprochen wurde bzw. schrittweise negativer konnotierter von einer „Flüchtlingskrise in Europa". Von 2014 auf 2015 verdoppelte sich die Zahl der AsylbewerberInnen von rund 627.000 auf rund 1,3 Millionen in Europa. Seit 2016 sinkt aufgrund unterschiedlicher Maßnahmen, die seitens der EU bzw. europäischer Länder getroffen wurden, die Zahl der Menschen, die aus Kriegsgebieten nach Europa gelangen. Die Zahl der Asylanträge ging im Jahr 2017 auf rund 650.000 zurück (43% weniger als im Jahr 2016) und sank noch weiter im ersten Halbjahr 2018 (um weitere 15%). Gleichzeitig sank auch die Anerkennungsquote stetig – im ersten Halbjahr 2018 betrug sie nur mehr 32% (Vergleichswert im gleichen Zeitraum 2017 43%).

Dieses Muster lässt sich auch in Österreich beobachten: Zwischen 2014 und 2015 verdreifachte sich die Zahl der Asylanträge in Österreich, um seit 2016 wie im gesamteuropäischen Raum rapide zu sinken. Ein Großteil der Menschen, die in Österreich Asyl beantragten flüchtete aus Syrien, Afghanistan stellte die zweitgrößte Gruppe dar (Wetzel et al 2018).

Während zu Beginn eine gewisse Solidarität mit den aus Kriegsgebieten geflüchteten Menschen vorherrschte („Refugees welcome") kehrte sich die anfänglich verständnisvolle, unterstützende Haltung mittlerweile vielerorts in Angst und Ablehnung um, dass „zu viele" Menschen kommen, vor allem zu viele Menschen, die in die westlichen Systeme „nicht passen".

Die Diskussion der Frage, was mit den Menschen geschieht, die bereits Asyl haben oder auf einen Antrag warten, wird dabei von Land zu Land und innerhalb der Länder zwischen unterschiedlichen AkteurInnen und politischen Lagern ganz unterschiedlich geführt.

Einerseits wird eine „Integration" in die sogenannte Mehrheitsgesellschaft erwartet, andererseits Befürchtungen gestreut, dass dies ohnehin nicht gelingen werde, da die „Neuen" doch sehr „anders" seien – religiös, kulturell, vom Ausbildungshintergrund, der Zusammensetzung (vor allem junge Männer), vom Aussehen und überhaupt.

Daneben gibt es viele Projekte, Stimmen, Initiativen, die gemeinsam mit Menschen mit Fluchthintergrund arbeiten, leben, Ideen entwickeln, wie ein gutes Miteinander gelingen kann, was Integration in die so genannte österreichische Mehrheitsgesellschaft ausmacht und welche Faktoren hier förderlich sein können – trotz des immer stärkeren rechtlichen, politischen und gesellschaftlichen Gegenwindes.

Dieser Beitrag fokussiert innerhalb dieses breiten Themenfelds auf einen bestimmten Teilausschnitt, nämlich die Frage wie Jugendliche und junge Erwachsene mit Fluchthintergrund dabei unterstützt werden, im österreichischen Ausbildungs- und Beschäftigungssystem Fuß zu fassen bzw. „integriert" zu werden. Im Kern geht es um folgende Fragen:

• Wie werden im Speziellen Jugendliche, die aus ihren Heimatländern flüchten mussten, dabei unterstützt im österreichischen Ausbildungs- und Beschäftigungssystem Fuß zu fassen?
• Auf welche institutionellen Rahmenbedingungen treffen sie in Österreich?
• Welche Erfahrungen wurden bislang im Rahmen arbeitsmarktpolitischer Angebote gemacht?

- Was sind mögliche spezifische Bedürfnisse „der" Zielgruppe – die in sich ebenfalls sehr heterogen ist – auf dem Weg in die Aufnahmegesellschaft? Werden diese wahrgenommen?

Dieser Artikel fand dabei seinen Ausgang in meinem Vortrag im Rahmen des Dialogforums 2017 der Donau-Universität Krems, den Univ. Prof. Biffl anregte. Der Beitrag wurde auf dieser Basis und auf Grundlage sehr unterschiedlicher Forschungsprojekte und Evaluierungen verfasst, die wir (L&R Sozialforschung) im Laufe der letzten Jahre durchführten, also Studien rund um das breite Themenfeld Integration in das Ausbildung- und Beschäftigungssystem in Österreich für unterschiedliche Zielgruppen – Jugendliche, bildungsferne Personen, WiedereinsteigerInnen und jüngst auch Menschen mit Fluchthintergrund[1]. Dabei greife ich vor allem auf die Ergebnisse zweier aktueller Studien zurück: die Begleitevaluierung eines spezifischen arbeitsmarktpolitischen Ansatzes in Wien für Jugendliche mit Fluchthintergrund „Start Wien – das Jugendcollege" (Bergmann et al 2019) und eine Studie zur Situation von Frauen mit Fluchthintergrund in Österreich (Wetzel et al 2018), ergänzend dazu Evaluierungen spezifischer Maßnahmen im Bereich Erwachsenenbildung für junge Erwachsene mit Fluchthintergrund (Steiner et al 2018).

Strukturelle Integration:
einer von mehreren „Integrationspfeilern"
und Fokus der österreichischen (Arbeitsmarkt-)Politik

Dass Integration kein Selbstläufer ist, sondern aktiver Politik und Maßnahmen jener Länder bedarf, in die integriert werden soll, ist ein relativ neues Phänomen, wie unter anderem Biffl (2017) betont. Damit der rezenten Fluchtbewegung Menschen vorwiegend aus dem Nahen Osten kommen und ihnen eine „andere/fremde" Kultur mit vermeintlich „anderen/fremden" Werten und Haltungen zugeschrieben werden, rückte in den letzten Jahren die Frage der Integration in das so genannte europäische Wertesystem stärker in den Mittelpunkt als bisher. Wurde bislang die Integrationsfrage vor allem über die Integration in das Bildungs- und Beschäftigungssystem diskutiert, stehen nun grundsätzlichere Ansätze im Mittelpunkt der öffentlichen, aber auch wissenschaftlichen Diskussion.

In einem rezenten Beitrag rund um die Integration junger Erwachsener unterscheiden Toprak & Weitzel (2017) zwischen kultureller Integration (soziale Werte und Sprache), struktureller Integration (Arbeitsmarkt und Bildung), sozialer Integration (soziale Beziehungen) und emotionaler Integration (Identifikation der Individuen); Heckmann (2015) beispielsweise trifft ebenfalls diese Unterscheidung,

---

[1] Beispielsweise zu arbeitsmarktpolitischen Ansätzen wie die überbetriebliche Lehre, die Produktionsschulen, das Programm Frauen in Handwerk und Technik sowie Start Wien – Das Jugendcollege. Weitere Informationen finden sich unter www.lrsocialresearch.at sowie im Literaturverzeichnis.

subsumiert unter der strukturellen Integration aber auch die Frage der Einbürgerung – ein Thema welches im aktuellen Integrationsdiskurs kaum aufgegriffen wird.

Interessant ist, dass sich die wissenschaftliche Auseinandersetzung vor 2015 stark um die Frage dreht(e), wie die Mehrheitsgesellschaft Integration verhindert – durch Vorurteile und Diskriminierung – oder fördert – als aktiver integrationspolitischer Akteur (Heckmann 2015) – während nun stärker in den Fokus gerückt ist, wie sich die neuankommenden Menschen integrieren und anpassen sollen.

Zumindest bis Ende 2017 – also dem Ende der großen Koalition und der Angelobung der neuen rechtskonservativen Regierung im Dezember 2017 bestehend aus ÖVP und FPÖ – war es Konsens, dass zumindest jene Menschen, die bereits einen positiven Asylbescheid haben, durch entsprechende Angebote und Ansätze dabei unterstützt werden, im österreichischen Bildungs- und Arbeitsmarktsystem Fuß zu fassen. Gleichzeitig ging es auch damals nicht nur um eine Unterstützung, sondern auch der Ausübung von Druck auf die Zugewanderten zur Integration über die Verknüpfung von Geldleistungen an Integrationsbemühungen.

So trat 2017 in Österreich ein neuer (arbeitsmarktpolitischer) Integrationsrahmen in Kraft (BMAEI 2017, 2017, AMS 2016, 2017, OIF 2017). Während das Integrationsgesetz die zentralen Rahmenbedingungen in den Bereichen Spracherwerb und Orientierung regelte, präzisierte das so genannte Integrationsjahrgesetz den arbeitsmarktpolitischen Rahmen. Seit September 2017 gilt ein verpflichtendes Integrationsjahr für Asyl- und subsidiär Schutzberechtigte, wobei hier als Zielgruppe all jene Personen genannt werden, deren positive Entscheidung nach dem 31.12.2014 getroffen wurde. Seit Jänner 2018 gilt ein verpflichtendes Integrationsjahr für AsylwerberInnen mit hoher Anerkennungswahrscheinlichkeit. Dieses Integrationsjahrgesetz, welches vom Arbeitsmarkservice (im Folgenden kurz AMS) implementiert wird, sieht als Bedingung Arbeitsfähigkeit und Sprachkenntnisse auf A1 Niveau vor. Ziel des Integrationsjahrgesetzes ist es, durch verschiedene – modulartig einsetzbare – Maßnahmen eine möglichst rasche Arbeitsmarktintegration zu erreichen. Dies inkludiert vor allem die folgenden Maßnahmen:

- So genannte Kompetenzclearings zur Überprüfung sprachlicher, schulischer und beruflicher Qualifikationen und Interessen,
- Deutschkurse ab A2 Niveau,
- Unterstützung bei der Anerkennung von im Ausland erworbenen Qualifikationen,
- Werte- und Orientierungskurse (in Kooperation mit dem ÖIF),
- Berufsorientierung und Bewerbungstrainings,
- Arbeitstrainings im gemeinnützigen Bereich, welche von Zivildienstträgern durchgeführt werden.

Inwiefern diese Angebote tatsächlich flächendeckend implementiert wurden bzw. ob diese Angebote vor deren flächendeckender Umsetzung bereits wieder durch die laufenden Kürzungen der AMS-Budgetmittel nicht ausgerollt bzw. wiedereingestellt wurden, kann aufgrund der sich ständigen Änderungen des AMS-Budgets durch die Bundesregierung und der fehlenden Informationspolitik derzeit nicht fundiert nachgezeichnet werden.

Festgehalten werden kann, dass zumindest bis Anfang 2018 ein starker Fokus auf die strukturelle Integration Asylberechtigter gelegt wurde, die durch Maßnahmen der kulturellen Integration – Sprach- und sogenannte Wertekurse – unterstützt werden sollte.

Dieser Fokus entspricht auch dem Zugang der generellen Bildungs- und Arbeitsmarktpolitik in Österreich, in Rahmen dessen die Beschäftigungsfähigkeit (künftiger) Arbeitsuchender im Mittelpunkt steht. Auch diese funktionellere Ausrichtung der Sozial- und Arbeitsmarktpolitik – diskutiert unter dem Titel „Workfare" – stellt eine Rahmenbedingung dafür dar, dass Menschen mit Fluchthintergrund vor allem dabei unterstützt werden, in den österreichischen Arbeitsmarkt eintreten zu können.

Fragen der sozialen Integration (soziale Beziehungen) sowie der emotionalen Integration (Identifikation der Individuen) werden im gängigen staatlichen Regulationsrahmen – also nicht nur im Rahmen der Arbeitsmarktpolitik sondern insgesamt – nicht berührt, ebenso wenig wie die Frage Einbürgerung oder politischer Teilhabe.

Vor diesem Hintergrund soll nun skizziert werden, wie sich dieser Fokus auf Jugendliche und jungen Erwachsene mit Fluchthintergrund hinsichtlich ihrer Teilhabe an Bildung und Arbeitsmarkt auswirkt bzw. wie diese dahingehend „vermessen" werden.

Jugendliche und junge Erwachsene mit Fluchthintergrund in Österreich

Wie einleitend bereits erwähnt, erfolgte ab dem Jahr 2015 ein Anstieg von Asylanträgen geflüchteter Menschen und eine schrittweise Anerkennung eines Teils der Asylanträge. Damit war auch die österreichische Politik und Verwaltung gefragt, entsprechende Angebote zu entwickeln, die Menschen mit Fluchthintergrund dabei unterstützen, in der österreichischen Gesellschaft anzukommen.

Die Integration junger Frauen und Männern mit Fluchthintergrund in das Bildungs- und Erwerbssystem stellte dabei eine der zentralen Herausforderungen dar, da eine gelungene Integration im Bereich der (Aus-)Bildung und des Arbeitsmarktes als wesentliche Grundvoraussetzungen für eine erfolgreiche soziale, gesellschaftliche Integration gesehen wird (Wetzel et al 2018, Toprak & Weitzel 2017).

Jugendliche und junge Erwachsene mit Fluchthintergrund sind eine spezifische Gruppe im Rahmen der Arbeitsmarktpolitik. Was unterscheidet die jungen Erwachsenen – im speziellen jene mit Fluchthintergrund – von den anderen Gruppen? Im Gegensatz zu schulpflichtigen Kindern und Jugendlichen haben sie einen weniger klar definierten Zugang zu Spracherwerb, Bildung und Ausbildung – also kein fixes verpflichtendes System, zu welchem sie verbindlichen Zugang haben (müssen). Andererseits weisen die jungen Erwachsenen seltener Bildungsabschlüsse auf bzw. können auf bereits gemachte Arbeitserfahrungen zurückgreifen, als ältere Erwachsene. Zudem wird es allgemeiner als sinnvoller angesehen, bei jüngeren Menschen auf eine längerfristige Ausbildung, eine (überbetriebliche) Lehrausbildung oder andere weiterreichende Aus- und Weiterbildungsansätze (etwa das Konzept der Produktionsschulen) zu setzen, da diese noch ein ganzes Arbeitsleben vor sich haben.

War am Anfang noch relativ wenig bekannt, wer die Neuankömmlinge sind, welche Bildungshintergründe sie mitbringen, welche Sprachkompetenzen, welche Berufserfahrungen, welche Ausbildungs- und Berufswünsche sollte diesem Wissensmanko seitens des Arbeitsmarkservice mit den sogenannten Kompetenzchecks entgegengewirkt werden.

Auswertungen der Kompetenzchecks – die allerdings nicht nach Alterskohorten vorliegen – zeigen, dass Menschen mit Fluchthintergrund eine ausgesprochen heterogene Zielgruppe sind: Menschen mit (oft nicht anerkannter) Fach- oder Hochschulausbildung stehen Menschen gegenüber, denen es in ihren Herkunftsländern nicht ermöglicht wurde, überhaupt eine Schule zu besuchen oder eine über den Pflichtschulabschluss hinausgehende Ausbildung zu machen (Wetzel et al 2018, AMS 2017). Menschen aus Syrien, Irak und dem Iran haben tendenziell höhere Abschlüsse als Menschen aus Afghanistan, Frauen häufiger höhere oder sehr niedrige Bildungsabschlüsse, vorhandene Berufserfahrungen konzentrieren sich auf ausgewählte jeweils spezifische Berufsfelder für Frauen wie für Männer.

Zudem wurden im Rahmen der Kompetenzchecks nicht nur formale Abschlüsse erhoben, sondern vor allem auch die Kompetenzen in unterschiedlichen Bereichen, an welchen in weiterer Folge angesetzt werden kann.

Trotz dieser für weitere Schritte wichtigen „Durchleuchtung" der Zielgruppe bleibt bereits hier kritisch festzuhalten, dass vor allem jene Bereiche erhoben wurden, die im engeren Sinn einen Bezug zur möglichst raschen Bildungs- und Arbeitsmarktintegration aufweisen. Fragen nach möglichen Traumatisierungen und psychischen bzw. physischen Belastungen durch Krieg und Flucht, Fragen der sozialen Einbettung im Ankunftsland, familiärer Unterstützung bzw. Einbindung in oder dem Fehlen von Netzwerken, mögliche Betreuungspflichten, generelle Einschränkungen oder vorhandene soziale Kompetenzen etwa bleiben ausgeblendet.

Problematisch ist dieses enge Verständnis arbeitsmarktrelevanter Merkmale vor allem deshalb, da daraus auch – wie weiter unten gezeigt wird – ein relativ enges Angebotsbündel geschnürt wurde, welches mögliche andere Faktoren nicht beinhaltet.

Dass es für Menschen mit Fluchthintergrund schwierig ist am Arbeitsmarkt Fuß zu fassen, zeigen verschiedene Untersuchungen, auch international: Trotz der Heterogenität zwischen Menschen mit Fluchthintergrund zeigen Forschungen, dass unter allen MigrantInnengruppen, diese die schwierigsten Bedingungen für eine Arbeitsmarktintegration haben: dies zeigt sich in verschiedenen europäischen Ländern (Biffl & Martin 2018) ebenso wie in Österreich (Wetzel et al 2018). Menschen mit Fluchthintergrund weisen beispielsweise auch nach fünf Jahren die geringste Beschäftigungsquote auf und haben das höchste Arbeitslosigkeitsrisiko. Vorurteile der Mehrheitsgesellschaft, fehlende soziale Netzwerke, nicht bewältigte Traumata, wenig Zugang zu Betrieben, teilweise wenig soziale Integration aufgrund bestehender

Segregationstendenzen sind hier einige der noch unzureichend geklärten Bestimmungsfaktoren.

Wenn auch Kompetenzchecks und die Abklärung der Deutschkenntnisse aus Sicht des Arbeitsmarktservice ein erstes Raster für weitere Schritte und Angebote darstellen, kann doch auch festgestellt werden, dass der Fokus kein ausreichender ist, um eine tatsächliche bzw. umfassende Integration zu ermöglichen. Dies zeigen spezifische Studien: beispielsweise verweisen diese auf nicht bearbeitete gesundheitliche Probleme und psychische Einschränkungen (Bundespsychotherapeutenkammer 2015), nicht abgeklärte Betreuungsplichten, wenig vorhandene verständliche Informationen und Unterstützung hinsichtlich des Zugangs zum Arbeitsmarkt bei einer Studie über Frauen mit Fluchthintergrund (Wetzel et al 2018) oder zeigen auf, wie wenig Vertrauen Menschen aus islamischen Ländern entgegengebracht wird seitens der Betriebe, vor allem hinsichtlich vermuteter Einschränkungen aufgrund „anderer" religiöser Praktiken (Kopftuch, kein Alkohol, Ramadan) oder der „abschreckenden" Wirkung auf KundInnen (Worbs et al 2016).

Die arbeitsmarktpolitischen Integrationspfade für Jugendliche und junge Erwachsene: Grundsatz und ein Praxisbeispiel

Wie stellen sich die arbeitsmarktpolitischen Ansätze nun konkret für die Gruppe junger Erwachsener dar? Was wurde hier – beispielhaft – angeboten, welche Erfahrungen wurden gesammelt? Welche Aspekte wurden – aufgrund des Fokus auf die Arbeitsmarktintegration – nicht abgedeckt?

Während 2015 die meisten Institutionen und Organisationen etwas überfordert waren, welche Unterstützungsmaßnehmen nun tatsächlich gesetzt werden können, um eine Integration in Ausbildung und Arbeitsmarkt zu unterstützen (bzw. zu Beginn auch noch ganz andere Fragen wie Unterbringung, Verpflegung etc. akut waren), wurde nach und nach seitens des zuständigen Stellen, so auch der Arbeitsmarktservice, sowie städtischer und kommunaler AkteurInnen ein Unterstützungssystem aufgebaut bzw. Integrationspfade für Jugendliche bis 25 Jahren erdacht und mit Leben gefüllt.

Beispielsweise hat das Arbeitsmarktservice quer über alle Bundesländer für Jugendliche bzw. junge Erwachsene bis 25 Jahren einen Integrationspfad entwickelt (ebenso wie einen eigenen Integrationspfad für Erwachsene ab 25 Jahren). Ab einem Sprachniveau von A1 – für dessen Erwerb der Österreichische Integrationsfonds zuständig ist – werden die oben genannten Kompetenzchecks durchgeführt und dann können je nach Ergebnis unterschiedliche Pfade beschritten werden. Gemeinsames Kennzeichen ist, dass einerseits die Überleitung in das Regelwerk der Arbeitsmarktpolitik für Jugendliche mit Fluchthintergrund gewährleistet werden soll, andererseits davor bzw. stattdessen aber spezifische Angebote gesetzt werden, damit eine Heranführung an eine Lehrausbildung, den Arbeitsmarkt oder weiterer

Angebote möglich ist. Diese können je nach Bedarf von Alphabetisierung, dem weiteren Spracherwerb, Berufsorientierung, der Möglichkeit eines Pflichtschulabschlusses bis zur Unterstützung zum Übertritt in eine geförderte oder betriebliche Lehre reichen.

In Wien wurde – als Bundesland mit der größten Zahl geflüchteter Jugendlicher und junger Menschen – seit Mitte 2016 eine umfassende bildungs-, sozial-, integrations- und arbeitsmarktpolitische Maßnahme umgesetzt, welche für die Hauptzielgruppe Jugendliche mit Fluchthintergrund konzipiert ist. Die Maßnahme läuft unter dem Titel „Start Wien – das Jugendcollege" und wird vom AMS, der Stadt Wien und Mitteln des Europäischen Sozialfonds finanziert.

Auch in den meisten anderen Bundesländern gibt es ähnliche Projekte, die aber nicht zuletzt aufgrund der geringeren Anzahl von Jugendlichen bzw. jungen Erwachsenen mit Fluchthintergrund anders dimensioniert und auch konzipiert sind.

Im Folgenden soll „Start Wien – das Jugendcollege" stellvertretend für derartige Ansätze beispielhaft kurz beschrieben werden, da es einen relativ weiten Ansatz verfolgt (ebenso wie ähnliche Beispiele aus den anderen Bundesländern, etwa „Poleposition" in Niederösterreich oder „Top for Job" in Vorarlberg). Zur Zielgruppe des „Start Wien – das Jugendcollege" gehören AsylwerberInnen, die sich bereits mindestens drei Monate im laufenden Asylverfahren befinden, Asylberechtigte und subsidiär Schutzberechtigte, benachteiligte Jugendliche, die nicht mehr schulpflichtig sind und ZuwanderInnen. Ziel ist die Vorbereitung der nicht mehr schulpflichtigen Jugendlichen und jungen Erwachsenen auf einen Umstieg in das reguläre Schul- bzw. Ausbildungssystem und/oder den Berufseinstieg. Der Fokus liegt in den Bereichen Basisbildung, in erster Linie der Verbesserung der Deutschkenntnisse, aber auch Mathematik und Englisch, wenn notwendig eine Alphabetisierung in der Erstsprache. Zudem wird kritische Partizipation, Natur und Technik, Gesundheit und Soziales sowie Kunst unterrichtet, Berufsorientierung geboten und – verbindliche – Einzelberatungen zur Verfügung gestellt. Geschlechtsspezifische Angebote runden das Angebot ab. Bemerkenswert ist unter anderem, dass neben sprachlicher und ausgewählter schulischer Kenntnisse ein breites Spektrum an Wissen vermittelt wird, wie Österreich „funktioniert" bzw. wie das Schul- und Ausbildungssystem ausgestaltet ist und dass Einzelberatungen Teil des Konzepts sind, um mögliche Problemfelder in und außerhalb des Jugendcolleges bearbeiten zu können.

TeilnehmerInnen aus Afghanistan und Syrien bilden die beiden größten Gruppen, knapp drei Viertel der TeilnehmerInnen sind männlich.

In erster Linie stellt das Jugendcollege also ein Brückenangebot dar: in weiterführende Ausbildungssysteme, den Arbeitsmarkt oder gegebenenfalls auch weiteren Angeboten seitens des Arbeitsmarktservice oder anderer Anbietern. Jugendliche haben rund ein Jahr Zeit dieses Angebot in Anspruch zu nehmen, um dann einen dieser Schritte in Angriff zu nehmen. Dies gilt zumindest für jene, welche Asyl- bzw. subsidiär Schutzberechtigt sind; jene Jugendliche, die auch nach Beendigung des Jugendcolleges noch keinen positiven Asylbescheid erhalten haben, werden bis zum Ausgang ihres Asylverfahrens in Ermangelung weiterer Möglichkeiten in „Warteposition" geschickt bzw. „dürfen" maximal (Deutsch)Kurse besuchen.

Wiewohl während des laufenden Betriebs – das „Start Wien – Jugendcollege" ist ein sehr „junger" Ansatz – festgestellt wurde, dass Problemfelder auftauchten, die weder bei der Ausschreibung derartiger Maßnahmen ausreichend berücksichtigt wurden, noch von anderen Stellen abgedeckt werden, konnten mit dem bestehenden umfassenden Angebot bereits viele Jugendliche dabei unterstützt werden, im österreichischen Ausbildungs- und/oder Beschäftigungssystem Fuß zu fassen. So zeigt die Evaluierung des Jugendcolleges (Bergmann et al 2019), dass ein großer Teil der Jugendlichen nach Beendigung des Jugendcolleges in das österreichische Schul- oder berufliche Ausbildungssystem einsteigen konnte und ein weiterer Teil beim Einstieg in den Arbeitsmarkt unterstützt wurde. Jene Jugendliche, die nach dem Jugendcollege noch keine konkreten Perspektiven hatten, kehren in die Betreuung des Arbeitsmarktservice bzw. die Bildungsdrehscheibe zurück. Jugendliche und junge Erwachsene, die trotz schon relativ langem Aufenthalt in Österreich bzw. dem Jugendcollege noch keinen positiven Asylbescheid haben, ist der Zugang zu Lehrstellen und dem Arbeitsmarkt verwehrt (worden) – dieser Gruppe stehen mehr oder weniger nur (Deutsch-)Kurse offen.

Zu noch offenen Problemfeldern nicht weniger Jugendlicher mit Fluchthintergrund zählt etwa der Umgang mit schwierigen Wohn- und finanziellen Situationen, psychische und physische Belastungen durch Flucht und Krieg, nicht vorhandene Einbindung in regionale Netzwerke („österreichische FreundInnen" beispielsweise), Barrieren seitens der Betriebe, die durch einzelne Jugendliche nicht ausgeräumt werden können und weitere Integrationsschritte verhindern.

All diese Faktoren können weiteren Integrationsschritten im Weg stehen, wenn nicht Zeit, Raum und Ressourcen zur Verfügung gestellt werden, diese zu bewältigen – ein Ergebnis, welches sich auch mit der Studie von Steiner et al 2018 über die Evaluation der Bildungsmaßnahmen für junge Flüchtlinge im Bereich Erwachsenenbildung deckt. Diese Evaluierung wie auch jene des „Start Wien – das Jugendcollege" kommt zum Schluss, dass diese Ansätze wichtige erste Schritte auf dem Weg in das österreichische Bildungs- und Arbeitsmarktsystem sind, vor allem dann wenn neben bloß inhaltlicher bzw. sprachlicher Kompetenzvermittlung auch die so genannten Umfeldprobleme bearbeitet werden, da diese sonst weiteren Schritten im Weg stehen (vgl. etwa Steiner et al 2016). Zusätzlich wichtig wäre es zudem mit Betrieben zu arbeiten.

Die aktuelle Entwicklung deutet allerdings darauf hin, dass festgestellte weitere Bedarfe nicht nur nicht abgedeckt werden, sondern bestehende und erfolgreiche Ansätze seitens der politischen Verantwortlichen gekürzt werden. Gerade für Menschen mit Fluchthintergrund steht eine weitere Mittelkürzung durch die Bundesregierung im Raum, die sowohl die einsetzbaren arbeitsmarktpolitischen Mittel als auch die finanzielle Absicherung der Menschen betrifft.

Fazit:
Still a long way to go
– und das mit immer weniger Unterstützung

Durch den Aufbau von Brückenangeboten wie das „Start Wien – das Jugendcollege" (welches hier für verschiedene Maßnahmen stellvertretend steht) konnten in den letzten Jahren Erfahrungen damit gemacht werden, was Jugendliche und junge Erwachsene mit Fluchthintergrund bei ihren Schritten in das österreichische Arbeitsmarkt- und Ausbildungssystem unterstützen könnte und was sie bzw. das Umfeld noch brauchen. Das Angebot wurde ein Stück weit „im Tun" entwickelt und konkretisiert. Positiv betrachtet, könnte ein Angebot wie das Jugendcollege, welches für österreichische Verhältnisse Neuland betreten hat, dazu genutzt werden, entlang der gemachten Erfahrungen der TrainerInnen, BeraterInnen und Jugendlichen zu wachsen und sich weiterzuentwickeln. Schließlich stellt sich meistens bei neuen Ansätzen für neue Zielgruppen erst heraus, wie sich diese tatsächlich umsetzen lassen und was die eigentlichen Anforderungen seitens der TeilnehmerInnen und der weiteren AkteurInnen sind.

Evaluierungen der neuen Ansätze für Jugendliche und junge Erwachsene mit Fluchthintergrund zeigen auf, wie sinnvoll und notwendig diese Angebote sind – legen aber gleichzeitig Bereiche offen, die bislang noch zu wenig abgedeckt wurden und zusätzlicher Angebote bedürften. Diese empirischen Evidenzen finden in der aktuellen politischen Situation aber wenig Beachtung. Anstatt auf ein kontinuierliches Unterstützungsangebot zu setzen sowie dessen Erweiterung, steht die Kürzung entsprechender Ressourcen auf der Tagesordnung: entwickelte arbeitsmarkt- und bildungspolitische Angebote werden zurückgefahren oder gestrichen.

Anknüpfend an das weiter oben skizzierte Integrationskonzept der strukturellen, sozialen, kulturellen und emotionalen Integration (Toprak & Weitzel 2017) und den darin aufgestellten Forderungen, dass dieser als komplex und langfristig anzusehender Prozess mit vielfältigen Maßnahmen unterstützt werden muss, bleibt für die derzeitige Realität nur das Fazit, dass mit immer weniger (finanzieller, politischer und gesellschaftlicher) Unterstützung Integrationsprozesse wohl nicht eben besser und einfacher vorangehen. Vor allem Jugendliche und junge Erwachsene, die mit großen Hoffnungen von einer sichereren Zukunft träumen, Ausbildungswünsche geschmiedet haben, Deutsch lernen, Schulstoffe und Prüfungen nachholen, sich immer wieder bei Betrieben und Ausbildungsträgern vorstellen, die allen Rückschlägen zum Trotz dran bleiben an ihrer Zukunft, sollten bei der Realisierung ihrer Vorstellungen – die letztendlich auf eine Integration in die österreichische (Erwerbs-)Gesellschaft abzielen – unterstützt werden. Junge Frauen und junge Männer lernen in den unterschiedlichen Angeboten gemeinsam und hoffen gemeinsam auf gute Ausbildungen und Erwerbsmöglichkeiten – allen Vorurteilen zum Trotz.

War es bislang schon so, dass die ausgerollten Maßnahmen sehr stark auf die Erwerbs- und Bildungsintegration ausgerichtet waren und breitere Maßnahmen der sozialen Integration eher dünn gesät waren, stellt sich nun die Frage, ob der Status Quo überhaupt gehalten werden kann. Dem lauten Ruf, sich zu integrieren, sollten doch auch entsprechende Unterstützungsangebote und eine wohlwollendere Aufnahme in der Gesellschaft folgen.

Literatur

Bergmann, Nadja, Lechner, Ferdinand, Riesenfelder, Andreas & Matt, Ina (2011) Evaluierung der überbetrieblichen Lehrausbildung (ÜBA). Wien.

Bergmann, Nadja & Schelepa, Susi (2011) Bestandsaufnahme der österreichischen Produktionsschulen. Wien.

Bergmann, Nadja (2014) Aktuelle Entwicklungen in der aktiven Arbeitsmarktpolitik für Jugendliche – geänderte Einbindung der Sozialen Arbeit? In: Österreichische Zeitschrift für Soziologie, Dezember 2014, Volume 39, Ausgabe 4, 341-350.

Bergmann, Nadja, Danzer, Lisa, Lechner, Ferdinand & Yagoub, Omar (2019): Begleitevaluierung. „Start Wien – Das Jugendcollege". Wien

Biffl, Gudrun & Martin, Philip L. (2018) Migration and Integration: Austrian and California Experiences with Low-Skilled Migrants. Border Crossing, Volume: 8, No: 1.

Biffl, Gudrun (2017) Migration and Labour Integration in Austria. SOPEMI Report on Labour Migration Austria 2016-17. Monograph Series Migration and Globalisation. Krems: Danube University Krems, Department for Migration and Globalisation.

BMEIA (2016) Integrationsbericht 2016, Wien.

BMEIA (2017) Integrationsbericht 2017, Wien.

Bundespsychotherapeutenkammer (BPtK) (2015) BPtK-Standpunkt: Psychische Erkrankungen bei Flüchtlingen, Berlin.

Danzer, Lisa, Lechner, Ferdinand & Wetzel, Petra (2016) Evaluierung der Anlaufstellen für Personen mit ausländischen Qualifikationen, im Auftrag des Bundesministe-riums für Arbeit, Soziales und Konsumentenschutz, Wien.

Heckmann, Friedrich (2015) Integration von Migranten. Einwanderung und neue Nationenbildung. Wiesbaden: Springer VS.

Hosner, Roland, Vana, Irina & Khun Jush, Golschan (2017) Integrationsmaßnahmen und Arbeitsmarkterfolg von Flüchtlingen und subsidiär Schutzberechtigten in Österreich. Forschungsbericht des FIMAS-Projekts. ICMPD.

Kücükyasar, Mevlüt (2016) Migration damals und heute: Was hat sich geändert? AW-Blog https://awblog.at/migration-damals-und-heute-was-hat-sich-geaendert/

OECD, European Commission (2016) How are refugees faring on the labour market in Europe? A first evaluation based on the 2014 EU Labour Force Survey ad hoc module. Working Paper 1/2016.

ÖIF (2017) Jahresrückblick: Integration und Asyl 2017. Wien: Fact Sheet 28. Aktuelles zu Migration und Integration.

Riesenfelder, Andreas (2016) Begleitstudie Wiener Jugendunterstützung, Wien.

Robert Bosch Stiftung /Sachverständigenrat deutscher Stiftungen für Integration und Migration (2017) Was wirklich wichtig ist: Einblicke in die Lebenssituation von Flüchtlingen, Berlin.

Schmatz, Susanne & Wetzel, Petra (2014) MigrantInnen in Wien: Einkommen, Bildung, Wohnen, Konsum und soziale Einbindung. Wien.

Steiner Mario, Pessl Gabriele, Karaszek Johannes (2016) Ausbildung bis 18. Grundlagenanalysen zum Bedarf von und Angebot für die Zielgruppe, Sozialpolitische Studienreihe, Nr. 20, Wien.

Steiner, Mario, Egger-Steiner, Michaela & Baumegger, David (2018) Evaluation der Bildungsmaßnahmen für junge Flüchtlinge im Bereich Erwachsenenbildung. Wien.

Tamesberger, Dennis & Vorbach, Judith (2016) Flüchtlingskrise? – Ein Appell für eine Erweiterung des Blickwinkels. In: Wirtschaftspolitik – Standpunkte 2016 (2), 15-19.

Themel, Kai (2016): AMS WIEN: Neue Projekte für Asylberechtigte und subsidiär Schutzberechtigte; Kompetenzcheck, BBE Check in plus, BBE Kompe-tenzzentrum, BBE step2Austria,
Präsentation 4.10.2016.

Wetzel, Petra, Riesenfelder, Andreas, Bergmann, Nadja, Danzer, Lisa & Lechner, Ferdinand
(2018) Arbeitsmarktbeteiligung von asylberechtigten Frauen: Herausforderungen, Perspektiven, Chancengleichheit. Wien: Studie von L&R Sozialforschung im Auftrag des AMS.

Worbs, Susanne/Bund, Eva/Böhm, Axel (2016) Asyl - und dann? Die Lebenssituation von Asylberechtigten und anerkannten Flüchtlingen in Deutschland, BAMF-Flüchtlingsstudie 2014,
Bundesamt für Migration und Flüchtlinge, Nürnberg.

Integration auf regionaler und lokaler Ebene 1: wissenschaftliche Perspektiven

Die Integration von Geflüchteten auf lokaler Ebene. *Weiße* und *blinde* Flecken in der sozialwissenschaftlichen Forschung und mögliche Auswege[1]

Martha Ecker

Zusammenfassung

Die Integration[2] von Immigrant*innen in einem Land wird entscheidend auf nationalstaatlicher Ebene geprägt, dennoch finden individuelle Integrationsprozesse lokal statt (siehe bspw. Bosswick & Heckmann, 2006). Dieser Beitrag beschreibt den Forschungsbedarf in Bezug auf Geflüchtete[3] abseits von Metropolregionen und widmet sich daraufhin einer Reihe an methodologischen und theoretischen Herausforderungen. In Folge werden mögliche Perspektiven zu deren Überwindung aufgezeigt, u.a. eine Perspektive gesellschaftlicher Transformation (Castles, 2010), Inter- und Transdisziplinarität, Reflexivität und kritisches Herangehen an theoretische und zugrundeliegende (sozial-)räumliche Konzepte.

Die Relevanz der lokalen Ebene in der Integration von Geflüchteten

Im Rahmen der oftmals als „Europäische Migrations- oder Flüchtlingskrise" (Ruz, 2015) beschriebenen Wanderungsprozesse von Personen über das Mittelmeer oder Südosteuropa suchten im Jahr 2015 fast 90 000 Personen in Österreich um Asyl an (BMI, 2016). Österreich hat in der Vergangenheit bereits eine ähnliche Anzahl an Geflüchteten aufgenommen[4], auch befinden sich nur ca. 17% der 65,5 Millionen Geflüchteten weltweit in Europa (UNHCR, 2017). Obwohl die Asylanträge in den letzten Jahren wieder stark rückläufig sind, wird das Thema der Integration von Geflüchteten auch im Jahr 2018 nach wie vor auf unterschiedlichen Ebenen disku-

---

[1]   Dieser Beitrag ist eine übersetzte und erweiterte Fassung eines bereits auf Englisch erschienenen Beitrags (Ecker, 2018).

[2]   Im Text wird aus Gründen der Einfachheit meist der Begriff „Integration" verwendet. Dieser kann jedoch durchaus kritisch gesehen werden, wie in Folge diskutiert, und Ansätze wie Inklusion oder Teilhabe bieten mögliche konzeptuelle Alternativen.

[3]   Dieser Begriff inkludiert im Rahmen dieses Textes Personen, die in Österreich um Asyl angesucht haben (Asylwerber*innen).

[4]   Ein Beispiel einer historischen „Flüchtlingskrise" ist laut Ther (2017, S. 7) gegen Ende des ersten Weltkrieges zu finden, als ca. 7 Millionen Vertriebene in Europa unterwegs waren.

tiert – von der UN, der EU und nationalen Politik, aber auch beispielsweise in Gemeinden. Dieser Text widmet sich der Frage, wie eine sozialwissenschaftliche Perspektive auf die Integration von Geflüchteten auf lokaler Ebene aussehen kann.

Lokale Bedingungen zur Unterbringung und in Folge auch Integration von Geflüchteten unterscheiden sich wesentlich, sowohl Herausforderungen als auch Chancen sind oft ortsgebunden: Leistbarer Wohnraum beispielsweise ist in schrumpfenden Orten wahrscheinlich ein kleineres Problem als in Wachstumsregionen mit angespannten Wohnungsmärkten. Ähnlich steht es mit dem lokalen Arbeitsmarkt, der je nach Struktur und Entwicklung langfristige individuelle Perspektiven eröffnen kann oder auch nicht. In Gemeinden selbst spielen historische Erfahrungen mit Flucht und bereits ansässigen Migrant*innen beispielsweise eine prägende Rolle in Bezug auf den lokalen Diskurs (vgl. Will & Bosswick, 2002, S. 2).

Die kommunale Ebene wird in der Literatur als treibende Kraft einer bedürfnisorientierten und partizipativen Integrationspolitik gesehen (Aumüller, 2009, S. 111), gleichzeitig werden die Rahmenbedingungen aber meist nicht von ihr bestimmt. Bommes (2009, S. 90) argumentiert, dass dies aber keiner Machtlosigkeit gleichkommt, und dass sich Gemeinden der Moderation von Integration in unterschiedlichem Ausmaß widmen. Für deutsche Städte findet Aumüller (2009, S. 128) beispielsweise, dass die lokale Integration von Geflüchteten oft weit über allgemeine Bestimmungen hinausreicht. Aufgrund der Prinzipien der Selbstverwaltung und vorherrschenden föderalistischen Systems gibt es auch in Österreich auf Gemeindeebene einen gewissen Freiraum, innerhalb dessen sich die lokale Integrationspolitik bewegt. So kann sich eine Gemeinde beispielsweise auf die Umsetzung nationaler und bundesandspezifischer Politik beschränken, oder aber in diesen Rahmen eingebettete eigene Maßnahmen umsetzen (Götzelmann, 2010, S. 194). Auf Ebene der Bundesländer gibt es Integrationsleitbilder, auch Städte und Gemeinden erarbeiten diese vermehrt. Daneben existieren natürlich auch Gemeinden, die Aktionen setzen, ohne ein Integrationskonzept zu beschließen (Gruber, 2013, S. 17).

In Folge wird die Relevanz des Themas durch einen Literaturüberblick dargestellt und die Bedeutung der lokalen Ebene abseits von Großstädten beleuchtet. Daraufhin stehen methodologische Fragen im Fokus und die Notwendigkeit einer reflexiven und politikrelevanten Forschung (Pennix & Scholten, 2009) wird erarbeitet. Zum Schluss werden mögliche Auswege aufgezeigt.

Weiße und *blinde* Flecken[5] der Integrationsforschung

Weiße Flecken stellen Fragen oder Themenbereiche dar, die bisher noch (nicht ausreichend) in der sozialwissenschaftlichen Forschung behandelt wurden und werden in erster Linie durch einen Literaturüberblick zu vorhandenen Forschungsarbeiten abgedeckt. *Blinde* Flecken adressieren darüber hinaus methodologische Fragen.

---

[5]   Diese Trennung basiert auf Wagner (1993).

Weiße Flecken: Die lokale Ebene abseits der Metropole

Die meisten Arbeiten zur Integration/Inklusion von Migrant*innen allgemein und Geflüchteten im Speziellen bleiben auf der Ebene des Nationalstaats oder untersuchen große Städte (vgl. Allmeier u. a., 2014; Gruber, 2015), auch ein Fokus auf Hochqualifizierte oder einzelne Sektoren wie den Arbeitsmarkt ist erkennbar. Pennix et al. argumentieren aber, dass ein Blick auf die lokale Ebene und ihre Prozesse sowie Projekte der guten Praxis einen wichtigen Beitrag leisten kann (2009, S. 5). Allmeier et al. (2014, S. 69) stellen fest, dass Integration und Diversität im Raum eine große Herausforderung ist und wenig Wissen über Einzelfälle hinaus existiere, beispielsweise zur Übertragbarkeit von Erkenntnissen.

Im Gegensatz zu Deutschland, wo sich mehrere Projekte mit der lokalen Ebene der Integration von Migrant*innen (bspw. Aumüller & Gesemann, 2014; Bommes, 2009; Gesemann & Roth, 2009) und auch Geflüchteten im Speziellen[6] (Aumüller, 2009) befassen, gibt es bisher kaum Untersuchungen der Rolle und Potentiale österreichischer Gemeinden (mit Ausnahme von Gruber, 2010; Machold, Dax, & Strahl, 2013)[7]. Der folgende Literaturüberblick zeigt aber ein breites Spektrum an Forschungsansätzen zur lokalen Integration von Geflüchteten über den deutschsprachigen Raum hinaus:

- Eine qualitative Studie zur Integration von Geflüchteten in zwei städtischen Gebieten (Pollokshaws/Glasgow und Islington/London) erforscht lokale Verständnisse von Integration, sowie unterstützende und hinderliche Faktoren. *Soziale Beziehungen* werden hierbei als grundlegende Mechanismen identifiziert (Ager & Strang, 2004). Methoden: Interviews und Social Mapping.
- Korac (2003) untersucht die Erfahrungen des Ankommens von Geflüchteten aus dem ehemaligen Jugoslawien in Italien und den Niederlanden, und setzt diese in Relation zu nationalen Wohlfahrtssystemen und Integrationspolitiken. Sie stellt fest, dass empirische Studien zur Niederlassung von Geflüchteten von *Top-Down-Herangehensweisen an Integration* geprägt sind, und Geflüchtete selbst wenig zu Wort kommen. In ihrer Forschung adressiert sie diese Herausforderungen durch Ethnographie und Fallstudienforschung.
- Spicer (2008) findet Orte der In- und Exklusion, indem er Raumwahrnehmungen und soziale Netzwerke von Geflüchteten durch Interviews erforscht. Er argumentiert, dass *soziale Inklusion* von *ortsgebundenen Faktoren* wie *Sicherheit*, *Zugang* zu *lokalen Ressourcen* und Dienstleistungen, und der Möglichkeit zur Schaffung *unterstützender Netzwerke* abhängt.

---

[6] Als relevante strukturelle Rahmenbedingungen werden hier beispielsweise die Größe der Stadt, deren ökonomische Lage, sowie Unterschiede zwischen Ost- und Westdeutschland in Hinblick auf die vorhandenen Gemeinschaftsstrukturen identifiziert (Aumüller, 2009).

[7] Nach derzeitigem Wissensstand der Autorin entstehen bzw. existieren für Österreich nur einzelne Studierendenarbeiten zu Geflüchteten im Speziellen, die beispielsweise eine Gemeinde oder lokale Initiative im Detail untersuchen.

• Eine Untersuchung des Zusammenspiels von Orten und Prozessen der Integration von irakischen Geflüchteten in zwei britischen Städten (Platts-Fowler & Robinson, 2015) zeigt, dass lokale Kontexte von Bedeutung sind. Diese sollten jedoch gemeinsam mit *„Orten", welche physische Ressourcen, soziale Beziehungen und Bedeutung beinhalten*, betrachtet werden. Sie verwenden einen von Ager und Strang (2008) entwickelten theoretischen Rahmen, um die Erfahrungen von 146 Geflüchteten durch Fragebögen und Fokusgruppen zu erheben.

Zusätzlich existiert wenig Forschung über Metropolen hinaus: *Gateway* oder *Global Cities* wie London oder New York, gekennzeichnet durch eine gute Position in globalen politischen und ökonomischen Hierarchien, waren bisher für die Forschung prägend (Glick Schiller, Caglar, & Guldbransen, 2006, S. 613). Ländliche(re) Gebiete als Orte der Einwanderung wurden erst kürzlich als Thema in der Forschung und Politik erkannt, dementsprechend wenig Literatur ist auch vorhanden. In Deutschland ist Integration bereits länger Thema sozialwissenschaftlicher Forschung, doch auch hier existieren nur vereinzelte Werke: Das Integrationspotential mehrerer Kleinstädte wurde untersucht (Schader-Stiftung, 2011), darauf folgte ein praxisorientiertes Projekt zu Integrations- und Entwicklungspotentialen ländlicher Regionen im Strukturwandel[8]. Diese Studien sind allerdings auch aufgrund des Größenunterschieds zwischen deutschen und österreichischen Kommunen nicht ohne Weiteres übertragbar (Gruber, 2015, S. 2). Gruber argumentiert, dass Integrationsarbeit in kleinen österreichischen Gemeinden stark von *lokalen Akteuren* und *individuellen (positiven) Erfahrungen* im Alltag abhängt, sowie *Bürgermeister*innen* und *Vereine* eine wichtige Rolle erfüllen (Gruber, 2010).

Blinde Flecken: Methodologischen Nationalismus adressieren, Reflexivität und Politikrelevanz

"(T)he choice of spatial metaphor is never innocent" (Samers & Collyer, 2017, S. 156). Jede Forschung zu Migration und Integration beinhaltet geographische Aspekte, wobei diese manchmal mehr und manchmal weniger stark expliziert und definiert werden. Ein vieldiskutierter Hauptkritikpunkt ist hierbei, dass hier ein (auch epistemologischer) Fokus auf den Nationalstaat dazu geführt hat, dass dieser als „Container" für empirische Forschung wird, und die nationale Perspektive dadurch oft auch unkritisch durch die Verwendung von dessen Kategorien, Variablen und Logiken repliziert wird (Çağlar, 2016; Wimmer & Glick Schiller, 2002). Dieser *methodologische Nationalismus* zeigt sich darin, dass die Nation/der Staat als natürliche soziale und politische Form der modernen Welt (Wimmer & Glick Schiller, 2002, S. 301) wahrgenommen wird. Dahinden (2016) argumentiert, dass die Migrations- und Integrationsforschung hierbei eine paradoxe Rolle im Umgang mit dem

---

[8]   Auch der Begriff „strukturschwach" wird verwendet: Obwohl kein Konsens bezüglich einer Definition herrscht, so werden meist drei Hauptfaktoren zur Identifizierung strukturschwacher Regionen herangezogen: Geringes ökonomisches Potenzial, Bevölkerungsrückgang und ein peripherer Standort (Scherr, 2009, S. 75f).

Nationalstaat einnimmt: Einerseits wird sie epistemologisch von ihm beeinflusst, andererseits hat sie aber auch zu dessen Diskussion beigetragen, beispielsweise durch wiederkehrende Hinweise auf die Exklusion von Nicht-Bürger*innen. Im Gegensatz dazu finden sich aber auch Forschungsansätze, die sich auf Mobilität, Diasporas und Bewegungen fokussieren und für ihre Vernachlässigung von beispielsweise Territorien und deren Auswirkungen auf Individuen, Institutionen, Strukturen und soziale Netzwerke kritisiert werden[9]. Favell (2007, S. 263) argumentiert, dass Forschung, die die politischen Anliegen nationaler Debatten reflektieren, Fragen der internationalen Migration und Integration aus Sicht der Aufnahmegesellschaft behandelt. Der von unterschiedlichen Autor*innen diagnostizierte *Bedarf nach Reflexivität* findet sich auch in den Forderungen, Migrationsforschung nicht als „Ausländerforschung" (Mecheril, Arens, Melter, Thonas-Olalde, & Romaner, 2013) zu betreiben, oder das Konzept der Integration selbst in den Fokus der Analyse zu stellen, dessen Ziele und Annahmen kritisch zu hinterfragen und theoretische Alternativen zu beachten (Pennix & Scholten, 2009). Castles nennt zwei Kritikpunkte, die es für die Migrationsforschung zu adressieren gilt (2002, S. 1143 f):

1. Aufgrund *disziplinärer Trennlinien* und voneinander getrennten Forschungsparadigmen (wie der neoklassischen Theorie, historisch-institutionellen Ansätzen, sozialer Netzwerkanalyse und Ethnographie) stellt er eine Verwurzelung in *Vorannahmen* fest und kritisiert, dass dies zu einer fehlenden Debatte zwischen Wissenschaft und Politik führt. Diese *Fragmentierung* habe auch dazu geführt, dass Maßnahmen in der Migrationspolitik oft das Gegenteil ihres eigentlichen Zieles erreicht hätten.
2. *Menschliches Handeln bzw. Handlungsfähigkeit (agency)* sei in der Vergangenheit nicht ausreichend berücksichtigt worden. Auf methodologischem Individualismus basierende Konzepte würden beispielsweise zu einer Vernachlässigung von Familien- und Gemeinschaftsstrukturen und deren Auswirkungen auf Migrationsstrategien führen.

Somit wird klar, dass die komplexe Verflechtung von Strukturen, individuellen und kollektiven Akteur*innen und deren Handlungsfähigkeit in einem Forschungsprozess berücksichtigt werden sollte – aber wie?

Debatten und mögliche Auswege

Basierend auf den obig erarbeiteten Kritikpunkten an bisherigen Forschungsarbeiten in der Migrations- und Integrationsforschung sollen in Folge mögliche Ansätze diskutiert werden, die eine sozialwissenschaftliche Erforschung der Integration/Inklusion von Geflüchteten auf lokaler Ebene verfolgen kann. In einem ersten Schritt

---

[9] *"(T)erritories are fixed for 'moments', not eternity, but in those 'moments', they have an effect on individuals, institutions, structures and social networks, migrant or otherwise, and this relationship is reciprocal and ever-changing"* (Samers & Collyer, 2017, S. 155 f)

wird hierbei das Konzept der *Integration* selbst diskutiert. Darauffolgend wird die Forderung von Castles nach einer *Perspektive der sozialen Transformation* beleuchtet und die Frage gestellt, ob Konzepte zu *sozialer Innovation* eine Möglichkeit zur Analyse lokaler Initiativen bieten. Zusätzlich werden *(sozial-) räumliche Ansätze* und deren Rolle im Forschungsdesign und -prozess, sowie *Inter- und Transdisziplinarität* diskutiert.

Integrationstheorie und ihre Rolle in der sozialwissenschaftlichen Forschung

Robinson (1998, S. 118) beschreibt das Konzept der (sozialen) Integration als von vielen verwendet und von den meisten unterschiedlich verstanden. Obwohl (oder gerade weil) häufig in verschiedensten Kotexten verwendet, existiert keine allgemein akzeptierte Definition oder Theorie (Castles, Korac, Vasta, & Vertovec, 2002, S. 12). Dennoch ist es ein explizites politisches Ziel und auch in Bezug auf Projekte mit Geflüchteten wird Integration gerne als angestrebtes Ergebnis angeführt. Die Offenheit des Konzeptes ist möglicherweise auch ein Grund für seine Beliebtheit, da so eine Forderung nach der Integration einzelner Personen möglich wird, ohne genauere Details oder Ziele zu verraten (vgl. Fassmann, 2006, S. 226). Perchinig (2010) spricht von einem verdächtig positiv besetzen Containerbegriff.

Die Breite des Konzeptes reflektiert die Vielfalt an Fragen, die mit der Einbettung einer Person in eine Gesellschaft einhergehen. Themen wie Wohnraum, Zugang zum Sozialsystem, die Vielfalt sozialer Beziehungen und politische Teilhabe können hierbei von Relevanz sein. Scherr (2009, S. 72) betont die Überschneidung von politischen, normativen, analytischen und wissenschaftlichen Aspekten und hebt besonders hervor, dass zugrundeliegende Annahmen in Bezug auf Staat und Gesellschaft, Machtverhältnisse und gesellschaftliche Ungleichheit in unterschiedlichem Ausmaß expliziert werden. Klar ist auf jeden Fall, dass Konzepte der Integration stets eine normative Komponente beinhalten. Etymologisch stammt der Begriff aus dem Lateinischen und beschreibt den Prozess der Eingliederung in ein Ganzes, des Vervollständigens oder aber den Zustand nach einem Integrationsprozess. Sein Gegensatz findet sich in der Desintegration, einem Zustand oder Prozess der Trennung und Teilung. Mechanismen und Intensität werden hierbei erst später (implizit und unpräzise) in das Konzept hineininterpretiert (Fassmann, 2006, S. 225). Scherr (2009, S. 74) beschreibt zwei grundlegend unterschiedliche Verständnisse von Integration im Migrationskontext:

1. Einen Fokus auf nationalstaatlich determinierte Interessen, der *Migration primär als Grund für gesellschaftliche Probleme und Konflikte* sieht. Dementsprechend wird Integration an sicherheitspolitische Diskurse geknüpft und mit Konzepten der Kulturassimilation verbunden.
2. Die zweite Herangehensweise konzentriert sich auf *individuelle Lebensbedingungen* und stellt demzufolge Fragen nach den Rahmenbedingungen, unter denen beispielsweise Migrant*innen gleichberechtigt am gesellschaftlichen und politischen Leben teilhaben können. Erfolgreiche Integration wird hier als Weg zur Überwindung von Ausgrenzung und Diskriminierung gesehen.

Basierend auf dem zweiten Ansatz liegt auch dieser Arbeit die Frage zugrunde, wie lokal spezifische Chancen und Barrieren adressiert werden (können), um eine sichere (und auch ökonomisch gesicherte) Lebensgrundlage für alle Gesellschaftsmitglieder zu gewährleisten und jeder Einzelperson das Finden einer für sie sinnstiftenden Rolle und Zukunftsperspektive in ihr zu ermöglichen (vgl. Siebel, 1997). Gerade in Bezug auf Geflüchtete und Personen, die (noch) keinen Asylstatus haben, stellt sich die Frage nach sozialer Teilhabe und Ausgrenzung dabei verstärkt (vgl. auch Aumüller, 2009, S. 115): Aus rechtlicher Perspektive haben sie einen klar eingeschränkten Zugang zu gesellschaftlicher und ökonomischer Teilhabe, und keine politischen Rechte. Wenn aber Asylsuchende nicht nur als rechtliche Kategorie, sondern auch als gesellschaftliche Gruppe gesehen werden, deren Mitglieder sich oft jahrelang in einem speziellen Ort wie einer Gemeinde aufhalten, so ähneln ihre Bedürfnisse denen anderer andere Migrant*innen oder marginalisierten Gruppen.

Die meisten Autor*innen unterscheiden zwischen vier grundlegenden Formen der Integration von Migrant*innen in eine „Aufnahmegesellschaft" (Bosswick & Heckmann, 2006; Esser, 2004; Häußermann, 2009)[10]:

1. Die *strukturelle Dimension*, die den Erwerb von Rechten und somit den Zugang zu zentralen Institutionen wie dem Arbeitsmarkt oder Bildungssektor abbildet.
2. Die *soziale* oder *interaktive Dimension* betrifft das Entstehen von sozialen Kontakten oder Netzwerken und baut auf theoretische Ansätze zu Sozialkapital auf.
3. Die *kulturelle* oder *kognitive Dimension* stellt den für die Teilhabe am sozialen Leben notwendigen Erwerb von zentralen Kompetenzen wie Sprache und Wissen über Normen und Werte dar.
4. Die *identifikatorische* Dimension beschäftigt sich mit dem Zugehörigkeitsgefühl und der Positionierung in Bezug auf Formen kollektiver Identität.

Die in
Abbildung 1 dargestellten zehn Hauptdimensionen spiegeln normative Verständnisse von Integration wieder. Die Autor*innen schlagen sie als Rahmen einer Theorie mittlerer Reichweite und Struktur zur Analyse und Diskussion von Wahrnehmungen und Kernbestandteilen von Integration vor. Sie bauen auf die obig beschriebenen vier Dimensionen auf. Der Ansatz bietet trotz einem inhärenten Risiko zu starker Vereinfachung mehrere Vorteile: Sowohl Prozesse als auch Resultate können abgebildet werden, Integration wird nicht als „Einbahn" verstanden, lineare Entwicklungen oder Beziehungen zwischen einzelnen Dimensionen sind möglich und werden nicht ex ante festgelegt (Platts-Fowler & Robinson, 2015, S. 479):

- *Mittel und Zeichen* stellen dabei vier Themenbereiche dar, die meist in Debatten zu erfolgreicher Integration fallen, und auch in offiziellen politischen Dokumenten Erwähnung finden. Während diese Dimensionen von einem breiten Akteurs-

---

[10] Auch wenn im Detail Unterschiede bestehen (siehe bspw. Castles & Miller, 2014).

spektrum als Schlüssel zur erfolgreichen Integration von Neuankömmlingen angesehen werden, betonen die Autor*innen hier, dass Integration nicht auf die Erreichung von Zielwerten in diesen Dimensionen reduziert werden sollte.

- *Soziale Beziehungen* bauen auf die auch oben erwähnte Diskussion zu Sozialkapital auf, hier gegliedert in *Bonds* (soziale Beziehungen innerhalb von Gruppen) *Brücken* (zwischen Gruppen) und *Links* (mit den Strukturen des Staates).
- Als *Vermittler*, oder mögliche zu überwindende Barrieren, werden Sprache und kulturelles Wissen sowie Sicherheit genannt.
- *Rechte* stellen schließlich die Grundlage der Integrationspolitik dar, für die auch Regierungen die Verantwortung tragen.

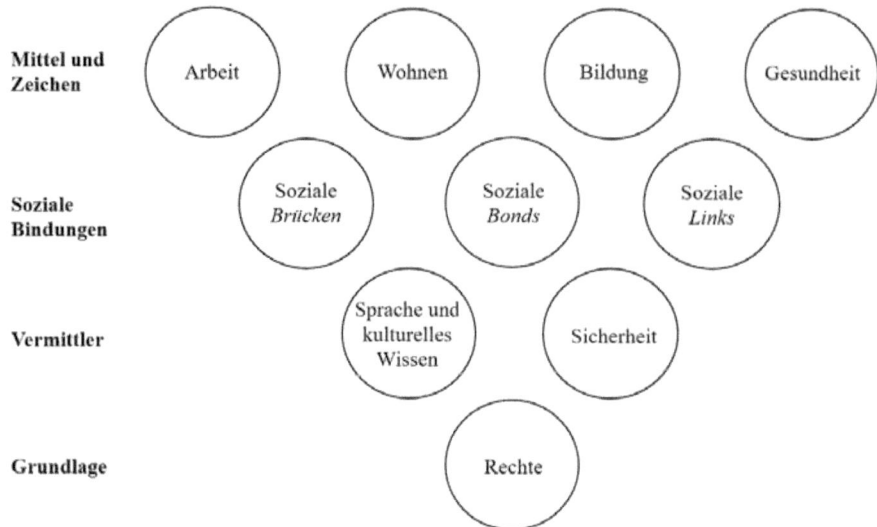

Abbildung 1 Zehn zentrale Bereiche normativer Verständnisse von Integration

Quelle: Ager & Strang (2008), *eigene Übersetzung und Darstellung*

Dennoch stellt sich nach wie vor die viel allgemeinere Frage: Ist es überhaupt sinnvoll, diesen „Containerbegriff" in der wissenschaftlichen Analyse zu verwenden? Im Rahmen dieser Arbeit argumentiere ich, dass das Konzept gerade aufgrund seiner Vielschichtigkeit attraktiv sein kann, seine Verwendung jedoch eine kritische Herangehensweise voraussetzt und im Wissen über alternative Ansätze geschehen sollte. Der Ansatz von Ager und Strang (2008) kann aber durchaus zur Strukturierung einer empirischen Analyse (auch von lokalen Diskursen über Integration selbst[11]) dienen, indem verschiedene Dimensionen aufgezeigt und potentielle Verbindungen adressiert werden können. Zur Messung von individuellen „Integrationserfolgen" äußern sich die Autor*innen jedoch selbst kritisch[12].

Gesellschaftliche Transformation und soziale Innovation

Ein von Castles (2010) vorgeschlagener Ausweg ist die Einnahme einer *Perspektive sozialer Transformation*: Hier werden Migration und verknüpfte Phänomene explizit adressiert und Interdisziplinarität, ein *historisches und holistisches Verständnis*, *Mehrebenenanalyse*, *Transnationalismus*, sowie *Agency* (Handlungsfähigkeit) mit weiteren Kontexten und *partizipativen Forschungsmethoden* verknüpft (Iosifides, 2012, S. 44). Durch diese Verankerung von Migration und auch Integrationsprozessen im sozialen Kontext und dessen Veränderungen kann die Vielschichtigkeit gesellschaftlicher Realitäten besser abgebildet werden und eine Wahrnehmung von „Migration als Problem" überwunden werden. Das Konzept der *sozialen Innovation* (SI) adressiert diese Forderungen und kann durch seinen Fokus auf Agency und Ermächtigung möglicherweise Einblicke in relevante lokale Projekte und Initiativen geben: Moulaert et al. (2014, S. 93) definieren hierbei drei grundlegende Elemente sozialer Innovation:

1. Die *Befriedigung menschlicher Bedürfnisse*,
2. Eine *Umgestaltung sozialer Beziehungen*,
3. Und *Empowerment* oder sozio-politische Mobilisierung von Menschen im Rahmen der Erfüllung ihrer Bedürfnisse.

In der Praxis beschreiben sie dies als Befriedigung spezifischer Bedürfnisse durch kollektive Initiative(n). Hier zeigt sich auch der ontologische Hintergrund des Ansatzes: „Gesellschaft" wird nicht als im Vorhinein bestimmte soziale Realität gesehen, die gestaltenden Rollen sozialer Praktiken stehen stattdessen im Fokus.

(Sozial-)räumliche Ansätze

Was ist Raum? Welche raumbezogenen Konzepte können in einer Analyse hilfreich sein, wie kann man der bereits ausgeführten Kritik am methodologischen Nationalismus begegnen? Aspekte der Gesellschaft zeigen sich in sehr unterschiedlichen „Einheiten" (Favell, 2007, S. 269), von sozialen Beziehungen, Netzwerken und Transaktionen hin zu virtuellen und physischen Räumen, und miteinander verwobenen sozioökonomischen Mustern auf globaler, regionaler oder lokaler Ebene.

---

[11] Wie auch von Perchinig (2010) vorgeschlagen.

[12] Ausgehend von einer großen Bandbreite in Einkommen, Position am Arbeitsmarkt, Gesundheit und Wohnsituation der Bevölkerung in einem Land – was kann „erfolgreiche Integration" hier bedeuten? Der Vergleich von Daten von Geflüchteten mit anderen Gruppen an einem Standort kann beispielsweise dazu führen, dass man eine marginalisierte Gruppe an einer anderen misst. Und die Analyse bevölkerungsweiter Daten leitet rasch zur Frage nach Ansprüchen und Zugängen zu gesellschaftlichen Zusammenhalt allgemein über (Ager & Strang, 2008, S. 173).

Raum selbst ist wie andere Konzepte auch ein umstrittenes und unterschiedlich de-
finiertes. Einigkeit besteht jedoch meist darin, dass er nur in Zusammenhang mit
Gesellschaft verstanden werden kann, weswegen auch von *sozialräumlichen Beziehungen* gesprochen wird (Brenner, 2009; Samers & Collyer, 2017). Eine Auswahl
weiterer Dimensionen sozialräumlicher Beziehungen:

- *Orte* beziehen sich auf spezifische geographische Stellen oder Plätze, die physische Ressourcen und soziale Beziehungen beinhalten und mit Bedeutung verknüpft sind (Platts-Fowler & Robinson, 2015, S. 478). Sie sind stärker lokalisiert
  als Räume und im Allgemeinen enger mit dem alltäglichen Leben verbunden
  (Brenner, 2009, S. 7).
- *Netzwerke und Knotenpunkte* sind grundlegende Elemente einer Gesellschaft,
  die auf Flüssen beruht (vgl. Castells, 2010).
- *Territorien*, oder geographisch abgegrenzte Gebiete, die von (einer Gruppe)
  Menschen oder einer Institution für sich beansprucht werden, haben ein „innen"
  und „außen". Dabei sind sie nicht vorbestimmt und hermetisch geschlossen, sondern vielmehr sozial konstruiert und durchlässig. Migrant*innen werden nicht
  nur durch sie beeinflusst, sondern verändern auch selbst Territorien und Territo-
  rialität (vgl. Samers & Collyer, 2017, S. 41).
- *Maßstabsebenen* beziehen sich in diesem Zusammenhang auf die Reichweite eines Phänomens - beispielsweise, wenn man von einem „regionalen" oder „lokalen" Prozess spricht (Herod, 2011, S. xi). Sie ermöglichen die Berücksichtigung
  von Örtlichkeit und Machthierarchien (Glick Schiller u. a., 2006, S. 615).

Jessop et al. (Jessop, Brenner, & Jones, 2008, S. 389) sprechen sich für eine Anerkennung polymorpher Organisationsformen sozialräumlicher Beziehungen und deren Logiken aus (siehe Abbildung 2).

Dimension sozialräumlicher Beziehungen	Prinzip sozialräumlicher Strukturierung	Assoziierte Muster sozialräumlicher Beziehungen
Territorium (territory)	(Ab)grenzen, *bordering*, begrenzen, Parzellierung	Konstruktion eines „innen" und außen" konstitutive Rolle des „außen"
Ort (place)	Nähe, räumliche Einbettung, örtliche Differenzierung	Räumliche Arbeitsteilung, Unterscheidung sozialer Beziehungen zwischen „zentralen" und „peripheren" Orten.
Maßstabsebene (scale)	Hierarchisierung, vertikale Differenzierung	Arbeitsteilung zwischen Maßstabsebenen; vertikale Differenzierung sozialer Beziehungen zwischen „dominanten", „nodalen" und „marginalen" Maßstabsebenen
Netzwerke (networks)	Vernetzungsfähigkeit, Abhängigkeit, querlaufende oder „rhizomatische" Unterscheidungen	Entstehen von Netzwerken nodaler Konnektivität, Differenzierung sozialer Beziehungen von Knotenpunkten innerhalb topologischer Netzwerke

Abbildung 2 Vier zentrale Dimensionen sozialräumlicher Beziehungen

Quelle: Jessop u.a. (2008, S. 393), eigene Übersetzung und Darstellung

Der *rechtlich-technische Rahmen*, innerhalb dessen die lokale Integration von Geflüchteten in Österreich stattfindet, kann beispielsweise durch eine Beschreibung der *Multilevel Governance* (verbindet Territorium und Maßstabsebene) mit Fokus auf die nationale und Bundesländerebene abgebildet werden (Herod, 2011, S. 27). Gerade in Bezug auf Geflüchtete ist der Rechtsrahmen hier komplex: Im Rahmen der Grundversorgung werden die Zuständigkeiten zwischen Nationalstaat und Bundesländern geteilt. Während des Zulassungsverfahrens ist der Bund zuständig (auch für die Grundversorgung), danach wird die Zuständigkeit u.a. über die „Grundversorgungsvereinbarung" zwischen Bund und Ländern geregelt (Kittenberger, 2017, S. 96). Bis vor Kurzem war auch die Möglichkeit der Lehre in Mangelberufen für Asylwerbende unter 25 Jahren gegeben. Die einzelnen Mangelberufe waren ebenfalls auf Ebene der Bundesländer geregelt. 2017 fand sich so im Burgenland ein Mangelberuf, in Oberösterreich und Wien hingegen 23 bzw. 24 (WKO, 2017). Es existieren auch *ganz konkrete räumliche Einschränkungen* für Asylsuchende in Österreich im Vergleich zu Staatsbürger*innen und anderen Migrant*innengruppen (Auswahl): Während der Zulassung zum Asylverfahren kann der Wohnort nicht frei gewählt werden und Personen werden in speziellen Aufnahmezentren untergebracht, während dieses Verfahrens darf generell auch der jeweilige Bezirk nicht verlassen werden (Kittenberger, 2017, S. 95). Nach Zulassung zum Asylverfahren kann man sich frei innerhalb Österreichs bewegen, allerdings muss man sich allgemein in dem Bundesland aufhalten, in dem man sich in der Grundversorgung befindet, auch alternative private Unterkunft[13] muss im selben Bundesland organisiert werden (Kittenberger, 2017, S. 98). Für subsidiär Schutzberechtigte gibt es Einschränkungen, falls sie ebenfalls in der Grundversorgung sind.

Die Angemessenheit von Methoden, Inter- und Transdisziplinarität

Die obigen Ausführungen sind darauf eingegangen, wie verschiedene theoretische und methodologische Konzepte die eigene Forschung prägen. Wie kann dies nun aber empirisch umgesetzt werden? Welche Bedeutungen haben diese Überlegungen für den konkreten Forschungsprozess?

Ein empirisch *quantitativer Ansatz* führt beispielsweise durch die Verwendung nationaler statistischer Daten zu einem territorialen Raumverständnis. Die österreichische Integrationspolitik fokussiert sich im Allgemeinen aber auf Migrant*innen, die sich langfristig in Österreich aufhalten[14]. Koppenberg argumentiert, dass auch aufgrund dieser Tatsache wenig detaillierte Informationen zu schutzsuchenden Personen (bspw. kleinräumig nach Aufenthaltsstatus) vorhanden sind (Koppenberg,

---

[13] Finanziell meist nicht besonders attraktiv, in Wien beispielsweise maximal 150/300 Euro Mietzuschuss für eine Einzelperson/Familie (Grundversorgungsinfo.net, 2018).

[14] Asylwerbende werden beispielsweise im Allgemeinen nicht adressiert (bzw. im besten Fall bei hoher Bleibewahrscheinlichkeit).

2015, S. 8). Allgemeine regionalstatistische Daten zu Gemeinden und lokalen Kontexten können erste Ansätze bieten, sind jedoch meist nicht ausreichend[15]. Daher, so mein Argument, ist es in einem zweiten Schritt notwendig, beispielsweise im Rahmen von *Fallstudien* einzelne Orte genauer zu untersuchen.

Laut Favell (2007, S. 260) gibt es kaum einen für *interdisziplinäres Denken* reiferen Themenbereich als die Migrationsforschung. Quantitative Datenquellen, grundlegende ökonomische und demographische Analysen sowie qualitative Ansätze mit Fokus auf die Lebensbedingungen und Erfahrungen von Migrant*innen werden hier benötigt. Interdisziplinarität bedeutet dabei nach Stember (1991) die Synthese von Ansätzen aus unterschiedlichen Disziplinen[16]. Die Forderung nach *Transdisziplinarität* geht noch einen Schritt weiter, mit dem Ziel wissenschaftliches mit praktischem Wissen zu verbinden (Toomey, Markusson, Adams, & Brockett, 2015). Partizipative Forschungsmethoden sollen hier dazu beitragen, dass der Wissensproduktionsprozess zu neuen Einsichten für Praktiker*innen und Wissenschaftler*innen gleichermaßen führt (Bergold & Thomas, 2012).

Zusammenfassung und Ausblick

Ein Fokus auf die lokale Ebene der Integration von Geflüchteten, ihre Prozesse und Beispiele, kann eine wichtige Lücke füllen und zu einer Überwindung der national-staatlich geprägten Geschichte der Migrations- und Integrationsforschung beitragen (vgl. Pennix & Scholten, 2009, S. 5). Hierfür ist es aber notwendig, die der eigenen Arbeit zugrundeliegenden (und oft impliziten) theoretischen und räumlichen Konzepte und die Angemessenheit von unterschiedlichen Forschungsmethoden zu hinterfragen. Eine soziale Transformationsperspektive und soziale Innovation können sinnvolle Ansätze darstellen, die Forderungen nach der Berücksichtigung von Handlungsfähigkeit nachkommen. Zur Untersuchung der Integration von Geflüchteten in Gemeinden gilt es auch, sich Fragen der Inter- und Transdisziplinarität zu stellen.

Literaturliste

Ager, A., & Strang, A. (2004). The experience of integration: a qualitative study of refugee integration in the local communities of Pollokshaws and Islington. Home Office Online Report. https://doi.org/10.1080/13691830802586195

---

[15] So hat der Anteil von Personen mit unterschiedlichen Staatsangehörigkeiten an der Gesamtbevölkerung beispielsweise nur eine eingeschränkte Aussagekraft. Dieser ist eng mit nationalstaatlicher Migrationspolitik und den Zugängen zu Staatsbürgerschaft (Fassmann, Reeger, and Sievers 2009, 39) verzahnt und kann nicht unabhängig davon betrachtet werden (Castles, 2012, S. 10).

[16] Zu trennen von *Multidisziplinarität*, in der Personen aus unterschiedlichen Disziplinen kooperieren (aber jeweils innerhalb der eigenen Disziplinären grenzen bleiben).

Ager, A., & Strang, A. (2008). Understanding Integration: A Conceptual Framework. Journal of Refugee Studies, 21(2), 166–191. https://doi.org/10.1093/jrs/fen016

Allmeier, D., Andexlinger, W., Bertsch, W., Dangschat, J., Domian, W., Güngör, K., Weiß, A. (2014). Vielfalt und Integration im Raum - Abschlussbericht der ÖREK-Partnerschaft (Schriftenreihe 190). ÖREK Schriftenreihe 190. Wien.

Aumüller, J. (2009). Die kommunale Integration von Flüchtlingen. In F. Gesemann & R. Roth (Hrsg.), Lokale Integrationspolitik in der Einwanderungsgesellschaft (S. 111–130). Wiesbaden: VS Verlag für Sozialwissenschaften.

Aumüller, J., & Gesemann, F. (2014). Abschlussbericht Forschungs-Praxis-Projekt: Integrationspotenziale ländlicher Regionen im Strukturwandel.

Bergold, J., & Thomas, S. (2012). Participatory research methods: A methodological approach in motion. Historical Social Research, 13(1), 1–23. Abgerufen von http://www.jstor.org/stable/41756482

BMI. (2016). Asylstatistik 2016. Vienna. Abgerufen von http://www.bmi.gv.at/cms/BMI_Asylwesen/statistik/files/Jahresstatistik_Asyl_2016.pdf

Bommes, M. (2009). Die Rolle der Kommunen in der bundesdeutschen Migrations- und Integrationspolitik. In F. Gesemann & R. Roth (Hrsg.), Lokale Integrationspolitik in der Einwanderungsgesellschaft (S. 89–110). VS Verlag für Sozialwissenschaften.

Bosswick, W., & Heckmann, F. (2006). Integration of migrants: Contribution of local and regional authorities. Abgerufen von www.sem-ete.gr/wp-content/uploads/2014/07/efilwc_2.pdf

Bourdieu, P. (1986). The Forms of Capital. In J. Richardson (Hrsg.), Handbook of Theory and Research for the Sociology of Education (S. 241–258). New York: Greenwood.

Brenner, N. (2009). A thousand leaves: notes on the geographies of uneven spatial development. In R. Keil & R. Mahon (Hrsg.), Leviathan Undone? Towards a Political Economy of Scale (S. 27–49). Vancouver: University of British Columbia Press.

Çağlar, A. (2016). Still 'migrants' after all those years: foundational mobilities, temporal frames and emplacement of migrants. Journal of Ethnic and Migration Studies, 42(6), 952–969. https://doi.org/10.1080/1369183X.2015.1126085

Castells, M. (2010). The Rise of the Network Society (2. Aufl.). Chichester, West Sussex: Wiley-Blackwell.

Castles, S. (2002). Migration and Community Formation under conditions of Globalization. International Migration Review, 36(4), 1143–1168. https://doi.org/10.1111/j.1747-7379.2002.tb00121.x

Castles, S. (2010). Understanding Global Migration: A Social Transformation Perspective. Journal of Ethnic and Migration Studies, 36(30), 1565–1586. https://doi.org/10.1080/1369183X.2010.489381

Castles, S. (2012). Understanding the relationship between methodology and methods. In C. Vargas-Silva (Hrsg.), Handbook of Research Methods in Migration (S. 7–25). Cheltenham: Edward Elgar. https://doi.org/http://dx.doi.org/10.4337/9781781005231.00007

Castles, S., Korac, M., Vasta, E., & Vertovec, S. (2002). Integration: Mapping the Field. London.

Castles, S., & Miller, M. (2014). The Age of Migration: International Population Movements in the Modern World. Palgrave Macmillan.

Dahinden, J. (2016). Migration im Fokus? Plädoyer für eine reflexive Migrationsforschung. In J. Carvill Schellenbacher, J. Dahlvik, H. Fassmann, & C. Reinprecht (Hrsg.), Migration und Integration – wissenschaftliche Perspektiven aus Österreich. Jahrbuch 3/2016 (S. 11–32). Göttingen: V & R unipress.

Ecker, M. (2018). Barriers and opportunities for refugee integration in Austrian municipalities. Blind & blank spots and how to address them in social science research. In J. Fritz & N. Tomaschek (Hrsg.), In Bewegung. Beiträge zur Dynamik von Städten, Gesellschaften und Strukturen. Band 7 der Reihe „University – Society – Industry. Beiträge zum lebensbegleitenden Lernen und Wissenstransfer". Münster, New York: Waxmann Verlag.

Esser, H. (2004). Welche Alternativen zur „Assimilation" gibt es eigentlich? In K. Bade & M. Bommes (Hrsg.), Themenheft Migration - Integration - Bildung. Grundfragen und

Problembereiche. Institut für Migrationsforschung und Interkulturelle Studien (IMIS) der Universität Osnabrück. Abgerufen von https://www.imis.uni-osnabrueck.de/fileadmin/4_Publi kationen/PDFs/imis23.pdf

Fassmann, H. (2006). Der Integrationsbegriff: missverständlich und allgegenwärtig - eine Erläute-rung. In M. Oberlechner (Hrsg.), Die missglückte Integration? Wege und Irrwege in Europa (S. 225–238). Wien: Braumüller.

Favell, A. (2007). Rebooting Migration Theory: Interdisciplinarity, Globality, and Postdiscipli-narity in Migration Studies. In C. Brettell & J. Hollifield (Hrsg.), Migration Theory: Talking Across Disciplines (2. Aufl., S. 259–278). Routledge.

Gesemann, F., & Roth, R. (2009). Kommunale Integrationspolitik in Deutschland - Einleitende Bemerkungen. In F. Gesemann & R. Roth (Hrsg.), Lokale Integrationspolitik in der Einwanderungsgesellschaft (S. 11–29). VS Verlag für Sozialwissenschaften.

Glick Schiller, N., Caglar, A., & Guldbransen, T. C.-. (2006). Beyond the ethnic lens: Locality, globality, and born-again incorporation. American Ethnologist, 33(4), 612–633. https://doi.org/10.1525/ae.2006.33.4.612

Götzelmann, A. (2010). Die Rolle staatlicher AkteurInnen in der österreichischen Integrationspolitik. In H. Langthaler (Hrsg.), Integration in Österreich. Sozialwissenschaftliche Befunde (S. 181–194). Wien, Bozen, Innsbruck: Studienverlag.

Gruber, M. (2010). Integrationspolitik in Kommunen. Wien, New York: Springer.

Gruber, M. (2013). Integration im ländlichen Raum. Ein Praxishandbuch. Innsbruck: Studienver-lag.

Gruber, M. (2015). Migration als Chance für den ländlichen Raum – Eine Pilotstudie am Beispiel des Bezirkes Hermagor, 1–7. Abgerufen von http://ffhoarep.fh-ooe.at/handle/123456789/375

Grundversorgungsinfo.net. (2018). Grundversorgung in Österreich. Unterstützungsleistungen für hilfs- und schutzbedürftige Fremde.

Häußermann, H. (2009). Behindern „Migrantenviertel" die Integration? In F. Gesemann & R. Roth (Hrsg.), Lokale Integrationspolitik in der Einwanderungsgesellschaft (S. 235–246). Wiesbaden: VS Verlag für Sozialwissenschaften.

Herod, A. (2011). Scale. New York: Routledge.

Iosifides, T. (2012). Migration research between positivistic scientism and relativism: a critical realist way out. In C. Vargas-Silva (Hrsg.), Handbook of Research Methods in Migration (S. 26–49). Cheltenham, UK: Edward Elgar. https://doi.org/http://dx.doi.org/10.4337/9781781 005231

Jessop, B., Brenner, N., & Jones, M. S. (2008). Theorizing sociospatial relations. Environment and Planning D: Society and Space, 26(3), 389–401. https://doi.org/10.1068/d9107

Kittenberger, N. (2017). Asylrecht kompakt (2. Aufl.). Wien: LexisNexis.

Koppenberg, S. (2015). Integrationen von Personen mit internationalem Schutz und humanitärem Aufenthaltstitel in den Arbeitsmarkt. Vienna. Abgerufen von http://www.emn.at/wp-content/uploads/2017/01/EMN_Integration2015_AT_EMN_NCP_de.pdf

Korac, M. (2003). Integration and How We Facilitate it. A Comparative Study of the Settlement Experiences of Refugees in Italy and the Netherlands. Sociology, 37(1), 51–68. https://doi.org/10.1177/0038038503037001387

Machold, I., Dax, T., & Strahl, W. (2013). Potenziale entfalten. Migration und Integration in ländlichen Regionen Österreichs. Forschungsbericht 68. Wien.

Mecheril, P., Arens, S., Melter, C., Thonas-Olalde, O., & Romaner, E. (2013). Migrationsfor-schung als Kritik? Spielräume kritischer Migrationsforschung. Wiesbaden: Springer VS.

Moulaert, F., MacCallum, D., Mehmood, A., & Hamdouch, A. (Hrsg.). (2014). The International Handbook on Social Innovation. Collective Action, Social Learning and Transdisciplinary Research. Cheltenham, UK: Edward Elgar.

Pennix, R., & Scholten, P. (2009). Research-Policy Dialogues on Migration and Integration in Europe (IMISCOE Policy Brief No. No. 15, June 2009). IMISCOE Policy Brief.

Perchinig, B. (2010). Migration, Integration und Staatsbürgerschaft – was taugen die Begriffe noch? In H. Langthaler (Hrsg.), Integration in Österreich. Sozialwissenschaftliche Befunde (S.

13–33). Innsbruck: Studienverlag. Abgerufen von http://www.uni-klu.ac.at/frieden/ downloads/Migration_Integration_und_Citizenship.pdf

Platts-Fowler, D., & Robinson, D. (2015). A Place for Integration: Refugee Experiences in Two English Cities. Population, Space and Place, 21(21), 476–491. https://doi.org/10.1002/psp.1928

Putnam, R. (1993). Making Democracy Work: Civic Traditions in Modern Italy. Princeton, NJ: Princeton University Press.

Robinson, V. (1998). Defining and Measuring Successful Refugee Integration. Antwerp: ECRE.

Ruz, C. (2015, August 28). The battle over the words used to describe migrants. BBC News Magazine. Abgerufen von http://www.bbc.com/news/magazine-34061097

Samers, M., & Collyer, M. (2017). Migration. Routledge.

Schader-Stiftung. (2011). Integrationspotenziale in kleinen Städten und Landkreisen. Ergebnisse des Forschungs-Praxis-Projekts. Darmstadt.

Scherr, A. (2009). Leitbilder in der politischen Debatte: Integration, Multikulturalismus und Diversity. In F. Gesemann & R. Roth (Hrsg.), Lokale Integrationspolitik in der Einwanderungsgesellschaft (S. 71–88). VS Verlag für Sozialwissenschaften.

Siebel, W. (1997). Die Stadt und die Zuwanderer. In H. Häußermann & I. Oswald (Hrsg.), Zuwanderung und Stadtentwicklung (S. 30–41). Wiesbaden: VS Verlag für Sozialwissenschaften. https://doi.org/10.1007/978-3-322-95611-8_3

Spicer, N. (2008). Places of exclusion and inclusion: Asylum-seeker and refugee experiences of neighbourhoods in the UK. Journal of Ethnic and Migration Studies, 34(3), 491–510. https://doi.org/10.1080/13691830701880350

Stember, M. (1991). Advancing the social sciences through the interdisciplinary enterprise. The Social Science Journal, 28(1), 1–14. https://doi.org/10.1016/0362-3319(91)90040-B

Ther, P. (2017). Die Außenseiter. Flucht, Flüchtlinge und Integration im modernen Europa. Berlin: Suhrkamp.

Toomey, A. H., Markusson, N., Adams, E., & Brockett, B. (2015). Inter- and Trans-disciplinary Research: A Critical Perspective. Abgerufen von https://sustainabledevelopment.un.org/content/documents/612558-Inter- and Trans-disciplinary Research - A Critical Perspective.pdf

UNHCR. (2017). Figures at a Glance. Abgerufen 15. Jänner 2018, von http://www.unhcr.org/figures-at-a-glance.html

Wagner, J. (1993). Ignorance in Educational Research Or, How Can You Not Know That? Educational Researcher, 22(5), 15–23.

Will, G., & Bosswick, W. (2002). Integrationsangebote in ausgewählten hessischen Kommunen und ihre institutionelle Umsetzung. Studie zur institutionellen Umsetzung von Integrationsangeboten mit Migranten auf der kommunalen Ebene am Beispiel von elf ausgewählten hessischen Kommunen. Bamberg. Abgerufen von http://www.efms.uni-bamberg.de/pdf/hess.pdf

Wimmer, A., & Glick Schiller, N. (2002). Methodological nationalism and beyond: nation-state building, migration and the social sciences. Global Networks, 2(4), 301–334. https://doi.org/10.1111/1471-0374.00043

WKO. (2017). Mangelberufe jugendliche Asylwerber, March 2017. Wirtschaftskammer Österreich (WKO). Abgerufen von https://www.wko.at/site/fachkraeftepotenzial/Mangelberufe-Asylwerber_Maerz-2017.pd

Integration auf regionaler und lokaler Ebene 2: Perspektiven der Praxis

ZusammenLeben in Dornbirn.
Leitbild und Strategien im Kontext von Diversität

Elisabeth Planinger

Zusammenfassung

Die Stadt Dornbirn hat im Jahre 2002 das erste kommunale Integrationsleitbild Österreichs erstellt. Dieses damals richtungsweisende Papier hat die Stadt im vergangenen Jahr 2017 analysiert und in einem breit angelegten Prozess in ein völlig neues Leitbild gegossen, weg vom Titel der Integration hin zum „ZusammenLeben in Dornbirn im Kontext von Diversität"[1]. Das neue Leitbild wurde im Juni 2017 einstimmig im Stadtrat beschlossen und verabschiedet und gilt seither als handlungsanweisende Umsetzungsstrategie.

Ein neuer Blick unter zwei wesentlichen Zieldimensionen soll in Zukunft das Zusammenleben aller Menschen in Dornbirn leiten. Diese Kernbotschaften unter deren Blickwinkel sämtliche Maßnahmen subsummiert werden sind:

- „Chancengerechtigkeit fördern" und
- „Zusammenhalt stärken".

Damit die Querschnittthematik auch in allen städtischen Abteilungen und Betrieben der Stadt ankommt, gilt die verwaltungsanweisende Vorgabe, dass alle Abteilungen und Betriebe im Rahmen ihrer Jahresplanung mindestens eine Maßnahme benennen und auch durchführen müssen, die im Zusammenhang mit dem Zusammenleben der Menschen in unserer Stadt unter den genannten beiden Gesichtspunkten, einen positiven Aspekt bewirkt.

Der gesamte Maßnahmenplan wird jährlich im Stadtrat zur Beschlussfassung vorgelegt und ist damit in der Umsetzung bindend. In periodisch wiederkehrenden Workshops werden die zuständigen Mitarbeiterinnen und Mitarbeiter dahingehend angeleitet und unterstützt. Die Aufgabe der Fachstelle ist es, die Umsetzung der genannten Maßnahmen zu überwachen und gegebenenfalls Hilfestellung und fachliche Unterstützung anzubieten.

---

[1] https://www.dornbirn.at/leben-in-dornbirn/zusammenleben [23.11.2018]

Historie - Leitbild 2002 als Grundlage für Neues

Die Stadt Dornbirn hat im Jahre 2002 das erste kommunale Integrationsleitbild Österreichs erstellt. Mit diesem, in einem breit angelegten Prozess entwickelten Leitbild wurde für die Stadt ein Konzept zur Integration von Zugewanderten entwickelt. Als erstes Integrationsleitbild in Österreich war es für viele Städte und Bundesländer richtungsweisend und beispielgebend. Für die Stadt Dornbirn selber war das Leitbild über viele Jahre handlungsanweisendes Arbeitspapier mit vorgegebenen Maßnahmen.

In den vergangenen fünfzehn Jahren hat sich Dornbirn wesentlich weiter entwickelt und auch in der Integrations- und Migrationsthematik insgesamt hat sich viel getan. Sowohl gesellschaftspolitisch wie auch in der kommunalen Umsetzung.

2002 lebten in Dornbirn etwa 44.000 Menschen aus 70 Nationen, heute sind es knapp 50.000 Personen aus derzeit 116 Nationen. Dornbirn ist in den letzten Jahren also gewachsen und internationaler geworden. Die städtische Entwicklung ist fortgeschritten und damit wurde auch die Bevölkerung vielfältiger. Die zunehmende Diversität resultierte sowohl aus dem Zuzug als auch aus der gesellschaftlichen Differenzierung.

Vor diesem Hintergrund hat sich die Stadt dazu entschlossen, das bestehende Leitbild zu evaluieren und auf Basis der Ergebnisse einen Prozess für eine zukunftsweisende Neuausrichtung zu erarbeiten, der neue Wege beschreiten und damit auch eine ganz neue Wirkung auf die Bevölkerung von Dornbirn zeigen soll.

Die zentrale Frage für die Evaluierung lautete: Welche Wirkungen lassen sich durch die gesetzten Maßnahmen in den verschiedenen Handlungsfeldern feststellen und welche Belege gibt es dafür? Die Analyse ermöglicht die Ableitung offener bzw. weiterführender Handlungsfelder und Maßnahmen.

So diente die Evaluierung einerseits der Überprüfung des Ist-Standes, der Zielerreichung der bisher gesetzten Maßnahmen entlang der Leitziele in den unterschiedlichen Handlungsfeldern, andererseits drauf aufbauend der Herleitung von Zielen, Handlungsfeldern und Maßnahmen für die zukünftige Integrationsarbeit der Stadt Dornbirn.

Prozessbeschreibung

Der Prozess erfolgte in vier aufeinander aufbauenden Schritten: Beginnend mit einer Ist-Stand-Analyse zum Stand der bisherigen Umsetzungserfolge wurde anschließend eine Online-Befragung mit sehr hoher Beteiligung von Fachpersonen im Umfeld der Integrationsarbeit durchgeführt. Die Ergebnisse daraus wurden mit sogenannten Stakeholdern in mehreren Fokusgruppen-Treffen intensiv diskutiert. Also mit Personen in deren Arbeitsalltag das Zusammenleben verschiedener Kulturen eine große Rolle spielt. Diese Ergebnisse wurden schließlich noch in einer öffentlichen Beteiligungsveranstaltung mit interessieren Bürgerinnen und Bürgern Dornbirns diskutiert und weiterentwickelt. All diese Vorarbeiten bildeten die Basis für das nun vorliegende neue Leitbild, welches die Schwerpunkte und den Zugang der Stadt Dornbirn im Zusammenleben von Menschen aus derzeit 116 Nationen vorgibt und beschreibt.

Schritt 1: Projektantrag zur Evaluierung und Neuausrichtung

Im Herbst 2016 erfolgte der im Stadtrat einstimmig angenommene Projektantrag zur Evaluierung des Leitbildes und zur Erstellung eines jährlichen Maßnahmenplanes für eine zukunftsweisende Neuausrichtung der thematischen Herangehensweise.

Mit der externen fachlichen Prozessbegleitung und Erstellung des schriftlichen Leitbildes wurde Dr. Simon Burtscher-Mathis, beauftragt. Seine fachliche Expertise und die hohe Kompetenz in der Prozessbegleitung haben es ermöglicht das Leitbild innerhalb eines relativ kurzen Zeitraumes neu zu denken und ein zukunftsorientiertes, visionäres Umsetzungspapier zu erstellen.

Schritt 2: Evaluierung des bestehenden Leitbildes

Auf Basis der vorliegenden Daten aus den vergangenen fünfzehn Jahren erfolgte in den ersten Monaten eine Evaluierung des bisherigen Umsetzungsstandes. Dabei hat sich gezeigt, dass ein Monitoring lediglich auf der Basis der Anzahl der Teilnehmer und Teilnehmerinnen erfolgen kann, da keine darüber hinaus gehenden Kennzahlen zur Verfügung standen.

Ebenfalls wurde sichtbar, dass im alten Leitbild zahlreiche sehr konkrete Maßnahmen zur Umsetzung formuliert waren, die entweder gar nicht im Einflussbereich einer Kommune liegen oder im Laufe der Entwicklungen obsolet wurden. Es war aus diesem Gründen also nicht möglich aufzuzeigen wie erfolgreich Maßnahmen im Hinblick auf deren Wirkung umgesetzt wurden.

Schritt 3: Online Befragung an Stakeholder

In einer online-Befragung, die allerdings nicht an die breite Bevölkerung, sondern an Stakeholder gerichtet war, also Personen, Vereine und Einrichtungen die bereits im Kontakt mit der städtischen Integrationsarbeit waren, konnten erste wichtige Rückmeldungen identifiziert werden. Die Fragen richteten sich also ausschließlich an Personen, die mit der Thematik der Integration und Migration bereits beruflich befasst waren. Die Rücklaufquote dieser Befragung war erfreulich hoch und es konnten daraus bereits erste Erkenntnisse gezogen werden, die dann in die weitere Bearbeitung eingeflossen sind.

Schritt 4: Fokusgruppen-Treffen

Derselbe Einladungskreis wie zur online-Befragung wurde anschließend zu vertiefenden Diskussionsrunden eingeladen. In der bewusst mit wenigen Teilnehmerinnen und Teilnehmern besetzten Fokusgruppen wurden die Ergebnisse der Befragung nochmals inhaltlich diskutiert und weitere neue Erkenntnisse und Schwerpunkte identifiziert.

Die Zusammensetzung der Fokusgruppen wurde nicht gesteuert. Es war also dem Zufall überlassen wer sich in den Gruppen traf. So diskutierten Einzelpersonen, Vereinsfunktionäre, interne Mitarbeiterinnen und Mitarbeiter und Führungskräfte oder politisch Engagierte in unterschiedlichen Zusammensetzungen miteinander, was interessante Gespräche ermöglichte.

Erstaunlich war, dass die Ergebnisse der fünf Treffen im Wesentlichen auf ähnliche Punkte abzielten. Hier, wie auch schon in der Onlinebefragung kristallisierte sich das Thema Begegnung und sich näher kennen zu lernen, als wesentlichen Wunsch im Zusammenleben heraus.

Schritt 5: Bürgerbeteiligung

Auch die Bürgerinnen und Bürger der Stadt sollten die Möglichkeit bekommen sich im Prozess einzubringen und gehört zu werden. Daher wurde im Anschluss an die Befragung und die Diskussionen in den Fokusgruppen auch die Bevölkerung zum Mitdenken und Mitdiskutieren eingeladen. In sehr interessanten Tischgesprächen wurden einerseits die bisherigen Ergebnisse bestätigt, andererseits diese auch aus dem Blick der hier lebenden Menschen vertieft und weiterentwickelt, sowie ganz neue Ideen eingebracht.

Beschluss und politischer Umsetzungsauftrag

Die Ergebnisse aus all den beschriebenen vorangegangenen Schritten wurden schließlich in einem Papier zusammengefasst, Zukunftsbilder beschrieben und die wesentlichen Aufgaben der Stadt in Handlungsfeldern und Zielen definiert. Das damit vorliegende neue „Leitbild ZusammenLeben - Leitbild und Strategien im Kontext von Diversität" wurde am 6. Juni 2017 nach Präsentation und eingehender Diskussion im politischen Ausschuss für interkulturelles Zusammenleben und anschließend im Stadtrat einstimmig verabschiedet und zur laufenden Umsetzung beauftragt.

Öffentliche Präsentationsveranstaltung

Die öffentliche Präsentation der Ergebnisse aus dem Leitbildprozess wurde bewusst erst im Herbst 2017 durchgeführt. Dadurch war es möglich, den Interessierten und der Bevölkerung gleichzeitig erste konkrete Umsetzungsschritte zu präsentieren und damit einen Blick in die Zukunft der Bemühungen der Stadt für ein harmonisches Zusammenleben aller in Dornbirn lebenden Menschen zu gewähren[2].

---

[2]   https://www.dornbirn.at/leben-in-dornbirn/zusammenleben/zusammenleben/leitbild-und-strategien-fuer-ein-gutes-zusammenleben-in-vielfalt/ [23.11.2018]

Was ist neu - was bringt das neue Leitbild?

Zukunftsthema Zusammenleben in Vielfalt

Die Ergebnisse der Ist-Stand-Analyse, der Online-Befragung, der Fokusgruppen und der Bürgerbeteiligungsveranstaltung zeigten, dass Maßnahmen zur Förderung der strukturellen Integration allein nicht ausreichen, denn ein gutes Zusammenleben braucht Beziehungen, die gegenseitiges Vertrauen schaffen. Das Zusammenleben in Dornbirn wird nicht nur durch einzelne Initiativen der Stadt, sondern durch die Beziehungen der Bevölkerung geprägt.

Die Rückmeldungen in allen Teilschritten verwiesen auf ein großes Bedürfnis nach mehr Begegnungsmöglichkeiten für längerfristige Kontakte und Beziehungen. Damit ist die Bevölkerung angesprochen. Das Zusammenleben im Kontext zunehmender Diversität wird daher in den kommenden Jahren einen neuen Schwerpunkt bilden.

Kernaussagen als Zieldimensionen des Integrationsbegriffs

Zwei Zieldimensionen im Kontext von Diversität und als zentrale Anliegen der Stadt Dornbirn sind leitend für die Umsetzungsschritte in der Zukunft: Chancengerechtigkeit fördern und Zusammenhalt stärken

- Das Fördern von Chancengerechtigkeit ermöglicht die Entfaltung individueller Stärken als Grundlage für die Entwicklung der Gemeinschaft und ist damit zentrales Potential für den Standort Dornbirn als florierende Wirtschaftsstadt.
- Die Förderung von Begegnung und Partizipation für alle in der Stadt Lebenden stärkt den Zusammenhalt und ist somit auch Grundlage für das Bedürfnis von Sicherheit und Orientierung in der Bevölkerung. Personen die sich sicher und gut orientiert fühlen, sind offener für Entwicklung und Veränderung und können mit zunehmender Diversität umgehen.

Neue Steuerungsinstrumente

Als neue Dokumentations- und Steuerungsstruktur sind von den einzelnen Fachabteilungen und Betrieben der Stadt im Rahmen ihrer Jahresplanung Maßnahmen zu benennen, die in einem jährlichen Maßnahmenplan zusammengefasst werden. Dieser wird der Politik zur Beschlussfassung vorgelegt. Ein laufendes Controlling des Umsetzungsstandes verbunden mit fachlicher Unterstützung bei Bedarf, soll eine strukturierte Umsetzung der Querschnittthematik innerhalb der ganzen Stadt ermöglichen und damit eine spürbare Außenwirkung erzielen.

Wie steuern wir die Umsetzung?

Zukunftsaufgaben

Als wesentliche Zukunftsaufgaben ergeben sich aus dem vorangegangenen Entwicklungsprozess zentrale Anliegen wie

- Begleitung einer lernenden Stadtgemeinschaft im Umgang mit Vielfalt.
- Unterstützung und Förderung von Akteuren und Akteurinnen sowie Initiativen beim Aufbau von Beziehungen und Vertrauen auf der Basis von gemeinsamen Bedürfnissen.
- Themen und Erfahrungen einzelner Initiativen in Beteiligungsformaten wie Projektwerkstätten gemeinsam mit der Bevölkerung zu entwickeln.
- Das Voranstellen und Aufzeigen positiver, gelingender Entwicklungen.

Steuerungs- und Monitoringstruktur

Als Steuerungs- und Monitoringstruktur wird, wie beschrieben, ein Jahres-Maßnahmenplan erstellt, der sich aus den einzelnen Maßnahmen in den inhaltlich zuständigen Fachabteilungen und Betrieben zusammensetzt und als verwaltungsanweisendes Handlungspapier politisch beschlossen wird. Die Einzelmaßnahmen werden jeweils unter eine der beiden Kernaussagen gestellt und zielen damit ganz konkret auf die geplanten Wirkungen im Zusammenleben der Stadtbevölkerung ab. In diesem Blickwinkel sind sie auch messbar.

Entwicklungsworkshops zur Unterstützung der Führungskräfte

Zur Unterstützung der Führungskräfte in der Entwicklung und Erstellung der Monitoringblätter wird jedes Jahr ein moderierter Workshop angeboten. Dieser soll den Einstieg in die Thematik des Zusammenlebens aus der jeweiligen fachlichen Sicht erleichtern und den Blick auf mögliche oder bereits bestehende Umsetzungsmaßnahmen im eigenen Wirkungsbereich öffnen.

Jährlicher Monitoring-Jahresbericht

In einem jährlich zu veröffentlichenden Jahres-Monitoringbericht wird der aktuelle Umsetzungsstand des Maßnahmenplanes und der darin subsumierten einzelnen Maßnahmen zum Ende des Kalenderjahres beschrieben. Dieses Monitoring ermöglicht einen ständigen Entwicklungsprozess. Er erlaubt einen laufenden Blick auf den aktuellen Umsetzungsstand und dient damit wesentlich als Grundlage für die Weiterentwicklung und Ergänzung von Einzelmaßnahmen.

Politisches Commitment

Durch laufende Information der politischen Gremien während des gesamten Prozesses wurden die Entwicklungsschritte jeweils einstimmig mitgetragen. Der Beschluss des Leitbildes und damit verbundene Handlungsauftrag erfolgen ebenfalls einstimmig. Der zu erstellende Maßnahmenplan wird ebenfalls jährlich in der Steuerungsgruppe und im politischen Ausschuss diskutiert und anschließend durch das Stadtratsgremium beschlossen. Er ist damit als verwaltungsanweisendes Handlungspapier politisch abgesichert.

Für die Zukunft des Zusammenlebens in Dornbirn wird es wichtig sein, die Angebote gezielt nach den Bedürfnissen der Zielgruppen auszurichten und gemeinsame Erfolge zu ermöglichen, denn genau so wie der Menschen für Beziehungen engagieren wollen, wollen sie auch von ihnen profitieren. Damit werden mögliche Konflikte auch wahrnehm- und verhandelbar.

Anstatt selbst Projekte zu initiieren, will die Stadt die Akteure und Akteurinnen in ihren Bemühungen für ein gutes Zusammenleben unterstützen und fördern. Es gilt in die Zukunft die vielen wertvollen Initiativen für ein gutes Zusammenleben stärker sichtbar zu machen.

Durch den verstärkten Blick auf die beiden Zieldimensionen, das Fördern von Begegnungsmöglichkeiten und durch die strukturierten internen Umsetzungsmaßnahmen wird sich das Zusammenleben in Dornbirn insgesamt für die Bevölkerung spürbar verändern und weiter entwickeln.

… (ge)kommen, um zu bleiben … Etablierung einer Ankommenskultur im ländlichen Raum

Marika Gruber, Friedrich Veider

Zusammenfassung

Der vorliegende Beitrag beschäftigt sich mit dem Ankommen von Zuwanderinnen und Zuwanderern sowie die Etablierung einer Ankommenskultur im ländlichen Raum. Wie dieser Prozess des Ankommens gestaltet werden könnte, wird am Beispiel des Bezirkes Hermagor gezeigt, der bereits seit mehreren Jahren integrationspolitisch aktiv ist. Anhand von zwei Projekten werden die Schritte und Maßnahmen zur Förderung des Ankommens dokumentiert und reflektiert.

Einleitung

(Internationale) Zuwanderung findet auch im ländlichen Raum statt. Die Zuwanderungszahlen sind jedoch meist geringer als in städtischen Konglomeraten. Die geringeren Wanderungssaldi machten es für viele ländliche Regionen und Gemeinden daher auch lange Zeit nicht erforderlich, dass Informations- und Beratungsleistungen und/oder integrationsfördernde Unterstützungsangebote und -einrichtungen geschaffen worden wären. Für deren Etablierung braucht es, unabhängig von der Zahl der Zuwanderung, aber auch eine Sensibilität zu erkennen, welche Bedürfnisse Neu-Zuwanderinnen und Neu-Zuwanderer sowie Rückwanderinnen und Rückwanderer haben könnten. Zuwanderung gewinnt insbesondere für Regionen und Bundesländer (wie Kärnten) an besonderer Relevanz, deren Bevölkerung langfristig sinkt. Mit der nationalen und internationalen Zuwanderung wird auch die Frage nach einer Willkommens- bzw. Ankommenskultur virulent. Der Begriff der Ankommenskultur bildete sich im Laufe der starken fluchtbedingten Zuwanderung 2015/2016 heraus und warf in diesem Zusammenhang die Frage auf, welche begleitenden Schritte der Prozess des Ankommens erfordert. Der Bezirk Hermagor ist aber bereits einige Jahre vor der „Flüchtlingskrise", wie sie von Politik und Medien häufig bezeichnet wurde, integrationspolitisch aktiv geworden.

Der folgende Beitrag setzt sich mit der Frage auseinander, was eine Ankommenskultur bedeuten und wie das Ankommen im ländlichen Raum gefördert werden könnte. Dazu werden die Maßnahmen und Schritte des Bezirks Hermagor dokumentiert und reflektiert.

Ankommen, Ankommenskultur und Integration

Der Begriff des „Ankommens" kann auf zwei Ebenen betrachtet werden. Einerseits kann Ankommen als irgendwo hinkommen, am Zielort eintreffen, verstanden werden. Diese Ebene fokussiert eher den Prozess der Migration. Andererseits kann Ankommen auch im Sinne von Angekommen sein und Heimisch werden betrachtet werden. Die zweite Ebene analysiert vielmehr den Prozess der Integration, der mit der Ankunft am Zielort (erste Ebene) beginnt.

Willkommenskultur bedeutet in Anlehnung an Hess/Binder/Moser (2009) einen Perspektivenwechsel, weg von der Fokussierung auf Migrantinnen und Migranten und ihre Problematisierung für dir ansässige Gesellschaft, hin zu einer verstärkten Betrachtung der institutionellen und gesellschaftlichen Kapazitäten sich für Zuwanderung und ZuwanderInnen zu öffnen. In Anlehnung an Heckmann (2012), der vier Ebenen einer Willkommenskultur unterscheidet, ist eine die gesellschaftliche. Sie umfasst die Öffnung und Willkommenspraktiken für Zuwanderinnen und Zuwanderer (vgl. Hamann/Karakayali 2016).

Während hochqualifizierte Zuwanderinnen und Zuwanderer für Politik und Wirtschaft bereits seit Jahren äußerst willkommen sind und für sie vereinfachte Zuwanderungsbestimmungen geschaffen wurden (z.B. Arbeitssuche-Visum oder Rot-Weiß-Rot–Karte), brachten viele Ehrenamtliche in Zeiten der Hochphase der Flüchtlingszuwanderung 2015/16 den Asylwerberinnen und Asylwerbern ihre Unterstützung entgegen und hießen sie willkommen. „Willkommenskultur" wurde im Jahr 2015 zum Wort des Jahres und im Gegensatz dazu die „besonderen baulichen Maßnahmen", mit denen die Errichtung der Grenzzäune umschrieben wurden, zum Unwort des Jahres 2015 in Österreich gewählt (vgl. ORF Steiermark 2015). Aufgrund der hohen Zuwanderungszahlen hat auch eine Überforderung des staatlichen Asylsystems und der freiwilligen Helferinnen und Helfer eingesetzt. In diesem Zusammenhang steht auch das Abebben der „Wir schaffen das"-Euphorie. Das politische Ende der Willkommenskultur in Österreich hat sich mit der Errichtung von Grenzzäunen gezeigt, die Asylsuchende am Ankommen hindern sollten (vgl. dazu u.a. Bonavida 2016).

Auch wenn im politischen, medialen und gesellschaftlichen Diskurs kaum noch von Willkommenskultur zu hören ist, sondern eher von Ankommenskultur gesprochen wird, bedeutet Ankommenskultur jedoch nicht ein schlichtes Ersetzen des Wortes Willkommenskultur. Das deutsche Landesnetzwerk LAMSA (als Verein eingetragen) in Halle arbeitet für die Aufklärungs- und Bildungsarbeit mit Personen, die neu zugewandert sind, und vertritt die politischen, wirtschaftlichen, sozialen sowie kulturellen Interessen der Bevölkerung mit Migrationshintergrund. Der Zusammenschluss von rund 90 Organisationen und Einzelpersonen ist der Auffassung, dass es der Weiterentwicklung von einem „wohlwollenden Empfang" zu einer Ankommenskultur braucht, die sich an den Bedürfnissen der zugewanderten Menschen orientiert (hallelife 2018). Espahangizi (2015) spricht von einem „postmigrantischen Ankommen", also dem Ankommensprozess, der nach der Migration folgt. In Anlehnung an Tsianos und Karakyali (2014), Yildiz und Hill

(2015), Foroutan u.a. (2015) meint Espahangizi, dass die Schweiz, Deutschland oder Österreich postmigrantische Gesellschaften seien, die zu spät erkannt haben, dass nicht nur eine fluktuierende Gastarbeiterinnen- und Gastarbeiterzuwanderung stattgefunden hat, sondern auch der Prozess der langfristigen Ansiedelung und des Ankommens, im Sinnes eines Integrationsprozesses. Häufig würde nach Espahangizi jedoch von den Gesellschaften der Zuwanderungsländer statt einem Ankommen eine vollständige Assimilation erwartet werden. Mit der Einführung des Begriffes „Menschen mit Migrationshintergrund" wird nicht nur eine statistische Erfassung und Abbildung von Zuwanderinnen und Zuwanderern sowie deren Nachkommen möglich. Diese Beschreibungskategorie, wie Espahangizi kritisiert, führe auch dazu, dass nicht nur die zugewanderte Person selbst der Erwartungshaltung der Mehrheitsgesellschaft nach Ankommen und Integration (oder auch Assimilation) unterliegt, sondern auch die nachfolgenden Generationen. Menschen mit Migrationshintergrund befänden sich dadurch in einem generationenübergreifenden „Dauer-Wartesaal", um als „angekommen" durch die Mehrheitsgesellschaft wahrgenommen zu werden. Ankommen wird so zu einem weit entfernten Ziel, das für die Zuwanderinnen und Zuwanderer zusätzlich an Problematik gewinnt, da mit dem Angekommen sein auch bestimmte Rechte (in weiterer Folge: Staatsbürgerrechte) verbunden sind, die Menschen, die nicht ankommen (können) verwehrt bleiben (Espahangizi 2015).

Der Wartesaal der Integration erscheint dabei immer mehr als eine Art Quarantänestation. Nach dem Motto: *„Wer mit Migration in Kontakt gekommen ist, muss dauerhaft mit Integrationsmassnahmen [!] behandelt werden."* (Espahangizi 2015, S. 107)

Es stellt sich daher die Frage, wie der Prozess des Ankommens, speziell auch im ländlichen Raum, gefördert werden kann, zumal ländliche Räume und Gesellschaften andere Rahmenbedingungen und Ressourcen hinsichtlich integrationsfördernder Strukturen aufweisen als Städte. Neben Asylwerberinnen und Asylwerbern sowie Asylberechtigten soll ein besonderer Blick auch auf weitere Zielgruppen geworfen werden, wie sie auch im Projekt „… (ge)kommen, um zu bleiben …" angesprochen werden: Saisonarbeitskräfte, „einheimische" Migrantinnen und Migranten (Zuwanderung aus anderen Bundesländern), Pensionistinnen und Pensionisten aus EU-Staaten wie auch Hochqualifizierte aus EU- und Drittstaaten. Einen wichtigen Baustein zur Etablierung einer Ankommenskultur bildet auch die bereits ansässige Aufnahmegesellschaft.

Bezirk Hermagor

Der Bezirk Hermagor mit einer Gesamtfläche von rund 808 km² grenzt im Westen an den Bezirk Osttirol, im Norden an den politischen Bezirk Spittal an der Drau, im Süden an die italienische Region Friaul-Julisch-Venetien und im Osten an den Bezirk Villach Umland.

Begrenzt von den Gebirgskämmen der Lienzer Dolomiten und Gailtaler Alpen im Norden sowie der Karnischen Alpen im Süden, erstreckt sich die Region in westöstlicher Richtung entlang des Lesach- und des Gailtales bzw. des Gitschtales in Richtung Weissensee, wo sich auch die Siedlungsschwerpunkte des Bezirkes befinden. Die Erreichbarkeit ist über den Gailbergsattel, Kreuzberg und die Windische Höhe aus dem Drautal gegeben. Aus Friaul-Julisch Venetien gelangt man über die Plöckenpass und Passo Pramollo in die Region. Mit dem Gailtalzubringer von der Autobahnabfahrt bei Arnoldstein und der Eisenbahn bis nach Hermagor ist die Region gut erreichbar.

Die Dynamik der siedlungsräumlichen Entwicklung in der Region spiegelt sich in der Bautätigkeit in den einzelnen Gemeinden und dem Wachstum an Haushalten wider. Das stärkste relative Wachstum an Haushalten haben die Gemeinden Hermagor-Pressegger See und Kötschach-Mauthen zu verzeichnen. Die Anzahl der Personen pro Haushalt liegt bei rund 2,5 Personen (Landesschnitt). Lediglich in der Gemeinde Lesachtal leben durchschnittlich drei Personen in einem Haushalt.

Die Wirtschaftsstruktur in der Region ist von einem guten Mix im sekundären und tertiären Sektor (70,8% der Beschäftigten sind im Dienstleistungssektor tätig) gekennzeichnet. Die Agrarquote liegt deutlich über dem Landes- bzw. Bundesvergleichswert.

Die meisten unselbstständig beschäftigten Arbeitnehmer und Arbeitnehmerinnen sind im Dienstleistungssektor beschäftigt (ca. 71 %) und hier insbesondere in den Branchen „Öffentliche Verwaltung, Unterrichtswesen, Gesundheits- und Sozialwesen" (ca. 33 %) sowie in der „Beherbergung und Gastronomie" (ca. 29 %). Auch im Produktionssektor finden viele Menschen Arbeit (ca. 28 %), vor allem in den Branchen „Bauwesen" (ca. 45 %) und „Herstellung von Waren – Maschinenbau" (ca. 26 %). Im Jahr 2017 konnte der Bezirk 66 Unternehmensgründungen (viele davon sind Ein-Personen-Unternehmen) verzeichnen, was einen Zuwachs von 4,8 Prozentpunkten bedeutet. Hermagor lag damit im Vergleich zu den anderen Kärntner Bezirken an erster Stelle. Die besten Werte verzeichnet der Bezirk auch was die Arbeitslosigkeit angeht. Mit 6,3% weist der Bezirk Hermagor die niedrigste Arbeitslosenquote auf, unterliegt jedoch großen branchenbedingten (Tourismus- und Baubranche) Schwankungen im Jahresverlauf (Joanneum Research 2018).

… (ge)kommen, um zu bleiben …
Projektbeschreibung

Ausgangslage

Der Bezirk Hermagor mit seinen rund 19.000 Einwohnerinnen und Einwohnern ist aufgrund der peripheren Lage stark von den Auswirkungen des demografischen Wandels betroffen. In den Bezirksgemeinden leben zwischen 3,7% und 10,0%

Personen ohne österreichische Staatsbürgerschaft. Sie stammen vor allem aus Deutschland, Italien, Kroatien, Ungarn, Niederlande, Afghanistan, Bosnien und Herzegowina sowie dem Vereinigten Königreich (Statistik Austria 2017a). Im Jahr 2017 betrug die Zuwanderung aus dem Ausland 135 Personen (Statistik Austria 2017b). Im Bezirk Hermagor wohnen 23 Einwohnerinnen und Einwohner pro km² und ist damit der am dünnsten besiedelte Bezirk in Kärnten (in Durchschnitt leben in Kärnten 59 Einwohnerinnen und Einwohner pro km² (Joanneum Research 2018).

Für den Unterstützungsbedarf zuziehender Menschen (Pensionistinnen und Pensionisten aus EU-Staaten, Saisonarbeitskräfte, Asylsuchende u.a.m.) gibt es größtenteils noch keine gemeindeübergreifende Abstimmung/kein einheitliches Dienstleistungsangebot nach Mindestqualitätskriterien. Die Gründe lagen vor allem in der unterschiedlichen Herangehensweise der einzelnen Gemeinden an das Thema bzw. den konkreten Umgang mit der Flüchtlingssituation vor Ort. Das Potenzial der Zugewanderten wird zudem oftmals nicht als Chance für die Weiterentwicklung der Region gesehen.

Der Bedarf an den Inhalten des Projektes kristallisierte sich einerseits aus dem von der Bezirkshauptmannschaft Hermagor initiierten Pilotprojekt „Migration als Chance für den ländlichen Raum" und andererseits aus dem regionalen Strategieentwicklungsprozess im Rahmen der Bewerbung als Leaderregion heraus. Diese beiden Prozesse fanden 2012–2015 statt und damit schon einige Jahre vor der starken fluchtbedingten Zuwanderung 2015/16. Mit Erarbeitung der grenzüberschreitenden Entwicklungsstrategie mit zwei benachbarten Leader-Regionen in Friaul-Julisch-Venetien (Open Leader und Euroleader) wurden die Themen Migration und Integration auch formal festgeschrieben. Projektideen wurden in diesen Programmlinien zwar entwickelt, jedoch wurde kein gemeinsames Projekt umgesetzt. Das Haupthindernis lag vor allem in den unterschiedlichen Rahmenbedingungen für Integration zwischen Italien und Österreich. Zum damaligen Zeitpunkt war Hermagor der erste Bezirk in Kärnten, der von sich aus die Bedeutung dieses Themas frühzeitig erkannte und mit der Umsetzung als Pilotregion erste Akzente setzte.

Die integrationspolitischen Aktivitäten im Bezirk Hermagor starteten noch vor dem im Jahr 2014 initiierten Prozess zur Entwicklung eines landesweiten Integrationsleitbildes für Kärnten, dessen Ergebnisse am 26. Juni 2017 der Öffentlichkeit vorgestellt wurden.

Ziele

Aufbauend auf den Ergebnissen des Projekts „Migration als Chance für den ländlichen Raum" soll ein Dienstleistungsangebot für Zuwanderinnen und Zuwanderer von außerhalb und innerhalb Österreichs nach regional abgestimmten Qualitätskriterien im Bezirk Hermagor aufgebaut werden. Dieser Prozess beginnt mit der Entwicklung und Einführung eines Regionshandbuches und wird durch weitere Maßnahmen für die betroffenen Zielgruppen begleitet.

Zielgruppen

Das Projekt richtet sich sowohl an internationale und nationale Zuwanderinnen und Zuwanderer. Die regionalen Serviceleistungen sollen Asylwerberinnen und Asylwerber sowie Asylberechtigte, Saisonarbeitskräfte, „Einheimische" Migrantinnen und Migranten (Zuwanderung aus anderen Bundesländern), Pensionistinnen und Pensionisten aus EU-Staaten wie auch Hochqualifizierte aus EU- und Drittstaaten beim „Ankommen" und darüber hinaus unterstützen.

Seitens der Aufnahmegesellschaft in der Region sollen in einem ersten Schritt politisch Verantwortliche, Mitarbeiterinnen und Mitarbeiter der regionalen Verwaltungseinheiten, Interessensvertretungen, AMS, Vertreterinnen und Vertreter von Unternehmen, Vereinen, Schulen ihre Angebote/Dienstleistungen entwickeln und untereinander abstimmen. Begleitend sollen bewusstseinsbildende Maßnahmen die einheimische Bevölkerung für dieses Thema sensibilisieren und möglichst viele Bewohnerinnen und Bewohner mit einbinden, damit ein gutes Zusammenleben gelingen kann. Kurzum: „Es geht um ALLE!"

Projektpartner

Als Träger für dieses Projekt, das im LEADER-Programm gefördert wird, ist der Gemeindeverband Karnische Region, dem alle Bezirksgemeinden angehören, federführend für die Umsetzung verantwortlich. Die wissenschaftliche Begleitung hat die Fachhochschule Kärnten mit dem Studienbereich Wirtschaft & Management übernommen. Die Erstellung des Regionshandbuches wurde maßgeblich vom Kooperationspartner, dem Österreichischen Integrationsfonds und dem Integrationszentrum Kärnten, unterstützt.

Methodische Vorgehensweise

Das Projekt gliedert sich in mehrere Schritte. Ausgangspunkt der integrationspolitischen Tätigkeit im Bezirk Hermagor war das Projekt „Migration als Chance für den ländlichen Raum – Integration durch Qualifikation"[1], das auf Initiative der Bezirkshauptmannschaft Hermagor in Kooperation mit der Fachhochschule Kärnten als wissenschaftlichen Partner im Jahr 2013 gestartet ist.

Um unmittelbar auf den praktischen Qualifizierungsbedarf der Zuwanderinnen und Zuwanderer aus nicht-deutschsprachigen Ländern zu reagieren, wurden *Deutsch-Integrationskurse* im Bezirk auf verschiedenen Sprachniveaustufen und mit Exkursionen zu Verwaltungs- wie auch Freizeiteinrichtungen in Kärnten und der Vermittlung von regionalen Spezifika angeboten. Parallel dazu wurde eine Pilotstudie durchgeführt, bei der folgende Fragestellungen im Zentrum standen:

---

[1]   Das Projekt wurde durch das Bundesministerium für Europa, Integration und Äußeres sowie vom Land Kärnten (ko-)finanziert.

- Was sind die Gründe von Migrantinnen und Migranten in den ländlichen Bezirk Hermagor zu ziehen?
- Was kann sie motivieren, sich dort langfristig anzusiedeln?
- Welche weiteren flankierenden Maßnahmen (abgesehen von Deutsch-Integrationskursen) sind notwendig, um die langfristige Ansiedelung von Migrantinnen und Migranten im ländlichen Raum zu fördern?

Basierend auf den Ergebnissen aus einer eingehenden Literatur- und Sekundärdatenanalyse von Bevölkerungs-, Infrastruktur- sowie Arbeitsmarkt- und Wirtschaftsdaten sowie 13 problemzentrierten Tiefeninterviews mit bereits im Bezirk Hermagor lebenden Zuwanderinnen und Zuwanderern, deren Muttersprache nicht Deutsch ist, wurden Schlussfolgerungen für Handlungsbedarf und integrationspolitische Maßnahmen abgeleitet. Unter Berücksichtigung von politischer Beeinflussbarkeit und konkreter Steuerbarkeit wurde ausgehend von den abgeleiteten Schlussfolgerungen ein individuelles Handlungskonzept entwickelt, das sowohl die Zuwanderungs- als auch die Aufnahmegesellschaft miteinbezieht. Das Handlungskonzept basiert auf den drei Säulen „Willkommen heißen", „Begleiten" sowie „Miteinander leben" und sieht für jede Säule konkrete Maßnahmen vor, wie die Erarbeitung eines regionsspezifischen Willkommenshandbuches zur Information für Zuwanderinnen und Zuwanderer.[2]

Als weiterer Schritt wurde das Nachfolgeprojekt „... (ge)kommen, um zu bleiben ..." implementiert. Dieses baut auf den Ergebnissen des Projektes „Migration als Chance für den ländlichen Raum" auf und beschäftigt sich mit der Umsetzung erster Maßnahmen aus dem erarbeiteten Handlungskonzept. Das Projekt ist mit der Realisierung des regionsspezifischen Willkommenshandbuches im Jahr 2016 gestartet.

Sowohl das nachfolgend näher vorgestellte Willkommenshandbuch wie auch die untenstehend erwähnte Checkliste wurden mit den sieben Gemeinden des Bezirks gemeinsam in einem partizipativen Prozess erarbeitet. Die Gemeinden hatten die Möglichkeit, mitzubestimmen, mit welchen Rubriken sie sich vorstellen wollen und entschieden in der Gemeinde selbst, welche Inhalte sie letztlich in das Regionshandbuch aufnehmen. Alle Inhalte und Bilder des Regionshandbuches wurden mit den Gemeinden, der Bezirkshauptmannschaft und dem Regionalmanagement fortlaufend abgestimmt, damit es ein gemeinsames „Produkt" des Bezirks wird, mit dem sich alle Beteiligten identifizieren können.

Als nächster Schritt wurde die Checkliste – ebenfalls partizipativ – mit den Gemeinden und dem Regionalmanagement erarbeitet. Dazu wurden eingangs bestehende Modelle von „Checklisten", wie sie andere Regionen bereits entwickelt haben, analysiert. Inhalte, die auch für den Bezirk Hermagor nützlich erschienen, wurden übernommen und um weitere Inhalte, die in facheinschlägiger Literatur, die sich mit der Förderung der Integration von Zuwanderinnen und

---

[2] Für nähere Informationen zur Pilotstudie siehe Gruber 2014.

Zuwanderern beschäftigt, ergänzt. Anschließend wurden die vorgeschlagenen Inhalte in einem Workshop, an dem Vertreterinnen und Vertreter der Gemeinden und des Regionalmanagements teilnahmen, zur Diskussion gestellt. Ziel des Workshops war es, die Erfahrungen der bisherigen Informations- und Beratungsarbeit (z.B. Welche Punkte fragten Zuwanderinnen und Zuwanderer bisher nach? Welche Punkte sind für die Gemeinden relevant zu wissen? Welche Punkte sollten in einem ersten und welche in einem weiteren, vertiefenden Informations- und Beratungsgespräch thematisiert werden?) sowie zu den administrativen Prozessen der Teilnehmerinnen und Teilnehmer abzuholen und sich selbst gedanklich in unterschiedliche Rollen von Zuwanderinnen und Zuwanderern (z.B. Asylsuchende/Asylsuchender, Rückwanderin/Rückwanderer) zu versetzen. Die Ergebnisse dieses Workshops flossen in die Entwicklung von Checkliste und Informationsblatt ein.

Inhalte, erwartete und bisherige Ergebnisse

Im Rahmen des Projektes sollen mit der Umsetzung von klar definierten Maßnahmen erreichbare Ergebnisse für ein gutes Zusammenleben zwischen den Zuwanderinnen und Zuwanderern sowie der regionalen Aufnahmegesellschaft erzielt werden. Mit der Erstellung des ersten bezirksweiten *Willkommenshandbuches* in Österreich für die Region Hermagor in deutscher und englischer Sprache sollen die Gemeindeverwaltungen und die Bezirkshauptmannschaft zu den Themen Migration und Integration sensibilisiert und die Zuwanderinnen und Zuwanderer im Ankommens- und Ansiedelungsprozess unterstützt werden. Dieses Handbuch soll allen Gemeinden und betroffenen Zielgruppen eine gut verständliche, einheitlich strukturierte und auf Regionsebene abgestimmte Erstinformation zur Beratung der definierten Zielgruppen bieten. Abgerundet wird diese gesammelte Information mit den jeweiligen Ansprechstellen auf Landes-, Regions- und Gemeindeebene.

Durch die Einführung des Willkommenshandbuches für ein regional abgestimmtes Angebot an Informations- und Beratungsleistungen auf Gemeinde- und Bezirksebene werden für die Informations- und Beratung der Zielgruppe pro Gemeinde die jeweiligen Ansprechpersonen definiert. Außerdem finden sich im Handbuch für die Bereiche Aufenthalt, Sprache, Bildung, Arbeit, Beruf und Finanzen, Wohnen, Umwelt und Nachhaltigkeit, Gesundheit, Familie, Frauen und Soziales, Verkehr und Mobilität, Aktivitäten im Bereich Kultur, Freizeit und Ehrenamt, Brauchtum sowie Religion wissenswerte Informationen über die lokalen und regionalen Angebote wie auch Einrichtungen. Um einen Überblick zu gewinnen, werden Österreich sowie Kärnten und der Bezirk Hermagor vorgestellt. Darüber hinaus stellt sich jede Gemeinde auf einer Doppelseite mit ihrer Geschichte, den Sehenswürdigkeiten, Traditionen, Bräuchen, kulturellen Veranstaltungen, Vereinsangeboten sowie Möglichkeiten zur Mitgestaltung und Beteiligung, Sport- und Freizeitangeboten, Kinderbetreuungs- und Bildungsmöglichkeiten sowie der

Wirtschaftsstruktur und den Infrastruktureinrichtungen den Zuwanderinnen und Zuwanderern vor.

Mit der Erarbeitung des Regionshandbuches einhergehend werden in den Gemeindeverwaltungen gesicherte Qualitätsstandards implementiert und partizipativ eine regional abgestimmte *Checkliste* erarbeitet, die zusätzlich einen Zuwachs an Know-how und Informationsaustausch innerhalb der Gemeindeverwaltungen gewährleistet. Die Checkliste richtet sich an die Mitarbeiterinnen und Mitarbeiter der Gemeindeverwaltungen, die im Erstkontakt mit den Zuwanderinnen und Zuwanderern stehen und diese mit Hilfe des Regionshandbuches über lokale und regionale Angebote informieren und bei den ersten Schritten im Bezirk beraten. Die Checkliste soll eine qualitätsvolle, einheitlich abgestimmte und standardisierte Information sowie Beratung von Zuwanderinnen und Zuwanderern in den Gemeinden gewährleisten, wie auch das frühzeitige Identifizieren von Unterstützungsbedarf der Zuziehenden und in weiterer Folge ein gutes Ankommen im Bezirk Hermagor fördern. Mittels der Checkliste erhoben wird u.a. der Bedarf an Wohnmöglichkeiten, Deutschkursen und Weiterbildungsangeboten, Kinderbetreuungs- und Schulplätzen, Arbeitsmöglichkeiten, Pflege oder Seniorenbetreuung und das Interesse an ehrenamtlicher Tätigkeit. Mit dieser Erhebung soll die Gemeinde einerseits einen guten Eindruck darüber gewinnen, welcher Unterstützungs- und Wissensbedarf vorliegt. Andererseits werden auch Informationen über Ausbildung, Sprachkenntnisse, Berufserfahrung oder Hobbies erfragt und damit ein Überblick über die Ressourcen gewonnen, die die Zuwanderinnen und Zuwanderer in das Gemeindeleben einbringen können. Im Zuge des Informations- und Beratungsgesprächs, das in zwei Stufen abgewickelt werden kann, wird auf die entsprechenden Informationen im Regionshandbuch verwiesen. Neben der Checkliste wurde auch ein Informationsblatt entwickelt, das sich an die Zuwanderinnen und Zuwanderer richtet, und über die notwendigen ersten Schritte nach dem Umzug informiert (z.B. Wohnsitzanmeldung in der Gemeinde, Sicherstellen eines Aufenthaltstitels, Umschreibung des Führerscheins, Hundeanmeldung, Vorschriften im Rahmen der Integrationsvereinbarung).

In einem nächsten Prozessschritt werden *Vernetzungsaktivitäten* zwischen den regionalen Akteurinnen und Akteuren sowie den einzelnen Zielgruppen organisiert. Damit soll gewährleistet werden, dass sich regionale Akteurinnen und Akteure untereinander kennenlernen, sich über Zuständigkeiten abstimmen und über relevante Fragestellungen regelmäßig austauschen. Regelmäßige formelle und informelle Treffen zwischen den Vertreterinnen und Vertretern der verschiedenen Akteursgruppen bzw. zwischen den Vertreterinnen und Vertretern der Akteursgruppen und der Zielgruppen sollen die Selbstorganisation und das Empowerment stärken. Durch diese Vernetzung der o.a. Akteurinnen und Akteure sowie Zielgruppen entsteht ein Austausch untereinander, der eine themenspezifische Abstimmung vereinfacht. Somit ist das Thema des „gelingenden Zusammenlebens" kontinuierlich präsent. Die definierten Maßnahmen sollen über die Projektlaufzeit hinaus stattfinden.

Gesamtheitlich gesehen, soll das Projekt die Ankommenskultur im ländlichen Raum stärken. Durch das wechselseitige Kennenlernen und dem Austausch zwischen Vertreterinnen und Vertreter der ansässigen und der zugewanderten Bevölkerung sollen gegenseitige Vorbehalte und Sicherheitsbedenken gemildert bzw. abgebaut werden. Der Austausch über Lebensweisen, berufliche Tätigkeiten, Interessen, Feiern von Festen, Bedürfnisse etc. soll mehr Einblick in das Leben des jeweils „anderen", (noch) Fremden/Unbekannten geben. Die Vernetzungsworkshops sollen vor allem auch die Information- und Sensibilisierung zu diesem Thema stärken. Das Image der „Zuwanderinnen und Zuwanderer als Sündenböcke" soll entzaubert und stattdessen sollen die unmittelbaren Chancen der Migration für die ländliche Region Hermagor aufgezeigt werden.

Erste Projektreflexionen

Auf der Ebene der Projektinitiierung und -vorbereitung wurden die Bezirkshauptmannschaft, das Regionalmanagement und der Gemeindeverband Karnische Region von sich aus aktiv und setzten integrationsfördernde Initiativen, um so den Prozess zu starten und proaktiv wie auch steuernd im Sinne eines Good Governance-Ansatzes in das Geschehen einzugreifen. Auch die Projekttitel „Migration als Chance für den ländlichen Raum" und „… (ge)kommen, um zu bleiben …" wählte die Region selbst. Der methodische Ansatz legte den Schwerpunkt auf den direkten Einbezug der Gemeinden in die Gestaltung der Inhalte des Willkommenshandbuches und der Checkliste, der Rückspiegelung, Diskussion und Validierung der Ergebnisse sowie die gemeinsame Erarbeitung von Unterlagen. Ein breiter, partizipativer Ansatz in der Region wurde begonnen.

Am Beginn des Prozesses stand die Erhebung der Gründe und Motive von Zuwanderinnen und Zuwanderern, sich im ländlichen Raum anzusiedeln. Faktoren, welche ein gutes Ankommen begünstigen, aber auch die Hemmnisse, welche oftmals im Weg stehen, bilden die Basis für weitere Schritte. Die Begegnung und der Austausch zwischen den Verwaltungsbediensteten, politisch Verantwortlichen, Repräsentantinnen und Repräsentanten von Interessensvertretungen, Unternehmen, Vereinen, Schulen, der einheimischen Bevölkerung und der einzelnen Zuwanderungszielgruppen soll zu einem Kennenlernen und gegenseitigen Austausch und zum anderen – im Sinne der Dialektik – zu einem Verständnis für Handlungsweisen auf beiden Seiten führen. Die bezirksweite Erarbeitung des Regionshandbuches mit der Checkliste für Zuwanderinnen und Zuwanderer stellt einen wichtigen Beitrag zur Qualitätssicherung für die Dienstleistungen der Aufnahmegesellschaft dar. Nicht zuletzt wurde durch die Kooperation zwischen Regionalentwicklung (Leader- und Regionalmanagement Region Hermagor) und Wissenschaft (FH Kärnten) von der Projektidee bis zur Umsetzung ein Mehrwert für alle Beteiligten erzielt.

Die Förderung eines guten Ankommens und Heimischwerdens ist als fortlaufender Prozess zu sehen. Mit der Umsetzung der Projekte konnte Sensibilität und Aufmerksamkeit für dieses Thema unter den Verwaltungsbediensteten erreicht werden. Die aktive und partizipative Auseinandersetzung mit der Erstellung des Willkommenshandbuches und der Checkliste stellt eine Intervention in den bisher gewohnten Abläufen im Verwaltungssystem dar. Besonders erfreulich war es daher, dass die Verwaltungsbediensteten die Erstellung des Willkommenshandbuches und der Checkliste überwiegend sehr begrüßend und für ihre Arbeit hilfreich angenommen haben.

Die Implementierung eines derartigen Projektes im ländlichen Raum zeigte jedoch auch Herausforderungen. Nicht für alle Gemeinden ist die Frage von (internationaler) Zuwanderung gleich relevant. Daher war es für die Entwicklung eines regional abgestimmten Dienstleistungsangebotes besonders wichtig, dass der Gemeindeverband Karnische Region, das Regionalmanagement und die Bezirkshauptmannschaft als verbindende Klammern hinter den Projekten stehen und die Gemeinde übergreifende Bedeutung vermittelten. Eine weitere Herausforderung besteht darin, den begonnenen integrationsfördernden Prozess am Laufen zu halten, damit alle beteiligen Institutionen in der Region ein gemeinsames Bild über die Zielrichtung entwickeln und vom Gleichen sprechen, benötigt es viel Zeit und Verständnis für alle Sichtweisen. Diesem Prozess müssen genügend Zeitressourcen zugestanden werden, damit ein erfolgreiches Bearbeiten des Themas überhaupt erst möglich wird. Zu berücksichtigen ist, dass die beteiligten Gemeinden die Mitarbeit am Projekt zusätzlich zu ihrem Alltagsgeschäft bewerkstelligen müssen. Eine partizipative Erarbeitung bedeutet letztlich auch, einen höheren Zeitbedarf in die Projektumsetzung einkalkulieren zu müssen. Wie die Akteurs- und Zielgruppen übergreifenden Workshops verlaufen werden, wird sich erst im Laufe der nächsten Monate (ab Herbst 2018) zeigen.

Resümee und Ausblick

Das Projekt „… (ge)kommen, um zu bleiben …" führt einen regionalen Prozess zur Förderung eines guten, transkulturellen Zusammenlebens fort. Durch das Ansprechen der verschiedenen Zielgruppen wurde auch eine Sensibilisierung der politisch Verantwortlichen und der Verwaltungsbediensteten in den Gemeinden und im Bezirk erreicht und damit die Einsicht, dass proaktives Handeln der regionalen Akteurinnen und Akteure unabdingbar ist. Dieses Bewusstsein fördert auch die nachhaltige Verankerung des Themas und den positiven Umgang mit Zuwanderung in der Region.

Die vorgestellten Projektmaßnahmen sind erste Schritte eines fortwährenden Prozesses zur Etablierung einer Ankommenskultur sowie zur Förderung des Ankommens und der Integration im ländlichen Raum. Ihre Wirkung wird erst im Laufe der Zeit sichtbar werden. Im Ankommensprozess nicht vergessen werden darf die bereits ansässige Bevölkerung. Sie und ihre etablierten Institutionen wie Kindergarten, Schule, Wirtschaftsunternehmen oder Vereine sind Orte des wechselseitigen Kennenlernens und spielen daher beim Ankommen eine wichtige Rolle. Es braucht aber auch begleitende Maßnahmen für die ansässige Bevölkerung, die bei einem ethnisch-, kulturell- und religiös-pluralen Zusammenleben im ländlichen Raum unterstützen, damit zugewanderte Minderheiten von der ansässigen Mehrheit nicht nur toleriert werden, sondern ein chancenreicher Lebensraum für alle Bewohnerinnen und Bewohner entsteht.

Literatur

Bonavida, Iris (2016) Asyl: Das Ende der Willkommenskultur. In: DiePress.com, Bericht vom 16.2.2016. URL: https://diepresse.com/home/politik/innenpolitik/4927022/Asyl_Das-Ende-der-Willkommenskultur.

Espahangizi, Kijan (2015) Ankommen in der postmigrantischen Gesellschaft. Im Wartesaal der Integration. In: terra cognita, Nr. 27, S. 104-107.

Gruber, Marika (2014) Migration als Chance für den ländlichen Raum. Pilotstudie für den Bezirk Hermagor, Begleitforschung zum gleichnamigen Projekt. (Fachhochschule Kärnten, Villach). URL: http://www.region-hermagor.at/309480_DE.

hallelife (2018) Willkommenskultur weiterentwickeln – Ankommen etablieren! URL: https://www.hallelife.de/nachrichten/vermischtes/details/willkommenskultur-weiterentwickeln-ankommenskultur-etablieren.html.

Hamann, Ulrike & /Karakayali, Serhat (2016): Practicing Willkommenskultur: Migration and Solidarity in Germany. In Intersections. East European Journal Of Society And Politics, 2. Jg., Nr. 4, S. 69-86, doi:10.17356/ieejsp.v2i4.296.

Joanneum Research - Institut für Wirtschafts- und Innovationsforschung (2018) WIBIS Kärnten

Michel, Ana Maria/Schönian, Valerie/Thurm, Frida/Steffen, Tilman (2016) Übergriffe an Silvester. Was geschah in Köln? In: Zeit Online, Bericht vom 14.1.2016. URL: https://www.zeit.de/gesellschaft/zeitgeschehen/2016-01/koeln-silvester-sexuelle-uebergriffe-raub-faq.

ORF Steiermark (2015) „Willkommenskultur" Wort des Jahres 2015. Bericht vom 3.12.2015. URL: https://steiermark.orf.at/news/stories/2745533/.

Wirtschaftspolitisches Berichts- und Informationssystem Kärnten. Bezirksprofil Hermagor, Datenstand: Juli 2018. URL: https://wibis.kwf.at/fileadmin/user_upload/wibis_kaernten/regionsprofile/2018-08/B203_PROFIL_2_Daten_13.08.2018.pdf.

Statistik Austria (2017a) Bevölkerung zu Jahresbeginn ab 2002 (einheitlicher Gebietsstand 2017). STATcube-Abfrage.

Statistik Austria (2017b) Wanderungen mit dem Ausland ab 2002 (einheitlicher Gebietsstand 2017). STATcube-Abfrage.

Zugewanderte Menschen als MultiplikatorInnen und ihre Rolle in Integrationsprozessen

Stefan Auradnik, Katharina Kirsch-Soriano da Silva, Florian Rautner

Zusammenfassung

Das Projekt „Grätzeleltern" der Caritas Stadtteilarbeit schlägt mit mehrsprachigen, freiwilligen MultiplikatorInnen in ganz Wien Brücken zwischen schwer erreichbaren Zielgruppen und bestehenden Unterstützungs- und Beratungsangeboten. Der vorliegende Beitrag gibt zunächst einen Einblick in die Arbeitsweise des Projekts und die bisherigen Lernerfahrungen. Im Anschluss folgt eine Reflexion der wichtigsten Wirkungsmechanismen des Projekts anhand unterschiedlicher Formen des Sozialkapitals.

Einleitung

Geflüchtete und zugewanderte Menschen sind mit zahlreichen Herausforderungen konfrontiert, die ihnen Integration in ihrer (neuen) Wohnumgebung erschweren. Sie durchleben im Verlauf des Migrationsprozesses vielfältige Prozesse der Desintegration und Integration, die sich wechselseitig beeinflussen und meist über lange Zeit, teilweise auch über Generationen hinweg, andauern. Die eigene Migration bringt in vielerlei Hinsicht Veränderungen mit sich, ist mit Brüchen, Verlusten und Neuorientierungen verbunden.

Das Praxisprojekt „Grätzeleltern" wird seit 2012 von der Stadtteilarbeit der Caritas Wien umgesetzt und unterstützt Menschen alltagsnahe in ihren Integrationsprozessen. Bisher konnten ca. 1.400 Haushalte erreicht werden. Eine zentrale Rolle spielen dabei MultiplikatorInnen, die großteils selbst Migrations- und Fluchterfahrungen haben, ihr Wissen und ihre Erfahrungen an andere Menschen weitergeben und bei der Orientierung in Österreich unterstützen. Mit diesem Beitrag werden einerseits Einblicke in Lebenssituationen der von den „Grätzeleltern" unterstützen geflüchteten und zugewanderten Menschen gegeben. Andererseits wird die Rolle der MultiplikatorInnen selbst betrachtet und reflektiert, welchen Beitrag sie zu Prozessen der Integration leisten können und welche Herausforderungen dabei sichtbar werden.

Projektbeschreibung

Wer sind die „Grätzeleltern"?

Die Grätzeleltern sind Freiwillige, die sich für andere Menschen in schwierigen Lebenssituationen einsetzen. Sie kommen auf Anfrage nachhause, hören Bedürfnisse und Anliegen an und geben Orientierung, indem sie Wissen über informelle Regeln, Rechte und Ressourcen weitergeben und dabei unterstützen, konkrete Perspektiven und Handlungsmöglichkeiten zu entwickeln. Bei Bedarf vermitteln sie auch zu professionellen Ansprechstellen und helfen Ansprüche und Rechte zu identifizieren. In vielen Fällen begleiten sie auch bei Behördenwegen und zu Beratungsterminen. Sie helfen auf diese Weise mit, Schwellenängste, sprachliche und andere Barrieren zu überwinden und Zugänge zu neuen Möglichkeiten und Ressourcen zu eröffnen (vgl. Kirsch-Soriano da Silva 2013a, 2013b).

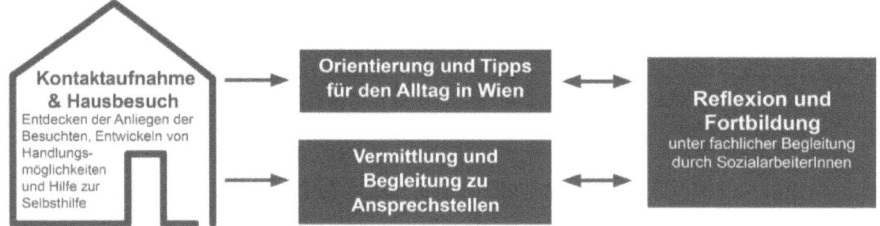

Abbildung 1 Unterstützung in Haushalten

Quelle: Stadtteilarbeit, Caritas der Erzdiözese Wien, 2018

Im Projekt werden die Grätzeleltern von einem hauptamtlichen Team der Stadtteilarbeit der Caritas Wien begleitet, das Schulungen, Fortbildungen, sozialarbeiterische Beratung, Reflexionsgespräche und gemeinsame Aktivitäten organisiert. Aktuell sind 43 freiwillige Grätzeleltern in ganz Wien aktiv. Sie kommen aus 20 verschiedenen Ländern und haben großteils selbst Flucht- oder Migrationserfahrungen. Im Rahmen des Projekts arbeiten sie in interkulturellen Tandems und informieren kostenlos in rund 30 Sprachen. Durch die MultiplikatorInnen verschiedener Herkunft und den aufsuchenden, Community orientierten Projektansatz gelingt es, auch Menschen, die von „klassischen" Beratungsangeboten schwerer angesprochen werden, zu erreichen und ihnen alltagsnahe niederschwellige Unterstützung anzubieten. Die Statistik zeigt, dass vor allem Menschen in Stadtteilen, die zu den üblichen „Ankommensorten" zählen (in Bestandsgebieten des privaten Wohnungsmarktes mit teilweise unsanierten Altbauten und oft prekären Wohnverhältnissen), von den Freiwilligen unterstützt werden:

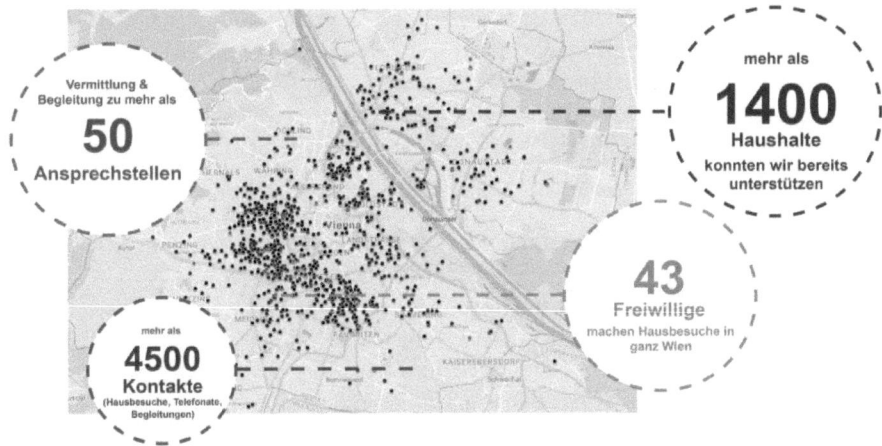

Abbildung 2 Daten zum Projekt Grätzeleltern

Quelle: Stadtteilarbeit, Caritas der Erzdiözese Wien, 2018

In der Praxis wird die Zielgruppe in erster Linie über die ehrenamtlichen MultiplikatorInnen angesprochen, die zum Großteil selbst Teil unterschiedlicher Communities sind. Die MultiplikatorInnen haben sich mittlerweile eine große Bekanntheit in den Communities erarbeitet, die durch Mundpropaganda weiter wächst. Darüber hinaus wird das Projekt gezielt beworben - z.B. durch mehrsprachige Flyer im türkischen oder asiatischen Supermarkt, über communityspezifische Facebook-Gruppen, bei MigrantInnenvereinen oder anderen für die Zielgruppe relevanten Orten.

Fachliche Begleitung

Die Teilnahme als MultiplikatorIn am Projekt Grätzeleltern setzt eine anfängliche Schulung voraus. Bisher fanden seit 2012 insgesamt vier Schulungsdurchgänge statt, der bisher letzte Anfang 2017. Je nach Themenschwerpunkt wurden die Schulungen vom Projektteam adaptiert. So konnten bisher stets aktuelle gesellschaftliche Herausforderungen und Veränderungen berücksichtigt werden. Für die Schulungen wurden jeweils ExpertInnen aus relevanten Einrichtungen und Ansprechstellen als GastreferentInnen eingeladen. Dies hat einen zweifachen Wert, da die ExpertInnen zum einen auf dem neuesten Stand sind, was rechtliche, politische und gesellschaftliche Veränderungen angeht, und zum anderen die MultiplikatorInnen dadurch direkt Einrichtungen sowie deren VertreterInnen kennenlernen und Kontakte knüpfen können. Zum besseren Verständnis soll exemplarisch der Schulungsinhalt aus dem Jahr 2017 dargestellt werden: an drei Halbtagen und drei

Ganztagen wurden Grundlagen des Asylrechts (Caritas Asylzentrum[1]), des Fremdenrechts (Caritas MigrantInnenzentrum[2]), der Wohnungssuche (Caritas Integrationswohnberatung[3] & Diakonie Wohnberatung[4]), zu Beruf & Bildung (CarBiz Bildungsberatung[5]), zu psychischer Gesundheit (Hemayat[6]), zum Integrationsbegriff und zur Rolle als MultiplikatorIn (Christoph Stoik, FH Campus Wien[7]) erarbeitet.

Die Gruppe der Grätzeleltern ist sehr heterogen. Während manche bereits seit Jahrzehnten in Österreich leben oder in Österreich geboren wurden, sind andere erst seit wenigen Jahren hier. Auch hinsichtlich Bildung, Alter und Aufenthaltsstatus wird fast das gesamte Spektrum abgedeckt und reicht von StudentInnen bis hin zu PensionistInnen, von Menschen mit Pflichtschulabschluss bis hin zu Menschen mit Hochschulabschluss, von AsylwerberInnen bis hin zu österreichischen StaatsbürgerInnen. Die Heterogenität der Freiwilligen zeigt sich in ihren unterschiedlichen Bedürfnissen, weshalb eine angemessene und qualitätsvolle sozialarbeiterische Begleitung des Projektes nicht nur notwendig ist, sondern auch mehr Ressourcen als die Arbeit mit homogeneren Freiwilligengruppen benötigt werden. Konkret werden die MultiplikatorInnen im Projekt Grätzeleltern von drei hauptamtlichen SozialarbeiterInnen mit insgesamt 60 Wochenstunden unterstützt.

Initiativenförderung und Netzwerkarbeit

Neben der beschriebenen Kerntätigkeit (Hausbesuche, Begleitungen auf dem Weg zu Ansprechstellen) der Grätzeleltern wurden – oft gemeinsam mit anderen AkteurInnen, v.a. im kooperativen Stadtteilzentrum Herbststraße 15 – weitere Aktivitäten organisiert mit dem Ziel, kulturübergreifende Begegnungs- sowie soziale Austausch- und Lernräume zu schaffen. Durch das gezielte Aufgreifen und Begleiten von Ideen und Vorschlägen der MultiplikatorInnen sowie von Personen, die Unterstützung durch das Projekt erhielten, konnten für die unterschiedlichen Zielgruppen des Projekts hilfreiche Zusatzangebote entwickelt und dadurch neue interkulturelle Netzwerke aufgebaut werden. Durch die doppelte Anbindung einerseits an das Kernprojekt Grätzeleltern sowie andererseits an die Aktivitäten, Initiativen und KooperationspartnerInnen ergaben sich vielfältige Synergien in sämtliche Richtungen. So nahmen von den Grätzeleltern besuchte Personen an den An-

---

[1]   https://www.caritas-wien.at/hilfe-angebote/asyl-integration/beratung-fuer-fluechtlinge/asylz entrum/ [27.11.2018]

[2]   https://www.caritas-wien.at/hilfe-angebote/asyl-integration/beratung-fuer-migrantinnen/frem denrechtsberatung/ [27.11.2018]

[3]   https://www.caritas-wien.at/hilfe-angebote/asyl-integration/wohnen/integrations-und-wohnbe ratung/ [27.11.2018]

[4]   https://fluechtlingsdienst.diakonie.at/einrichtung/wohnberatungsstelle-wiwa [27.11.2018]

[5]   https://www.caritas-wien.at/hilfe-angebote/asyl-integration/ausbildung-arbeit/carbiz-caritas-bildungszentrum/ [27.11.2018]

[6]   http://www.hemayat.org/ [27.11.2018]

[7]   https://personen.fh-campuswien.ac.at/christoph-stoik/ [27.11.2018]

geboten – wie Kunst- und Kulturprojekte, Reparatur-Workshops, Deutschkurse und Sprachcafés – teil. Die Angebote wurden von Grätzeleltern und anderen aktiven Menschen gemeinsam angeboten. Die Netzwerke der KooperationspartnerInnen wurden zur Bewerbung genutzt. Gleichzeitig wurden manche Personen, die der primären Zielgruppe des Kernprojekts Grätzeleltern zuzurechnen sind, erst über die Initiativen auf das individuelle Unterstützungsangebot aufmerksam und konnten auf diesem Umweg den Zugang dazu finden.

Zielgruppen

Menschen mit Unterstützungsbedarf (primäre Zielgruppe)

Die primäre Zielgruppe im Projekt sind Menschen, die in ihrer gesellschaftlichen Integration und Teilhabe benachteiligt werden und bisher wenig Zugang zu Unterstützungsangeboten haben, insbesondere erst seit kurzem in Wien lebende Menschen mit Migrations- und Fluchthintergrund. Die im Projekt gesetzten Maßnahmen reagieren lösungsorientiert auf die individuelle Lebensrealität dieser Menschen und unterstützen sie bei der Bewältigung von Herausforderungen und Hürden in ihrem unmittelbaren Alltag.

Menschen, die sich als MultiplikatorInnen engagieren möchten (Grätzeleltern)

Bei den MultiplikatorInnen handelt es sich um Menschen unterschiedlicher sozialer und kultureller Herkunft, die sich als Grätzeleltern engagieren und andere Menschen bei Integrationsprozessen im Alltag unterstützen. Die Grätzeleltern sind selbst Teil von verschiedenen Netzwerken und Communities, in die sie Wissen weitertragen. Sie haben großteils eigene Erfahrungen in Hinblick auf Integration und werden vom Projektteam geschult und aktiv begleitet. Die ehrenamtlichen MitarbeiterInnen erleben ihre Rolle als Grätzeleltern als Bereicherung, sie bringen ihre persönlichen Stärken und Qualitäten ein und vernetzen sich untereinander. Sie leben den interkulturellen Dialog in der divers zusammengesetzten Gruppe, indem sie gemeinsam diskutieren und reflektieren. Wichtig ist hierbei, neue ehrenamtliche MultiplikatorInnen gut in die bestehende Gruppe zu integrieren, neue Kontakte zur Zusammenarbeit zu ermöglichen sowie Fortbildungen anzubieten, die für die Arbeit mit geflüchteten Menschen hilfreich sind.

Menschen, die sich für interkulturelle Aktivitäten interessieren

Eine weitere Zielgruppe im Projekt sind Menschen, die sich für interkulturellen Austausch interessieren und sich an den im Rahmen des Projekts gesetzten gemeinschaftlichen Aktivitäten und Initiativen beteiligen. Sie haben die Möglichkeit neue Kontakte zu knüpfen und somit ihr soziales Netzwerk zu stärken.

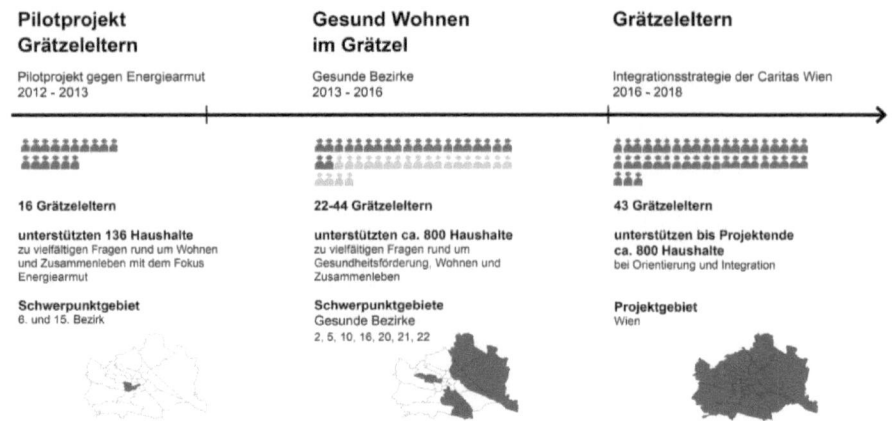

Abbildung 3 Entwicklung des Projekts Grätzeleltern seit 2012

Quelle: Stadtteilarbeit, Caritas der Erzdiözese Wien, 2018

Beratungsstellen und weitere soziale Einrichtungen

Zudem werden mit dem Projekt auch Beratungsstellen, Einrichtungen der Caritas und weitere soziale Einrichtungen verschiedener Trägerorganisationen adressiert, zu denen die Grätzeleltern Brücken schlagen und die sich zum Teil auch im Rahmen der Ausbildungs- und Weiterbildungsworkshops der Grätzeleltern vorstellen. Soziale Einrichtungen profitieren zudem von der Erhebung und Dokumentation der Bedarfslagen der Zielgruppe, auf deren Basis eigene Angebote an integrativen Maßnahmen entwickelt bzw. optimiert werden können.

Finanzierung und Projektgebiet

Das Projekt „Grätzeleltern" entstand 2012 im Pilotprojekt gegen Energiearmut im Rahmen der Programmlinie „Neue Energien 2020" vom Klima- und Energiefonds und in Kooperation mit der Gebietsbetreuung Stadterneuerung für den 6. und 15. Wiener Bezirk. In den Jahren 2013 bis 2016 wurde es unter dem Namen „Gesund Wohnen im Grätzel" von der Wiener Gesundheitsförderung gefördert. Die Grätzeleltern waren in diesem Zeitraum in den 7 „Gesunden Bezirken" der Stadt Wien unterwegs und hatten insbesondere auch die verstärkte Gesundheitsförderung der besuchten BewohnerInnen im Blick. Seit Oktober 2016 ist das Projekt „Grätzeleltern" Teil der Integrationsstrategie der Caritas der Erzdiözese Wien und in ganz Wien tätig.

Erfahrungen aus dem Projekt

Vielfältige Herausforderungen für geflüchtete und zugewanderte Menschen

Das Projekt „Grätzeleltern" richtet sich grundsätzlich an alle Menschen, die in ihrer gesellschaftlichen Integration und Teilhabe benachteiligt werden und bisher wenig Zugang zu Unterstützungsangeboten haben. Insbesondere unterstützen die Grätzeleltern erst seit kurzer Zeit in Wien lebende Menschen mit Migrations- und Fluchthintergrund. Durch ihre niederschwellige und alltagsnahe Tätigkeit erhalten die Grätzeleltern dabei auch Einblicke in Lebenswelten von geflüchteten und zugewanderten Menschen, die ansonsten oft im Verborgenen bleiben. Sie dokumentieren die Bedarfslagen schwer zugänglicher Zielgruppen und generieren Wissen über Problemlagen, sowie über mögliche Ansatzpunkte. Gesammelte Erfahrungen und Wissen können wiederum zur Verbesserung von Beratungs- und Unterstützungsangeboten herangezogen werden. Die Erfahrungen im Projekt zeigen, dass Flüchtlinge und MigrantInnen mit zahlreichen Herausforderungen konfrontiert sind, die ihnen die Integration in ihrer (neuen) Umgebung erschweren. Sprachbarrieren, fehlender oder eingeschränkter Zugang zum Wohnungs- und Arbeitsmarkt, ein unsicherer Aufenthaltsstatus, finanzielle Abhängigkeiten, fehlende soziale Netzwerke und fehlendes Wissen über ihr neues Umfeld sind Teil der Lebensrealität vieler Flüchtlinge und MigrantInnen. Dies ist nicht nur im Aufnahmeland Österreich der Fall. Viele dieser Menschen haben bereits mehrere Migrationsstationen hinter sich und hatten mit mehrfachen Beziehungsabbrüchen und temporären Existenzgründungen in Transitländern zu kämpfen. Der mehrfache Prozess der Desintegration und Integration, des Ankommens und der Neuorientierung beginnt somit schon vor der Einreise nach Österreich.

Die Tätigkeit der Grätzeleltern wird über ein Protokolltool erfasst, das die Grundlage für die Dokumentation der Projektaktivitäten bildet. Darüber hinaus bieten qualitative Workshops und Einzelgespräche die Möglichkeit, die Erfahrungen der Freiwilligen über statistische Datenerhebung hinaus adäquat zu erfassen und in die Berichtslegung und Weiterentwicklung des Projekts einfließen zu lassen.

Die Grätzeleltern berichten, dass es zu Beginn der Begleitung von Neuankömmlingen vor allem um die Aufarbeitung von Migrations- und Fluchterfahrungen geht. Es geht um den Umgang mit meist nur bedingt frei gewählten Veränderungen, Brüchen und Verlusterfahrungen, um das Ankommen und die Adaptierung in einem neuen Lebensumfeld. Es geht um die Entwicklung von Perspektiven zwischen Vergangenheit bzw. Herkunft und Zukunft.

Die folgende Grafik zeigt die wichtigsten Themenbereiche und Ansprechstellen, zu denen bisher vermittelt wurde:

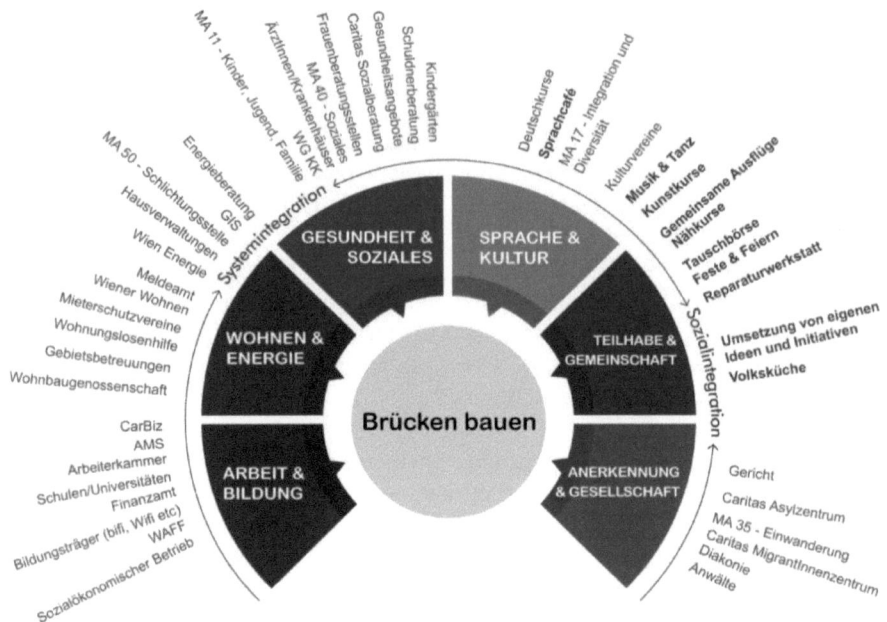

Abbildung 4 Vernetzung mit den richtigen Ansprechpartnern

Quelle: Stadtteilarbeit, Caritas der Erzdiözese Wien, 2018

Erlebte Herausforderungen bei Integrationsprozessen

Die Herausforderungen finden sich sowohl im Bereich der sozialen Integration in Nachbarschaften und Netzwerke als auch im Bereich der Inklusion in relevante gesellschaftliche Teilsysteme - wie Wohnungsmarkt, Arbeitsmarkt, Gesundheitsversorgung, politisches System, sowie Zugang zu Ausbildung oder finanzieller Absicherung. Die strukturelle Inklusion in relevante gesellschaftliche Teilsysteme ist in hohem Ausmaß sowohl durch ökonomisches Kapital, als auch durch rechtliche Möglichkeiten und Ansprüche geprägt. Mit sozialer Integration ist hingegen die Einbindung in soziale Netzwerke gemeint, sowie die selbstbestimmte Gestaltung von weiteren Lebensbereichen wie Kultur und Freizeit. Diese Sozialintegration ist auch mit Wissen über Gepflogenheiten und (häufig informellen) Regeln des Zusammenlebens verbunden, die es ermöglichen sich im Umgang mit anderen sicherer zu fühlen und neue Kontakte zu knüpfen. Die Dimensionen der Sozial- und Systemintegration sind in den angetroffenen Bedarfslagen dabei häufig auch miteinander verknüpft. Es handelt sich zumeist um vielschichtige Inklusions- und Exklusionsmechanismen, die gleichzeitig wirksam sind und verschiedene Lebensbereiche durchdringen.

Im Rahmen der Tätigkeit der Grätzeleltern wird ersichtlich, dass zugewanderte Menschen über die Möglichkeiten, die der österreichische Rechts- und Sozialstaat eröffnet, oft nur wenig wissen. Auch der Zugang zu Alltagswissen, kulturellen

Angeboten und Freizeitmöglichkeiten muss in vielen Fällen erst erschlossen werden. Die Weitergabe von Informationen zu Rechten, Ansprüchen und Ansprechstellen, aber auch der Zugang zu Angeboten, Netzwerken und Möglichkeiten der Aktivität und Entfaltung ist essentiell, um Integration in möglichst vielen Lebensbereichen zu ermöglichen.

Die Rolle der MultiplikatorInnen

Durch ihre offene Herangehensweise werden die Grätzeleltern mit sämtlichen Fragen der Integration konfrontiert und versuchen in ihren Unterstützungsleistungen auch auf die genannten Dimensionen einzugehen. Im Bereich der sozialen Integration ermöglichen die Grätzeleltern beispielsweise neue Kontakte durch das Einbeziehen neuzugewanderter Menschen in ihre sozialen Netzwerke oder sie vermitteln zu Kultur- und Freizeitangeboten, die niederschwellige Teilhabe ermöglichen. Bei Fragen zu Bildung, Wohnungs- und Arbeitssuche informieren sie über relevante Themen und schlagen Brücken zu professionellen Ansprechstellen.

Die bisherige Projekterfahrung zeigt, dass die Peer-to-Peer-Unterstützung – aus der eigenen Erfahrung heraus – viele Potenziale besitzt. Aufgrund der vielfältigen Sprachkenntnisse der Freiwilligen gelingt es meist rasch, Sprachbarrieren zu überwinden, Missverständnisse zu beseitigen und Zugänge zu wichtigen Informationen und Handlungsmöglichkeiten zu eröffnen. Weiters bringen die Grätzeleltern aufgrund ihrer eigenen Flucht- oder Migrationserfahrung ein hohes Maß an Empathie gegenüber anderen Betroffenen mit. Ihre Erfahrung zeigt, dass ein transparenter und authentischer Umgang mit der eigenen Geschichte den Aufbau eines Vertrauensverhältnisses fördert. Die Grätzeleltern besitzen zudem ein sehr spezifisches Wissen in Hinblick auf Integrations- und Orientierungsprozesse, das – neben der Schulung und Fortbildung durch das Projektteam – auch auf eigenen Erfahrungen beruht und eine ganz wesentliche Hilfestellung für andere Menschen in ähnlichen Situationen darstellen kann.

Aufbau und Förderung von Sozialkapital

In der Reflexion der Tätigkeit der Grätzeleltern ist das Konzept des bindenden und brückenbildenden Sozialkapitals (bonding, bridging & linking social capital) nach Robert Putnam (2001), das zwischen unterschiedlichen Formen des Sozialkapitals[8] in Netzwerken unterscheidet, hilfreich.

- *Bonding Social Capital* ist jenes Sozialkapital, das über die Beziehungen in homogenen Netzwerken innerhalb einer sozialen Gruppe bzw. unter Menschen mit ähnlichen Lebenserfahrungen zugänglich ist. Man spricht von sogenannten „strong ties" innerhalb eines solchen sozialen Gefüges. Sie dienen in der Regel

---

[8]   vgl. dazu auch https://www.socialcapitalresearch.com/explanation-types-social-capital/

der Entwicklung von Zugehörigkeit und Vertrauen, gleichzeitig können über solche Beziehungen jedoch nur bedingt neue Ressourcen erschlossen werden, da alle Mitglieder der Gruppe Zugang zu ähnlichen Mitteln und Informationen haben.

- *Bridging Social Capital* wiederum entsteht durch Beziehungen zwischen sozialen Gruppen bzw. Personen mit unterschiedlichen sozialen, ethnischen, ökonomischen, räumlichen und sprachlichen Zugehörigkeiten. Diese „weak ties" erschließen durch die unterschiedlichen Erfahrungshorizonte neue Ressourcen und Möglichkeiten. Je heterogener das Netzwerk bzw. je entfernter die Positionierung der Individuen im sozialen Raum, desto wahrscheinlicher bringt ein Kontakt Informationen, die dem/der jeweils anderen bisher unbekannt war (vgl. Runge 2007).
- *Linking Social Capital* wiederum beschreibt Kontakte zwischen Personen mit unterschiedlichen formalen bzw. institutionalisierten Zugängen zu Ressourcen, Macht und Informationen (vgl. Karstedt 2004).

Das Projekt Grätzeleltern nutzt alle genannten Formen des Sozialkapitals, um Menschen in schwierigen Lebenssituationen neue Wege zu eröffnen: Die Freiwilligen sind einerseits Mitglieder in oft hinsichtlich der Herkunft und der Lebensbedingungen homogenen Netzwerken, in denen sie vertrauensvolle Beziehungen pflegen und so glaubwürdig Informationen weitertragen können (bonding). Die intensive Vernetzung der MultiplikatorInnen in ihren Netzwerken und Communities sorgt für die Bekanntheit des Projekts und das niederschwellige Ansprechen von Zielgruppen. Gleichzeitig sind sie aber auch selbst Mitglieder einer sehr heterogenen Gruppe an Freiwilligen. Zusätzlich engagieren sich viele der Grätzeleltern in diversen Vereinen, Initiativen und Gruppen und können dadurch meist ein großes persönliches soziales Netzwerk vorweisen (bridging). Durch die fachliche Begleitung des Projektteams der Caritas, die Organisation laufender Fortbildungen und Vernetzungsmöglichkeiten zu verschiedenen Einrichtungen und Institutionen in ganz Wien werden den Freiwilligen viele neue inhaltliche und auch materielle Ressourcen und Kontakte zugänglich gemacht (linking). Durch ihre Zugehörigkeit zu all diesen Netzwerken können sie sämtliche Kapitalsorten zusammenführen und einerseits Zielgruppen erreichen, sowie andererseits dazu beitragen, deren Handlungsspielräume zu erweitern.

Wechselseitige Lernprozesse

Jede einzelne Lebensgeschichte, der die Grätzeleltern begegnen, ist letztlich von hoher Individualität und Heterogenität geprägt. Daher erscheint es wesentlich, in einem produktiven und realistischen Rahmen diese Heterogenität auch anzuerkennen und im Sinne einer zukünftigen gelingenden Integration darauf zu reagieren. Die Grätzeleltern stellen sich dieser Herausforderung indem sie auf die Bedarfslagen der Menschen eingehen und unterschiedliche Perspektiven eröffnen. Bonding,

Bridging & Linking Social Capital stehen dabei in ständiger Wechselwirkung zueinander. Durch ihre Ehrenamtlichkeit können die Grätzeleltern persönliche Beziehungen aufbauen, die eine wertvolle Ergänzung zu professionellen sozialarbeiterischen Beratungsleistungen darstellen. Lernprozesse und Empowerment finden auf einer vertrauensvollen, lebensweltnahen und informellen Ebene statt, passieren auf Augenhöhe und können dadurch in den eigenen Alltag integriert werden. In der Praxis beruhen diese Lernprozesse auf Gegenseitigkeit. Denn auch die Grätzeleltern nehmen aus jeder Begegnung Erfahrungen mit. Sie profitieren davon – sowohl persönlich als auch in ihrer Aufgabe im Projekt.

Fazit und Ausblick

Gerade in Hinblick auf Prozesse der formalen Integration in relevante gesellschaftliche Teilsysteme wie Arbeits- und Wohnungsmarkt stößt das Projekt allerdings immer wieder auch an Grenzen, da einzelne Teilbereiche mit zunehmend exkludierenden Rahmenbedingungen verknüpft sind, die sich auch durch engagierte BrückenbildnerInnen wie die Grätzeleltern nur bedingt überwinden lassen. Auch hier wären – im Sinne gelingender Integration – Lernprozesse gefragt: nämlich das Lernen seitens der Systeme und Institutionen im Aufnahmeland, für alle hier lebenden Menschen inklusiver, unterstützender und offener zu werden. Nicht zuletzt hierfür könnten die Erfahrungen aus der Projektarbeit wichtige Ansatzpunkte liefern.

Literatur

Karstedt, Susanne (2004): Linking capital. Institutionelle Dimensionen sozialen Kapitals. In: Fabian Kessl/Hans-Uwe Otto (Hrsg.): Soziale Arbeit und soziales Kapital. Zur Kritik lokaler Gemeinschaftlichkeit. Wiesbaden, S. 45-63.

Kirsch-Soriano da Silva, Katharina (2013a): Grätzeleltern. Ein Nachbarschaftsprojekt im 6. und 15. Wiener Gemeindebezirk. In: soziales_kapital. wissenschaftliches journal österreichischer fachhochschul-studiengänge soziale arbeit. Nr. 9 (2013). Online: http://sozialeskapital.at/index.php/sozialeskapital/article/viewFile/261/420.pdf [27.11.2018]

Kirsch-Soriano da Silva, Katharina (2013b): Grätzeleltern. Herausforderungen und Potenziale eines Wiener Nachbarschaftsprojekts. In: Magazin erwachsenenbildung.at. Das Fachmedium für Forschung, Praxis und Diskurs. Ausgabe 19, 2013. Wien, S. 83-92. Online: http://www.erwachsenenbildung.at/magazin/13-19/meb13-19.pdf [27.11.2018]

Runge, Markus (2007): Der Aufbau von brückenbildendem sozialem Kapital im Umfeld benachteiligter Stadtteile. Bereitschaft zu und Hindernisse von quartiersübergreifenden Austauschprozessen und Netzwerken. Band 1. Schriftenreihe des europäischen Masterstudiengangs „Gemeinwesenentwicklung, Quartiersmanagement und Lokale Ökonomie" an der Fachhochschule München.

Putnam, Robert D. (Hrsg.) (2001): Gesellschaft und Gemeinsinn. Sozialkapital im internationalen Vergleich. Gütersloh.

Websites

Website des Projekts „Grätzeleltern "

https://www.caritas-wien.at/stadtteilarbeit/aktuelle-projekte/graetzeleltern/

Andere erwähnte Einrichtungen

Caritas Asylzentrum:
   https://www.caritas-wien.at/hilfe-angebote/asyl-integration/beratung-fuer-
   fluechtlinge/asylzentrum/ [27.11.2018]
CarBiz - Caritas Bildungszentrum:
   https://www.caritas-wien.at/hilfe-angebote/asyl-integration/ausbildung-arbeit/carbiz-caritas-
   bildungszentrum/ [27.11.2018]
Caritas Fremdenrechtsberatung:
   https://www.caritas-wien.at/hilfe-angebote/asyl-integration/beratung-fuer-
   migrantinnen/fremdenrechtsberatung/ [27.11.2018]
Caritas Integrations- und Wohnberatung:
   https://www.caritas-wien.at/hilfe-angebote/asyl-integration/wohnen/integrations-und-
   wohnberatung/ [27.11.2018]
Christoph Stoik – FH Campus Wien:
   https://personen.fh-campuswien.ac.at/christoph-stoik/ [27.11.2018]
Diakonie Wohnberatungsstelle WIWA:
   https://fluechtlingsdienst.diakonie.at/einrichtung/wohnberatungsstelle-wiwa [27.11.2018]
Hemayat:
   http://www.hemayat.org/ [27.11.2018]

Integration und Gesundheit 1:
wissenschaftliche Perspektiven

Gesundheitszugang von syrischen, irakischen und afghanischen Geflüchteten in Österreich: Ergebnisse aus dem *Refugee Health and Integration Survey*

Judith Kohlenberger, Isabella Buber-Ennser, Bernhard Rengs, Sebastian Leitner, Michael Landesmann

Zusammenfassung

Der Beitrag untersucht das subjektive Wohlbefinden und den Zugang zur öffentlichen Gesundheitsversorgung von Geflüchteten in Österreich, einem jener Länder, die am stärksten von der „Flüchtlingskrise" im Jahr 2015 betroffen waren. Er basiert auf Primärdaten aus dem *Refugee Health and Integration Survey (ReHIS)*, einer sozialwissenschaftlichen Erhebung unter 515 hauptsächlich syrischen, irakischen und afghanischen Geflüchteten. Die Ergebnisse zeigen, dass Geflüchtete, insbesondere Frauen und Menschen aus Afghanistan, dazu tendieren, ihre Gesundheit schlechter einzuschätzen als die österreichische Bevölkerung. Obwohl sich die Befragten generell sehr zufrieden mit dem österreichischen Gesundheitssystem zeigten und nur vereinzelt formale Zugangsbarrieren genannt wurden, erwähnten zwei von zehn männlichen und vier von zehn weiblichen Geflüchteten ungedeckte Gesundheitsbedürfnisse. Die am häufigsten genannten Barrieren des Zugangs zum Gesundheitssystem waren Terminkonflikte, lange Wartelisten, mangelndes Wissen über Ärzt/innen im unmittelbaren Umfeld, und Sprachbarrieren. Obwohl Behandlungskosten nur selten als Barriere angeführt wurden, ist festzuhalten, dass gerade jene fachärztlichen Behandlungen, die von den Befragten sehr selten in Anspruch genommen wurden, mit einem Eigenbeitrag verbunden sind, wie z.B. die Mehrheit der präventiven Zahnbehandlungen sowie Physiotherapie. Die Befragten gaben Krankenhausbehandlungen wesentlich öfter an als Österreicher/inn/en, wobei ambulante Behandlungen häufiger genannt wurden als stationäre Aufenthalte. Wir empfehlen, den Zugang zum österreichischen Gesundheitssystem für Geflüchtete zu verbessern, indem a) der Informationsfluss bezüglich verfügbarer Ärzt/innen, Institutionen und Behandlungen, vor allem im Bereich der Fachärzt/inn/en, optimiert wird, b) die Gesundheitsfürsorge in der Dentalmedizin gefördert wird, und c) Sprachbarrieren durch (web-basierte) Dolmetscher/innen abgebaut werden.

Einleitung

Während des Herbsts 2015 suchten etwa eine Million Menschen Schutz in Europa (Eurostat 2016). Die meisten Geflüchteten beantragten Asyl in Deutschland, eine geringere aber nichtsdestotrotz beträchtliche Anzahl hingegen in Österreich. In Summe wurden zwischen 2015 und 2017 etwa 156.000 Asylanträge in Österreich gestellt (BMI 2016; 2017; 2018). In dieser Zeitspanne wurde etwa 58.500 Personen offiziell Asyl gewährt. Die meisten davon stammen aus Syrien, dem Irak und Afghanistan: Menschen aus diesen Ländern machten 80% aller Asylgewährungen aus (BMI 2016; 2017; 2018). Während die wirtschaftliche Belastung für die Gesellschaft, die Implikationen für den Arbeitsmarkt und das Sozialsystem des Gastlandes auf politischer und gesellschaftlicher Ebene immer noch kontrovers diskutiert werden, wurde den Gesundheitsrisiken, denen Geflüchtete vor, während und nach der Migrationserfahrung ausgesetzt sind, weitaus weniger Beachtung geschenkt. Im Folgenden wird auf Basis neuer Primärdaten aus dem Refugee Health and Integration Survey (ReHIS) auf die (teils nicht abgedeckten) Gesundheitsbedürfnisse von Geflüchteten, ihrem subjektiven Wohlbefinden und ihrem Zugang zu öffentlichen Gesundheitseinrichtungen in Österreich eingegangen. Des Weiteren werden konkrete Handlungsempfehlungen für Stakeholder/innen in Gesundheit, Verwaltung und Politik präsentiert.

Die psychische Gesundheit von Geflüchteten wurde in unterschiedlichen Kontexten untersucht (e.g. Heeren et al. 2012; Priebe et al. 2016). Studien, die sich dem Zugang von Fluchtmigrant/inn/en zum Gesundcitswesen eines Aufnahmelandes sowie Barrieren in diesem Prozess widmen, sind jedoch weiterhin rar und variieren stark in Bezug auf Umfang und Zielgruppe. Nachdem die spezifischen Gesundheitsbedürfnisse vulnerabler Gruppen – wie etwa Schutzsuchende und irreguläre Migrant/inn/en – oft nur unzureichend erfasst und auf diese nur selten in adäquater Weise von Gesundheitseinrichtungen eingegangen wird, wären erhebliche Kosteneinsparungen möglich, wenn marginalisierten Gruppen rechtzeitig medizinische Primärversorgung angeboten würde (Trummer und Krasnik 2017; Trummer et al. 2018). Obwohl epidemiologische Daten rar sind und internationale Vergleiche aufgrund der Diversität in der Kategorisierung von Migrant/inn/en eine Herausforderung darstellen (siehe Rechel et al. 2013)), zeigt die bisherige Forschung, dass Migrant/inn/en eine höhere Inanspruchnahme von Notfallaufnahmen und Krankenhäusern als Nichtmigrant/inn/en aufweisen (Norredam et al. 2010).

In Übereinstimmung (und teilweiser Übererfüllung) der von der Europäischen Kommission vorgegebenen Minimalstandards für die Aufnahme von Asylwerbenden (EUR-Lex 2003) ermöglicht Österreich sowohl anerkannten Flüchtlingen als auch Asylwerber/inne/n freien Zugang zum Gesundheitssystem (Bachner et al. 2013). Nachdem eine Person einen Asylantrag in Österreich gestellt hat, wird ihr als Teil der Grundversorgung eine Krankenversicherung gewährt. Dies beinhaltet medizinische Versorgung in allen Bereichen, inklusive grundlegender zahnmedizinischer Behandlungen, dem Zugang zu öffentlichen Krankenhäusern, psychologischer Behandlungen sowie Medikamenten. Wird der Asylantrag positiv entschieden, erhalten anerkannte Flüchtlinge eine e-card und sind Teil des gleichen Versicherungssystems wie österreichische Bürger/innen. Subsidiär Schutzberechtigte erhalten hingegen keine e-card, außer wenn sie in Österreich einer Beschäftigung nachgehen; in diesem Fall wird die Krankenversicherung über den Arbeitgeber geregelt. Ähnlich wie Asylwerber/innen erhalten sie einen Krankenversicherungsbeleg statt einer e-card, um Dienstleistungen wie Untersuchungen und Behandlungen in Anspruch nehmen zu können. Während Asylwerber/innen automatisch von Rezeptgebühren befreit sind, können anerkannte Flüchtlinge um Gebührenbefreiung ansuchen, sofern ihr monatliches Einkommen unter einer bestimmten Grenze liegt (Austrian General Social Insurance Law (Allgemeines Sozialversicherungsgesetz – ASVG) 2018).

Trotz des formal vorhandenen Zugangs zu Gesundheitsdienstleistungen gibt es zahlreiche Hindernisse in Bezug auf Gesundheitsbehandlungen und Vorsorgeleistungen für Geflüchtete und Asylwerber/innen. Dazu zählen u.a. sprachliche Barrieren und die begrenzte Verfügbarkeit von Dolmetscher/inne/n. Für die Schweiz zeigen Bischoff und Denhaerynck (2010), dass fehlende Dolmetscher/inne/n maßgeblich die rechtzeitige Inanspruchnahme von medizinischer Versorgung beeinträchtigen und zu höheren Folgekosten im Bereich der tertiären medizinischen Versorgung sowie beträchtlichem administrativen Aufwand führen kann. In Bezug auf psychische Gesundheit zeigte sich, dass Sprachbarrieren maßgeblich mit einer häufigeren Diagnose schwerwiegender psychologischer Symptome zusammenhängen (Bischoff et al. 2003) und häufig weitere medizinische Versorgung notwendig machen. Zusätzlich zum erschwerten Zugang aufgrund von Sprachbarrieren wurde belegt, dass Geflüchtete weniger oft präventive medizinische Versorgungsleistungen in Anspruch nehmen (Kohls 2011), vor allem Krebsfrüherkennungsprogramme (Norredam et al. 2010) und Impfungen (Razum et al. 2008). Obwohl dieser Umstand einerseits darauf zurückzuführen ist, dass der Zugang zum Gesundheitswesen des Aufnahmelandes für Asylwerber/innen in vielen Ländern eingeschränkt ist (Bozorgmehr und Razum 2015), spielen auch soziokulturelle Faktoren (van Wieringen et al. 2002) und implizite Vorurteile sowie Diskriminierung eine Rolle. Für die Niederlande wurde gezeigt, dass medizinische Beratungen mit Migrant/inn/en tendenziell kürzer sind als mit Einheimischen, und dass Ärzt/inn/e/n verbal dominanter agieren, wenn sie Migrant/inn/en behandeln (Meeusen und van den Broeck 1977). Die Angst vor Abschiebung oder einem negativen Effekt auf den Asylprozess sind weitere Gründe, warum Asylwerber/innen und undokumentierte Migrant/inn/en Behandlungen nicht in Anspruch nehmen (Karl-Trummer et al. 2009). In Österreich, wie in vielen anderen europäischen Ländern, bieten NGOs und die zivilgesellschaftlichen Organisationen kostenlose medizinische Behandlungen für irreguläre Migrant/inn/en ohne Krankenversicherung sowie für Menschen, die einen negativen Asylbescheid erhalten haben und akut von Abschiebung bedroht sind (Anzenberger et al. 2015).

Soziokulturelle Barrieren, wie z.B. die stärkere Stigmatisierung psychischer Störungen und kulturell und/oder religiös bedingte Interpretationen körperlicher Symptome (Bermejo et al. 2017), können zusätzlich zu einem eingeschränkten Zugang zu Gesundheitsdienstleistungen beitragen, vor allem in Bezug auf Psychotherapie und vorbeugende Maßnahmen. Unter Geflüchteten aus dem Mittleren Osten und Afrika äußern sich psychische Belastungen häufig als rein somatische Symptome, und werden in Folge von praktischen Ärzt/inn/en statt in psychiatrischen Versorgungseinrichtungen (falsch) diagnostiziert und behandelt (Elbert et al. 2017). Darüber hinaus können bestehende gesundheitliche und psychische Resilienzen durch lange Antragsprozesse, wie es in vielen europäischen Ländern, auch Österreich, der Fall ist, verringert werden (Norredam et al. 2006). Weitere Zugangsbarrieren umfassen fehlendes Wissen und mangelhafte Informationsflüsse zwischen Gesundheitseinrichtungen und (irregulären) Migrant/innen, was zu nachhaltigen Informationsdefiziten bezüglich des nationalen Gesundheitssystems führen kann (Rechel et al. 2011). Negative Erfahrungen in Form von Rassismus und sozialer Ausgrenzung können diese Effekte verschlimmern (Mladovsky et al. 2012). Die begrenzte Verfügbarkeit von spezialisierten Gesundheitszentren, vor allem in ländlichen Gegenden, und deren eingeschränkte öffentliche Erreichbarkeit sowie mangelnde Flexibilität in der Terminvergabe können weitere Barrieren darstellen (Schopf 2010).

Zuletzt ist noch der sogenannte „healthy migrant effect" (Domnich et al. 2012; Marmot et al. 1984) zu nennen, welcher ebenfalls Auswirkungen auf die Inanspruchnahme von Gesundheitsleistungen durch Migrant/inn/en haben kann: Arbeitsmigrant/inn/en sind im Durchschnitt gesünder als die Allgemeinbevölkerung des Herkunfts-, als auch des Aufnahmelandes, was durch die Selbstselektion unter Migrant/inn/en erklärt werden kann. Dies hat eine seltenere Inanspruchnahme von Gesundheitsdienstleistungen im Vergleich zur einheimischen Bevölkerung zur Folge. Ob dieser Effekt auch auf die Fluchtbewegung 2015 zutrifft, wurde bisher noch nicht geklärt, allerdings legt die bisherige Forschung zur Fluchtmigration nahe, dass dies nicht der Fall ist (Bozorgmehr und Razum 2015; Razum und Wenner 2016; Razum et al. 2008). Ein Selbstselektionsbias unter syrischen, irakischen und afghanischen Geflüchteten in Bezug auf Bildung, Humankapital, sozioökonomischem Status und selbsteingeschätzter Gesundheit konnte jedoch beobachtet werden (Buber-Ennser et al. 2016).

Material und Methoden

Daten

Diese Studie verwendet Daten aus dem Austrian Health Interview Survey (ATHIS) und dem Refugee Health and Integration Survey (ReHIS). ATHIS ist eine bundesweite Querschnittserhebung zur körperlichen und psychischen Gesundheit, dem Bedarf von Pflege und/oder Unterstützung und weiteren Gesundheitsfaktoren wie Drogenkonsum oder körperlicher Aktivität. Diese Erhebung ist als repräsentative Studie der österreichischen Wohnbevölkerung über dem Alter von 15 Jahren konzipiert. Um Vergleiche zwischen Geflüchteten und der Bevölkerung im Aufnahmeland zu ermöglichen, ist die vorliegende Auswertung auf 11.425 Personen im Alter von 20-59 beschränkt (und überschneidet sich daher mit der Altersgruppe der Re-HIS-Erhebung).

ReHIS gliedert sich als Zwischenerhebung in die Längsschnittuntersuchung FI-MAS+INTEGRATION zu Bildungslevels, beruflichen Qualifikationen und Arbeitsmarktbeteiligung von syrischen, irakischen und afghanischen Geflüchteten in Österreich ein. FIMAS+INTEGRATION wurde zwischen Dezember 2017 und April 2018, mit einem Stichprobenumfang von mehr als 1.600 Befragten, durchgeführt. Sie knüpft an die vorangegangene FIMAS-Studie an, die auf Face-to-Face-Interviews („paper and pencil interview", PAPI) basierte. Für FIMAS+INTEGRA-TION wurde versucht jene Befragten, die ihr Einverständnis dazu gegeben hatten, erneut zu kontaktieren. Interviews wurden entweder als computergestützte Webinterviews („computer-assisted web interviews", CAWI) oder als Telefoninterviews („computer-assisted telephone interviews", CATI) durchgeführt. Zusätzlich wurde die Stichprobe um Refreshers ergänzt, die in lokalen Arbeitsämtern, Ausbildungszentren und NGO-Räumlichkeiten rekrutiert wurden. Um an FIMAS+ teilzunehmen, mussten Befragte im arbeitsfähigen Alter sein und dem Arbeitsmarkt zumindest noch einige weitere Jahre zur Verfügung stehen, was zu einer Altersspanne von 15 bis 60 Jahren führte. Für ReHIS wurdenaufgrund des sensiblen Themas der Erhebung Personen unter 18 Jahren nicht befragt.

Datenerhebung

Basierend auf Kontaktdaten aus FIMAS+ (insbesondere Telefonnummern) wurde ReHIS am Ende der Feldphase von FIMAS+ gestartet und über einen Zeitraum von drei Monaten, zwischen Anfang März und Mitte Mai 2018, durchgeführt. Da die Mehrheit der Befragten muslimischen Glaubens war, wurde die Feldphase mit Beginn des Ramadan beendet, um ungewollte Verzerrungen, vor allem was die gesundheitliche Selbsteinschätzung der Befragten und psychosoziale Aspekte betrifft, zu vermeiden. Vor der Feldphase wurde eine intensive Pretestphase bestehend aus 20 Interviews auf Farsi und Arabisch durchgeführt. Zwischen den Pretestphasen wurden die Interviews evaluiert, um gegebenenfalls Verständnisprobleme zu identifizieren und bei Bedarf den Fragebogen zu adaptieren; speziell jene Fragen, welche sich als zu intim, kontrovers oder in anderer Weise schwierig darstellen, da sie zu einer Verweigerung oder gar zu einem frühzeitigen Abbruch des Interviews führen können (Decker et al. 2011; Fahie 2014; Renzetti und Lee 1993; Ruzek und Zatzick 2000; van der Velden et al. 2013). Darüber hinaus wurden zusätzliche technische Tests des Onlinefragebogens durchgeführt, was sich als zentral für den reibungslosen Ablauf der Feldphase und damit auch für eine hohe Datenqualität und geringe Abbruchsquote herausstellte. In Anbetracht der sensiblen Daten, die in Re-HIS erhoben wurden, waren forschungsethische Aspekte wie Vertrauen zwischen

Befragten und Interviewer/innen, Anonymität, Freiwilligkeit und Zugänglichkeit zentral. Aufgrund der umfangreichen Vorbereitungs-, Übersetzungs-, und Planungsphase und den Erfahrungen der beteiligten Forscher/innen aus früheren Erhebungen unter Geflüchteten waren nach den Pretests lediglich geringfügige Änderungen am Fragebogen und an der Onlineerhebung notwendig.

ReHIS-Interviews wurden Anfang 2018 als CATIs („computer-assisted telephone interviews", computergestützte Telefoninterviews) hauptsächlich auf Arabisch, Farsi/Dari und Paschtu durchgeführt, um sicherzustellen, dass die Mehrheit der Befragten in ihrer Muttersprache angesprochen werden konnte. Mit dieser Strategie sollte eine Verzerrung zugunsten von höhergebildeten Befragten vermieden werden, die zu erwarten gewesen wäre, wenn der Fragebogen ausschließlich in englischer Sprache angeboten worden, oder zumindest elementare Alphabetisierung notwendig gewesen wäre, wie dies bei selbst auszufüllenden Fragebögen der Fall wäre (online oder auf Papier). Darüber hinaus wurden Befragte im jeweiligen arabischen Dialekt (Syrisch oder Irakisch) angesprochen, was sich positiv auf das Vertrauensverhältnis zwischen Interviewer/in und Befragten/r auswirkte. Alle Interviewer/innen erhielten angesichts der höchst sensiblen Fragebogeninhalte ein umfangreiches Training. Während und nach der Feldphase wurde den Interviewer/inne/n psychologische Betreuung angeboten sowie routinemäßige Nachbesprechungen mit dem Forschungsteam durchgeführt.

Alle Teilnehmer/innen gaben ihr Einverständnis, an der Studie teilzunehmen. Aufgrund der Art der Erhebung in Form von CATIs wurde das Einverständnis der Befragten nicht schriftlich dokumentiert, da lediglich jene Personen an der Studie teilnahmen, die ihre Zustimmung haben und auch tatsächlich interviewt wurden. Die ‚Ethical Guidelines for Good Research Practice' (Refugee Studies Centre 2007) wurden vollständig eingehalten. Um zusätzliche Analysen zu ermöglichen sowie die Längsschnittperspektive zu erhalten, konnten bei der ReHIS-Erhebung keine neuen Teilnehmer/innen hinzugefügt werden. Um die Anzahl der Teilnehmer/innen zu maximieren, wurden daher FIMAS+-Teilnehmer/innen über mehre unterschiedliche Kommunikationskanäle kontaktiert, etwa über Telefonnummern und E-Mail-Adressen. Insbesondere wurden bei gescheiterten Telefonanrufen Programme wie WhatsApp und Viber eingesetzt. Diese erlaubten es, Teilnehmer/innen über Umfang und Ziele der Erhebung zu informieren, indem man ihnen Onlinelinks zu der Projektwebsite schickte, wodurch auch Personen erreicht werden konnten, welche bei Anrufen von ihnen unbekannten Rufnummern nicht geantwortet hätten. ReHIS hat insbesondere davon profitiert, dass diese Kommunikationskanäle unter Geflüchteten sehr beliebt sind, um mit Familienmitgliedern und Freund/inn/en in Kontakt zu bleiben (Maitland und Xu 2015; Wall et al. 2015). Kontaktversuche wurden zu unterschiedlichen Tageszeiten unternommen, auch am Wochenende, wobei die Erfolgsquote nachmittags und abends am höchsten war. Dadurch mussten tatsächlich keine Refresher in die Stichprobe aufgenommen werden – trotz des Umstands, dass ReHIS im Gegensatz zu FIMAS+ keine monetären Incentives anbot. Dies ersparte einen erheblichen Mehraufwand, da solche Refresher zwei Mal befragt werden hätten müssen, da für die vollständigen Analysen auch eine Beantwortung des FI-MAS+INTEGRATION Fragebogens nötig gewesen wäre.

Feldphase

Angesichts der Zielgruppe und sensiblen Inhalte der ReHIS-Erhebung kam den Interviewer-Schulungen hohe Bedeutung zu. Ein wichtiger Punkt war die Interviewer/innen darauf vorzubereiten, wie sie im Fall von extremen Reaktionen wie Aggression oder Trauer seitens der Befragten bis hin zu weinenden Gesprächspartner/innen reagieren sollten. Letzteres war häufig durch die persönliche Not der Befragten im Aufnahmeland begründet, aber auch durch Sorgen um nahe Familienangehörige im Ausland. In solchen Fällen trösteten die Interviewer/innen die Befragten ausschließlich durch Zuhören und führten das reguläre Interview fort. Das führte in einzelnen Fällen zu einer erheblichen Verlängerung der Interviewdauer, hatte aber zur Folge, dass die Befragten beruhigt werden konnten und das Interview zu einem erfolgreichen Abschluss kam. Aus demselben Grund war die letzte Frage der Erhebung jene nach den Resilienzstrategien der Befragten (Q 49: „Was tun Sie, um sich gut zu fühlen?", siehe Fragebogen). Dabei wurden vielfältige Antworten, von Sport bis Malen, angegeben, wodurch das Interview mit einem positiven Eindruck beendet werden konnte. Eine professionell durchgeführte Nachbesprechung nach Interviews mit aggressiven oder besonders emotionalen Reaktionen der Befragten stellte sich als hilfreich für die Interviewer/innen heraus.

Obwohl Interviewabbrüche oder die Verweigerung einzelner Fragen selten waren, muss bei der Interpretation der Resultate die beträchtliche Stigmatisierung von psychischen Erkrankungen in den Ursprungsländern im Mittleren Osten berücksichtigt werden. Wir fanden divergierende Angaben zu deren Häufigkeit bei Fragen zur Selbsteinschätzung der (mentalen) Gesundheit im Vergleich mit Symptomen von Angststörungen oder Depressionen, da diese indirekten Fragen auf Befragte neutraler gewirkt haben. Die Interviewer/inne/n merkten zudem an, dass direkte Fragen betreffend die geistige Gesundheit oder Konsultationen eine/s/r Psychotherapeuten/in oder Psychiaters/in (siehe Q 28-29) in einzelnen Fällen unter Befragten Empörung oder sogar offene Feindseligkeit auslösten, da dieses Thema mit einer gewissen Scham besetzt schien.

Außerdem scheint soziale Erwünschtheit, bedingt durch Diskriminierungserfahrungen der Geflüchteten im Aufnahmeland, eine Rolle bei der Erhebung gespielt zu haben. Im Speziellen merkten Interviewer/innen an, dass Befragte sich, unabhängig von ihrem Heimatland, selten als „verärgert" oder „wütend" beschrieben (siehe Q 24), was mit der negativen medialen Darstellung von Geflüchteten Medien zusammenhängen könnte, der sie womöglich entgegenwirken wollten. In ähnlicher Weise diskutierten die Befragten das derzeitige politische Klima in Österreich und in Europa, das viele als besonders ablehnend gegenüber Flüchtlingen empfanden. Außerdem äußerten einige Befragte Sorgen über ihre wirtschaftliche Situation in Anbetracht der Budgetkürzungen für Geflüchtete in Österreich sowie, im Fall von Personen unter subsidiärem Schutz, Sorgen darüber, das Land nach Ablauf des vorübergehenden Schutzes verlassen zu müssen. Darüber hinaus sorgten sich viele der Befragten um Familienangehörige zuhause.

Bei der Interpretation der Ergebnisse ist zu beachten, dass Befragte zwar über den rein wissenschaftlichen Zweck der Erhebung unterrichtet wurden, Missverständnisse aber dennoch nicht ausgeschlossen werden können. In Einzelfällen wurden Interviewer/innen nach Abschluss des Interviews nach medizinischer Hilfe, Wohnungen oder Arbeitsplätzen gefragt. In solchen Fällen verwiesen sie die Befragten an einschlägige humanitäre Hilfsorganisationen.

Fragebogen

Der verwendete Fragebogen basiert auf etablierten Befragungen wie ATHIS, den European Union Statistics on Income and Living Conditions (EU SILC 2014), dem World Health Organization Quality of Life Survey (WHOQOL) und dem IAB-BAMF-SOEP-Refugee Survey 2016 (sowohl Personen- als auch Haushaltsfragebogen). Um die Prävalenz von Depression und Angstzuständen zu erheben, wurde das SF-36 Short Form Survey Instrument on Physical and Mental Health sowie das GAD-7 Short Screening Questionnaire for Generalized Anxiety Disorder verwendet. Außerdem wurden spezifische Elemente bezüglich des Zugangs zu Gesundheitseinrichtungen in Österreich aufgenommen. Diese betrafen vor allem die Inanspruchnahme von Ärzt/innen und Krankenhäusern, sowie Lebensbedingungen in Österreich. Der Fragebogen (siehe Anhang für die deutsche Version; eine englische, arabische und persische (Farsi/Dari) Version ist auf Anfrage verfügbar) war in fünf Hauptthemen gegliedert:

1. Demografie: Alter, Geschlecht, Herkunftsland, Staatsbürgerschaft (zum Abgleich mit Paneldaten aus FIMAS+)
2. Subjektives Wohlbefinden: Selbsteinschätzung der psychischen und physischen Gesundheit, Sozialkontakte, Betreuungssituation, Lebensqualität und Zukunftspläne, Arbeitsfähigkeit und Möglichkeit zu sinnvollen Tätigkeiten
3. Psychologischer Stress und daraus resultierende Einschränkungen: gesundheitliche Einschränkungen und Beschwerden (z.B. Häufigkeit von Schmerzen), Prävalenz von Angstzuständen und Depression
4. Diskriminierungserfahrungen: Erfahrungen und Kontakte im Aufnahmeland
5. Zugang zu öffentlichen Gesundheitseinrichtungen, inklusive sozialer, kultureller und struktureller Beschränkungen in diesem Zusammenhang

Darüber hinaus wurden Informationen bezüglich der Interviewsituation gesammelt, die der/die Interviewer/in nach jedem Kontakt erfassen musste.

Stichprobe

Insgesamt konnten 550 Personen aus der ersten Phase der FIMAS+-Erhebung anhand der bereitgestellten Kontaktinformationen erreicht werden. Von diesen 550 erfolgreichen Kontakten wurden mit insgesamt 528 Personen vollständige Interviews durchgeführt, mit einer durchschnittlichen Dauer von 22,4 Minuten (der Median lag bei 19,2 Minuten). Darüber hinaus wurden acht Interviews begonnen (die Anzahl begonnener Interviews liegt damit bei 536) aber nicht abgeschlossen, was einer Abbruchsrate von 1,5% entspricht. Als Gründe für das vorzeitige Beenden eines Interviews wurden hauptsächlich zeitliche angegeben, da manche der Befragten nicht ausreichend Zeit für das gesamte Interview hatten. Nur in seltenen Fällen wurde die Antwort auf einzelne Fragen bei abgebrochenen als auch bei erfolgreich beendeten Interviews verweigert. Die Feldphase bestätigt Beobachtungen von (Feskens et al. 2006) bezüglich niedriger Kontakt- aber hoher Kooperationsraten bei Erhebungen unter Migrant/innen und ethnischen Minderheiten im Vergleich zur einheimischen Bevölkerung.

Die ReHIS-Stichprobe setzt sich aus 515 Personen zwischen 18 und 61 Jahren zusammen (54% syrische Staatsbürger, 16% irakische, 23% afghanische und 7% andere). Die Geschlechterverteilung war ungleichmäßig (73 weibliche, 447 männliche Teilnehmer/innen) und entspricht somit nicht der Geschlechterverteilung der Asylberechtigten in Österreich. Der Gender-Bias kann dadurch erklärt werden, dass die Rekrutierung von Befragten über Arbeitsämterdatenbanken und Asylzentren zu einem Oversampling männlicher Teilnehmer/innen aufgrund sozialer, wirtschaftlicher und kultureller Faktoren tendiert, und dass darüber hinaus die verfügbaren Kontaktmöglichkeiten (z. B. Handys) oft von dem Ehemann bzw. der Ehefrau im gemeinsamen Haushalt mitbenützt werden.

Analyse

Zunächst wurden Auswertungen zur Selbsteinschätzung des Gesundheitszustands („self-reported health", SRH) mithilfe von deskriptiven Analysen durchgeführt. Weiters wurden multivariate Methoden in Form von logistischen Regressionen eingesetzt um die Determinanten von SRH als *sehr gut* zu ermitteln, wobei Alter, Geschlecht, Nationalität und Bildung getestet wurden. Zweitens wurde der Zugang zu Gesundheitseinrichtungen analysiert, indem die Inanspruchnahme eines Gesundheitsdienstes (Arzt, Krankenhaus) in den letzten zwölf Monaten untersucht wurde. Um Geschlechterunterschiede unter Geflüchteten, sowie solche zwischen Geflüchteten und der Bevölkerung des Aufnahmelandes zu berechnen, wurden 95%-Konfidenzintervalle berechnet. Drittens wurden Barrieren im Gesundheitszugang mithilfe von deskriptiven Auswertungen untersucht. Für die Analysen wurde STATA verwendet.

Auswertung der Variablen

Um aussagekräftige Resultate bezüglich der Selbsteinschätzung des aktuellen Gesundheitszustands zu erhalten, wurden die Antwortoptionen von 1 („*sehr gut*") bis 5 („*schlecht*") in drei Kategorien gruppiert: „*sehr gut*" (1), „*gut*" (2), sowie „*nicht gut"* (3-5). Für logistische Regressionen wurden diese Antworten zu einer dichotomen Variable zusammenfasst, welche zwischen *„sehr gut"* und *„weniger als sehr gut"* unterschied.

Der Zugang zu Gesundheitseinrichtungen wurde anhand der Frage *„Waren Sie in den letzten 12 Monaten bei einem Arzt oder Therapeuten?"* abgefragt. Wenn die Antwort darauf *„ja"* lautete, wurden die Teilnehmer/innen gefragt: *„Bei welchem Arzt oder Therapeuten waren Sie?"*, wobei *„Arzt für Allgemeinmedizin"*, *„Zahnarzt"*, *„Facharzt (z.B. für Augen, innere Medizin)"*, *„Psychologe, Psychotherapeut oder Psychiater"* sowie *„Physiotherapeut"* jeweils separat codiert wurden. Krankenhausaufenthalte wurden mithilfe der Frage *„Waren Sie in den letzten 12 Monaten als Patient in einem Krankenhaus, Ambulanz oder Klinik in Behandlung?"* abgefragt; die möglichen Antworten waren *„Ja, als stationärer Patient, d.h. für eine Nacht oder länger"*, *„Ja, in der Krankenhausambulanz bzw. als Tagespatient, d. h. ohne Übernachtung"*, *„Nein"*, *„Weiß nicht"*, *„keine Angabe"*. Dabei waren mehrere Antworten möglich. Dichotome Variablen wurden für die unterschiedlichen Gesundheitseinrichtungen generiert, mit einer Unterscheidung zwischen *„Ja"* (d. h. in Anspruch genommen) und *„Nein"*. Die wenigen Fälle mit *„Weiß nicht"* wurden von der Analyse ausgenommen.

Die Frage *„Haben Sie in den letzten 12 Monaten einen Arzt oder Therapeuten benötigt, aber nicht in Anspruch genommen?"* stand stellvertretend für Beschränkungen im Zugang zur Gesundheitsversorgung. Diejenigen, die mit *„Ja"* antworteten, wurden nach den drei wichtigsten Gründen gefragt, wobei die folgenden Antworten zur Verfügung standen: *„Die Kosten waren zu hoch für mich"*, *„Die Wartezeit ist zu lang oder: ich bin auf einer Warteliste"*, *„Die Behandlung / Untersuchung ist zeitlich für mich nicht möglich"*, *„Die Erreichbarkeit ist nicht gegeben"*, *„Ich habe Angst vor der Behandlung oder Ärzten"*, *„Ich verstehe die Sprache nicht oder: ich kann nicht erklären was mein Problem ist"*, *„Ich weiß nicht, ob man mir helfen kann"*, *„Ich habe kein Vertrauen in die Ärzte hier in Österreich"*, *„Ich warte, ob das Problem von selbst besser wird"*, *„Ich kenne keinen guten Arzt / Therapeuten"*, *„Anderer Grund"*, *„Weiß nicht"*, *„Keine Angabe"*.

Die Wahrnehmung der Befragten betreffend der Gesundheitsversorgung in Österreich wurde mittels folgender Frage erhoben: *„Wie gut fühlen Sie sich gegenwärtig in Österreich gesundheitlich versorgt?"*. Die Antwortmöglichkeiten reichten von 1, *„ganz und gar schlecht versorgt"* zu 10, *„ganz und gar gut versorgt"*. Erneut wurde eine dichotome Variable erstellt, wobei diese zwischen *„sehr gut"* (9-10) und *„nicht sehr gut"* (1-8) unterschied.

Resultate

Gesundheit in der Selbsteinschätzung

Eine von drei der weiblichen ReHIS Befragten schätzte ihre Gesundheit als *„sehr gut"* ein, während 18% sie als *„nicht gut"* bezeichneten. Im Vergleich dazu lag der

Prozentsatz bei männlichen Befragten bei 42% („*sehr gut*") und 14% („*nicht gut*")
(Abbildung 1). Diese Ergebnisse bestätigen die generelle Tendenz von Frauen, ihre
eigene Gesundheit schlechter einzuschätzen als Männer.

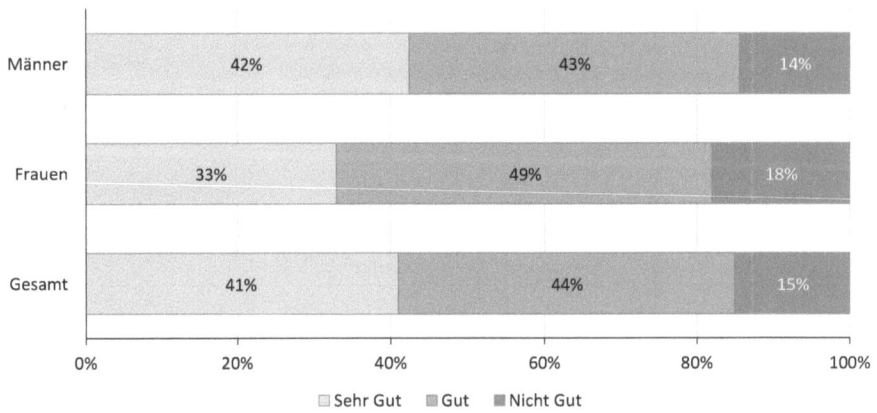

Abbildung 1 Gesundheit in der Selbsteinschätzung, nach Geschlecht

Quelle: ReHIS.

Abbildung 2 zeigt eine Gegenüberstellung der Antworten von ReHIS Befragten mit
jenen der ATHIS Befragten. In der Altersgruppe 20-39 Jahre sind signifikante Unterschiede festzustellen: ReHIS-Befragte – speziell Frauen – nehmen ihre Gesundheit weniger häufig als „*sehr gut*" wahr als ATHIS-Befragte (Männer: 45% versus
51%; Frauen: 33% versus 49%) und geben öfter „*nicht gute*" Gesundheit an (Männer: 12% versus 7%; Frauen: 17% versus 9%). In der Altersgruppe 40-59 sind die
Unterschiede weniger auffällig, wobei männliche Geflüchtete dazu neigen, ihre Gesundheit öfter als „*nicht gut*" einzustufen als männliche ATHIS-Befragte (25% versus 21%). Aufgrund des geringen Stichprobenumfangs können die Angaben weiblicher Geflüchteter im Alter von 40-59 Jahren und Geflüchteter beiden Geschlechts
unter 20 Jahren nicht mit ATHIS verglichen werden.

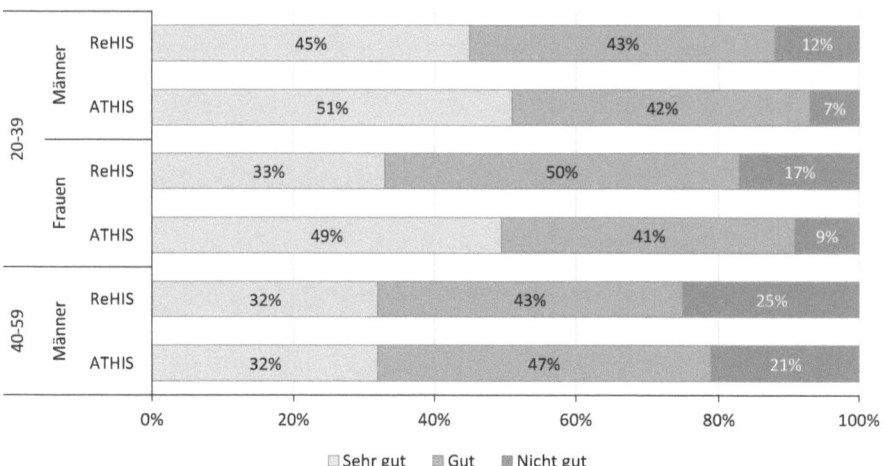

Abbildung 2 Gesundheit in der Selbsteinschätzung, nach Geschlecht

Quelle: ATHIS2014, ReHIS.

Multivariate Analysen zeigen, dass Alter und Staatsangehörigkeit die Wahrnehmung von „*nicht guter*" Gesundheit signifikant beeinflussen (Tabelle 1). Wie erwartet nehmen Geflüchtete im Alter von 40-59 Jahren ihre Gesundheit als schlechter wahr als jene in ihren Zwanzigern oder Dreißigern. Außerdem empfinden afghanische Staatsangehörige im Vergleich zu Syrer/inne/n ihre Gesundheit öfter als schlecht. Dasselbe gilt für Geflüchtete aus anderen Ländern (z. B. Iran, Jemen, Jordanien). Die geschätzten Regressionskoeffizienten für Iraker/innen deuten auf schlechtere Gesundheit als bei Syrer/inne/n hin, wobei diese Koeffizienten aber nicht signifikant sind. Weitere Analysen zeigen, dass der formale Bildungsstand keinen signifikanten Effekt im multivariaten Kontext hat: Stufenweise Modelle zeigen, dass der Zusammenhang zwischen selbst eingeschätzter Gesundheit und dem höchsten formalen Bildungsabschluss an Größe und Signifikanz verliert, wenn die Nationalität der Befragten ins Modell aufgenommen wird. Dies legt nahe, dass die Staatsangehörigkeit der Geflüchteten signifikanter für die gesundheitliche Selbsteinschätzung ist als das formale Bildungsniveau.

Zugang zum Gesundheitssystem

Neun von zehn Männern und fast alle Frauen, die im Rahmen von ReHIS befragt wurden, suchten in den letzten 12 Monaten Ärzt/innen oder Therapeut/innen auf (Tabelle 2). Sowohl bei ReHIS als auch bei ATHIS gaben Frauen öfter an, in den letzten 12 Monaten Gesundheitsdienstleistungen in Anspruch genommen zu haben. Unter Geflüchteten sind die Geschlechterunterschiede besonders auffallend, vor allem was die Inanspruchnahme von Fachärzt/inn/en betrifft (Frauen: 50%, Männer:

	Alle	Männer	Frauen
Altersgruppe			
18-19	0.00	0.00	0.00
20-39 (Ref.)	0	0	0
40-59	1.32***	1.36***	1.34
60+	0.00	0.00	0.00
Geschlecht			
Männlich (Ref.)	0		
Weiblich	0.17		
Nationalität			
Syrien (Ref.)	0	0	0
Irak	0.60	0.54	0.75
Afghanistan	1.61***	1.60***	1.45+
Andere	1.24*	1.64**	0.00
Bildung			
ISCED 0-1	0.53	0.64	0.30
ISCED 2	0.17	0.29	-0.44
ISCED 3-6 (Ref.)	0	0	0
Fehlend	0.62	0.61	1.02
Konstante	-2.97***	-3.05***	-2.53***
R^2	0.1067	0.1169	0.1044
N	501	432	63

Tabelle 1 Regression der Anteile an ReHIS Befragten mit schlechter Gesundheit

Quelle: ReHIS.

33%), was unter Umständen auf Gynäkolog/inn/enbesuche zurückzuführen ist. Weibliche Geflüchtete vermeldeten auch öfter den Besuch eines/einer Psychologen/in, Psychotherapeuten/in oder Psychiaters/in als Männer (13% versus 5% der Männer). Zahnärzt/innen wurden von einem weitaus geringeren Anteil der Geflüchteten aufgesucht (27-28%) als dies bei Österreicher/inne/n (70-78%) der Fall war.Im Allgemeinen wurden auch Fachärzt/innen von einem geringeren Anteil der Geflüchteten aufgesucht (Männer: 34%, Frauen 51%) als bei Österreicher/inne/n (Männer: 50%, Frauen 74%). Im Gegensatz dazu nahmen etwas mehr weibliche Geflüchtete die Dienste eines Psychologen/in / Psychotherapeuten/in / Psychiaters/in in Anspruch als bei Österreicher/innen der gleichen Altersgruppe (20-39) (13% versus 10%). Physiotherapeut/innen wurden kaum von Geflüchteten konsultiert (4%-5%), jedoch von einem größeren Anteil der Österreicher/innen (17%-22%).

Etwa ein Drittel der ReHIS-Befragten berichtete von mindestens einen Krankenhausaufenthalt in den letzten 12 Monaten, wobei ambulante Behandlungen häufiger genannt wurden (ca. 20%) als stationäre Behandlungen (13%). Dabei gaben Geflüchtete häufiger ambulante Behandlungen an als Österreicher/innen (19-21% versus 10-11%). In ähnlicher Weise neigen ATHIS-Befragte, die aus EU-Drittstaaten stammen, eher dazu, Krankenhausambulanzen für Behandlungen aufzusuchen als diejenigen, die in Österreich geboren sind (13% versus 10%). Die größere relative Häufigkeit von stationären Krankenhausaufenthalten (mit Übernachtung) bei Geflüchteten könnte auch damit zusammenhängen, dass sie häufiger Ambulanzen auf

	ReHIS (20-59)		ATHIS (20-59)	
	Männer	Frauen	Männer	Frauen
Arzt oder Therapeut	0.91 (0.88; 0.93)	0.97 (0.93;1.01)	0.93 (0.92; 0.93)	0.98 (0.97; 0.98)
Allgemeinmediziner	0.78 (0.74; 0.82)	0.90 (0.83; 0.97)	0.74 (0.72; 0.75)	0.82 (0.80; 0.83)
Zahnarzt	0.27 (0.23; 0.31)	0.28 (0.17; 0.38)	0.70 (0.69; 0.72)	0.78 (0.77; 0.79)
Facharzt	0.34 (0.29; 0.38)	0.51 (0.39; 0.63)	0.50 (0.48; 0.51)	0.74 (0.73; 0.75)
Psychologe, -therapeut, ..	0.05 (0.03; 0.07)	0.13 (0.05; 0.21)	0.06 (0.05; 0.07)	0.10 (0.09; 0.11)
Physiotherapeut	0.05 (0.03; 0.07)	0.04 (-0.01; 0.09)	0.17 (0.16; 0.18)	0.22 (0.21; 0.24)
Krankenhaus (stat. o. amb.)	0.32 (0.28; 0.37)	0.38 (0.26; 0.49)	0.19 (0.18; 0.20)	0.20 (0.19; 0.21)
Krankenhaus stationär	0.13 (0.10; 0.17)	0.19 (0.09; 0.28)	0.11 (0.10; 0.12)	0.12 (0.12; 0.13)
Krankenhaus ambulant	0.19 (0.15; 0.23)	0.22 (0.12; 0.32)	0.11 (0.10; 0.12)	0.10 (0.10; 0.11)
N	432	69	5,721	5,704

Tabelle 2 Inanspruchnahme von Gesundheitsdienstleistungen, nach Geschlecht

Quelle: ATHIS2014, ReHIS.

suchen und somit auch eher über Nacht im Krankenhaus aufgenommen werden können. Unter geflüchteten Frauen könnte die erhöhte Geburtenrate nach der Migration (Liebig et al. 2018) ebenfalls zum vergleichsweise hohen Anteil von stationären Aufenthalten (22%) beigetragen haben.

Zugangsbarrieren

Zwei von vier männlichen und vier von zehn weiblichen Geflüchteten gaben ungedeckte Gesundheitsbedürfnisse an. Multivariate Analysen zeigten, dass Geschlecht und Nationalität in Zusammenhang mit ungedeckten Bedürfnissen stehen: Frauen und Afghan/en/innen gaben am öftesten ungedeckte Gesundheitsbedürfnisse an. Wenn im Regressionsmodell nur Männer einbezogen wurden, hatten Angehörige anderer Staaten als Syrien, Irak und Afghanistan ein höheres Risiko, solcher ungedeckten Bedürfnisse. Ein niedrigeres Bildungsniveau korreliert hingegen mit weniger ungedeckten Gesundheitsbedürfnissen: Befragte mit einem Bildungsniveau von ISCED 2 berichteten weniger oft von unbefriedigten Bedürfnissen als Höhergebildete (ISCED 3 oder höher). Das könnte mit unterschiedlichen Wahrnehmungen zusammenhängen, was ein Gesundheitsbedürfnis und eine adäquate Behandlung darstellt (Cutler und Lleras-Muney 2010; Kunst und Mackenbach 1994).

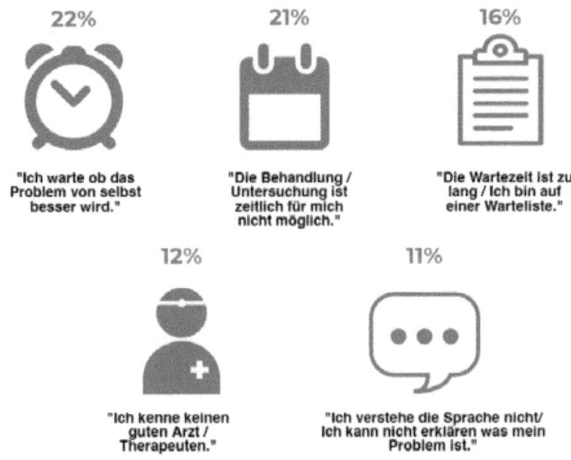

Abbildung 3 Top 5 Zugangsbarrieren

Quelle: ReHIS.

Als häufigster Grund dafür medizinische Probleme nicht behandeln zu lassen, wurde „*Ich warte ob das Problem von selbst besser wird*" genannt (21-22%) (Abbildung 3). Zeit war ebenfalls ein relevanter Faktor Gesundheitsprobleme nicht behandeln zu lassen: 23% der Frauen und 20% der Männer gaben an, dass die nötige Behandlung oder Beratung zeitlich unmöglich war. Eine zu lange Warteliste wurde von 19% der Frauen und 15% der Männer als Barriere gesehen. Mangelndes Wissen über geeignete Ärzt/innen oder Therapeut/innen sowie Sprachbarrieren zählten ebenfalls zu den Top-5 Antworten (11-12%). Nur 7% der Männer und keine Frauen gaben an, kein Vertrauen in österreichische Ärzt/innen zu haben.

Subjektive Wahrnehmung der Gesundheitsversorgung in Österreich

Der Mittelwert für die Wahrnehmung der Qualität der österreichischen Gesundheitsversorgung betrug 8,5 auf einer Skala von 1 bis 10. Dabei war dieser für Frauen geringfügig niedriger als für Männer (8,1 versus 8,5). Frauen wählten den Extremwert 10 wesentlich weniger oft als Männer (29% versus 43%) (Abbildung 4). Regressionsanalysen für die beiden positivsten Optionen (Werte 9 und 10) zeigen, dass junge Geflüchtete unter 20 Jahren eine höhere Zufriedenheit mit der Gesundheitsversorgung in Österreich angaben, als ältere Teilnehmer/innen. Darüber hinaus zeigte sich, dass Geschlecht und Nationalität ebenfalls Einfluss darauf haben, ob Befragte sich ganz und gar gut versorgt in Österreich fühlten: Frauen und afghanische Befragte berichteten weniger oft mit der Gesundheitsversorgung zufrieden zu sein.

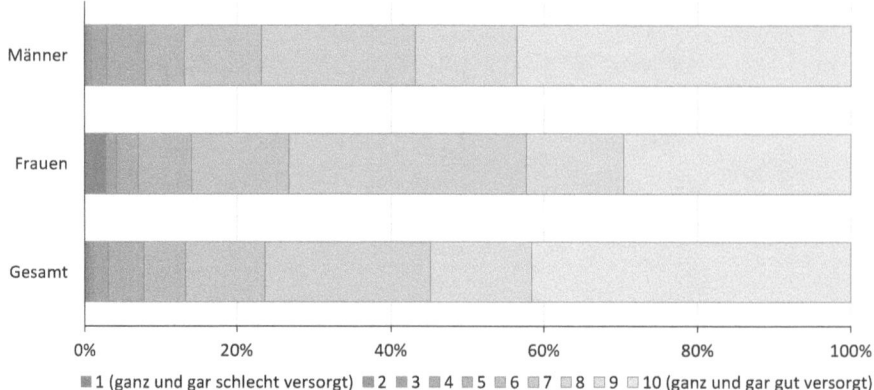

Abbildung 4 Wahrnehmung der Gesundheitsversorgung in Österreich, nach Geschlecht

Quelle: ReHIS.

Diskussion

Wie die Resultate zu selbsteingeschätzter Gesundheit, unerfüllten Gesundheitsbedürfnissen und Beschränkungen im Zugang zur Gesundheitsversorgung zeigen, ist
die Gesundheit geflüchteter Menschen, die im Zuge der Europäischen Flüchtlingskrise nach Österreich gekommen sind, schlechter als die der Österreicher/innen. Vor
allem weibliche Geflüchtete unter 40 berichteten über weniger gute Gesundheit als
österreichische Frauen. In der Altersgruppe 40-59 waren die Unterschiede weniger
ausgeprägt und die Selbsteinschätzung der männlichen Geflüchteten betreffend ihres Gesundheitszustands stimmt in etwa mit jener der österreichischen Männer
überein. Das könnte bedeuten, dass Österreicher/innen eine stärkere Verschlechte-
rung der Gesundheit (bzw. der Selbsteinschätzung) mit zunehmendem Alter erfahren, während der selbst eingeschätzte Gesundheitszustand bei Geflüchteten bereits
von Beginn an niedriger ist. Lebenswandel und kulturelle Aspekte könnten weitere
Faktoren sein, die für die Interpretation dieser Ergebnisse herangezogen werden
sollten; hierzu bedarf es aber weiterer Forschung.

Die Ergebnisse zeigen, dass Bildung keinen Effekt auf die gesundheitliche
Selbsteinschätzung hat und keinen nennenswerten Resilienzfaktor für die Gesundheit der befragten Geflüchteten darstellt. Vielmehr zeigte sich, dass Nationalität die
gesundheitliche Selbsteinschätzung beeinflusst, wobei afghanische Geflüchtete
niedrigere Werte angaben, als Angehörige anderer Staaten. Das könnte mit mehreren Faktoren zusammenhängen: zuallererst könnten Stressfaktoren wie Fluchtmigration eine entscheidende Rolle spielen, da die Migrationserfahrungen von Af-
ghan/inn/en tendenziell länger, fragmentierter und komplexer sind als die von Sy-
rer/inne/n, mit andauernden Aufenthalten in Transitländern unter harschen Bedingungen. Von den Befragten mit afghanischer Staatsbürgerschaft gaben 20% an

nicht in Afghanistan geboren zu sein, was Erfahrungen von sozialer Exklusion, Diskriminierung und Rechtlosigkeit zur Folge gehabt haben kann. Im Gegensatz zu syrischen Geflüchteten erhalten afghanische Staatsbürger/innen viel seltener vollen Asylstatus, sondern sogenannten subsidiären Schutz, der auf ein Jahr befristet ist, aber mehrmals nach einer Neuevaluierung verlängert werden kann. In Kombination mit der für Afghan/en/innen im Vergleich zu Syrer/inne/n typischerweise viel längeren Dauer von Asylverfahren (was zu unfreiwilliger Inaktivität und Arbeitslosigkeit führt) sowie von vornherein viel geringeren Erfolgsaussichten dauerhaft in Österreich bleiben zu dürfen kann also auch der unsichere temporäre Aufenthaltsstatus einen negativen Einfluss auf die Gesundheit afghanischer Geflüchteter haben.

Insgesamt verzeichneten ReHIS-Befragte eine hohe Zufriedenheit mit dem österreichischen Gesundheitssystem und eine niedrige Anzahl von strukturellen Zugangsbarrieren – dabei wurden vor allem Kosten und Erreichbarkeit genannt. Zusätzlich zu nationalen Unterschieden (Afghan/enr/innen waren weniger zufrieden als andere Gruppen) gab es Geschlechterunterschiede bei der Zufriedenheit, wobei Frauen sich generell weniger gut versorgt fühlten als Männer, obwohl sie öfter Gesundheitsdienstleistungen in Anspruch nahmen, vorwiegend Facharzt/innen. Dies scheint vor allem auf Gynäkologen und Geburtshelfer/innen zurückzuführen zu sein und mit der hohen Geburtenrate unter weiblichen Geflüchteten nach der Migration (Liebig et al. 2018) in Zusammenhang zu stehen. Die seltene Inanspruchnahme von Physiotherapeut/innen und Zahnärzt/innen könnte u.a. durch die geringe Verbreitung von Physiotherapie bzw. dentaler Prophylaxe in den Ursprungsländern zu erklären sein. Insbesondere scheint die geringere Inanspruchnahme von Zahnarztbesuchen durch Geflüchtete aber auch durch sozio-ökonomische Faktoren bedingt zu sein. Obwohl nur ein geringer Anteil der Befragten hohe Kosten als Grund für unerfüllte Gesundheitsbedürfnisse genannt hat, sollte beachtet werden, dass ein Großteil der Zahnbehandlungen, inklusive präventiver Maßnahmen, von den meisten Krankenversicherungen nicht übernommen werden.

Obwohl ein größerer Anteil der Geflüchteten Psychotherapeut/innen aufsuchen, als bei Österreicher/innen, könnte die zeitliche Lücke zwischen ATHIS 2014 und ReHIS 2018 ebenfalls eine Rolle spielen. Stellvertretend zeigt ein Vergleich der ATHIS-Erhebung aus dem Jahr 2014 mit der ihr vorangegangenen ATHIS 2006/7-Erhebung eine leichte Zunahme bei der Konsultation von Psychotherapeut/innen (2% versus 7%). Es ist zu erwarten, dass dieser Trend anhält und der aktuelle Anteil von Österreicher/innen in Psychotherapie jenem der Geflüchteten gleicht. Nichtsdestotrotz kann der Umstand, dass Facharzt/innen von einem signifikant kleineren Anteil an Geflüchteten aufgesucht wurde als von Österreicher/innen, abgesehen von Psychotherapeut/innen oder Psychiater/innen, als Indikator für einen höheren Bedarf an psychischer Gesundheitsversorgung gesehen werden.

Zwei der fünf am häufigsten genannten Zugangsbarrieren, nämlich zeitliche Verfügbarkeit und lange Wartelisten, scheinen sich vor allem auf den Zugang zu Psychotherapeut/innen zu beziehen, da Allgemeinmediziner/innen und Facharzt/innen in der Regel keine Wartelisten anwenden. Tatsächlich beträgt die durchschnittliche

Wartezeit für Psychotherapie für Geflüchtete (mit einem/r fachkundigen Dolmetscher/in vor Ort) in Österreich zwischen sechs und zwölf Monaten bei Erwachsenen. ReHIS bestätigt somit, dass lange Wartezeit eines der Haupthindernisse darstellt, warum Geflüchtete eine indizierte Behandlung (psychischer) Erkrankungen nicht in Anspruch nehmen. Lange Wartezeiten sowie eine eingeschränkte Erreichbarkeit können außerdem dazu führen, dass Geflüchtete eher dazu neigen, das gesundheitliche Problem zu ignorieren bzw. abzuwarten und zu hoffen, dass es sich von selbst bessert.

Schlussfolgerungen

Der Zugang von Geflüchteten zum österreichischen Gesundheitssystem kann verbessert werden, indem der Informationsfluss optimiert wird. Im akuten Anlassfall werden oft Krankenhäuser, insbesondere für ambulante Behandlung in Anspruch genommen. Dies könnte auf mangelndes Wissen über vorhandene Allgemeinmediziner/innen und Facharzt/innen zurückzuführen sein. Der Zugang zu Letzteren zeigt ein starkes Ungleichgewicht in Bezug auf den regelmäßigen Besuch von Zahnärzt/innen: Geflüchtete konsultieren diese wesentlich seltener als Österreicher/innen. Staatliche Gesundheitspolitik sollte den Zugang zu Zahnärzt/innen für Geflüchtete fördern, vor allem da Studien zeigen, dass mangelnde Zahngesundheit generationenübergreifende Armut verursacht und damit soziale Ungleichheit zwischen Einheimischen und Migrant/innen verstärkt (Bradshaw et al. 2016; Call 1989).

Der Zugang zu Allgemeinmediziner/innen und Facharzt/innen sollte verbessert werden, um die Ambulanzen und Notdienste der Krankenhäuser zu entlasten, was zu Kosteneinsparungen führen würde. Sprachbarrieren können behoben werden, indem ausgebildete Dolmetscher/innen zur Verfügung gestellt würden, idealerweise auch virtuell über web-basierte Anwendungen, wie sie bereits bundesweit in vielen Einrichtungen zur Verfügung gestellt werden. Ein besonderes Augenmerk sollte auf weibliche Geflüchtete und afghanische Staatsbürger/innen gelegt werden, sowohl was den Zugang zu Gesundheitseinrichtungen, als auch das allgemeine Wohlbefinden betrifft. Das geht über Anforderungen des Gesundheitswesens hinaus und beinhaltet generelle Angebote wie Betreuung im Asylverfahren, Wohnen und Kinderbetreuung. Unsere Ergebnisse zeigen, dass Barrieren im Zugang zum Gesundheitsdienstleistungen vor allem auf mangelnde Erreichbarkeit und unzureichendes Angebot zurückzuführen sind, was lange Wartelisten oder Terminkonflikte zur Folge hat. Die eingeschränkte Verfügbarkeit von freien Plätzen für Behandlungen ist von besonderer Bedeutung bei nichterfüllten psychischen Gesundheitsbedürfnissen, welche sich mit der Zeit verschlimmern können.

Literatur

Anzenberger, Judith / Bodenwinkler, Andrea / Breyer, Elisabeth (2015) Migration und Gesundheit. Literaturbericht zur Situation in Österreich [Migration and health. Literature review on the situation in Austria]. (Gesundheit Österreich GmbH [Health Austria Ltd], Vienna).

Austrian General Social Insurance Law (Allgemeines Sozialversicherungsgesetz – ASVG) (2018).

Bachner, Florian / Ladurner, Joy / Habimana, Katharina / Ostermann, Herwig / Stadler, Isabel / Habl, Claudia (2013) Das österreichische Gesundheitswesen im internationalen Vergleich. Ausgabe 2012 [The Austrian health system in an international comparison. Edition 2012]. (Gesundheit Österreich GmbH [Health Austria Ltd], Vienna).

Bermejo, Isaac / Hölzel, Lars / Schneider, Frank (2017) Transkulturelle Psychiatrie [Transcultural psychiatry]. In: Schneider, Frank (Hrsg.) Facharztwissen Psychiatrie, Psychosomatik und Psychotherapie [Medical specialists knowldge psychiatry, psychosomatic and psychotherapy]. (Springer, Berlin) 605-613.

Bischoff, Alexander / Bovier, Patrick A. / Rrustemi, Isak / Gariazzo, Francoise / Eytan, Ariel / Loutan, Louis (2003) Language barriers between nurses and asylum seekers: Their impact on symptom reporting and referral. In: Soc Sci Med 57(3), 503-12.

Bischoff, Alexander / Denhaerynck, Kris (2010) What do language barriers cost? An exploratory study among asylum seekers in Switzerland. In: BMC Health Services Research 10(1), 248.

BMI (2016) Asylstatistik 2015 [Asylum statistics 2015]. (Austrian Federal Ministry of the Interior, Vienna).

BMI (2017) Asylstatistik 2016 [Asylum statistics 2016]. (Austrian Federal Ministry of the Interior, Vienna).

BMI (2018) Asylstatistik 2017 [Asylum statistics 2017]. (Austrian Federal Ministry of the Interior, Vienna).

Bozorgmehr, Kayvan / Razum, Oliver (2015) Effect of restricting access to health care on health expenditures among asylum-seekers and refugees: A quasi-experimental study in Germany, 1994–2013. In: PLOS ONE 10(7), e0131483.

Bradshaw, Jonathan / Dale, Veronica / Bloor, Karen (2016) Physical health. In: Bradshaw, Jonathan (Hrsg.) The well-being of children in the UK. (Policy Press, Bristol).

Buber-Ennser, Isabella / Kohlenberger, Judith / Rengs, Bernhard / Al Zalak, Zakarya / Goujon, Anne / Striessnig, Erich / Potančoková, Michaela / Gisser, Richard / Testa, Maria Rita / Lutz, Wolfgang (2016) Human capital, values, and attitudes of persons seeking refuge in Austria in 2015. In: PLoS ONE 11(9), e0163481.

Call, Richard L. (1989) Effects of poverty on children's dental health. In: Pediatrician 16(3-4), 200-6.

Cutler, David M / Lleras-Muney, Adriana (2010) Understanding differences in health behaviors by education. In: Journal of Health Economics 29(1), 1-28.

Decker, Suzanne E. / Naugle, Amy E. / Carter-Visscher, Robin / Bell, Kathryn / Seifert, Abby (2011) Ethical issues in research on sensitive topics: Participants' experiences of distress and benefit. In: Journal of Empirical Research on Human Research Ethics 6(3), 55-64.

Domnich, Alexander / Panatoo, Donatella / Gasparini, Roberta / Amicizia, Daniela (2012) The "healthy immigrant" effect: Does it exist in Europe today? In: Italian Journal of Public Health 9(3), e7532-1-e7532-7.

Elbert, Thomas / Wilker, Sarah / Schauer, Maggie / Neuner, Frank (2017) Dissemination psychotherapeutischer Module für traumatisierte Geflüchtete. Erkenntnisse aus der Traumaarbeit in Krisen- und Kriegsregionen [Dissemination of psychotherapy modules for traumatized refugees. Experience gained from trauma work in crisis and conflict regions]. In: Der Nervenarzt 88(1), 26-33.

EUR-Lex (2003) Council Directive 2003/9/EC of 27 January 2003 laying down minimum standards for the reception of asylum seekers. In: Official Journal of the European Union L31, L31/18-L31/25.

Eurostat (2016) Your key to European statistics. Eurostat. Available: http://ec.europa.eu/euro-stat/web/asylum-and-managed-migration/data/database [Accessed 6 February 2018].

Fahie, Declan (2014) Doing sensitive research sensitively: Ethical and methodological issues in researching workplace bullying. In: International Journal of Qualitative Methods 13(1), 19-36.

Feskens, Remco / Hox, Joop / Lensvelt-Mulders, Gerty / Schmeets, Hans (2006) Collecting data among ethnic minorities in an international perspective. In: Field Methods 18(3), 284-304.

Heeren, Martina / Mueller, Julia / Ehlert, Ulrike / Schnyder, Ulrich / Copiery, Nadia / Maier, Thomas (2012) Mental health of asylum seekers: A cross-sectional study of psychiatric disorders. In: BMC Psychiatry 12, 114.

Karl-Trummer, Ursula / Novak-Zezula, Sonja / Metzler, Birgit (2009) Managing a paradox: Health care for undocumented migrants in the EU. In: Finnish Journal of Ethnicity and Migration 4(2), 53-60.

Kohls, Martin (2011) Morbidität und Mortalität von Migranten in Deutschland [Morbidity and Mortality of migrants in Germany]. (Bundesamt für Migration und Flüchtlinge [Federal Office for Migration and Refugees], Nürnberg).

Kunst, Anton E. / Mackenbach, Johan P. (1994) The size of mortality differences associated with educational level in nine industrialized countries. In: American Journal of Public Health 84(6), 932-937.

Maitland, Carleen / Xu, Ying 2015. A social informatics analysis of refugee mobile phone use: A case study of Za'atari Syrian refugee camp. *TPRC 43: The 43rd Research Conference on Communication, Information and Internet Policy Paper.*

Marmot, Michael G / Adelstein, Abraham M / Bulusu, Lak (1984) Lessons from the study of immigrant mortality. In: The Lancet 323(8392), 1455-1457.

Meeusen, Wim / van den Broeck, Julien (1977) Efficiency estimation from Cobb-Douglas production functions with composed error. In: International Economic Review 18(2), 435-444.

Mladovsky, Philipa / Ingleby, David / McKee, Martin / Rechel, Bernd (2012) Good practices in migrant health: The European experience. In: Clin Med 12(3), 248-52.

Norredam, Marie / Mygind, Anna / Krasnik, Allan (2006) Access to health care for asylum seekers in the European Union - a comparative study of country policies. In: European Journal of Public Health 16(3), 285-289.

Norredam, Marie / Nielsen, Signe S. / Krasnik, Allan (2010) Migrants' utilization of somatic healthcare services in Europe - a systematic review. In: European Journal of Public Health 20(5), 555-63.

Priebe, Stefan / Giacco, Domenico / El-Nagib, Rawda (2016) Public health aspects of mental health among migrants and refugees: A review of the evidence on mental health care for refugees, asylum seekers and irregular migrants in the WHO European Region. (WHO Regional Office for Europe, Health Evidence Network Synthesis Report 47, Copenhagen).

Razum, Oliver / Wenner, Judith (2016) Social and health epidemiology of immigrants in Germany: Past, present and future. In: Public Health Reviews 37(1), 4.

Razum, Oliver / Zeeb, Hajo / Schenk, Liane (2008) Migration und Gesundheit: Ähnliche Krankheiten, unterschiedliche Risiken [Migration and health: Similar diseases, different risks]. In: Deutsches Ärzteblatt 105(47), A2520-A2522.

Rechel, Bernd / Mladovsky, Philipa / Devillé, Walter / Rijks, Barbara / Petrova-Benedict, Roumyana / KcKee, Martin (2011) Migration and health in the European Union: An introduction. In: Rechel, Bernd / Mladovsky, Philipa / Devillé, Walter / Rijks, Barbara (Hrsg.) Migration and health in the European Union. (McGraw-Hill Education, Maidenhead) 3-13.

Rechel, Bernd / Mladovsky, Philipa / Ingleby, David / Mackenbach, Johan P. / McKee, Martin (2013) Migration and health in an increasingly diverse Europe. In: The Lancet 381(9873), 1235-1245.

Refugee Studies Centre (2007) Ethical guidelines for good research practice. In: Refugee Survey Quarterly 26(3), 162-172.

Renzetti, Claire M. / Lee, Raymond M. (1993) Researching sensitive topics. (Sage, Newbury Park, CA).

Ruzek, Josef I. / Zatzick, Douglas F. (2000) Ethical considerations in research participation among acutely injured trauma survivors: An empirical investigation. In: General Hospital Psychiatry 22(1), 27-36.

Schopf, Anna (2010) Migrants' perspectives on participation in health promotion in Austria. Empirical analysis II and III: Interviews with migrants from ex-Yugoslavia and Turkey with and without access to health promotion interventions in Vienna. (Forschungsinstitut des Roten Kreuzes [Research institute of the Red Cross], Vienna).

Trummer, Ursula / Krasnik, Allan (2017) Migrant health: The economic argument. In: European Journal of Public Health 27(4), 590-591.

Trummer, Ursula / Novak-Zezula, Sonja / Renner, Anna -Theresa / Wilczewska, Ina (2018) Cost savings through timely treatment for irregular migrants and European Union citizens without insurance. In: European Journal of Public Health 28(suppl_1), cky048.061.

van der Velden, Peter G. / Bosmans, Mark W.G. / Scherpenzeel, Annette C. (2013) The burden of research on trauma for respondents: A prospective and comparative study on respondents evaluations and predictors. In: PLoS ONE 8(10), e77266.

van Wieringen, Joke C. / Harmsen, Johannes A. / Bruijnzeels, Marc A. (2002) Intercultural communication in general practice. In: European Journal of Public Health 12(1), 63-68.

Wall, Melissa / Otis Campbell, Madeline / Janbek, Dana (2015) Syrian refugees and information precarity. In: New Media & Society 19(2), 240-254.

Danksagung

Wir möchten uns bei Omar Abdo, Fahad Aldhamra, Yaseen Alkhlaf, Saeid Eyvazi, Parastoo Fatemi, Niloufar Hakkak und Shiraz Shahoud für Übersetzungen und Unterstützung während der Feldphase bedanken. ReHIS kooperiert mit dem FIMAS+ INTEGRATION Survey, der vom International Centre for Migration Policy Development (ICMPD, Roland Hosner und Veronika Bilger), dem Wiener Institut für Internationale Wirtschaftsvergleiche (wiiw) und der Karl-Franzens-Universität Graz (Renate Ortlieb) implementiert und vom Jubiläumsfonds der Österreichischen Nationalbank gefördert wurde.

Förderungen

Diese Studie wurde unterstützt vom Österreichischen Bundesministerium für Wissenschaft und Forschung; dem Österreichischen Bundesministerium für Gesundheit und Frauen; dem Österreichischen Bundesministerium für Arbeit, Soziales, Gesundheit und Konsumentenschutz; dem Fonds Soziales Wien (FSW); und aus den Mitteln „Gemeinsame Gesundheitsziele aus dem Rahmen-Pharmavertrag, eine Kooperation österreichischer Pharmawirtschaft und Sozialversicherung" [Förderungsnummer: 99901007700].

Integration und Gesundheit 2: Perspektiven aus der Praxis

Angstfrei: Niederschwellige Unterstützung bei Trauma und Postmigrationsstress. Eine Feldbeobachtung der Good Practice im Integrationsprozess.

Birgit Wolf, Arash Razmaria

Zusammenfassung

Im Folgenden fassen wir Felderfahrungen und -beobachtungen aus der Betreuung von zwei Grundversorgungsnotquartieren und einer ambulanten Einrichtung, dem MEN und FEM Gesundheitszentrum in der Postmigrationsphase im Zeitraum 2017 zusammen. Dabei gehen wir dem Phänomen nach, wie psychosoziale, psychotherapeutische und psychoedukative Maßnahmen die Integration von Asylwerbenden erleichtern bzw. erst ermöglichen. Dabei werden die Erfahrungen betrachtet die im Zeitraum Februar 2017 bis März 2018 gesammelt wurden.

Hintergrund und Ausgangssituation

Im Jahr 2016 haben 42.073 Personen einen Asylantrag in Österreich gestellt, im Jahr 2015 waren es 88.912 Asylanträge (BMI 2015, 2016). Diese Personen kamen vor allem aus Regionen bewaffneter Konflikte und Kriege, wie etwa aus Afghanistan, Irak, Syrien, Somalia, Nigeria, Kongo, Jemen usw. Fast alle waren ZeugInnen oder direkt Betroffene von Gewalt wie Erschießungen, Bomben- und Raketeneinschlägen, Entführungen, Folter oder Gefängnis. Viele haben Familienmitglieder oder Menschen aus ihrem nahen sozialen Umfeld verloren oder fürchteten um sie, weil sie in dem Kriegsgebiet zurückgeblieben sind. Das heisst sie durchlebten Ereignisse und Situationen mit traumatisierendem Potenial oder befanden sich bereits in einer traumatischen Krise. Als sie 2015 bis Anfang 2016 in Österreich ankamen, fehlte es an allem: an Kleidung, an ausreichender medizinischer Versorgung und an adäquaten Unterkünften, die auch eine gewisse Privatsphäre, insbesondere für Familien, erlauben. Der Mangel an solchen Unterkünften zeigte sich an der großen Anzahl von Not- und Transitquartieren, wo Familien und allein reisende Männer und Frauen auf engstem Raum und in großer Zahl zusammenleben und notdürftig versorgt wurden.

Grundsätzlich haben AsylwerberInnen Anspruch auf die sogenannte Grundversorgung, die in diesen Quartieren nur teilweise gegeben war, daher auch die Bezeichnung als Grundversorgungs-Notquartiere. Weiters inkludiert die Grundversorgung medizinische Leistungen, die mit den Krankenkassen verrechenbar sind, Bildungsleistungen, Fahrtkosten für Behördenwege, Arztbesuche, Schul- und Kleidungsgeld, Kurskosten für unter-26 Jährige, Essen und Unterkunft.[1] Viele der Asylsuchenden aus 2015 und 2016 warteten im Jahr 2017 noch immer unter sehr ungünstigen Umständen auf die Entscheidung über ihr Asylverfahren. Was diese ständige Unsicherheit in der Folge für die Betroffenen und den Integrationsprozess bedeuten, stellen wir im Folgenden für den Zeitraum von Herbst 2016 bis Ende 2017 dar.

Flucht, Trauma, Postmigration

Die Erfahrungen von Krieg, bewaffneten Konflikten und Flucht, die oftmalige Trennung von Familienverbänden und der Verlust durch Ermordungen können posttraumatische Belastungsstörungen (PTPS) verursachen. Bei den medizinischen Erstuntersuchungen von Asylwerbenden, die ohnehin viel zu spät ansetzten, fanden aber Aspekte der psychischen oder psychiatrischen Gesundheit keine Berücksichtigung. Bei posttraumatischen Belastungsstörungen reagieren Betroffene mit Angst, Intrusionen, Vermeidung, Übererregung (Knaevelsrud 2015; Knaevelsrud et. al. 2012). Die Heimunterbringung zählt laut Wirtgen (2009) dabei zu den Postmigrationsstressoren, wo Geflüchtete nach einer oft langen und abenteuerlichen Flucht in schlechter physischer und psychischer Verfassung in Gemeinschaftsunterkünften mit primitiven Sanitäreinrichtungen, Sachleistungen und Esspaketen meist in großer Armut, ohne Zukunftsperspektiven oft jahrelang ausharren müssen. Das trifft großteils auch auf die Unterbringung in den verschiedenen Grundversorgungsquartieren zu. Der Alltag der Geflüchteten aus unterschiedlichsten Ländern und Kulturen findet auf engstem Raum und ohne Privatsphäre statt, dazu kommen vielen Regeln und Termine, und vorallem die Unsicherheit bezüglich Asylanträgen. Zu den weiteren Postmigrationsstressoren zählt Knaevelrud (2015:16) u.a. eingeschränkter Zugang zu Arbeit, Ausbildung und Studium, Inaktivität, Hilflosigkeit, gesellschaftliche Marginalisierung und fehlende Partizipation. Knaevelsrud (2015:19) empfiehlt daher einen traumafokussierten sowie multimodaleren Ansatz, der auf Integration, Aufenthaltsrecht und medizinischen Maßnahmen basiert. Diesem Ansatz suchten wir durch adäquate Bildungs- und Freizeitangebote, medizinische Versorgung und Unterstützung im Asylverfahren selbst nachzukommen.

---

[1] Details siehe Leistungen der Grundversorgung in Wien: http://www.fluechtlinge.wien/ grundversorgung; Die Grundversorgungsvereinbarung ist eine Vereinbarung zwischen dem Bund und den Ländern gemäß Art. 15a B VG über gemeinsame Maßnahmen zur vorübergehenden Grundversorgung für hilfs- und schutzbedürftige Fremde (Asylwerber/innen, Asylberechtigte, Vertriebene und andere aus rechtlichen oder faktischen Gründen nicht abschiebbare Menschen): Quelle: https://www.ris.bka.gv.at/GeltendeFassung.wxe?Abfrage=Bundesnorm en&Gesetzesnummer=10005762

Psychosoziale und psychologische Symptome

Die BewohnerInnen von Notquartieren gewannen zunehmend Vertrauen in die Unterkunftseinrichtung, da Vermittlung von Schulplätzen und Deutschkursen raschest erfolgten. Auch die medizinische wie auch psychosoziale Versorgung durch das Führen von Clearing-Gesprächen und Kriseninterventionen sowie Unterstützung bei der Abklärung gesundheitlicher Probleme und Konsultation von FachärztInnen seitens der Sozialbetreuung in der Unterkunft intensiviert.

Dennoch waren die MitarbeiterInnen im Laufe der Sozialbetreuung im Notquartier immer wieder damit konfrontiert, dass eine Vielzahl der BewohnerInnen einen besonderen Bedarf an psychologischer Betreuung hat, bzw. zeigte der Betreuungsverlauf, dass dieser nötig geworden ist.

Bei einer erheblichen Anzahl von BewohnerInnen ließen sich durch die Zusammenarbeit der Sozialbetreuung der Unterkunft mit dem psychosozialen Dienst der Stadt Wien, sowie freiwillig engagierten ÄrztInnen (auch f. Psychiatrie), PsychologInnen und PsychotherapeutInnen mögliche Symptome posttraumatische Belastungen beobachten. Die Symptomatik[2] äußerte sich bei den BewohnerInnen u.a. in:

- Rückzugs- und Isolationstendenzen
- Konzentrationsschwierigkeiten
- Antriebslosigkeit
- Ein- und Durchschlafstörungen
- Diffuse somatische Störungen/Erkrankungen od. Schmerzen ohne spezifische Diagnose
- Substanzen Missbrauch
- Selbstverletzungen
- Erhöhtes Aggressionspotenzial
- Selbst-/Fremdgefährdung
- Etc.

Diese Symptome bedeuteten einen massiven Leidensdruck für die BewohnerInnen und stellten nicht nur für ein gelingendes Betreuungsverhältnis eine große Hürde dar. Sie warfen auch die beginnenden positiven Entwicklungen im Integrationsprozess der Geflüchteten zurück, wie zum Beispiel das Erlernen der Sprache, die Teilhabe an niederschwelligen Bildungs- und kulturellen Angeboten. Insbesondere bei der notwendigen Aufarbeitung von Flucht und Foltererfahrungen und diesbezüglichen posttraumatischen Belastungen, ebenfalls durch (geschlechtsbasierter) Gewalterfahrungen und weiteren Postmigrationsstressoren, war eine Zusammenarbeit mit externen PsychotherapeutInnen dringend angezeigt. Allerdings war es sehr schwierig, für Asylsuchende muttersprachliche, kostenfreie Therapieplätze zu

---

[2] Symptome posttraumatischer Belastungsstörungen siehe auch: Knaevelsrud 2015; Knaevelsrud et. al. 2012, BMFG 217.

finden. Institutionen mit solchen Angeboten wie Hemayat waren heillos ausgelas-
tet, mehr als 400 Personen befanden sich Anfang 2017 auf deren Warteliste. Zudem herrschten bei den Betroffenen große Skepsis und Vorurteile gegenüber PsychologInnen, TherapeutInnen und PsychiaterInnen vor, die es zu überwinden galt.

Das Projekt *Angstfrei*

Um die oben beschriebene Situation zu entschärfen und konkrete Schritte zur
Verarbeitung der Folgen von Flucht und Trauma zu unternehmen, wurde seitens
des Sozialbetreuung im Grundversorgungs-Notquartier im Herbst 2016 eine Kooperation mit dem MEN und FEM Gesundheitscenter angestrebt, um ein nieder-
schwelliges Indoor-Angebot für Psychotherapie zur Verarbeitung von Trauma und
Post-Migrationsstress zu implementieren. Im Herbst 2016 begann die Projektvor-
bereitung mit Vernetzungsgesprächen über Rahmenbedingungen, mögliche Betreu-
ungs- und Finanzierungsmodelle. (Für Kinder wurde eine psychotherapeutische
Theatergruppe initiiert, auf die hier nicht weiter eingegangen wird und die sicher
einer eigenen Betrachtung wert ist.)

Ansätze, Methoden und Arbeitsweise

Die Intention dieser Zusammenarbeit bestand darin so rasch wie möglich zu handeln und die BewohnerInnen psychotherapeutisch und psychoedukativ zu unterstützen. Gestartet wurde im Winter 2016 mit psychoedukativen Workshops, um
die Folgen von Trauma und Flucht niederschwellig ansprechbar zu machen.

In den anfänglichen Gruppensitzungen hat sich sehr schnell herauskristallisiert,
welche Leidenszustände, Notlagen und Bedürfnisse im Raum stehen. Danach
konnten wir selektiv nach Dringlichkeit der KlientInnen Einzelsettings im Ausmaß von 50 Minuten pro Einheit und einer wöchentlichen Frequenz anbieten.

Die gute multiprofessionelle Vernetzung innerhalb des Betreuungsteams war
von großer Bedeutung. In den regelmäßigen Inter- bzw. Supervisionen konnten
die Situationen der Betroffenen reflektiert und besprochen werden. Das Aufeinan-
dertreffen unterschiedlicher Menschen mit unterschiedlichen Kulturen, Religio-
nen, Lebensgewohnheiten und politischen Ansichten erzeugte ebenfalls Span-
nungsfelder, die wir in vielen mediativen Prozessen allparteiisch abhandeln konnten.

Hinsichtlich der Transkulturalität und der Genderaspekte war es von tragender
Bedeutung mit einem multiprofessionellen Team diese Herausforderung anzuge-
hen, Muttersprachlichkeit und Transkulturalität sowie Genderspezifika im Fokus
zu platzieren. Dabei kamen sowohl Ansätze der Gendertheorie (Butler 1991), der
hegemonialen Männlichkeit von R.W. Connell (2014), sowie Kennzeichen einer
geschlechterdemokratischen Männerarbeit, wie sie Michael Messner (1994) for-
mulierte, zum Tragen. Ebenso formten feministische Ansätze in Bezug auf

Gleichberechtigung, Gleichstellung sowie Ansätze der Anti-Gewaltbewegung Teil der Arbeitsbasis. (Wolf 2017).

Die Erfahrungen in der psychotherapeutischen Arbeit mit Menschen auf der Flucht wiesen immer wieder darauf hin, dass die Emotionen und Gefühle in ihrer eigenen Sprache besser und qualitativer vermittelbar-waren. Der Dialog zwischen der/dem TherapeutIn und der/dem KlientIn funktionierte besser und war in der Umsetzung effektiver als eine Kommunikation mit der Einbindung von einem/einer ÜbersetzerIn. Der Beziehungsaufbau sowie die Vertrauensbildung gelangen auf muttersprachlicher Basis sehr schnell. In den meisten Fällen konnten wir für die weiblichen Klientinnen eine Frau und für die männlichen Klienten einen Mann als TherapeutIn zur Verfügung stellen. Für manche war es auch sinnvoll und zielführend gruppentherapeutisch eine „Cross-Betreuung" (Mann > Frau / Frau > Mann) anzubieten. Der transkulturelle Ansatz mit klientenzentriertem, verhaltenstherapeutischem, systemischem und neurolinguistischem Zugang haben uns diesen Erfolgsweg geebnet.

Die transkulturelle Psychotherapie bezeichnet einen Psychotherapieansatz mit dem Ziel, psychische Probleme und Erkrankungen bewusst im Zusammenhang mit kulturellen Unterschieden sowie den Folgen von Migrationserfahrungen zu betrachten und die Selbstheilung sowie die Entwicklung von Empowerment-Strategien zu fördern. Die Theorie der transkulturellen Kommunikation stellt eine sozialkonstruktivistische Richtung innerhalb der interkulturellen Kommunikation dar, die untersucht, wie sich Kulturen durch Kommunikation entwickeln. (Rophol 2012, Peseschkian 2005).

Im Mittelpunkt der transkulturellen Kommunikation steht die Einwirkung der Kommunikation auf die Entstehung einer neuen Kultur, die sich aus der Konvergenz kultureller Diversität durch Kommunikation ergibt.

Bolten (1997: 480) klassifiziert vier Kommunikationsebenen, die *„untereinander in Wechselbeziehung stehen und in ihrem Zusammenspiel ein Kommunikationssystem bilden":*

a) Verbale Kommunikation: lexikalische, syntaktische, rhetorisch-stilistische Vertextungsmittel; Direktheit/Indirektheit
b) Non-verbale Kommunikation: Mimik, Gestik, Körperhaltung, Blickkontakt, Zuwendung (intentional vs. nicht-intentional)
c) Para-verbale Kommunikation: Lautstärke, Stimmlage, Sprechrhythmus, Lachen, Hüsteln, Pausen, Akzent
d) Extra-verbale Kommunikation: Zeit, Ort, symmetrisch-asymmetrische Kommunikationsbeziehung; Kleidung; Kontext; taktile (fühlbare), olfaktorische (riechbare) Aspekte.

In der modernen Psychotherapie erfordert die zunehmende Globalisierung und Internationalität einen interkulturellen bzw. kulturübergreifenden Ansatz, um den Bedürfnissen von Menschen mit Migrationshintergrund gerecht zu werden.

Die „Transkulturelle Psychotherapie" geht von einem kritischen Kulturver-
ständnis aus, das den traditionellen Kulturbegriff „Kulturen als abgegrenzte Einheiten" in Frage stellt und auf die permanenten Bewegungen und Durchmischun-
gen kultureller Strömungen hinweist (Welsch 1995, Singer 1997). Kulturelle Ei-
genarten und Hintergründe werden nicht als fixe Zuschreibungen von Personen-
gruppen betrachtet, sondern als veränderliche Merkmale der Identität[3] einer im
Laufe des Lebens immer wieder neu zu definierenden Selbstpositionierung und
Lebensgestaltung.

Selbstverständlich sind auch das Reflektieren über die eigenen Gender- und
Identitätskonzepte und möglichen Sexismus und Rassismus notwendig. Homo-
phobie, Xenophobie, Misogynie in Alltags- und Mediendiskursen als wirkmächti-
ge KonstrukteurInnen der „Grenzen im Kopf" können zu weiterer Diskriminierung bzw. Marginalisierung von unterschiedlichen Gender-Identitäten, Klassen,
Ethnizitäten und Kulturen führen. Auch in der Betreuungs- und Beratungspraxis
gilt es daher, mögliche blinde Flecken zu orten und entsprechend achtsam im
Hinblick auf Anti-Diskriminierung, Solidarität, Parteilichkeit im Sinne der
Schutzsuchenden und ihrer spezifischen Situation zu bleiben. Dazu gehört auch
eine Perspektive der Geschlechtervielfalt, Gleichstellung und Transkulturalität. Es
stellt eine permanente Herausforderung dar, Geschlechteridentität, Eigenkultur –
Fremdkultur nicht als Gegensätze zu sehen, sondern sie stattdessen als Durchdrin-
gung von veränderlichen Identitätskonzepten, Sprachen und Kulturen zu verstehen. „Das Konzept der Transkulturalität entwirft ein anderes Bild vom Verhältnis
der Kulturen. Nicht eines der Isolierung und des Konflikts, sondern eines der
Verflechtung, Durchmischung, und Gemeinsamkeit. Es befördert nicht Separie-
rung, sondern und Interaktion." (Welsch, 1995). Dadurch können sich kulturelle
Identitäten neu konstituieren und rechtfertigen, das Konzept der Transkulturalität
kann neue Denk- und Handlungsoptionen eröffnen.

Setting und Rahmen

Ab Projektstart der Einzelsettings im Rahmen von *Angstfrei* im Februar 2017 bis
Ende 2017 konnten insgesamt 25 Personen in rund 165 Sitzungen aus einer Wiener Notunterkunft der Grundversorgung und anschließend in rund 350 Sitzungen
im Männergesundheitszentrum mit diesem Therapieprojekt unterstützt werden. Sie
wurden geschlechtsspezifisch und muttersprachlich in den Sprachen Farsi und
Arabisch professionell in psychotherapeutischen Einzelsettings betreut. In einigen
Fällen war es wichtig Paarsettings (Frau/Mann) und Familiensettings zu haben.

Bei den meisten KlientInnen stellten Flucht und Vertreibung, die mit Verluster-
lebnissen, Trauer, Tod sowie Kriegs- und Kampfhandlungen verbunden waren,
eine kritische Lebenssituation dar. Die Diagnosen der BewohnerInnen mit diesem
Betreuungsbedarf reichten dabei von posttraumatischen Belastungsstörungen,

---

[3]   Vgl. auch die Konzepte von „doing gender" (Butler 1998) oder „doing identity" (Singer
       1997).

Depressionen, Angststörungen und Borderline-Erkrankungen, Anpassungsstörungen, Essstörungen, Verhaltens- und emotionale Störungen, Schlafstörungen (Einschlaf- und Durchschlafstörungen) etc. Die psychosoziale Betreuung umfasste dabei insbesondere Stabilisierung; Gesundheitsmanagement, Bildungsmanagement (Deutschkurse, Schulen), Perspektivenabklärung (Bildung/Beruf/gemeinnützige Tätigkeiten), pädagogische Hilfe sowie Information und Unterstützung in rechtlichen, behördlichen und finanziellen Belangen. Regelmäßige Intervisionen zwischen dem Betreuungsteam bzw. der Projektverantwortlichen in der Unterkunft und den behandelnden TherapeutInnen sorgten für ein gutes Zusammenspiel hinsichtlich Stabilisierung, Aktivierung und Unterstützung bei den nächsten Schritten.

Zwei Falldarstellungen im Rahmen des Projekts *Angstfrei*

Fall 1: Herr A.

Der Klient kam aufgrund massiver Einschlaf- und Durchschlafstörungen zum Erstgespräch. Das Gespräch fand auf Farsi statt.

Herr A. war als politischer Gefangener in seinem Herkunftsland wochenlanger Folter ausgeliefert. Im Gespräch zeigte Herr A. das ausgeprägte Bild einer posttraumatischen Belastungsstörung: *„Typische Merkmale der Symptome sind das wiederholte Erleben des Traumas in sich aufdrängenden Erinnerungen (Flashbacks), Träumen oder Alpträumen, die vor dem Hintergrund eines andauernden Gefühls von Leere, Einsamkeit und emotionaler Stumpfheit auftreten."* (F43.1 nach der ICD-10 Klassifizierung, BMGF 2017) Er war nicht im Stande sich in den normalen Alltag zu integrieren. Die Foltererlebnisse führten oft zu einem veränderten Erleben der Selbst-, Realitäts- und Zeitwahrnehmung (Derealisation, Depersonalisierung). Sein Rückzugs- und Vermeidungsverhalten wurde wiederholt von den BetreuerInnen in der Unterkunft beobachtet.

Im Rahmen des Projekts absolvierte der Klient 35 Sitzungen (März bis Dezember 2017). Nach den emotional geführten Anamnese-Gesprächen wurde gemeinsam mit dem Klienten ein Therapieplan erstellt und die Ziele klar definiert. Durch die Anbindung an das Gesundheitssystem wurde eine intensive fachärztliche psychiatrische Betreuung in Wege geleitet. Nach etwa 10 Sitzungen und effektiven therapeutischen Interventionen wurde die Reduktion der psychischen Symptomatik bzw. eine gewisse Stabilität beobachtet. Basierend auf das vom Klienten geführte Tagebuch, das als eine Interventionstechnik während der Therapie von großer Bedeutung war, konnte festgestellt werden, dass die Schlafprobleme sich besserten.

Eine erfolgreiche Vermittlung bei den städtischen Gärtnereien verhalf dem Klienten geringfügig zu arbeiten und etwas Geld zu verdienen. Herr A. wurde von den ArbeitgeberInnen immer wieder als zuverlässig und vertrauenswürdig beschrieben. Er schaffte es die psychopharmakologische Medikation maßgebend zu reduzieren. Am Ende der Therapiezeit war eine positive Veränderung und eine psychische Genesung von Herrn A. bemerkbar.

Fall 2: Herr B.

Der Klient kam wegen Isolationstendenzen und Suizidgedanken zu einem Anamnesegespräch. Die Kommunikation fand in englischer Sprache statt.

Herr B. wurde in kriegerischen Auseinandersetzungen in seinem Herkunftsland schwer verletzt, von der örtlichen Schule weg entführt und danach in der Gefangenschaft misshandelt und tagelang gefoltert. Daraufhin entschloss er sich zu der sehr langen und gefährlichen Flucht.

Im Laufe der Gespräche konnte beobachtet werden, dass ihm die Erinnerungen an diese Zeit große Angst machten, dies kam durch seine zittrige Stimme hörbar zum Ausdruck. Er war oft bemüht durch sein strahlendes Lächeln sowie freundliches Auftreten seine physischen und psychischen Schmerzen zu überspielen und die tiefen Narben am Körper und der Seele zu verbergen. Dieses inkongruente Erscheinungsbild wurde erst nach 6 Sitzungen thematisiert. Seine Vermeidungsstrategie basierte auf seiner gut ausgeprägten Selbsterhaltung bzw. Selbstfürsorge, die im Laufe der Therapie als Ressource erarbeitet werden konnte.

Die Erlebnisse von Krieg, Folter, Verlust und Tod haben sowohl die psychische und als auch die physische Integrität von Herrn B. schwerstens beschädigt. Das führte dazu, dass Herr B. sich immer mehr von anderen isolierte und jeglichen Kontakt vermied. Der Klient wurde durch die Anbindung an das Gesundheitssystem für die weiteren medizinischen Untersuchungen ins Wilhelminenspital und darauffolgend ins Wiener allgemeine Krankenhaus überwiesen. Dort wurden multiple Hypopigmentierte Narben und Deformationen der oberen Extremitäten festgestellt.

Die weiteren Behandlungen mit kalten Umschlägen und die Verwendung von Analgetika konnten mit der Zeit die körperlichen Schmerzen lindern. Aufgrund der Interventionen (Empowerment, Selbstwertstärkung) konnten eine gewisse Stabilisierung erreicht und die psychischen Symptome reduziert werden.

Insgesamt wurden 36 Sitzungen im Rahmen des Projekts mit dem Klienten abgehalten (März-Dezember 2017). In Folge der Ausarbeitung von seinen bestehenden Ressourcen und Möglichkeiten, konnte Herr B. sich für eine ehrenamtliche Tätigkeit bei „Häuser zum Leben" (Seniorenwohnheim) bei der Stadt Wien bewerben und sich sozial engagieren. Zum Schluss war er im Stande die „Inkongruenz-Maske" fallen zu lassen, „herzlich" zu lachen und Freude empfinden.

Good Practice und Erfolge

Das Projekt Angstfrei erwies sich als eine sehr gelungene Kooperation von UnterkunftgeberInnen, charitativer finanzieller Unterstützung und dem MEN und FEM Gesundheitszentrum. Die BewohnerInnen konnten Vertrauen zu den muttersprachlichen TherapeutInnen von MEN Männer-Gesundheitszentrum und FEM Frauen-Gesundheitszentrum gewinnen. Menschen mit extrem belastenden Erfahrungen, Angstzuständen, Schlafstörungen, schweren Depressionen begannen wieder Mut zu fassen und die Wartezeit während des Asylverfahrens, das Jahre dauern kann, sinnvoll zu gestalten. Die Fortschritte waren teilweise enorm, manchmal brauchte es auch nur eine kurzfristige Intervention von einigen Sessions, bis die Betroffenen wieder Kraft und Klarheit hatten, um ihre Situation zu meistern. Oft w aber ein längerfristiges Arbeiten an den multiplen traumatischen Ereignissen notwendig. Für die Therapiesitzungen wurde ein eigener Raum in der Unterkunft eingerichtet und darüber hinaus standen die Räumlichkeiten von MEN sowie FEM für die Gespräche zur Verfügung.

Von den unterstützten Personen konnten 19 mit Erfolg die Therapiesitzungen beenden und 5 Personen sind noch im Männergesundheitszentrum in therapeutischer Behandlung, eine Person hat leider abgebrochen.

Bei vielen KlientInnen konnte im Laufe der Therapie-Zeit die Schlafqualität verbessert und die Schlafstörungen gut behandelt werden. Zahlreiche Personen mit massiven Angststörungen und Panikattacken wurden anfangs psychopharmakologisch gut stabilisiert und begleitend psychotherapeutisch mit großem Erfolg behandelt. Die verschiedenen Leidenszustände nahmen ab und auch die Medikamenteneinnahme konnte reduziert bzw. wieder abgesetzt werden. Betroffene in psychotherapeutischer Behandlung konnten sich aus ihrer Gewaltbeziehung befreien und einen frischen Start wagen, oder den Schmerz über verlorene Kinder bzw. die Trennung von ihren Kindern verarbeiten. Die psychotherapeutischen und psychoedukativen Maßnahmen bei problematischen Schlaf- und Erholungsphasen und bei Essstörungen führten zur Verbesserung der körperlichen und psychischen Verfassung der Betroffenen. Erst durch die psychotherapeutische Behandlung konnten die Betroffenen wieder aktiv an Integrationsmaßnahmen teilhaben, Deutschkurse oder Bildungsmaßnahmen wahrnehmen, eine Arbeit aufnehmen und am Sozialleben teilnehmen.

Diese Umsetzung lässt sich insofern als Good Practice belegen, als sich die strategischen Überlegungen und die anschließend implementierten Schritte einer psychosozialen Betreuung unter Berücksichtigung der Posttraumaphase in dem empfohlenen Behandlungsansatz von Knaevelsrud (2015:19) mit traumafokussiertem sowie multimodaleren Ansatz (Integration, Aufenthaltsrecht und medizinischen Maßnahmen) widerspiegelt. Psychische Gesundheit stellt also auch eine Voraussetzung für Teilhabe und sozio-ökonomische Integration dar. Dazu bedarf es einer gewissen Sensibilität und Wachsamkeit, sowie der entsprechenden politischen Verantwortung, um das Wahrnehmen psychologischer und psychosozialer Faktoren zu ermöglichen, sowie entsprechende Maßnahmen zu entwickeln, wenn Geflüchtete diese Art von Unterstützung brauchen. Wir vertreten die These, dass mit frühzeitiger Behandlung psychischer Folgen von Flucht und Trauma sowie Empowerment-Ansätzen Integration besser gelingt und Kosten von Langzeit- oder Spätfolgen abgewendet werden können. Das Projekt könnte zu einem

Forschungsprojekt ausgebaut werden, ebenso wäre die These durch weitergehende
Forschung zu überprüfen.

Literatur

BMI (2015), Vorläufige Asylstatistik Dezember 2015. Bundesministerium für Inneres (BMI):
    Wien. [Online: https://www.bmi.gv.at/301/Statistiken/files/2015/Asylstatistik_Dezember_
    2015.pdf; 20.12.2018]
BMI (2016), Vorläufige Asylstatistik Dezember 2016. Bundesministerium für Inneres (BMI):
    Wien. [Online: https://www.bmi.gv.at/301/Statistiken/files/2016/Asylstatistik_Dezember_
    2016.pdf; 20.12.2018]
BMGF (2017): ICD – 10 BMGF 2017. Internationale statistische Klassifikation der Krankheiten
    und verwandter Gesundheitsprobleme 10. Revision – BMGF-Version 2017. Wien, Bundes-
    ministerium für Gesundheit und Frauen (BMGF).
Butler, Judith (1991): Das Unbehagen der Geschlechter. Suhrkamp: Frankfurt am Main.
Connell, Raewyn (2014): „Der gemachte Mann", Springer Verlag, 4. Auflage.
Knaevelsrud, Liedl, Stammel, (2012): Posttraumatische Belastungsstörungen, Beltz Verlag,
    Weinheim Basel.
Knaevelsrud; Christine (2015): Psychische Erkrankungen bei Flüchtlingen – Prävalenz, Symp-
    tome, Verlauf und Behandlung. Freie Universität Berlin [Online: http://www.bptk.de/up
    loads/media/20151020_vortrag_prof-dr-christine-knaevelsrud_versorgung_psychisch_krank
    er_fluechtlinge.pdf; 1.5.2016].
Messner, Michael A. (1997): „Politics of masculinities. Men in movements", AltaMira Press:
    Lanham, New York, Toronto, Oxford.
Peseschkian, Nossrat (2005): Psychosomatik und Positive Psychotherapie. Transkultureller und
    interdisziplinärer Ansatz am Beispiel von 40 Krankheitsbildern. Fischer: Frankfurt a. M..
Rophol, Günther (2012): Allgemeine Systemtheorie – Einführung in transdisziplinäres Denken.
    Edition Sigma: Berlin.
Singer, Mona (1997): Fremd. Bestimmung. Zur kulturellen Verortung von Identität. Edition
    Diskord: Tübingen.
Welsch, Wolfgang (1995): Transkulturalität, in: Institut für Auslandsbeziehungen (Hg.), Migra-
    tion und Kultureller Wandel (Schwerpunktthema der Zeitschrift für Kulturaustausch), 45. Jg.
    1995/ 1. Vierteljahr, Stuttgart.
Wirtgen, Waltraut (2009), Traumatisierte Flüchtlinge. Psychische Probleme bleiben meist uner-
    kannt. Deutsches Ärzteblatt, Jg. 106, Heft 49, 4. Dezember, A2463-A2465.
Wolf, Birgit (2017): Flucht, Gleichstellung und Gewaltprävention. In: Berzlanovich, A. et. al.
    (Hg.): Eine von Fünf. Gewaltschutz für Frauen in allen Lebenslagen. Publikation der Volks-
    anwaltschaft. Edition Ausblick, Wien.

Weitere Links

MEN Gesundheitszentrum für Männer [www.men.center.at]
FEM Gesundheitszentrum für Frauen [www.fem.at]

Verzeichnis der AutorInnen

Friedrich **Altenburg**, Mag. MSc, studierte Geschichte und Kommunikationswissenschaften an der Universität Salzburg. Nach 19 Jahren in der internationalen Entwicklungszusammenarbeit und Humanitären Hilfe an der Schnittstelle von Migration und Entwicklung wechselte er 2011 als wissenschaftlicher Mitarbeiter und Lehrgangsleiter an das Department Migration und Globalisierung der Donau-Universität Krems.

Stefan **Auradnik**, BA, ist ausgebildeter Sozialarbeiter und leitet seit 2016 das MultiplikatorInnenprojekt „Grätzeleltern" der Caritas Stadtteilarbeit. Zuvor war er als Sozialarbeiter/Sozialpädagoge und Berater zu den Themen Bildung und Berufseinstieg in Flüchtlingseinrichtungen der Caritas Wien tätig. Er studiert aktuell berufsbegleitend Soziologie und Orientalistik.

Nadja **Bergmann**, Mag.ᵃ, studierte Soziologie und Politikwissenschaft an der Universität Wien und ist seit über 20 Jahren in der angewandten Forschung aktiv, 18 Jahre davon bei L&R Sozialforschung. Ihre Arbeitsschwerpunkte liegen insbesondere im Bereich Genderforschung sowie zielgruppenorientierter Arbeitsmarktforschung und -evaluierung.

Gudrun **Biffl**, Univ.-Prof.ⁱⁿ Mag.ᵃ Dr.ⁱⁿ, ist Emeritus Professorin der Donau-Universität Krems und war von 2008 bis 2017 Inhaberin des Lehrstuhls für Migrationsforschung an der Donau-Universität Krems und Leiterin des Departments für Migration und Globalisierung. Zwischen 2010 und 2015 war sie außerdem Dekanin der Fakultät Wirtschaft und Globalisierung. Bevor sie an die Donau-Universität gekommen ist, war sie als Wirtschaftsforscherin (1975–2009) am Österreichischen Institut für Wirtschaftsforschung (WIFO) tätig. Ihre Forschungsschwerpunkte liegen neben der Migrationsforschung im Bereich Arbeitsmarkt, Bildung, Gender, industrielle Arbeitsbeziehungen und Institutionenwandel sowie arbeitsbedingte Krankheiten.

Isabella **Buber-Ennser**, Dr.ⁱⁿ, ist Leiterin der Forschungsgruppe „Demography of Austria" am Vienna Institute of Demography (VID/ÖAW). Seit 2015 leitet sie den „Displaced Persons in Austria Survey" (DiPAS), der das Humankapital und die Wertvorstellungen von Geflüchteten in Österreich untersucht. Sie forscht zu Fertilität, Familien, Bildung, intergenerationalen Beziehungen und Fluchtmigration.

Dawn **Chatty**, Univ.-Prof. Dr.ⁱⁿ, is Emeritus Professor in Anthropology and Forced Migration and former Director of the Refugee Studies Centre, University of Oxford, United Kingdom. Her research interests include refugee youth in protracted refugee crises, conservation and development, pastoral society and forced settlement She is the author of Displacement and Dispossession in the Modern Middle East Cambridge University Press, 2010, From Camel to Truck, White Horse Press, 2013, and Syria: The Making and Unmaking of a Refuge State, Hurst Publishers and Oxford University Press, 2018.

Mathias **Czaika**, Univ.-Prof. Dr., ist Professor für Migration und Integration und Leiter des Departments für Migration und Globalisierung an der Donau-Universität Krems, sowie Research Associate am Department for International Development an der Universität Oxford. Er forscht zu internationalen Migrations-prozessen und der Rolle von Migrationspolitik.

Martha **Ecker**, MSc BSc BA, ist Assistentin am Fachbereich Stadt- und Regio-nalforschung der TU Wien, am Department für Raumplanung. Davor Studium derVWL, Internationalen Entwicklung und Socio-Ecological Economics and Po-licy in Wien und Washington DC, sowie Stipendiatin am Institut für Höhere Stu-dien. Sie lehrt und forscht aktuell zu Themen der nachhaltigen Stadt- und Regio-nalentwicklung, u.a. an der TUWien und der FH Wieselburg. In ihrer Dissertation befasst sie sich mit der lokalen Ebene der Integration von Geflüchteten in Öster-reich. Weitere Schwerpunkte: Resiliente Regionalentwicklung, Soziale Innovati-on, Demographie.

Anna **Faustmann**, Dr.[in], studierte Soziologie an der Karl-Franzens-Universität Graz und der University of Wisconsin-Eau Claire. Sie ist seit 2009 wissenschaftli-che Mitarbeiterin am Department für Migration und Globalisierung an der Donau-Universität Krems mit Forschungsschwerpunkten auf Migration und Integration im Kontext von Arbeitsmarkt-, Gesundheits- und Sozialsystemen.

Belachew **Gebrewold**, FH-Prof. Dr., is professor of international relations and Head of Department and Studies of Social Work, Social Policy and Management at MCI, Innsbruck, Austria. His main research areas are African politics, conflicts and migration. He has been teaching on those topics at different universities in Europe and beyond. His publications include various peer-reviewed articles, mon-ographs and edited volumes. He has worked also as a member of the steering committee of the UN Global Compact for Regular, Safe and Orderly Migration.

Marika **Gruber**, Mag.[a] FH, hat das Studium Public Management und Interven-tionsforschung absolviert. Sie ist Senior Researcher und Projektleiterin am Studi-enbereich Wirtschaft & Management der Fachhochschule Kärnten. Forschungs- und Arbeitsschwerpunkte umfassen: Migration Studies mit Fokus auf Integrati-onspolitik und -management auf lokaler und regionaler Ebene sowie im ländlichen Raum.

Oliver **Gruber**, Dr., Masterstudium der Kommunikationswissenschaft und Philosophie (2005) sowie der Politikwissenschaft (2008), Promotion im Fachbereich Politikwissenschaft (2012). Von 2008 bis 2016 wissenschaftlicher Mitarbeiter an der Österreichischen Akademie der Wissenschaft sowie Universitätsassistent und Projektarbeiter an der Universität Wien. Derzeit Lehrbeauftragter für Politikwissenschaft an der Universität Wien, seit 2016 Referent für Migration, Integration und Sprachförderung in der Abteilung Bildungspolitik der Arbeiterkammer Wien. Lehr- und Forschungsschwerpunkte: Migrations- und Integrationspolitik, Parteien und politische Kommunikation, Bildungsintegration, Sprachenpolitik und -förderung.

Raimund **Haindorfer**, Dr., geb. 1985, ist Soziologe und Kultur- und Sozialanthropologe und wissenschaftlicher Mitarbeiter (Post-Doc Researcher) am Institut für Soziologie an der Universität Wien. Seine aktuellen Forschungsschwerpunkte umfassen Migration, Integration, Arbeitsmarkt, Lebensqualität, Lebenszufriedenheit, Werte und Einstellungen.

Katharina **Kirsch-Soriano da Silva**, Dipl.-Ing.[in] Dr.[in], ist Leiterin der Stadtteilarbeit der Caritas Wien und begleitet das Projekt „Grätzeleltern" seit 2012. Ausgebildet in Architektur und Stadtentwicklung, forscht und arbeitet sie seitdem den Bereichen Stadtteilarbeit, Stadtentwicklung, Stadterneuerung und sozialer Wohnbau. Seit 2014 ist sie zudem an der FH Campus Wien – Soziale Arbeit als Lektorin tätig.

Bernhard **Kittel**, Univ.-Prof. Mag. Dr., geb. 1967, ist Professor für Wirtschaftssoziologie an der Universität Wien. Seine aktuellen Forschungsschwerpunkte bilden die Arbeitsmarktintegration Geflüchteter, experimentelle Studien zu Gerechtigkeitseinstellungen und –Verhalten sowie Kollektiventscheidungen und die Arbeitsmarktintegration von Jugendlichen.

Judith **Kohlenberger**, Dr.[in], ist wissenschaftliche Mitarbeiterin am Institut für Sozialpolitik, Department für Sozioökonomie, der Wirtschaftsuniversität Wien, wo sie den Refugee Health and Integration Survey (ReHIS) leitet. Sie forscht zu Fluchtmigration und Krisennarrativen.

Michael **Landesmann**, Univ.-Prof. Dr., ist Professor für Volkswirtschaftslehre an der Johannes Kepler Universität in Linz. Er ist ehemaliger wissenschaftlicher Direktor (1996-2016) des Wiener Instituts für Internationale Wirtschaftsvergleiche (wiiw; www.wiiw.ac.at) und ist auch weiterhin dort wissenschaftlich tätig. Seine Forschungsgebiete sind internationale wirtschaftliche Integration, Strukturwandel und Wachstum, Globalisierung, Arbeitsmärkte und Migration.

Sebastian **Leitner**, Mag., ist wissenschaftlicher Mitarbeiter am Wiener Institut für Internationale Wirtschaftsvergleiche (wiiw). Seine Forschungsgebiete sind Arbeitsmarktentwicklung, Ungleichheit und Verteilung.

Bernd **Liedl**, BA BA, geb. 1985, ist Soziologe und wissenschaftlicher Mitarbeiter am Institut für Soziologie an der Universität Wien. Seine aktuellen Forschungsgebiete umfassen Arbeitsmarkt, Migration, Integration, Lebensqualität und Armut.

Philip **Martin**, Univ.-Prof. Dr., is Professor Emeritus of the University of California, Davis. He received his degree from the University of Wisconsin-Madison in 1975. His research focuses on: immigration, farm labor, and economic development. Martin has earned a reputation as an effective analyst who can develop practical solutions to complex and controversial migration and labor issues. He received UC Davis' Distinguished Public Service award in 1994, and was a member of the Binational Study of Migration between 1995 and 1997.

Martin **Mertens** ist Physikingenieur und Berufspädagoge, Mitbegründer von BuntStift in Kassel und deren Kasseler Produktionsschule. Seit 2010 Vorsitzender des Bundesverbandes Produktionsschulen e.V. Arbeitsschwerpunkte: Weiterentwicklung, Verstetigung und Qualitätssicherung von Produktionsschulen, Produktionsschuldidaktik, Weiterbildung der Produktionsschulpädagogen.

Helga **Moser**, Mag.ª, ist Mitarbeiterin am Institut für Soziale Arbeit der FH JOANNEUM in Forschung und Lehre (Bachelor und Master). Studium der Pädagogik und Geschichte an den Universitäten Graz und Maynooth/Irland. Forschungsschwerpunkte: Migration und Flucht & Soziale Arbeit, interkulturelle und rassismuskritische Bildung, Differenzdiskurse und qualitative Sozialforschung. Langjährige Tätigkeiten in NGOs im Bereich Migration und Antirassismus, u.a. bei ZEBRA – Interkulturelles Beratungs- und Therapiezentrum.

Thomas **Pfeffer**, Mag. Dr., ist wissenschaftlicher Mitarbeiter am Department für Migration und Globalisierung. Als Soziologe mit Fokus auf Systemtheorie, Bildungs- und Organisationssoziologie beschäftigt er sich mit dem internationalen Transfer von Qualifikationen und Kompetenzen, mit institutionellen Formen des Umgangs mit Migration und Diversität und mit Anwendungen der Systemtheorie in der empirischen Migrationsforschung.

Elisabeth **Planinger**, MSc, ist Integrationsbeauftragte im Amt der Stadt Dornbirn. Ihre Aufgabenbereiche umfassen die Umsetzungder im Leitbild „ZusammenLeben in Dornbirn" formulierten Maßnahmen mit Berücksichtigung der aktuellen gesellschaftlichen Situation; die Vernetzung der Akteure mit der Stadt und untereinander, sowohl Institutionen als auch Herkunftsgruppen und Vereine der Zugewanderten und die Unterstützung der Fachabteilungen.

Florian **Rautner**, BA, arbeitet seit 2014 als Sozialarbeiter im Projekt „Grätze-leltern" der Caritas Stadtteilarbeit und war davor in der Wohnungslosenhilfe tätig. Er studiert aktuell Soziologie.

Arash **Razmaria**, MSc, ist seit ca. 4 Jahren als Berater, Mediator und Psycho-therapeut im MEN, Männergesundheitszentrum im Kaiser Franz Josef-Spital/SMZ-Süd tätig. Er arbeitet vorwiegend mit den männlichen Klienten (Ein-zel- oder Gruppensetting) in persischer (Farsi/Dari) und englischer Sprache und bietet auch Workshops und Seminare für Paare, Familien, Schulklassen, Jugend-einrichtungen, Haftanstalten usw. Hauptthemen seiner Arbeit: Flucht, Migration, Posttraumatischen Belastungsstörungen, Gewaltprävention, Deeskalation, Psycho-edukation und psychische Gesundheit.

Bernhard **Rengs**, Dr., ist wissenschaftlicher Mitarbeiter am Vienna Institute of Demography (VID) der Österreichischen Akademie der Wissenschaften und lehrt an der Technischen Universität Wien. Seine Forschungsgebiete sind Fluchtmigra-tion und Bildung sowie die Anwendung von agentenbasierten computergestützten sozioökonomischen Methoden auf umweltökonomische und demographische Fragestellungen.

Lydia **Rössl**, Dr.[in], hat an der Universität Wien das Studium der Kultur- und Sozial-anthropologie abgeschlossen. Sie ist wissenschaftliche Mitarbeiterin am Department für Migration und Globalisierung der Donau-Universität Krems und in der Forschung und Lehre tätig. Ihre Arbeitsschwerpunkte umfassen u.a. Migra-tion und Integration, Gesundheitssysteme, medizinischer Pluralismus und qualita-tive Netzwerkforschung.

Paolo **Ruspini**, MA Pol. Sci., PhD, has been researching international and Eu-ropean migration and integration since 1997 with a comparative approach and by drawing on mixed methods. His current research deals with transnational migra-tion in Europe from a theoretical and empirical perspective. Recent publications include Migration and Transnationalism Between Switzerland and Bulgaria (2017, Springer, co-editor) and A Decade of EU Enlargement: A Changing Framework and Patterns of Migration, (2014, Central and Eastern European Migration Re-view, Vol. 3, No. 2, co-editor).

Friedrich **Veider**, Mag. MSc, Studium Geographie und Geschichte sowie Wis-sensmanagement, ist Geschäftsführer des Regional-/Leader-Managements in der Region Hermagor. Er ist zudem selbstständigerCoach & Organisationsentwickler und ist hier tätig in den Bereichen Führungskräftecoaching, Fachberatung und Veränderungsprozesse in Organisationen.

Roland **Verwiebe**, Univ.-Prof. Dr., geb. 1971, ist Professor für Sozialstruktur-
forschung und quantitative Methoden am Institut für Soziologie an der Universität
Wien. Seine aktuellen Forschungsgebiete umfassen Soziale Ungleichheit, Migration, Arbeitsmarkt, Armut, Mobilität und Lebensverlauf, Europa und Europäisie-
rung sowie Werte und Einstellungen.

Birgit **Wolf,** Dr.[in], ist seit 2005 in Forschung, Lehre und Projekten zur Ge-
schlechtergleichstellung und Anti-Gewaltforschung (national und EU), promovier-
te Sozialwissenschafterin, Lektorin an der Universität Wien, Vorstandsmitglied
Verein Autonome Österr. Frauenhäuser, aktive Flüchtlingshilfe an den EU-
Außengrenzen (2015), Projektkoordinatorin/Leitung Sozialbetreuung in Flüchtlingsunterkünften (2015-2017), seit 2018 Projektkoordinatorin bei Not-
ruf.Beratung für Frauen und Mädchen bei sexueller Gewalt (Wien). Arbeitsschwerpunkte: geschlechtsbasierte Gewalt und Medien, Gewalt an Frauen, sexuel-
le Gewalt, Flucht, Trauma.